普通高等教育"十一五"国家级规划教材

新世纪高校财务管理专业系列教材

财务预算与分析

（第三版）

吴井红　主　编

张　纯　副主编

上海财经大学出版社

图书在版编目(CIP)数据

财务预算与分析/吴井红主编．—3版．—上海：上海财经大学出版社，2016.7

普通高等教育"十一五"国家级规划教材

新世纪高校财务管理专业系列教材

ISBN 978-7-5642-2438-7/F·2438

Ⅰ.①财… Ⅱ.①吴… Ⅲ.①企业管理-预算管理-高等学校-教材 ②财务分析-高等学校-教材 Ⅳ.①F275②F231.2

中国版本图书馆CIP数据核字(2016)第102496号

□ 责任编辑 刘晓燕

□ 封面设计 钱宇辰

CAIWU YUSUAN YU FENXI

财务预算与分析

(第三版)

吴井红 主 编

张 纯 副主编

上海财经大学出版社出版发行

(上海市中山北一路369号 邮编200083)

网 址：http://www.sufep.com

电子邮箱：webmaster @ sufep.com

全国新华书店经销

上海崇明裕安印刷厂印刷装订

2016年7月第3版 2017年12月第2次印刷

787mm×1092mm 1/16 20.5印张 524千字

(学习指导用书 6.5印张 166千字)

印数：22 001—24 000 定价：46.00元

(本教材内含学习指导用书)

前　言

现代企业的管理应是战略化和系统化的管理。战略所体现的是前瞻性和有序性，系统所要求的是管理的融会贯通。为适应这种战略化与系统化的管理模式，在财务管理上就应该通过制定财务战略与财务政策，进行财务规划，并运用财务分析方法，来实现资源的合理配置、战略的有效贯彻、决策的充分优化、价值的稳步增加。

《财务预算与分析》正是从现代企业的战略管理角度出发，全面系统地论述了财务预算与分析的基本理论与方法。其中，财务预算围绕预算管理的目标确定、运行机制、管理模式、预算编制以及预算的控制与分析等关键问题展开讨论；财务分析则从企业筹资、投资、营运和分配活动的各环节，对公司的流动性、风险性、效率性、收益性及成长性等方面进行全面的分析与评价。由于本书涵盖预算及分析等管理的诸多方面，体现了事前、事中、事后等管理环节的有机统一。同时本书有学习指导用书，便于读者学习。本书既可以作为高等院校财务与金融类专业的教材，也可作为企业经营管理者以及从事财务金融工作人员的参考书。

本书是在原书第二版的基础上进一步修改、增补而成。吴井红任主编，张纯任副主编，最后由吴井红负责全书的修改、总纂并定稿。王思斯、吴晓丹、李宁、关苏君、樊晓宏、巩炜、刘超等参与了部分章节的资料整理和编写工作，在此一并表示感谢！

由于作者水平有限，书中纰漏、错误在所难免，恳请读者批评指正。

吴井红　张　纯

2016 年 6 月于上海

目　录

第一章

绪 论

当今社会，现代公司所面临的环境日益复杂，复杂的环境对财务分析工作提出了新要求。就财务分析而言，对其产生影响的主要环境包括：

(1)战略成为公司运行和发展的导向因素，并且战略决策通常是在更大范围的内部和外部利益相关者的压力下做出的。战略导向时代的出现将改变管理的形式，强调“向后看”的管理转向强调“向前看”的管理。

(2)信息技术的快速发展及其在公司运作领域的广泛应用，特别是公司一体化信息平台的搭建和运作，使公司战略与业务、经营与财务进入一体化运作的新阶段，公司财务必须联系战略、经营、资源配置和绩效衡量等管理要素来进行。

(3)过剩经济和买方市场的形成与发展，以及在此基础上出现的客户讨价还价能力的提高，使商品经营进入了一个微利时代，迫使企业不得不转变经营方式和转换盈利模式，于是一种风险性更大、同时收益性更高的资本经营受到公司的关注，公司并购和重组活跃，资本市场高度流动和发展。在这样的经营时代，公司所面临的风险也将比任何一个时期都大。

(4)可持续发展战略的提出引起公司对环境、资源等问题的关注，科学的发展观对企业尤其重要。

基于上述由于环境因素所带来的冲击，传统的财务报表分析框架已难以满足现代经济环境的要求，具体表现在以下几个方面：

首先，传统的财务报表分析属于事后分析的范畴，要想融入事前分析(如预警分析)的内容似乎有很大的困难。这也是许多财务报表分析中缺少前瞻性分析的重要原因。然而，事前分析尤其是预警分析对现在面临激烈竞争环境、随时都有可能陷入失败境地的公司来说又是如此重要而迫切，但在现有的财务报表分析框架中却很难嵌入其中，这迫使我们不能不去思考财务分析的超越问题。

其次，拘泥于财务报表分析，难免会出现“一叶障目，不见泰山”的错误。财务报表的分析往往会诱导分析人员过分关注分析的细枝末节，从而忽视对公司进行广泛和严格评价的可能性。有能力的财务报表分析人员应该把他们的任务当成一项企业分析来解决，而财务报表或报告分析显然无法实现这样的任务，至少是现在通行的财务报表分析框架下，还没有从整体上把握企业战略及全局的能力。

再次，财务报表分析将更广泛的报表使用者纳入其关注的对象，也就等于将重点集中在所有报表使用者的共同需要上，这将很难兼顾各类报表使用者的个别需求，尤其是公司管理当局的分析需求，尽管财务报表分析研究人员十分关注报表分析对公司管理当局进行评估和决策的意义。很显然，现有的财务报表分析框架是“向后看”的，并且常常不能有效地与公司战略、价值创造等当今公司管理当局的重要关注点相联系，即使是管理当局十分关注的风险问题，通过现有的财务分析框架也是很难充分描述和评价的。

第四，传统的财务报表分析强调的是专家的分析职能，其关注点尚未转向公司的增值职能，也就是说，传统的分析框架不是以公司价值创造为目标的，同时这个分析框架缺乏与战略间的联系，因此缺乏应有的整体性和层次性。再者，这个分析框架人为地将财务与经营割裂开来。对经营效率的评价与公司价值创造的目标相脱节，与公司战略、资源配置和绩效衡量相脱节。

联系上述公司环境的变化及其对财务分析的要求，我们主张在研究和构建财务分析的框架时，应当确立起一个分析的新视角，使传统的财务分析学科能有所突破与扩展，具体途径就是应以公司价值及其创造为目标，以战略为出发点，在公司战略的基础上将“财务分析与财务预算”这两个环节整合在一起，称作是基于公司战略的财务分析与预算，使其成为一门课程。我们的初衷是想使这门课程具有以下视角。

一、财务学的视角

在财务与会计平行的观点或模型下，财务报表分析既归属于财务管理学，同时也是会计学的一部分。虽然财务管理学与会计学有着内在的逻辑联系，会计所提供的报表信息通常被认为是进行财务管理的重要依据或基础，但两种学科所体现的立场及所服务的对象还是有差别的。公司财务学的立场显然是从公司管理当局出发的，着眼于帮助公司管理当局有效地配置和使用财务资源；而会计学的立场是公司全部的信息使用者，着眼于为公司的利益相关者提供有用的信息。若从财务管理学科出发，其所服务的对象就是以公司管理当局为主体的信息使用者，在该学科的安排上就会特别关注管理当局的需要，着眼于依据以财务报表为主体的公司有关信息资料，对公司的整体与结构及其未来发展趋势进行分析。只有这样，才能全面提升财务分析的价值，同时又能更好地兼顾和服务于管理当局以外的其他信息使用者，使他们能够对公司有更全面的识别和判断。

二、价值创造的视角

公司的目标是创造价值，这一观念已被人们广为接受。公司价值与现金流量和财务报表有着密切的关系。公司价值创造需要以有效的现金流量分析和规划为前提；公司价值的识别和评价需要以现金流量特别是自由现金流量的分析和预测为基础；借助财务报表，可以有效地分析公司价值创造的驱动因素，借助财务预算可以对价值驱动的因素加以落实，以便实现公司价值的创造。

三、战略的视角

战略选择系最高层次的价值驱动因素。战略反映了管理当局为了实现公司价值最大化的目标所做的重大选择。从一般意义上说，战略是最具全局性、重大性影响的价值驱动因素。在战略导向的管理时代，通过财务分析，确立公司的战略并借助于财务报表及相关资料分析公司行动与战略的一致性。在符合战略导向的前提下，战略导向的财务预算需要将战略与资源配置和绩效衡量有机地连接到一起，形成公司的整体分析框架。战略、分析与预算之间有着密切的关系，该课程必须能体现三者之间的关系。

"战略"一词有多种含义，但较为通俗的说法就是战略是为实现目标而选择的路径。该定义强调了战略的两个特征：一是目标，二是路径。我们将公司的目标锁定在企业价值最大化或股东财富最大化上，通常用经济附加值（EVA）或市场增加值（MVA）来表示，为达到该目标，公司制定出比竞争对手质量更高或成本更低的策略，这种高质量、低成本就是公司的战略路径。

一个公司在确定战略之前，首先必须弄清自己的比较优势与竞争优势，这就需要借助于分析来完成。在公司明确了自己的优势后，就可以选择扩张战略，接着需要有一个实施计划。如果公司在某领域选择了投资机会，就能在那里实施投资战略，我们需要进行投资决策，或作资本预算，下一步就是为项目筹措所需的资金，实施筹资战略；为了不使资金链断裂，需要有精确的时间安排，需要估计营运资金的数额及到位时间以实施营运资金管理战略。可见，公司战略与财务管理的关系非常密切。

公司战略管理的步骤包括战略制定、战略计划与预算、战略实施与战略评价。战略制定与战略实施的中间环节是战略计划与预算环节，这是因为公司的战略往往是长期性或较抽象的，通过预算就能实现战略与日常经营的连接。当战略形成后，需要根据公司自身的条件进一步制定相应的公司战略计划，战略计划与任务需要进一步分解至每个部门。明确各个部门乃至员工的具体战略任务，使战略目标在整个公司中变得清晰、可执行。为了使各层次、各部门的计划得到有效的实施，通常会制定相应的业绩目标和预算体系，并根据预算来配置资源，并以业绩指标和预算作为业绩考核的依据。

公司战略管理的框架及其与预算的关系如图1—1所示。

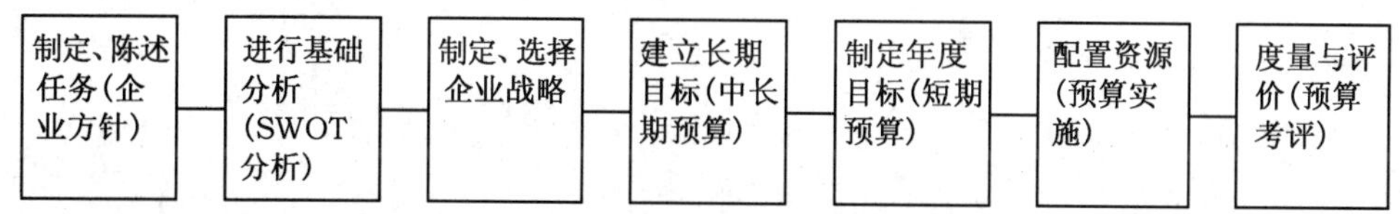

图1—1 公司战略管理的框架及其与预算的关系

通过公司的战略管理，最终要建立竞争优势（差异化、低成本及快速响应），取得卓越的财务业绩（表现在经济增加值、盈利性、增长性、财务风险性方面）。我们认为，为股东增加价值是公司的最重要目标，战略管理是围绕财务业绩提升进行的，我们考虑的有关因素，都是为财务业绩服务的，只有建立竞争优势，才能获得业务上的成功。而公司是否获得成功，又需要进一步借助于分析来评价。这样，基于公司战略的预算与分析框架就建立起来了。

在具体设计这门课程的内容时，我们首先要借助于财务报表来识别公司现在乃至将来所处的经济状态或经济实情，以帮助公司的相关者做出合理的判断和决策，并在此基础上制定相应的措施以实现公司的战略。这里的"经济状态"的内涵包含在财务分析中，具体说我们所关注的经济状态至少应包括公司的风险性评价（危机或失败状态包含其中）、效率评价、实力评价和成长性评价，这些特征大抵可以描述公司的经济实情，也构成公司价值创造的关键因素。这些特征与传统的"四项能力"即偿债能力、营运能力、盈利能力和发展能力分析是对接的。这里的“相应措施”的内涵包含在财务预算中，可以说预算是公司战略与日常经营的有效连接，公司的预算目标应以战略作为出发点，预算的内容应能够体现公司战略管理的重点，预算应能够合理配置资源，并能作为考评的依据。因此本书的内容结构可用图 1—2 来表示。

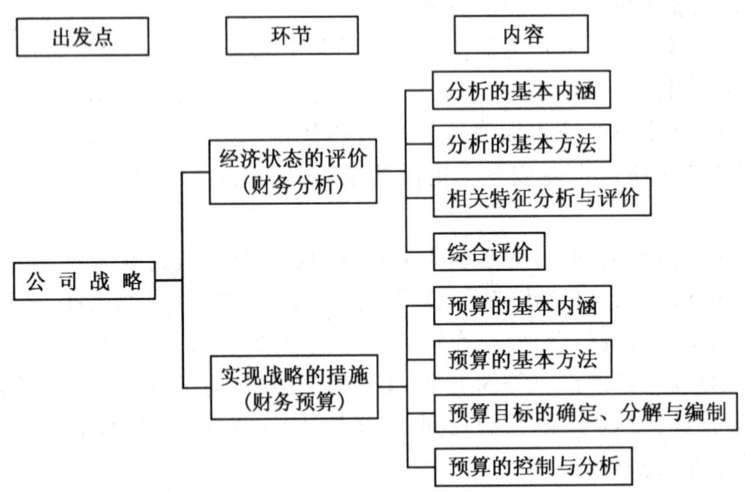

图 1—2　本书的内容结构

第二章

基本原理及基本报表

第一节　基本财务学原理

现代企业是社会经济发展的产物，为了生产出更多的产品，创造出更多的财富，人们需要不断地变更和发展生产的组织形式，以便更好地将各种生产要素配置在一起，提高效率，降低成本，从作坊式的手工业生产，到工厂式的大工业生产，再到现代的股份公司，就是人类不断调整生产的组织形式的过程。现代的公司制企业就是通过一系列合同关系，将不同生产要素和利益主体组织在一起，进行生产经营的一种企业组织形式，是一个契约关系的集合。在这个集合中，集中了所有者、债权人、经理、职工、供应商、客户及政府等，通过契约来规范各自的行为。

当社会经济发展到商品经济条件下，社会产品则表现为使用价值与价值的统一体。企业的生产经营过程也就表现为使用价值的生产与交换过程以及价值的形成和实现过程的统一。其中使用价值的生产与交换过程习惯上称为物流，价值的形成和实现过程称为资金流。也就是说，伴随着企业的生产经营过程，实物商品和劳务在不断地变化，其价值形态也在不断地发生变化，从一种形态转化为另一种形态，周而复始，不断循环，形成企业的资金运动。就研究角度而言，使用价值的运动一般属于自然学科研究的范畴，资金流的运动属于财务学科研究的对象。

资金运动的规律公式可用图 2—1 来表示。

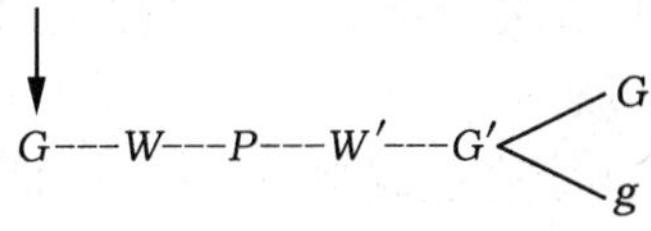

图 2—1　资金运动公式

从资金运动的公式中可以看出，资金流转表现为筹资、投资、耗用、收回、分配等一系列行为，进一步可以总结为四大活动，即筹资活动、投资活动、营运活动（包括资金的耗用与资金收回)及分配活动。

1. 筹资活动

这是指企业为了满足投资与营运的需要,对外筹措以及对内集中所需资金的行为。在筹资过程中,企业一方面要根据战略发展及计划预算的要求确定企业的总体筹资规模,以保证所需的资金;另一方面,要通过筹资渠道与筹资方式的选择,合理安排筹资结构,降低筹资成本与筹资风险,提高企业价值。通过筹资,企业最终会形成两类不同性质的资金,即权益资金和负债资金。

2. 投资活动

这是指企业将资金投放到特定的对象上以获取收益的行为。企业的投资有广义与狭义之分,广义的投资是指对内(投资于内部资产或内部项目)、对外(投资于金融资产或外部项目)投资的总和,狭义的投资仅指对外投资。理财研究的侧重点是广义投资。在投资过程中,企业一方面要考虑投资的规模问题;另一方面要通过投资方向与投资方式的选择,合理安排投资结构(资产结构),提高投资收益,降低投资风险,提升企业价值。

3. 营运活动

这是指经营与运用现有资源所发生的一系列资金收付行为。资金的营运既包括料、工、费的消耗,也表现为销售收入的取得,当收支不能匹配时,需要通过短期资金来解决资金的缺口。在资金营运过程中,企业要考虑充分利用现有的资源,加速营运资金的周转,提高资金的利用效率。

4. 分配活动

这是指对取得的收入和收益进行分割与分派的行为。企业的分配有广义与狭义之分。广义的分配是指对各种收入进行分割与分派的行为,狭义的分配仅指对净利润的分配。理财研究的侧重点是狭义分配。通过分配过程,一部分资金留在企业,可以视为向原有股东再筹资的行为,另一部分资金以股利的形式发放,退出了企业的资金运动,企业应充分考虑分配规模、分配方式等,确保企业取得最大的长期利益。

由此可见,立足在公司这样一个主体立场上,通过从事各项财务活动对资金流转进行管理,管理的目标就是管理者应以增加公司的市场价值、增加股东财富为目标来经营公司的资源。

第二节 基本财务报表

一、基本财务报表的构成

财务报表是财务会计过程的最终产物,这个过程记录了公司与外界的财务交易,如图 2—2所示。

根据这个过程,现行会计准则规定企业编制四表一注,即资产负债表、利润表、股东权益变动表和现金流量表及财务报表附注,这构成了财务报告的主体,即通常所说的基本财务报表,通过这些报表来反映企业的相关信息。财务报告体系如图 2—3 所示。

1. 资产负债表(balance sheet)

资产负债表是反映企业资产、负债及权益资本状况的会计报表,主要反映公司的短期偿债能力、长期偿债能力等。

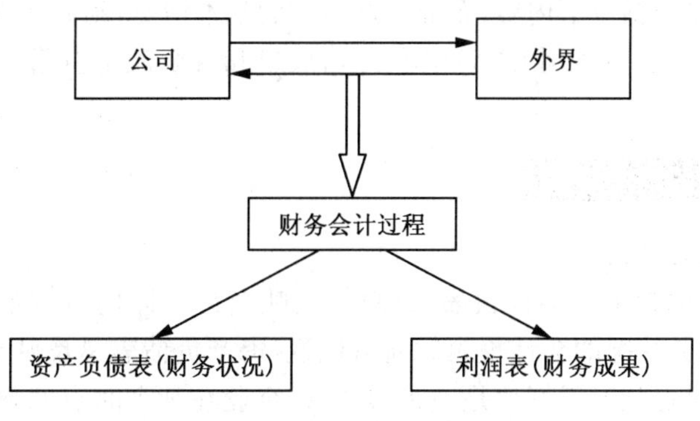

图 2—2　财务报表

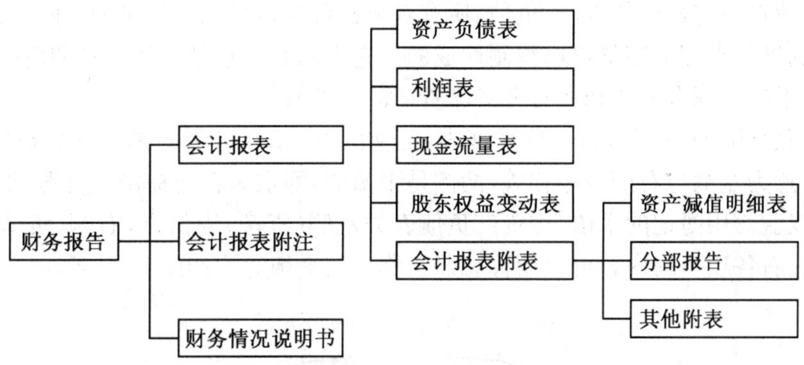

图 2—3　财务报告体系

2. 利润表(或称损益表)(income statement/profit and loss account)

利润表是反映公司本期收入、费用和应该记入当期利润的利得和损失的金额和结构情况的会计报表,主要反映公司的盈利能力。

3. 现金流量表(cash flow statement)

现金流量表是反映企业现金流量来龙去脉的会计报表,通常分经营活动现金流、投资活动现金流及筹资活动现金流三部分,主要反映公司创造现金的能力。

4. 股东权益变动表(statement of change in equity)

股东权益变动表是反映本期企业所有者权益(股东权益)总量的增减变动情况及结构变动情况的会计报表,主要反映公司权益资本的增减变化及利润分配的能力。

5. 财务报表附表及附注(notes to financial statements)

附表也就是附送报表,是为了让报表使用者更加详细地了解报表数据,有助于进一步对企业会计数据进行分析。从我国目前的情况看,附表主要包括资产减值明细表、股东权益增减明细表、分部报告和其他附表等。

会计报表附注是为帮助理解企业会计报表的内容而对有关项目所做的解释。它和会计报表、附表以及财务状况说明书一起构成了企业会计报表体系。会计报表附注并无固定格式,是以文字形式对会计报表进行注释。

6. 财务情况说明书

财务情况说明书是对企业一定会计期间内生产经营、资金周转、利润实现及分配等情况的综合性分析报告，主要包括以下内容：企业生产经营的基本情况，利润实现、分配及企业亏损情况，资金增减和周转情况，对企业财务状况、经营成果和现金流量有重大影响的其他事项，等等。

二、资产负债表的财务解释

（一）资产负债表的定义

资产负债表又被称为第一会计报表，是总括反映会计主体（公司/企业主体）在特定日期（时点而不是时期）财务状况的会计报表。通俗地说，资产负债表是反映企业“家底”的会计报表，又因为其反映的时点状况就好比是一张照片，将企业在某个时点的财务状况拍摄下来，是一个静态画面，反映了快门闪动一刹那的情况，因此资产负债表反映的信息具有极强的时效性。资产负债表是根据资产、负债、所有者权益之间的相互关系，按照一定的分类标准和一定的顺序，把企业在一定日期的资产、负债、所有者权益各项目予以适当排列，并对日常工作中形成的大量数据进行高度浓缩整理后编制而成的。它表明企业在某一特定日期所拥有或控制的经济资源、所承担的现有义务和所有者对净资产的要求权。

资产负债表（balance sheet）又称平衡表，英文的 balance 有平衡的含义，资产负债表正是取这种含义，意为左侧与右侧金额相等，两侧是平衡的，即谁为企业提供了资源，谁就对该资源拥有相应的权益。用簿记的术语，称资产负债表的左侧（资产）为借方，右侧（负债和所有者权益）为贷方，左右各项目的内容可以简称总账名称。其平衡等式如图 2—4 所示。

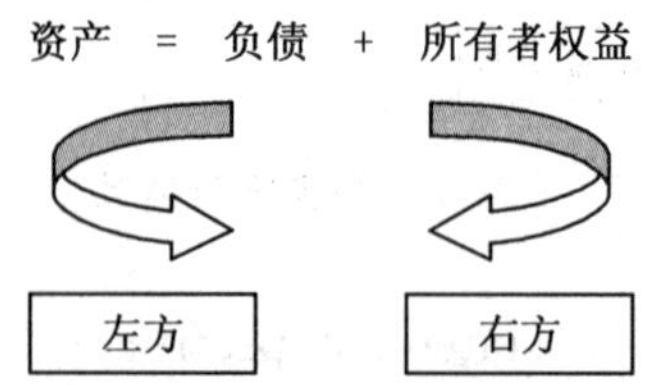

图 2—4 资产负债表的平衡等式

（二）资产负债表的作用

为什么要编制资产负债表呢？因为通过资产负债表，我们可以获得四方面的信息：

（1）了解企业所掌握的经济资源。

（2）分析企业的偿债能力。

（3）反映企业所承担的债务和投资者所持有的权益。

（4）分析企业的财务状况。

每一公司的组织结构虽然不尽相同，但财务报表可用国际通用的语言将其主要信息予以反映，其中又以资产负债表最为重要。它不仅表示在特定时点企业的财务状况，同时还反映公司所有经营活动的成果。换句话说，资产负债表是反映管理者、员工等分工合作的一份成绩单。在企业内部，经营者与管理者可以利用此表正确地掌握企业的动态。在企业外部，可以借助此表向相关的利益主体如股东、税务部门、银行等说明企业的现状。

（三）资产负债表的结构

资产负债表由表头、正表和补充资料三部分构成。

1. 表头

表头部分包括资产负债表的名称、编号、编制单位、编表时间和金额单位等内容。由于该表反映企业在某一时点总的财务状况，属于静态报表，需要注明×年×月×日。

2. 正表

正表是资产负债表的主体部分，主要反映资产负债表各项目的内容。资产负债表按照资产、负债和所有者权益三个会计要素分类分项列示。主表采用账户式，即分为左右两方，左方反映资产项目，右方反映负债与所有者权益项目。各要素按一定的标准进行分类，并按一定的顺序加以排列。资产项目按照其流动性的大小(即变现能力的强弱)排列，流动性大的在先，流动性小的在后；负债项目按照其到期日的远近排列，到期日近的在先，到期日远的在后；所有者权益项目按其永久程度排列，永久程度高的在先，永久程度低的在后。而且资产负债表通常反映两个时点的数据，是年初和本期期末数据的结合体，有比较资产负债表的含义。资产负债表的常见格式参见附表1。

3. 补充资料

补充资料包括附注和附列资料等内容，填列一些不能直接列入资产负债表的项目。如采用的主要会计处理方法、会计处理方法的变更情况、有关重要项目的明细资料等。

(四)资产负债表的财务解释

我们可用一个简化的方式来表示资产负债表，见表2—1。

表2—1　　简化的资产负债表

流动资产	流动负债
长期投资	长期负债
固定资产	负债合计
在建工程	实收资本与资本公积
无形资产及其他资产	盈余公积与未分配利润
资产合计	负债与所有者权益合计

其实，用最简化的方式表达资产负债表应是：资产=权益，即谁将资源投入企业，谁就对资源拥有相应的权力(权利)、责任和利益。由于提供资源的主体有两种，即债权人与所有者，从而资产负债表的恒等关系演变为：资产=债权人权益+所有者权益，由于会计报表的编制主体是企业，从而债权人权益可以表达为企业的负债，因此资产负债表的平衡关系演变为：资产=负债+所有者权益，负债代表债权人提供的资金，即借入资金或负债资金，所有者权益代表所有者提供的资金即主权资金或权益资金，因此资产负债表的右方是反映筹资活动现状的。负债资金与权益资金之间的比例就是资金结构问题。负债是指企业过去的交易或者事项形成的、预期会导致经济利益流出企业的现时义务。负债是企业获取资金的一种重要手段，企业举债可以获得杠杆利益，同时也要承担一定的财务风险。如果不能控制好风险，企业可能会陷入财务危机。负债资金进一步按照偿还时间长短划分为流动负债与长期负债，由于流动负债主要是满足短期流动资产需要的，代表短期资金，因此，长期负债与所有者权益之间的比例即为资本结构问题，资本结构问题的研究是筹资决策的核心。

资产负债表右方科目具体分析如下：

1. 流动负债分析

流动负债主要包括短期借款、应付票据、应付账款、预收账款、应付职工薪酬、应交税费、应付股利和预计负债等。确认流动负债的目的，主要是将其与流动资产进行比较，反映企业的短

期偿债能力。流动负债按照不同的标准,可以有不同的分类方式:

第一,按照偿付手段的不同,可以分为货币性流动负债和非货币性流动负债。货币性流动负债是指需要以货币来偿还的流动负债,如短期借款、应付账款等;非货币性流动负债是指不需要使用货币偿还的流动负债,主要包括预收账款。

第二,按照偿付金额是否确定,可以分为金额确定的流动负债和金额需要估计的流动负债。金额可以确定的流动负债是指有确切的债权人和偿付日期并有确切的偿付金额的流动负债,大部分流动负债均属于此类;金额需要估计的流动负债是指没有确切的债权人和偿付日期,或虽有确切的债权人和偿付日期但其偿付金额需要估计的流动负债,主要包括预计负债、预提费用等。

(1)短期借款。这是指企业向银行或其他金融机构等借入的偿还期限在 1 年以下的各种借款。短期借款用于解决企业流动资金匮乏,一般不用于长期资产的资金需求。对于短期借款的偿还,主要的保障是企业的流动资产,财务分析人员应检查企业短期借款的到期时间,如果是即将到期的短期借款,应当以企业变现速度最快的货币资金和交易性金融资产为保障,查验短期借款与可用于偿还的资产数额之间的匹配关系,预测企业的可用于偿债的现金流状况,初步评价企业的短期借款偿还能力。

(2)应付票据。这是指企业采用商业汇票结算方式延期付款购入货物应付的票据款。在我国,商业汇票的付款期限最长为 6 个月。财务分析人员应关注应付票据是否带息,带息的应付票据一般属于金融负债范畴,不带息的应付票据则属于经营负债范畴。同时应关注企业是否发生过延期支付到期票据的情况,以及企业开具的商业汇票是银行承兑汇票还是商业承兑汇票,如果是后者居多,应当进一步分析企业是否存在信用状况下降和资金匮乏的问题。

(3)应付账款。这是指企业在正常的生产经营过程中因购进货物或接受劳务应在 1 年以内偿付的债务。财务人员应关注企业应付账款的发生是否与企业购货之间存在比较稳定的关系,是否存在应付账款发生急剧增加以及付款期限拖延的情况,这种情况的出现可能是企业支付能力恶化的表现。

(4)预收账款。这是指企业在销货之前预先向购买方收取的款项,应在 1 年以内使用产品或劳务来偿还。如果企业能够取得较多的预收账款,可以说明企业的产品比较有竞争力,或者市场需求旺盛,购货方愿意提前垫付资金。对于企业来说,预收账款是一种不需要付息的短期债务,为生产经营提供了资金支持,而且其偿还是非货币性的,相对于货币性流动负债,企业偿付预收账款比较容易。所以预收账款的增加一般是对企业有利的,但是如果大量的预收账款是由关联方交易产生的,则分析人员应当注意这是否是企业之间的一种变相借贷方式,以缓解企业当前的资金紧张状况。所以,预收账款的分析应关注其实质,即是否因为企业产品的旺销所致,否则应当降低其质量。

(5)应付职工薪酬。这是指职工在职期间和离职后提供给职工的全部货币性薪酬和非货币性薪酬,既包括提供给职工本人的薪酬,也包括提供给职工配偶、子女或其他被赡养人的福利等。

(6)应交税费。这是指企业在生产经营过程中产生的应向国家缴纳的各种税费,主要包括增值税、消费税、营业税、城市维护建设税、教育费附加等。因为税收种类较多,应当了解"应交税费"的具体内容,分析其形成原因,观察该项目是否已经包括了企业未来期间应交而未交的所有税费,是否存在实质上已经构成纳税义务、但是企业尚未入账的税费。

(7)预计负债。预计负债来自或有事项。或有事项是指过去的交易或者事项形成的,其结果须由某些未来事项的发生或不发生才能决定的不确定事项。对企业来说，或有事项可能是一种潜在的权利，形成或有资产，也可能是一种现时或潜在的义务，形成或有负债。鉴于谨慎性原则，或有资产一般不应在企业会计报表及其附注中披露，只有在或有资产很可能给企业带来经济利益时，才在会计报表附注中披露其形成的原因及其财务影响。

或有负债是指过去的交易或者事项形成的潜在义务，其存在须通过未来不确定事项的发生或不发生予以证实。在符合下列条件时，或有负债应当被确认为预计负债：一是该义务是企业承担的现时义务，二是履行该义务很可能导致经济利益流出企业，三是该义务的金额能够可靠地计量。

鉴于预计负债的确认和计量涉及较多的财务判断，企业也倾向于尽量少地披露相关债务，因此财务分析人员应当仔细寻找有关预计负债的存在踪迹，查看企业售后条款、发生的诉讼事项等，并注意企业对预计负债的计量是否正确，估计是否合理等。

2. 长期负债分析

长期负债是指偿还期在 1 年以上的债务，与流动负债相比，长期负债具有偿还期限较长、金额较大的特点。企业举借长期负债的目的主要是为了融通生产经营所需的长期资金，因为企业的发展仅仅靠自身积累和所有者的投入是远远不够的，长期债务的使用既可以解决企业资金的需求，又可以为企业带来财务杠杆利益，同时还保证了既有股东对企业的控制权。但是长期负债是硬约束，到期后企业要按合同规定还本付息，而且一般支付的金额较大且偿还期限较长，会在一定程度上形成企业的资金压力，所以分析人员应当关注持有长期负债企业的风险状况和未来现金流出量的现值。

企业长期负债的主要项目有：

(1)长期借款。这是企业从银行或其他金融机构借入的期限在 1 年以上的款项。财务分析人员应当观察企业长期借款的用途，长期借款的增加是否与企业长期资产的增加相匹配，是否存在将长期借款用于流动资产支出；其次，企业长期借款的数额是否有较大的波动，波动的原因是什么；再次，应观察企业的盈利能力，因为与短期借款不同，长期借款的本金和利息的支付来自于企业盈利，所以盈利能力应与长期借款规模相配比。

(2)应付债券。这是企业为筹集长期资金而实际发行的债券及应付的利息。对于企业发行的债券，分析人员应当关注债券的有关条款，查看该债券的付息方式是到期一次还本付息、分期付息到期还本还是分期还本付息。如果存在溢折价，看企业对于溢折价的摊销和实际利息费用的确认是否准确。再有，应关注债券是否存在可赎回条款，企业是否具有可用于赎回的资金准备。此外，分析人员还应关注债券是否具有可转换条款，如果当前的股价远低于规定的转换价格，应当怀疑到期转换的可能性；反之，如果当前的股价高于规定的转换价格，则可以预见到期转换是可能实现的，企业最终将不承担还本付息的义务，减少未来期间权益现金流出，有助于减少企业的财务压力。

(3)长期应付款。这是指企业除长期借款和应付债券以外的各种长期应付款项，包括采用补偿贸易方式下引进国外设备应付的价款、融资租入固定资产的租赁费等。

补偿贸易是从国外引进设备，再用设备所生产的产品归还设备价款，这样既销售了产品又偿还了债务。可以看出该债务的偿还是属于非货币性的，所以应当关注企业设备安装是否及时到位，生产能否如期进行，产品的成本能否得到有效的控制等。

融资租赁是企业融资方式的一种，该方式可以使得企业在资金不足的情况下获得所需要的生产设备，此后又以租赁费的方式分期还款，减少了到期一次还款的压力。企业融资租入的固定资产，在租赁期间没有所有权，但由于其风险和报酬已经实质转移，企业具有实质的控制权，因而视为自有的固定资产进行核算。

(4)递延所得税负债。递延所得税负债产生于应纳税暂时性差异。应纳税暂时性差异，是指在确定未来收回资产或清偿负债期间的应纳税所得额时，将导致产生应税金额的暂时性差异，该差异在未来期间转回时，会增加转回期间的应纳税所得额，增加未来期间税收的资金流出，所以应当确认相关递延所得税负债。应纳税暂时性差异产生于下列情况：一是资产的账面价值大于其计税基础，二是负债的账面价值小于其计税基础。由此产生递延所得税负债，所以财务分析人员应当关注资产和负债的计税基础和账面价值，核实企业的递延所得税负债是否真实，是否存在少计、漏计的情况。

3. 所有者权益分析

所有者权益是指企业资产扣除负债后由所有者享有的剩余权益，是资产总额抵减负债总额后的净额，是企业所有者对企业净资产的要求权。所有者权益的确认和计量依赖于资产和负债的确认和计量。我国的所有制权益主要包括四个项目：实收资本(股本)、资本公积、盈余公积和未分配利润。对所有制权益的分析有助于投资者的决策，所以应关注所有者权益的增减变动。

(1)实收资本(股本)。是指所有者在企业注册资本的范围内实际投入的资本，在股份公司中称为股本。所有者可以使用不同形式的资产进行出资，包括货币和非货币资产。实收资本是所有者投入企业的资本，除非发生减资或企业清算，否则将永远留在企业内部。

(2)资本公积。资本公积包括的事项比较广泛，如资本溢价、长期股权投资权益法下被投资单位资本公积发生变动、可供出售金融资产的公允价值变动、以权益结算的股份支付、可转债的转换权价值、认股权证等。资本公积是实收资本的准备项目，一方面可以转增资本，另一方面一些事项在日后会直接影响实收资本或股本数额，例如可转债的转换权以及认股权证等。

鉴于资本公积的复杂性，财务分析人员应当仔细分析其构成，企业是否把一些其他项目混入资本公积之中，造成企业资产负债率的下降。

(3)留存收益。企业的盈余公积与未分配利润都是来自于历年企业经营净利润的留存，通称为留存收益。留存收益是原有股东对公司的追加投入，能够为企业的再发展提供资金来源，同时可以增加企业的净资产，增强企业的信用能力。对于留存收益的分析应结合企业历年的利润及其分配情况。

我们用表 2－2 来说明资产负债表右方主要科目与财务管理的关系。

表 2－2　　资产负债表右方主要科目与财务管理的关系

负债及所有者权益	财务管理(筹资决策)
短期借款	金融负债
应付款项	经营负债
长期负债	负债资本(资本结构)
原始投入(实收资本与资本公积)	权益资本(资本结构)
经营积累(盈余公积与未分配利润)	利润分配(股利政策)

4. 资产分析

资产是指企业过去的交易或者事项形成的、由企业拥有或者控制的、可给企业带来经济利益的资源。资产按照流动性从强到弱列示在资产负债表的左方，可以说资产负债表的左方是反映投资（广义）活动现状的。资产负债表左方科目具体分析如下：

（1）货币资金。货币资金（又称现金）是企业流动性最强但收益性较差的资产，包括库存现金、银行存款和其他货币资金。其流动性表现在持有现金可以满足一定的动机，这些动机主要有交易动机、预防动机和投资动机。但过多地持有现金会增加持有现金的机会成本，所以货币资金的持有应当适度，如果持有量过大，则导致企业整体盈利能力下降；反之，如果持有量太小，则可能增加企业流动性风险。

（2）交易性金融资产。持有交易性金融资产的目的是为了近期内出售获利，所以交易性金融资产应当按照公允价值计价。对其进行分析时，应当关注企业划分为该类别的资产是否与上述目的相符，如果企业持有该资产很长时间后没有出售，应当怀疑企业对该资产的分类是否正确；其次，应当关注该资产在分析时的公允价值与报表上的数据是否一致，如果不一致，应当分析该交易性金融资产价值的变动是暂时性的，还是可持续的，最好应当获取财务分析时最近时期的交易性金融资产的公允价值数据，增加分析的可靠性。

（3）应收票据。这是指企业因销售商品、提供劳务而收到的商业汇票。分析人员应当关注企业持有的应收票据类型，是商业承兑汇票还是银行承兑汇票，如果是后者，因为银行是承兑人，基本不存在拒付，所以应收票据的质量是可靠的，但如果是前者，则应关注企业债务人的信用情况，是否存在到期不能偿付的可能性。

（4）应收账款。这是企业对外销售产品、提供劳务等应向购货单位或接受劳务方收取的款项。一般而言，应收账款的数据与企业主营业务收入的数额成正相关关系。对应收账款的判断应从以下几方面着手：

①应收账款的账龄。应收账款的账龄越长，应收账款不能收回的可能性就越大，发生坏账的可能性也越大。

②应收账款的债务人分布。观察企业应收账款的债务人是集中还是比较分散。有的企业的客户非常少，主要向一两个客户进行销售，由此形成的应收账款可能有较大的风险。原因在于一旦客户面临财务危机，企业的坏账可能性大大增加，或者企业为了保持自身的销售收入和利润，不得不接受客户比较苛刻的购货条件，导致账龄增加，或者现金折扣不升。但是如果企业的客户群非常分散，客户众多，一方面会降低上述风险，但是另一方面也增加了应收账款的管理难度和管理成本，因此在进行分析时应当综合考虑以上因素。

③坏账准备的计提。对于坏账准备的计提应当关注计提方法和计提比率。首先应当观察企业应收账款计提方法是否在不同期间保持一致，企业是否对计提方法的改变做出了合理的解释。企业计提比率是否恰当，是否低估了坏账比率，是否有利用坏账调节利润的行为等。

（5）存货。这是指企业在日常活动中持有以备出售的产成品或商品、处在生产过程中的在产品、在生产过程或提供劳务过程中耗用的材料和物料等。同货币资金一样，存货的持有数量也应当保持一个适当的水平，如果存货持有数量过多，会降低存货周转率，降低资金使用效率，以及增加存货储藏成本；反之，如果持有量过少，会使企业面临缺货的危险。所以对存货应当加强日常管理，使得各种成本之和降到最低。

（6）长期金融资产。按照我国《企业会计准则第 30 号——财务报表列报》指南的规定，划分为非流动资产的金融资产包括可供出售金融资产、持有至到期投资和长期股权投资。

①长期股权投资。按照《企业会计准则第 2 号——长期股权投资》的规定，企业的权益性投资可以分为以下几个类别：第一，对投资单位实施控制的权益性投资，即对子公司投资；第

二,与其他合营方一同对被投资单位实施共同控制的权益性投资,即对合营企业投资;第三,对被投资单位具有重大影响的权益性投资,即对联营企业投资;第四,对被投资单位不具有控制、共同控制和重大影响,并且在活跃市场中没有报价、公允价值不能可靠计量的权益性投资。由于长期股权投资是对其他企业经营活动的投资,是为了稳定购销关系的,因此属于经营性资产。

②持有至到期投资。这是指到期日固定、回收金额固定或可确定,且企业有明确意图和能力持有至到期的非衍生金融资产。很明显,持有至到期投资一般指长期债券投资。

③可供出售金融资产。对于公允价值能够可靠计量的金融资产,企业可以将其直接指定为可供出售金融资产。例如,在市场上有报价的股票投资、债券投资等,如果企业没有将其作为交易性金融资产、持有至到期投资和长期股权投资,则应将其作为可供出售金融资产处理。

可供出售金融资产的计量同交易性金融资产相同,也可以按照公允价值进行计量,区别在于公允价值变动并不对应计入当期损益,而是直接计入所有者权益项目,排除了企业据此操纵利润的可能。

(7)固定资产。这是指同时具有下列特征的有形资产:第一,为生产商品、提供劳务、出租或经营管理而持有的;第二,使用寿命超过 1 个会计年度。包括企业自用的房屋及建筑物、机器设备、运输工具、工具器皿等。新会计准则中对于固定资产的处理做了一定的变更,更加强调固定资产价值的相关性,考虑了现值和企业未来期间与固定资产相关的预计负债问题。

固定资产项目分析时,应当注意以下方面:

①应当关注固定资产规模的合理性。企业固定资产代表了生产能力的强弱,但是并非固定资产数量越大越好,超量的固定资产占压企业资金,而且不能短期内变现,造成企业转产困难;再有,固定资产的数量与行业之间有很大关系,例如制造企业的固定资产数额一般较大,其中重工业又较轻工业为多,应查看企业固定资产数额是否符合行业水平。

②固定资产的结构。企业持有的固定资产并非完全为生产所需,还有相当数量的非生产用固定资产,以及生产中不需用的固定资产。据此可以评价企业固定资产的利用率以及生产用固定资产的比率,如果这两个比率较低,应当降低对固定资产总体质量的评价。

③固定资产的折旧政策。固定资产的价值与其技术水平直接相关,具有同样用途的固定资产,如果在技术上有差距,则价值间的差距将非常明显,例如,随着技术的发展,计算机的贬值速度很快。企业对此应当通过加速折旧来使得账面净值接近资产的公允价值。财务分析人员应当分析企业哪些固定资产受技术进步的影响较大,是否应当加速折旧,企业折旧的计提是否充分等。

(8)在建工程。在建工程是企业正在建造过程中的、未来将形成自有固定资产的工程,包括固定资产新建工程、改扩建工程等。在建工程的目的是最终成为固定资产,增加企业的生产经营能力,因此保质保量地早日完工对企业具有重大意义,这样可以增加企业效益,降低建造成本。

在建工程的一个特殊会计问题是借款费用资本化,企业应当慎重对待资本化的借款费用,仔细分析企业是否将不能资本化的借款费用挤入了在建工程。依据《企业会计准则 17 号——借款费用》的规范,在符合一定条件时,与固定资产建造过程有关的借款费用可以资本化,计入在建工程。企业应当严格确定资本化区间,把握借款费用开始资本化的时点,暂停资本化的时间和条件,以及停止资本化的时点。对在允许资本化期间外的借款费用,应当严格限制其计入在建工程。

(9)无形资产。这是指企业拥有或控制的没有实物形态的可辨认的非货币性资产。无形资产的定义强调可辨认性，即该资产能够从企业中分离出来，并能单独用于出售或转让，而不需要同时处置在同一获利活动中的其他资产。

无形资产因为没有实物形态，以及确认和计量的特殊性，使得其账面价值可能高于也可能低于实际价值。在分析该项目时，应当注意无形资产与有形资产的结合程度，观察企业是否具有一定的物质条件以落实无形资产的价值，产生较好的经济效益。

(10)商誉。这是指企业在购买另一个企业时，购买成本大于被购买企业可辨认净资产公允价值的差额。在企业合并中，对于非同一控制下的吸收合并，企业合并成本大于合并中取得的被购买方可辨认净资产公允价值份额的差额，应确认为商誉，在合并方的资产负债表上列示；对于非同一控制下的控股合并，企业合并成本大于合并中取得的被购买方可辨认净资产公允价值份额的差额，在合并方的个别资产负债表上不确认为商誉，而在合并报表中列示为商誉。

企业报表上列示的商誉不摊销，只是每个会计期间进行减值测试，测试方式是结合相关的资产组或者资产组组合进行减值测试，相关的资产组或者资产组组合应当是能够从企业合并的协同效应中受益的资产组或者资产组组合。

对于企业报表上列示的商誉，财务分析人员应当仔细分析企业合并时的出价是否合理，对于被合并企业的可辨认净资产公允价值的确认是否恰当，以及商誉价值在未来的可持续性，判断商誉减值准备是否充分等。

(11)递延所得税资产。递延所得税资产是因为企业可抵扣暂时性差异导致的。可抵扣暂时性差异是指在确定未来收回资产或清偿负债期间的应纳税所得额时，将导致产生可抵扣金额的差异，该差异在未来期间转回时会减少转回期间的应纳税所得额，在可抵扣暂时性差异产生当期，应当确认相关的递延所得税资产。

递延所得税资产产生于可抵扣暂时性差异，企业应当估计未来期间能否取得足够的应纳税所得额以利用该可抵扣暂时性差异，否则应以可能取得用来抵扣可抵扣暂时性差异的应纳税所得额为限，确认相关的递延所得税资产。

财务分析人员应当分析企业在以后期间能否取得足够的可以利用当期可抵扣暂时性差异的应纳税所得额，否则应当减少递延所得税资产的确认。

我们用表2—3来说明资产负债表左方主要科目与财务管理的关系。

表2—3　　资产负债表左方主要科目与财务管理的关系

总资产	财务管理	投资范畴
现金	营运资本管理	对内投资
应收款项	营运资本管理	
存货	营运资本管理	
固定资产	资本预算	
无形资产	资本预算	
其他资产	资本预算	
交易性金融资产	证券投资及估价	对外投资(狭义投资)
可供出售的金融资产	证券投资及估价	
长期股权投资	证券投资及估价	
持有至到期的投资	证券投资及估价	

(五)重编资产负债表

以上讨论的是根据现行会计准则反映的标准资产负债表,为进一步体现公司财务的分析视角,我们有必要对资产负债表重新构建,重建后的资产负债表称为管理用资产负债表。如前所述,资产负债表左方的资产是按照流动性分为流动资产和长期资产,资产负债表右方的负债是按照偿还时间的长短分为流动负债与非流动负债(长期负债)。但这种分类方式还不能满足管理的需要,有必要对资产和负债进行重新分类,以便更好地反映企业产生利润的能力。对于资产而言,将其划分为经营资产与金融资产。经营资产就是用于经营活动的资产,由于现金是两次经营活动的剩余,外部分析人员无法区分哪些现金可能用于经营,哪些用于投资,为简化起见将现金按一定的比例列作金融资产。应收项目大部分是无息的,只有少量的应收票据是带息的,因此可将带息的应收票据作为金融资产处理。而交易性金融资产及可供出售的金融资产是暂时利用多余现金的一种手段,因此也是金融资产。除此以外,其余均属于经营资产。当然,经营资产也可以按照流动性的强弱分为经营短期资产与经营长期资产。对于负债而言,按照形成方式分类,可以分为人为负债与自发负债。人为负债是指通过融资活动形成的流动负债,即企业从银行和其他金融机构筹集资金形成的流动负债,主要包括短期借款和短期融资券等,它具有人为形成需要支付利息的特征,又称为有息负债、金融负债;自发负债是指伴随着企业的经营活动形成的流动负债,主要包括与外部往来形成的应付账款、应付票据等,以及内部往来形成的应付职工薪酬等。该类负债具有自动形成且不需要支付利息的特征,又称为无息负债、经营负债。

公司所从事的业务不同,划分经营性与金融性项目的内容也不同,对于一般公司而言,重新划分后的资产负债表项目见表 2—4。

表 2—4 重新划分后的资产负债表项目

资产	负债与所有者权益
金融资产:	金融负债:
现金	短期借款
交易性金融资产	应付票据(带息)
应收票据(带息)	一年内到期的长期负债
可供出售的金融资产	长期借款
持有至到期的投资	应付债券
经营资产:	经营负债:
其他短期经营资产项目	除金融负债的其他负债项目
其他长期经营资产项目	所有者权益

把经营项目归并在一起放在资产负债表左方,当经营项目为正时,称为经营资产;当经营项目为负时,称为经营负债,两者相减,称为净经营资产。同理,把金融项目归并在一起放在资产负债表右方,当金融项目为正时,称为金融负债,当金融项目为负时,称为"负"的金融负债,又称为金融资产,金融负债减去金融资产称为净金融负债,简称净负债。净负债与所有者权益合在一起称为净投资资本。经过上述项目的调整,重新编制过的资产负债表如表 2—5 所示。

表 2—5　　经调整后重新编制的资产负债表

经营资产：	金融负债：
短期经营资产	一金融资产
一短期经营负债	净负债
经营营运资本	所有者权益
长期经营资产	
一长期经营负债	
净经营长期资产	
净经营资产	净投资资本

资产负债表的平衡关系继续成立，即：净经营资产＝净负债＋所有者权益。比起标准的资产负债表，管理用资产负债表能更清楚地反映公司的投资结构和融资结构。

三、利润表的财务解释

（一）利润表的定义

利润表被称为第二会计报表，是反映会计主体（公司/企业主体）在特定时期财务成果的会计报表。利润表是一张时期报表，就好比是一部录像带，记录和再现了企业在一个时期内的财务活动及其成果。利润表能够提供的信息主要包括：(1)主营业务利润是多少？(2)营业利润是多少？(3)期间费用对营业利润影响有多大？(4)利润总额有多大？(5)缴纳所得税有多少？(6)净利润有多少？(7)有哪些主要因素影响净利润？也就是说，利润表把一定期间的营业收入与其同一会计期间相关的营业费用进行配比，以计算出企业一定时期的净利润（或净亏损）。通过利润表反映的收入、费用等情况，能够反映企业生产经营的收益和成本耗费情况，表明企业生产经营成果；同时，通过利润表提供的不同时期的比较数字（本月数、本年累计数、上年数），可以分析企业今后利润的发展趋势及获利能力，了解投资者投入资本的完整性。

（二）利润表的作用

1. 可据以解释、评价和预测企业的经营成果和获利能力

经营成果通常是指以营业收入、其他收入抵扣成本、费用、税金等的差额所表示的收益信息。经营成果是一个绝对值指标，可以反映企业财富增长的规模。获利能力虽然是一个相对值指标，它是指企业运用一定经济资源（如人力、物力）获取经营成果的能力，但经营成果和获利能力的信息首先由利润表反映，而获利能力的信息除利润表外，还要借助于其他会计报表才能获得。

2. 可据以解释、评价和预测企业的偿债能力

偿债能力是指企业以资产清偿债务的能力。利润表本身并不提供偿债能力的信息，然而企业的偿债能力不仅取决于资产的流动性和资本结构，也取决于获利能力。企业在个别年份获利能力不足，不一定影响偿债能力，但若一家企业长期丧失获利能力，则资产的流动性必然由好转坏，资本结构也将逐渐由优变劣，陷入资不抵债的困境。因而一家数年收益很少、获利能力不强甚至亏损的企业，通常其偿债能力不会很强。

3. 企业管理人员可据以做出经营决策

比较和分析收益表中各种构成要素，可知悉各项收入、成本、费用与收益之间的消长趋势，

发现各方面工作中存在的问题，揭露缺点，找出差距，改善经营管理，努力增收节支，杜绝损失的发生，做出合理的经营决策。

4. 可据以评价和考核管理人员的绩效

比较前后期利润表上各项收入、费用、成本及收益的增减变动情况，并考查其增减变动的原因，可以较为客观地评价各职能部门、各生产经营单位的绩效，以及这些部门和人员的绩效与整个企业经营成果的关系，以便评判各部门管理人员的功过得失，及时做出采购、生产销售、筹资和人事等方面的调整，使各项活动趋于合理。

(三)利润表的结构

利润表由表头、正表等内容构成。

1. 表头

表头部分包括利润表的名称、编号、编制单位、编表时间和金额单位等内容。由于该表反映企业在某一时期的财务成果，属于动态报表，需要注明×年×月，如果不考虑经营成果的期间长度，经营成果的评价毫无意义。

2. 正表

正表是利润表的主体部分，主要反映利润表各项目的内容。利润表按照收入、成本费用和利润三个会计要素分类列示。其中收入是指企业在日常活动中形成的、会导致所有者权益增加的、与所有者投入资本无关的经济利益总流入；费用是指企业在日常活动中发生、会导致企业所有者权益减少的、与向所有者分配利润无关的经济利益的总流出。依据以上定义，企业利润不仅包括营业收入和费用，而且还包括资产公允价值变动损益以及营业外收支等非主营业务项目。

利润表编制的基本等式是:利润＝收入－费用，有两种基本格式，即单步式与多步式。单步式是将所有的收入汇总减去所有的成本费用汇总，直接计算利润的数额。如果从销售收入出发，对企业的收入、费用进行适当的分类，通过多个步骤计算企业净利润的过程称为多步式，实务工作采用多步式。单步式与多步式的结构如表2－6所示。

表2－6　　单步式与多步式的结构

单步式利润表	多步式利润表
收入	营业收入
	－营业成本
	－营业税金及其附加
	＝销售利润(毛利)
	－期间费用
	－资产减值损失
－费用	＋公允价值变动收益
	＋投资收益
	＝营业利润
	＋营业外收入
	－营业外支出
	＝利润总额(税前利润)
	－所得税
＝利润	＝税后净利

其实单步式的利润表总括地反映了收入与成本之间的配比关系，而多步式的利润表从本质上说是对单步式利润表的结构重构，反映了更多有用的信息。而且利润表通常也反映两个时期的数据，是上年同期和本年累计数据的结合体，有比较利润表的含义。利润表的常见格式参见附表2。

（四）利润表的财务解释

既然利润表反映了收入与费用之间的对比关系，那么意味着利润表是反映营运活动及其成果的会计报表。其有关科目具体分析如下：

1. 营业收入

这是指企业在从事销售商品、提供劳务和让渡资产使用权等日常经营过程中取得的收入，分为主营业务收入和其他业务收入两部分。主营业务收入是指企业进行经常性业务取得的收入，是利润形成的主要来源，不同行业的主营业务收入内容差异很大，如工商企业的主营业务收入主要为企业销售商品的收入，而金融、保险、建筑、通信等行业的营业收入则主要为企业提供服务的收入。

营业收入是企业创造利润的核心，最具有未来的可持续性，如果企业的利润总额绝大部分来源为营业收入，则企业的收益质量较高。

2. 营业成本

这是指与营业收入相关的，已经确定了归属期和归属对象的成本。与营业收入相对应，营业成本也分为主营业务成本和其他业务成本两部分。对营业成本的解读有助于观察企业成本控制的能力和成本的变动趋势，并且与营业收入进行配比后可得出企业营业利润的情况。但是由于企业不对外公开成本的构成和计算方法，所以外部分析人员较难做出准确的成本分析。

3. 营业税费

这主要是指企业的营业税金及附加，及由营业收入补偿的各种税金及附加费，主要包括营业税、消费税、资源税、城市维护建设税和教育费附加等。一般企业的营业税费金额与营业收入应相匹配，同时因为金额相对较小，所以不是分析的重点。

4. 营业费用

这是指企业在销售过程中发生的各项费用以及专设销售机构的各项经费，包括应由企业负担的运输费、装卸费、包装费、保险费、广告费、展览费和售后服务费以及销售部门人员薪酬、差旅费、办公费、折旧费、修理费和其他经费等。营业费用作为一种期间费用，与本期营业收入有较强的相关关系，产生的影响也仅止于本期，所以从本期收入中全额扣除。

5. 管理费用

这是指企业行政管理部门为组织和管理经营活动而发生的各项费用，包括公司经费、工会经费、职工教育经费、劳动保护费、待业保险费、董事会费、咨询费、审计费、诉讼费、排污费、绿化费、房产税、车船使用税、土地使用税、印花税、技术转让费、技术开发费、无形资产摊销、业务招待费等。

企业管理费的项目比较庞杂，对其进行分析的难度较大，如果能够取得管理费用的明细项目将对分析有较大帮助。总体而言，管理费用的支出水平与企业规模相关，对管理费用有效的控制可以体现企业管理效率的提高，但是有些项目的控制或减少对企业长远发展是不利的，如企业研发费、职工教育经费等的下降会限制企业今后的发展，如果企业本期资金充裕，将不会减少此类支出，如果本期发生这些项目的支出下降，分析人员应关注企业是否本期面临资金紧张的问题。此外，因为管理费用多数项目属于固定性费用，与企业营业收入在一定范围和期间内没有很强的相关性，因此，一方面不能仅仅依据营业收入的一定比率来判定管理费用的支出效率；另一方面也说明企业提高管理效率的最佳途径就是增加收入，使得一定数额的管理费用支持更大的营业规模。再有，如果财务分析人员能够获得企业内部财务预算，通过与预算数的对比，可以更容易地分析企业管理费用的状况。

6. 财务费用

这是指企业在筹集资金过程中发生的各项费用，包括生产经营期间发生的不应计入固定资产价值的利息费用(减利息收入)、金融机构手续费、汇兑损失(减汇兑收益)以及其他财务费用。财务费用的发生主要与以下几个业务内容直接相关：(1)与企业借款融资相关；(2)与企业购销业务中的现金折扣相关；(3)与企业外币业务汇兑损益相关。

对财务费用进行分析应当细分其内部结构，观察企业财务费用的主要来源。首先，应将财务费用的分析与企业资本结构的分析相结合，观察财务费用的变动是源于企业短期借款还是长期借款，同时对于借款费用中应当予以资本化的部分是否已经资本化，或者借款费用中应当计入财务费用的是否企业对其进行了资本化。其次，应关注购销业务中发生的现金折扣情况，关注企业应当取得的购货现金折扣是否都已经取得，若是存在大量没有取得的现金折扣，应怀疑企业现金流是否紧张。再有，如果企业存在外币业务，应关注汇率对企业业务的影响，观察企业对外币资产和债务的管理能力。

7. 资产减值损失

资产减值损失核算企业依据企业会计准则计提的各项资产减值准备所形成的损失。此次新会计准则对于资产减值的损益项目在利润表上单列，而不再混同计入管理费用、营业外支出等项目。企业对于绝大部分资产都应当计提减值，这是谨慎性原则的要求。依据新会计准则的规定，企业许多资产减值准备在计提后不能转回，这样的资产主要是固定资产、无形资产等长期资产，因为这些资产的公允价值日常波动很小，如果发生减值，日后价值回升是很困难的。

8. 公允价值变动净损益

新会计准则较多地使用了公允价值计量属性，对于一些公允价值变动频繁、同时企业以获取差价为目的而持有的资产，不再对其期末价值按照成本与市价孰低原则处理，而是按照期末公允价值调整账面价值，两者之间的差额计入公允价值变动损益。以此方式计量的主要资产包括以公允价值计量且其变动计入当期损益的金融资产和金融负债，以及以公允价值模式计量的交易性房地产等。可以说该科目主要衡量的是这些资产在存续期间内没有实现的价值变动，但应当注意的是，当这些会计项目在日后出售时，应当将其前期出现的公允价值变动损益转入投资收益，即将未实现的价值变动转为已实现的部分，鉴于此，该科目出现正值并不表明企业当期一定获得未实现的投资收益，反之为负值也并不表明出现的是未实现的投资损失。

9. 投资净收益

投资净收益是投资收益与投资损失的差额。投资收益是指企业从事各项对外投资活动取得的收益(各项投资业务取得的收入大于其成本的差额)；投资损失是指企业从事各项对外投资活动发生的损失(各项投资业务取得的收入小于其成本的差额之和)。投资收益大于投资损失的差额为投资净收益，反之为投资净损失。能产生投资收益的会计事项比产生公允价值变动损益的会计事项要多，包括企业所有类型的投资业务产生的已实现收益均在其中反映，包括企业实物投资以及持有的各种金融工具等导致的损益。在分析该项目时应当与公允价值变动损益的分析相结合。

应当注意的是，企业对外投资一般基于以下两个目的：一是利用企业自身的闲置资金取得暂时性收益，例如企业买卖具有良好流动性的国债、股票、基金等；二是出于自身战略发展的要求，希望投资控制一些有利于企业长远发展的资源。分析人员应确定企业投资的目的，鉴于投资收益不属于企业的主营业务收入，除了一些主要的投资公司之外，企业不应动用正常生产经营的资金进行投资。再有，企业投资收益（尤其是对一些短期项目的投资）一般不具有可持续性，即使当期企业获得了金额较大的投资收益，也不能对其评价过高。

10. 营业外收支

营业外收支包括营业外收入与营业外支出。营业外收入是指企业在经营业务以外取得的收入，主要包括固定资产出售净收益、罚款收入和政府补助收入等。营业外支出是指企业在经营业务以外发生的支出，包括固定资产盘亏、毁损、报废和出售的净损失以及非常损失、对外捐赠支出、赔偿金和违约金支出等。营业外收支是企业偶发性的利得和损失，一般情况下发生的金额较小，对企业利润的影响也较弱，如果某个期间企业发生的相关金额较大，分析人员应关注发生的原因。其次，鉴于该项目内容在未来没有持续性，所以在分析利润状况时应当从利润总额中将营业外收支项目剔除。

11. 所得税

企业所得税是企业的一项费用，但是该项目并不是直接由当期利润总额乘以税率得到的。因为税法与会计准则对于企业会计项目金额的认定不同，致使企业所得税费用与当期的应交所得税不同，企业当期所得税费用可以分为两个部分：一是当期应当缴纳的部分，即按照税法计算的应交所得税；二是在当期发生但是在以后期间缴纳的部分，即递延所得税。财务人员应结合资产负债表的递延所得税资产、递延所得税负债和应交税费项目来分析本项目。

（五）重编利润表

与资产负债表一样，为进一步体现公司财务的分析视角，我们有必要对利润表重新构建，重建后的利润表称为管理用利润表。与资产负债表划分经营项目与金融项目对应进行平行分类，分为经营活动损益与金融活动损益两部分，净经营资产产生的是经营性收益，净负债产生的主要是金融活动的损益。金融活动的损益应该是税后利息，其中利息支出的金额，也可以用财务费用作为税前利息费用的估计值，税后利息应当为税前利息费用扣除利息费用抵减的所得税以后的差额。除利息项目之外的其他大多数项目均构成经营活动损益，个别项目可以根据公司的具体情况讨论，在下表中以 * 表示。而在经营活动项目内部按照可持续性与可预测性进一步分类，可分为主要经营利润（具有可持续性与可预测性）、其他经营利润（其持续性不易判断）和营业外收支（不具有可持续性与可预测性）三项，然后针对经营活动损益与金融活动损益分别计征所得税。对于一般公司而言，重新编制过的利润表如表 2－7 所示。

表 2—7　　重新编制过的利润表

经营活动	金融活动
营业收入	税前利息费用（扣除公允价值变动收益*）
一营业成本	一利息费用减少的所得税
一营业税金及其附加	税后利息费用
一营业费用	
一管理费用	
主要经营利润	

续表

经营活动	金融活动
－资产减值损失*	
＋投资收益*	
＝税前营业利润	
＋营业外收入	
－营业外支出	
＝税前经营利润	
－经营利润所得税	
税后经营利润	

重新编制的利润表至少存在着以下几个关系等式：

税前经营利润×(1－所得税率)＝税后经营利润

税前利息×(1－所得税率)＝税后利息

税前经营利润－税前利息＝税前利润

经营利润所得税－利息费用减少的所得税＝所得税

税后经营利润－税后利息＝税后净利

四、股东权益变动表的财务解释

我们不仅要关心公司取得了多少利润，更要关心这些利润的去向。按照《公司法》的规定，公司利润的分配应遵循一定的顺序：

(1)弥补以前年度亏损。先用税前利润补亏，一补5年，5年后仍不能弥补的亏损应由税后利润弥补。

(2)提取10%的法定盈余公积。

(3)提取任意盈余公积金。具体提取方式由股东大会决定。

(4)向普通股股东分配股利。

新准则出台前，利润分配表作为利润表的附表，基本就是按照这一顺序，从上至下，依次列示净利润、可供分配的利润、可供股东分配的利润和未分配利润的项目。该表内部各项目之间具有很强的逻辑关系，具体如下：

可供分配的利润＝净利润＋年初未分配利润

可供投资者分配的利润＝可供分配的利润－提取法定盈余公积

未分配利润＝可供投资者分配的利润－提取任意盈余公积－应付普通股股利

－转作资本(或股本)的普通股股利

新会计准则出台后，企业不再需要编制利润分配表，但其主要内容囊括在现有的股东权益变动表中。股东权益变动表反映了一定期间股东权益的变动状况，其揭示的内容主要可用下式表示：期末股东权益＝期初股东权益＋净利润－对股东的净支付。涉及股东权益增减变化的项目主要有：净利润、直接计入股东权益的利得与损失、所有者投入和减少资本、利润分配、股东权益的内部结转。所以说股东权益变动表同时也是反映分配活动的报表。另外，该报表也是沟通利润表和资产负债表的桥梁。股东权益变动表的常见格式参见附表3。

五、现金流量表的财务解释

(一)现金流量表的定义

编制现金流量表是为报表使用者提供企业在一定会计期间内现金和现金等价物流入和流出的信息,便于报表使用者了解和评价企业获取现金和现金等价物的能力,并据以预测企业未来现金流量。该表揭示在一定时期企业的现金流动状况及结余状况。形象地说,现金流量表是透视企业血液流动的财会报表,它表明企业经营活动、投资活动、筹资活动中的现金流动状况。

(二)现金流量表的结构

现金流量表包括主表与附表两部分,主表按照经营活动、投资活动和筹资活动的顺序报告企业的现金流量。企业发生的各类现金流量项目一般以总额反映,即按流入总额、流出总额和现金流量净额的格式来反映。附表则是指现金流量表所包括的补充资料。现金流量表的编制,基本上是以三类活动现金流量依次纵向排列而成,加上现金流量表的补充资料,共同构成现金流量表。现金流量表的常见格式参见附表 4。

(三)现金流量表的财务解释

会计注重权责发生制的利润,财务管理强调现金流量,权责发生制、配比原则和众多分摊方法的应用,使得会计利润包含了太多的估计,为进一步透视利润的含金量,就应当反映企业的现金流量状况,因此现金流量表对于全面评价公司创造价值的能力,评估与判断利润的质量尤其重要。一个简单的类比有助于区分利润与现金流。如果把人的身体比作企业,会计人员记录心脏的每一次跳动,就像记录下企业的利润,而财务人员则关心血液的流动是否通过心脏到达细胞并保持身体各组织的健康。有时身体强壮但心脏却因心肌梗死而停止跳动,同样一个营利企业也可能因没有充足的现金流而陷入财务危机。难怪美国前证券委员会主席罗德·威廉斯说过:"如果让我在拥有利润信息和现金流量信息之间做一个迫不得已的选择,那么今天我就选择现金流量。"可见现金流量表对于财务管理来说是非常重要的一张报表,其主要项目具体分析如下:

经营活动是指企业投资活动和筹资活动以外的所有日常交易和事项。通过经营活动产生的现金流量,可以说明企业经营活动对现金流入和流出净额的影响程度。

投资活动是指企业长期资产的购建和不包括现金等价物范围内的投资及处理活动。通过现金流量表中所反映的投资活动所产生的现金流量,可以分析企业通过投资获取现金流量的能力,以及投资产生的现金流量对企业现金流量净额的影响程度。

筹资活动是指导致企业资本及债务规模和构成发生变化的活动。通过筹资活动产生的现金流量,可以说明企业的筹资能力,以及筹资所负担的成本和利息对企业现金流量的影响程度。

现金流量表的补充资料则披露以下信息:将净利润调整为经营活动的现金流(即间接反映经营活动的现金流),不涉及现金的重大活动以及现金及现金等价物的净增加额内容。现金流量表的具体分析详见第九章。

(四)重编现金流量表

我们也可以编制管理用现金流量表。在该表中,只划分经营活动的现金流量和金融活动的现金流量。该表主要用于企业价值评估。

其中经营活动的现金流量包括:(1)经营现金流量,是指销售产品提供劳务过程中与顾客、其他企业之间的购销活动形成的现金收支(以形成现金净流入为主);(2)投资现金流量,是指购买经营性长期资产与经营性流动资产所形成的现金收支(以形成现金净流出为主)。两者比较以后的结果(即经营现金流量－投资现金流量),称为经营实体(自由)现金流。经营实体(自由)现金流,简称实体现金流,代表了企业经营活动的净成果,是企业经营额外产生的现金流,是决定企业价值的现金流。管理当局要使企业更有价值,就必须增加实体现金流,它是企业可以自由支配或动用的现金流,也称为自由现金流量。

实体现金流量的使用用途均与金融市场有关,关于实体现金流的用途即构成金融活动现金流。实体现金流的数值不外乎两种情形:要么为正数,要么为负数。如果实体现金流为正数,则其用途主要有:向债权人付息,向债权人还本,向股东支付股利,从股东处回购股份,购买金融资产。如果实体现金流量为负数,则企业要筹集资金,其途径主要有:出售金融资产,举借新债,发售新股。由此可见,实体现金流量的用途均与金融市场的债权人或股东有关,与债权人之间的交易形成的是债务融资现金流量,与股东之间交易形成的是股权融资现金流量,因此,我们就可以将债务融资现金流和股权融资现金流理解为融资现金流或称为金融活动现金流。因此经营活动的现金流量是从实体现金流量的来源分析的,它是经营现金流量超出投资现金流量后的剩余。而金融活动的现金流量则是从实体现金流量的去向分析的,它被用于债务融资活动与股权融资活动。由此可见,应该存在着以下的关系式,这些关系式构成了管理用现金流量表的基本等式。这些等式是:

经营活动现金流＝金融活动现金流

经营现金流量－投资现金流量＝债务融资现金流＋股权融资现金流

实体(自由)现金流＝融资现金流

接下来我们进一步讨论实体(自由)现金流和融资现金流是如何计算的,其中:

经营现金流量＝税后经营利润＋折旧摊销

投资现金流量＝净经营营运资本增加＋净经营长期资产增加＋折旧摊销

投资现金流量又称经营资产总投资,是包含折旧摊销的,如果剔除折旧摊销,则称为经营资产净投资。所以,

经营资产净投资＝净经营营运资本增加＋净经营长期资产增加

＝净经营资产增加

经营实体现金流量＝税后经营利润＋折旧摊销－经营资产总投资

＝税后经营利润－经营资产净投资

债务融资现金流量＝税后利息－金融负债净增加额＋金融资产净增加额

＝税后利息－净负债增加额

股权融资现金流＝股利分配－股权发行净增加额

当我们了解了以上的计算公式后,即可着手编制管理用现金流量表,其格式如表2－8所示。

表2－8 管理用现金流量表

项　目	金　额
经营活动现金流量:	
税后经营利润	
加:折旧摊销	

续表

项　目	金　额
=经营现金流量	
减:净经营营运资本增加	
净经营长期资产增加	
折旧摊销	
=实体现金流量合计	
金融活动现金流量:	
税后利息	
减:净负债增加	
=债务融资现金流量	
股利分配	
股权资本净增加额	
=股权融资现金流量	
融资现金流量合计	

六、会计报表附注

(一)会计报表附注的作用

(1)对于一种经济业务,可能存在不同的会计原则和处理方法,也就是说有不同的会计政策,如果不交代报表中的这些项目是采用什么原则和方法确定的,就会给会计报表的使用者理解会计报表带来一定困难,这就需要在会计报表附注中加以说明。

(2)由于会计法规发生变化,或者为了更加公允地反映企业的实际情况,企业有可能改变会计报表中的某些项目的会计政策,由于不同期间的会计报表中同一个项目采用了不同的会计政策,使不同期间的会计报表失去了可比性,为了帮助会计报表使用者掌握会计政策的变化,也需要在会计报表附注中加以说明。

(3)会计报表采用表格形式,由于形式的限制,只能非常概括地反映各主要项目,至于各项目内部的情况以及项目背后的情况往往难以在表内反映。比如,资产负债表中的应收账款只是一个年末余额,至于各项应收账款的账龄情况就无从得知,而这方面信息对于会计报表的使用者了解企业资产质量是必要的,所以往往需要在会计报表附注中提供应收账款账龄方面的信息。

(二)会计报表附注的内容

会计报表附注一般反映需要说明的重要事项,通常包括如下项目:

(1)企业的基本情况;

(2)财务报表编制基础;

(3)遵循企业会计准则的声明;

(4)重要会计政策和会计估计;

(5)会计政策、会计估计变更及差错更正的说明;

(6)重要报表项目的说明；

(7)其他需要说明的重要事项，如或有和承诺事项、资产负债表日后非调整事项、关联方关系及其交易等。

七、基本财务报表之间的关系

以上分别介绍了有关的财务报表。而资产负债表、利润表、现金流量表以及股东权益变动表之间存在着明显的勾稽关系，只有弄清楚它们之间的关系，才能真正了解企业的资金运动，对企业的财务状况及经营成果做出可靠的评价。企业的基本财务报表其实是分别从资金存量、资金增量和现金流量等角度对企业的资金流转过程进行考察，它们之间的关系可用图2—5来表示。

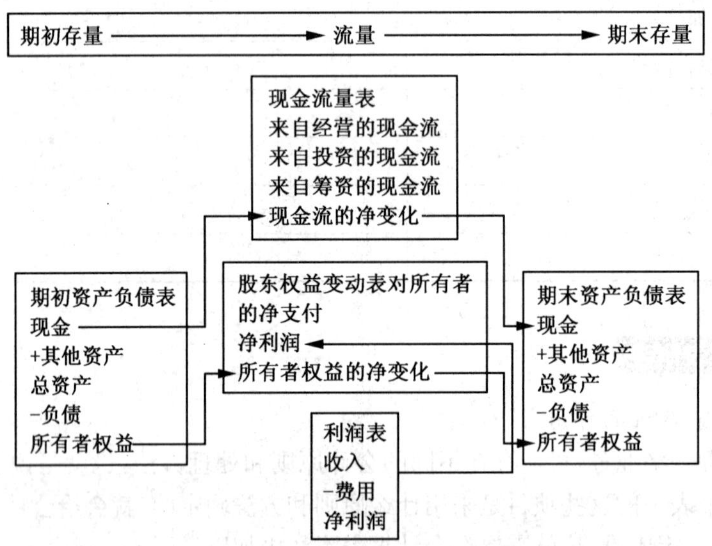

图2—5 基本财务报表之间的关系

第三章

财务分析的基本内涵

第一节 财务分析的依据

财务分析是指对企业的财务状况和经营成果进行分析，通常包括对企业投资收益、盈利能力、短期支付能力、长期偿债能力、企业价值等进行分析与评价，从而得出对企业财务状况及经营成果的评价。财务分析的依据是指财务分析据以进行的基础。作为财务分析的依据，可从企业内外两方面的信息资料来看。

一、内部信息资料

（一）财务报告

在企业的财务会计系统中，企业发生的经济活动及其结果都是通过企业会计系统予以记录和反映的。因此，财务分析主要依据的就是企业内部的会计核算资料，其中财务报告是最主要的，它是企业向债权人、投资者、政府部门等与本企业有利害关系的组织或个人提供的，反映一定时期内的财务状况、经营成果以及影响企业未来经营的重大事项的书面文件，财务报告又包括主表、附表、会计报表附注等内容。由于基础篇中对财务报告中的主要财务报表都有完整的说明，这里不再作详细的介绍。

（二）企业的其他财务、非财务信息

1. 日常核算资料

除了依据上述财务报告外，有时为了更详细地了解企业经营活动，还可能会用到企业的日常会计核算资料，如会计凭证、会计账簿、财产清查、成本计算等，以此作为财务分析的一种补充资料。

2. 标准、计划、定额等资料

我们在分析各项财务指标的完成情况时，常常借助各种计划值、定额等作为对比分析的基准，比如成本定额、目标利润等。根据计划指标的完成情况，对企业实际经营情况进行客观评价。

3. 上市公司公开披露的信息

对于上市公司,为了体现公开、公平、公正原则,还必须披露上市公司的相关信息,主要有招股说明书、上市公告、定期报告和临时报告等,充分披露有助于各利益集团对上市公司的充分了解。

除了依据企业会计核算资料外,财务分析还要以企业的一些非财务资料为依据。我们知道财务会计系统是建立在货币计量会计假设基础之上的,企业有些经济业务是不能用货币反映的,如人员素质、产品质量、市场份额、研发状况等。因此我们在分析财务报表的基础上要结合实际的经济业务进行分析。

二、外部信息资料

在进行财务分析时,还应该结合各种能够获得的外部资料,如国民经济宏观运行信息、行业发展信息、竞争对手或同类企业的各种财务、非财务信息等。这些资料可以提供对比的标准,而且可以从多个角度印证分析结果。

总之,只有内外部资料相结合,才能客观地、全面地进行财务分析。

第二节　财务分析的主体和目标

财务分析的主体是指为了某种特定的目的而对企业进行财务分析的单位、团体和个人。他们与企业存在一定的现时或潜在的利益关系。一般来说,财务分析的主体主要有企业经营管理者、债权人、投资者、政府部门、社会中介机构等。

财务分析的总目标是要评价与研究企业的财务能力,包括对企业盈利能力、偿债能力、营运能力和发展能力的评估。然而,在总目标一致的情况下,不同的主体对财务分析的目的和要求不尽相同。

1. 经营管理者为经营决策进行的财务分析

在企业委托代理关系中,经营管理者受托代理企业的生产经营管理,既是企业的组织者,又是企业的经营者,对企业负全面的责任。不仅要了解企业的资产流动性、负债水平、偿债能力等财务状况,而且还要了解企业的资金周转情况、企业的资产管理水平和获利能力等,从而了解企业的经营规划和财务、成本等计划的完成情况。

企业通过进行财务分析,可以全面评价企业的经营绩效,挖掘企业经营潜力,提高经济效益,预测企业的未来发展趋势。本教材从公司战略、价值创造角度出发,更多的分析与公司管理当局的关注点相联系。

2. 债权人为信贷决策进行的财务分析

债权人提供资金给企业,要求企业按期偿还贷款本金和利息,他们关心的是企业的偿债能力、资本结构以及企业长短期负债的比例。一般而言,长期债权人更多地注重企业经营方针、投资方向及项目性质等所包含的企业潜在财务风险和偿债能力。通过分析企业的资产负债水平、目前的盈利情况以及盈利的稳定性,从而决定贷款规模、期限和利率等。对于短期债权人,如货物赊销者、短期款出借者等短期债权人,他们最关心的是企业的即期支付能力,也就是企业资产的流动性,通过对流动比率、速动比率、现金比率等进行分析,并结合应收账款、存货周转情况来判断企业的财务和信用风险,从而决定赊销规模、信用标准和信用条件等。

3. 投资者为投资决策和监督经营者进行的财务分析

（1）投资决策的分析。投资者之所以投资，是为了获得资本的保值、增值，即在保全投资本金的同时，又要获得投资回报。他们关心的是企业的投资回报率水平和投资风险程度，不但要了解企业的短期盈利能力，也要考虑企业的长期发展潜力。投资者在初始投资、追加投资和转让投资时，需要分析企业当前的资本结构、获利能力和未来发展能力，通过分析销售利润率、总资产周转率、净资产收益率、资本保值增值率等，对企业的安全性和未来盈利能力进行评价。如果是上市公司，作为投资者的股东，还要对公司未来的股利分配情况及股票市场的市价变化等进行分析。

（2）管理者履行情况的分析。由于契约成本的存在，投资者作为权益者，要选择优秀的经营管理者，并对经营者的业绩进行评价。因此，投资者要分析经营者受托责任的完成程度，分析企业的发展能力和未来财务趋势以及财务总体方面，来评价经营管理业绩以及决定继续聘用、重用、奖励或惩罚及解聘管理者。

4．政府部门进行的评价性分析和监察性分析

政府部门，主要有工商、税务、财政和审计等，它们通过分析企业的财务状况和经营成果，判断企业有无通过虚假财务报告来偷逃国家税款、各项税目的缴纳是否正确等。同时通过财务分析来监督和检查企业在生产经营过程中是否遵循国家规定的各项经济政策、法规，是否有利于维护市场正常秩序，是否制定适宜的宏观经济政策和财务会计政策等。

5．社会中介机构

相关的中介机构主要有会计师事务所、律师事务所、资产评估事务所、各类投资咨询公司、税务咨询公司和资信评估公司等。这些机构站在第三方角度，对企业财务进行分析，为企业股票和债券的发行、股份制改造、企业联营合资及兼并收购和清算等各项经济业务，提供各种独立、客观、公正的服务。

综上所述，财务报表的主体是多种多样的，他们对财务报表的需求也是各不相同的，可以简单归纳，如表3－1所示。

表3－1　财务分析主体及其目标

财务分析主体	财务分析目标
经营管理者	评价经营绩效，挖掘企业潜力，预测发展趋势
债权人	分析企业支付能力，正确做出信贷决策
投资者	了解企业获利能力、发展潜力等，正确做出投资决策
政府部门	监督检查企业经营活动，维护市场秩序，制定相关政策等
社会中介机构	从第三方角度分析企业财务状况，为各项经济业务提供独立服务

第三节　财务分析的内容

一、财务分析的学派

在国际上，财务分析通常被归纳为比率分析学派、财务危机预测学派和资本市场学派等，各派所关注的分析重点亦有不同。比率分析学派在财务分析史上最早出现，所关注的是在财务报表基础上转换而成的各类财务比率及其应用。人们将常用的财务比率分为流动性比率、

偿债比率、资产管理比率、盈利性比率和成长性比率五类。财务危机预测学派强调将财务报表分析的重心从对历史结果的分析转向对未来的预测，强调报表分析的主要功能是对未来事项的预测能力，他们通过对计量流动性、资本结构、盈利能力和其他一些重要比率的长期检验，预测企业破产或出现财务困境。资本市场学派认为报表分析的作用在于解释和预测证券投资报酬及其主要风险，因此重点探讨财务比率在预测证券报酬方面的作用以及会计收益的性质与证券报酬的关系。这些学派各自从一定侧面揭示了财务分析更丰富的内涵和价值。

二、财务分析的内容

无论哪种学派，财务分析的内容其实并无多少差别。

（一）企业偿债能力分析（风险性评价）

由于自有资本的有限性，举债经营是企业的必然行为，负债的企业要持续健康地发展，就必须充分考虑企业财务安全性，也就是偿债能力。偿债能力分析是财务分析的一项重要内容，包括短期偿债能力分析和长期偿债能力分析。具体分析企业资产的流动性是否良好，资本结构和负债比例是否恰当，现金流量状况是否正常等，并针对发现的问题采取相应的财务措施，改进企业偿还债务的能力，为企业的正常经营提供一个良好的财务环境。

（二）企业获利能力分析（盈利性评价）

企业存在的目的就是追求最大的获利，获利是企业生存的前提条件，也是企业经营的最基本的目的。获利能力分析是财务分析的重点，包括盈利能力分析、影响盈利因素分析、收益与成本费用结构分析等。获利能力是企业经营的综合结果，它受到偿债能力、资本结构、资产营运状况、成本管理等多方面的影响。为了取得一定的收益，就必然耗费一定的人力、物力、财力，生产经营中所发生的成本费用支出按配比原则，由一定的受益对象负担，从其收入中取得补偿。所以成本费用的大小直接影响企业的盈利。获利能力分析应从整体、部门、不同业务项目各方面对企业一定时期的成本耗用情况和盈利情况作全面的分析和评价，不仅要看绝对数还要看相对数，不仅看目前的情况，还要比较过去和预测未来，发现企业各个部门、各项业务对企业整体价值提高的贡献大小，找到成本费用增减变动的原因和利润增长的原因，从而便于管理者采取改进措施，提高企业整体获利能力。

（三）企业资产营运能力分析（效率性评价）

资产是企业生产经营活动的经济资源，企业价值创造的源泉就是对这些资源的合理利用，其管理效率的高低直接影响企业的盈利能力和偿债能力。资产营运能力分析是财务分析的重点，包括人力资源营运能力分析、流动资产管理能力分析、固定资产管理能力分析等。通过分析企业各项资产的占用状况、周转状况、规模变化、结构变化等，发现并改进企业生产经营过程中对各项资产的利用状况，从而为提高企业盈利能力和核心竞争力打下良好的基础。

（四）企业发展能力分析（成长性评价）

如果企业当前的盈利状况不错，但未来盈利前景不好，就必然会对企业的利益相关者（特别是股东和债权人）的决策产生影响，也会影响企业的当前经营，如前景不好，筹资相对就困难。所以，在企业的财务分析中，还应根据企业偿债能力、获利能力、资产营运能力及其他相关的财务和经营方面的资料，对企业的未来发展趋势做出合理的预测，通过分析企业的成长能力，为企业管理当局和投资者等的决策提供重要的依据。

（五）综合分析

财务分析的最终目的在于全面地、准确地、客观地揭示企业财务状况和经营情况，并对企业经济效益优劣做出合理的评价。显然，要达到这样一个分析目的，仅仅测算几个简单的财务比率是不够的，有时甚至会得出错误的结论。比如对于一个勇于承担风险的企业，其营运能力及盈利能力各指标都很好，对企业未来充满信心、充满希望，是一个应加以肯定的、趋于合理的、高经济效益的财务状况和经营情况。然而如果我们仅仅看它很低的偿债能力，可能做出财务状况在趋于恶化的错误判断。由此可以看出，仅仅分析某些财务指标是达不到理想分析要求的，我们需要将偿债能力、资产营运能力、盈利能力等各个方面的分析纳入一个有机的整体之中，从而全面地、准确地评价企业财务状况与经营状况。

综上所述，本书涉及的财务分析内容为：

(1)流动性评价——公司偿还短期债务的能力；

(2)风险性评价——资本结构与长期偿债能力分析；

(3)效率性评价——资产结构与营运能力分析；

(4) 盈利性评价——经营、资产及权益回报率分析，经济附加值分析；

(5)成长性评价——各类驱动公司价值提升因素的增长率分析、可持续增长率分析；

(6)现金流量状况评价——分析公司现金的来源及产生现金的能力；

(7)综合评价——全面评价公司实现战略的状况。

第四节　财务分析的一般程序和局限性

一、财务分析的一般程序

财务报表的分析需要有一套较为完整有效的方法与步骤。运用一套合理的信息分析程序对于合理开发和利用财务信息是相当重要的。这套程序一般包括以下几个步骤，如图 3—1 所示。

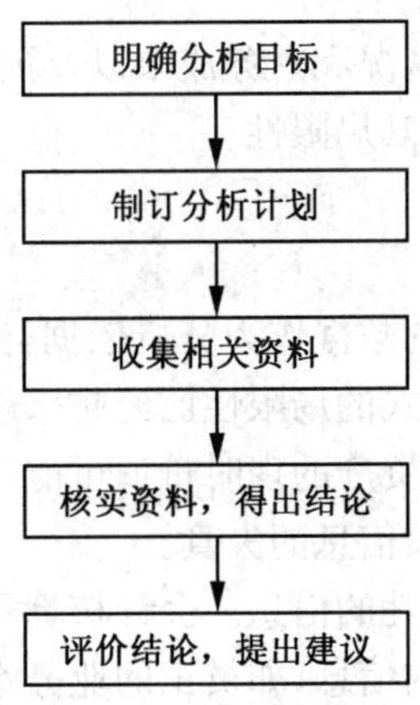

图 3—1　财务分析的程序

(一)明确分析目标

财务报表分析的目标是报表分析的最终归宿；财务报表分析的目标不同，财务报表分析所需要的资料及采用的分析方法也有所不同。比如为考核企业管理当局的业绩水平和预测企业未来收益，所需的资料和方法是截然不同的；而为高层管理当局和低层人员提供财务报表分析所需的资料和方法也都是不同的。

(二)制订分析计划

在确定财务报表分析目标以后,就要制订财务报表分析计划。分析计划包括分析范围、资料来源、收集方法、分析方法、工作安排等。分析计划是财务报表分析的行动指南,详细而具体的行动指南保证了报表分析的准确性和及时性。财务分析工作应按计划进行,但在实际分析过程中可以根据具体情况进行修改与补充。

(三)收集分析所需的相关资料

为了全面分析企业财务活动,正确评价企业的经营绩效,应完整地收集、整理分析资料,一般数据资料包括:宏观经济形势信息;行业情况信息;企业内部数据,如企业市场占有率、企业的销售政策与措施、产品的品种等。信息的收集可通过查找资料、专题调研、座谈会或有关会议等多种渠道来完成。

(四)核实分析资料,得出分析结论

收集、整理分析资料后,还必须认真检查与核实分析资料,应用适当的方法对财务数据进行评估。这是必不可少的步骤,一方面,数据和资料误差是不可避免的;另一方面,在我国现阶段,财务数据造假行为的盛行造成了财务数据和资料的不真实。

核实所收集的数据资料后,联系企业的经营环境,根据分析目标,选择合理的分析方法,注意定量分析方法与定性分析方法的结合,揭示企业现行的财务状况与经营成果,得出财务报表分析的结论。

(五)评价分析结论,提出管理建议

根据财务分析的结论,结合本企业的特点和历年状况,解释形成现状的原因,揭示经营成绩和失误,暴露存在的问题;实事求是地评价过去,科学地预测未来,提出合理化建议,形成财务分析报告,供财务分析信息需要者进行决策时参考。

二、财务分析的局限性

财务分析在反映企业生产经营状况和财务成果以及预测未来发展趋势时具有非常重要的作用,但应当注意的是财务分析也有其局限性。

(一)财务报表的局限性

1. 财务报表自身的局限性

财务分析主要以财务报表提供的数据作为分析依据,然而随着社会经济环境的变化以及经济活动的复杂和创新,传统报表模式的局限性已经越来越突出,具体表现在以下方面:

(1)会计计价的历史成本与企业资产的现时价值可能不一致。在物价变动较大的情况下,历史成本的计量方法将导致财务报表信息的失真。

(2)财务报表所披露的只是财务性的信息。会计核算只能反映货币计量的经济活动,因此财务报表无法提供不能用货币计量的信息,如员工的业务水平等。

(3)财务报表只是对过去经济活动的反映,并未提供对未来发展情况的预测性信息,而这些信息对财务报表使用者来说,则是十分重要的。

(4)财务报表未能反映某些不符合“确认”标准的项目,如人力资源、自创商誉等。

(5)财务报表披露的信息受会计人员职业判断的影响,如固定资产的折旧年限和净残值的估计、在建工程和在产品完工程度的估计等,这些都是由会计人员根据职业判断估计出来的,主观性很强,从而削弱了财务报表的客观性和可靠性。

2. 人为操纵活动影响了财务报表的真实性

要得出正确的分析结论，必须根据真实的财务报表进行分析。而企业管理层为达到展示其某些方面财务状况的目的，会人为地操纵会计信息的处理和披露。例如，人为操纵销售活动的实现时间、实现方式等。

（二）财务分析方法的局限性

财务分析的方法包括比率分析法、比较分析法与因素分析法等（下章详细介绍）。其中财务比率是建立在诸多经济假设前提之下的，当这些前提发生变化时，指标并不能说明公司的相关状况，比较分析法的比较基础也有一定的问题，与历史数据做对比，只能说明过去，不能说明现在与将来，多元化经营的状况下很难找到真正意义上的同业做对比，与计划预算做对比，也很难保证计划预算的科学性与准确性。因素分析法是建立在相关指标与驱动因素关系较为清晰的状况下按照人为设定的顺序进行分析的，这种情形与实际也不完全符合。

虽然财务分析基于以上原因有一定的局限性，但在现阶段仍是对企业进行评价的重要手段。随着社会经济的日益发展以及财务报表所反映信息的完善，财务分析方法也将逐步调整，趋于成熟。

第四章

财务分析的方法

第一节 财务分析方法的理论概述

财务分析主要依据的是企业的会计核算资料，其中财务报表是最主要的。财务报表是信息的载体，不是信息的直观反映，它提供的只是一些数字，并不是直接提供经营决策所需要的信息，我们需要用科学的分析方法，把报表上的数字加工成对报表使用者有用的信息。

财务分析方法多种多样。财务分析主体的具体目的不同，资料的实际特征不同，所选择的财务分析方法也将不同。在财务分析实务中，这些方法可以概括地分为定性和定量两种。

一、定性分析方法与定量分析方法

所谓定量分析方法，是运用数学原理和方法对经营过程中的财务活动和财务关系进行数量分析，剖析与计算财务事件的数量差异及对企业经营过程的影响程度。通常根据财务分析的目的和要求，选择不同的评价标准以建立基本计算模型进行评价分析。财务报表本身是对企业各项经济活动的量化，亦即以财务报表项目及其数据来反映企业的生产经营状况。正是财务报表的这种特性，决定了定量分析方法在进行财务报表分析的过程中是不可或缺的。它主要包括趋势分析法、结构分析法、比率分析法等。

所谓定性分析方法，是在定量分析的前提下，对财务分析的各项数据加入非计量因素和非经济因素来对财务事件和财务指标进行综合分析，找出影响分析对象变动诸多因素中的关键性因素及分析对象变化规律的一种方法。一般来说，定性分析方法主要包括因素分析法、比较分析法、指标分解法等。

需要注意的是，定性和定量的划分并没有绝对的界限。在进行企业财务分析时，既要研究其质的变化，又要研究其量的变化，因此我们通常结合运用定性与定量的方法。

二、常用分析方法概述

常用的财务分析方法如图 4－1 所示。

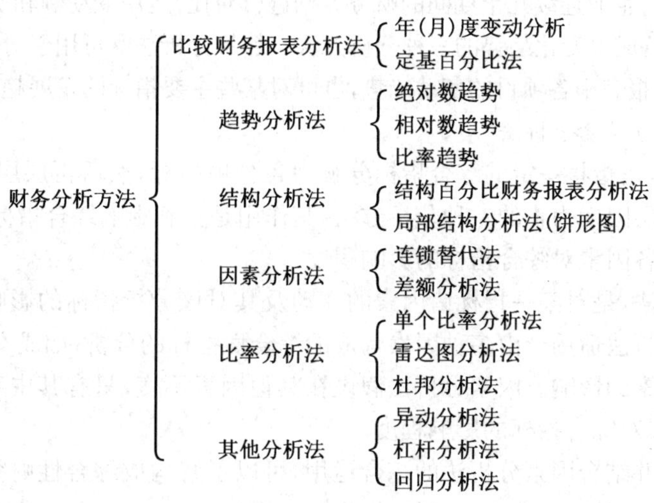

图 4－1 财务分析方法的分类

上述分析方法可以适当分为以下三类：

(一)比率分析法

比率分析法是利用财务报表中两项或两项以上相关数值的比率揭示企业财务状况和经营成果的一种分析方法。

通过比率分析,往往利用一个或几个比率就可以独立而及时地说明企业在某一方面的财务状况和经营业绩,或者说明某一方面的能力。比如,总资产报酬率可以揭示企业的总资产所取得的利润水平和能力。比率分析既包括相关比率,也包括结构比率。利用结构比率所进行的分析,有时也称为结构分析法。

结构分析法是指以财务报表中某一关键项目的数额作为基数(即 100%),而将其余各有关项目的金额分别换算成对该关键项目的百分比,以使各个项目的相对地位明显地表现出来,从而揭示财务报表中各项目的相对重要性及财务报表的总体结构关系。因此,结构分析法的计算公式一般为：

结构百分数＝某项目数据/总体数据×100%

结构分析法通常运用在对财务报表的分析中。在进行结构分析时,各个报表项目以结构百分比列示,因此结构分析法常常被称作构成比例分析、比重分析或结构百分比财务报表分析等,可分别应用于对资产负债表、利润表和现金流量表的分析,在以后的内容中我们将进行具体论述。

(二)比较分析法

比较分析法是财务分析中最常用的一种基本分析方法。

所谓比较分析法,是指将某项财务指标与性质相同的指标标准进行对比,来揭示经济指标间的数量关系和数量差异,从而达到分析目的的一种方法。

应当说明的是,用于比较的数据既可以是趋势分析中的绝对数额、环比变动百分比和定基变动百分比,也可以是结构分析中的结构百分比,还可以是各种财务比率。因此,严格地说,比较分析法并不是一种独立的分析方法,而是其他分析方法的一个总体名称。其中趋势分析法是比较分析法中使用频率最高的方法之一。

趋势分析法是将企业连续几个期间的财务数据进行对比，运用变动额和变动率的计算，得出企业财务状况和经营成果变化趋势的一种分析方法。趋势分析法既可用于对会计报表的整体分析，即研究一定时期报表中各项目的变动趋势，也可对某些主要指标的发展趋势进行分析。

(三)指标分解与因素分析法

所谓指标分解，是指将一定的综合指标分解为各分项指标，然后再层层划分，直到找到影响该指标值的最底层因素为止的一种分析方法，其作用是找到影响综合指标的因素。其次，利用因素分析法确定各因素对综合指标的影响程度。

所谓因素分析法，是对某一指标诸因素的变动及其对该分析指标的影响程度进行分析的一种方法。因素分析法适用于由多种因素构成的综合性指标的分析，如成本、利润等。一项综合性指标受很多因素的影响。因素分析法假设在其他因素不变，只有其中某一因素变动的情况下，预测这一因素对综合指标的影响程度。

通过指标分解并结合因素分析法的综合运用，可以了解构成综合性财务指标的各项因素及其各自的变动影响，从而明确经济责任，提出改进措施。

第二节 比率分析法

在财务分析过程中，由于对指标的绝对数进行比较的结果会受生产经营规模等因素的影响，而相对值对比则能克服这些因素的影响。例如，甲、乙两个企业年营业利润均为 100 万元。甲企业的年销售收入为 1 000 万元，乙企业的年销售收入为 5 000 万元。如从营业利润的绝对值来说，两个企业的经营成果相同，但如从营业利润的相对指标来看，实际上甲企业的毛利率为 10%，乙企业的毛利率只有 2%。可见，比率分析法更能恰当地评价企业的财务状况和经营成果，它在财务分析中占据基础的地位。

常见的财务比率如图 4—2 所示。

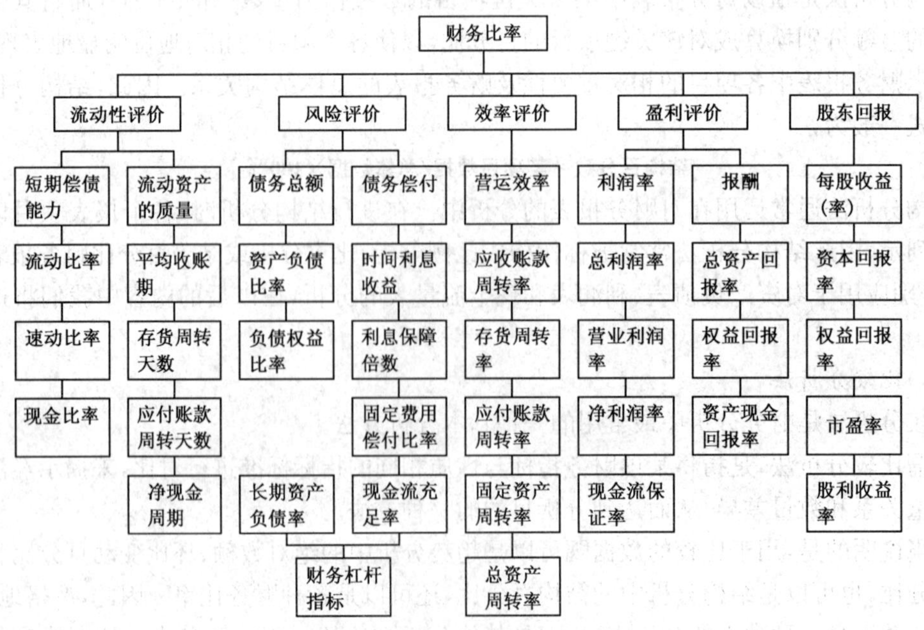

(出自 Lyn M. Fraser 的 Understanding Financial Statements)

图 4—2 财务比率一览

财务分析的比率是众多的，不同的分析主体对于财务比率的运用也不尽相同，这里主要给出与本课程关系较为密切的比率选用表(见表4—1、表4—2和表4—3)。

表4—1 **企业常用的财务比率**

企业年度报告中常出现的比率	企业目标中主要的财务比率
每股收益、每股股利、每股净资产、股利支付率	每股收益
营运资本	债务/权益比率
权益收益率、资本收益率、资产收益率	权益净利率
销售毛利率、营业毛利率、税前利润率、净利率	流动比率
实际税率	销售净利率
流动比率	股利支付率
债务/资本、债务/权益	总投入资本税后收益率
总资产周转率	税前利润率
市盈率	总资产净利率
小时工资率	应收账款周转天数

表4—2 **会计师、分析师认为最重要的财务比率**

企业会计师	注册会计师	财务分析师
每股收益	流动比率	权益净利率
权益净利率	应收账款周转天数	市盈率
销售净利率	权益净利率	每股收益
债务/权益比率	债务/权益比率	销售净利率
税前利润率	速动比率	资产收益率
总投入资本税后收益率	销售净利率	税前利润率
资产净利率	税前利润率	固定费用偿付率
股利支付率	资产净利率	速动比率
市盈率	总投入资本税后收益率	资产净利率
流动比率	存货周转天数	利息保障倍数

表4—3 **我国上市公司披露的相关比率**

中报中主要披露的比率	年报中主要披露的比率
资产负债率	每股收益
每股收益	扣除非经常性损益后的每股收益
扣除非经常性损益后的每股收益	每股净资产
报告期末至披露日股份变动后的每股收益	调整后每股净资产

续表

中报中主要披露的比率	年报中主要披露的比率
净资产收益率	净资产收益率
每股净资产	每股经营活动产生的现金流量净额
调整后每股净资产	
报告期末至披露日股份变动后的每股净资产	
每股经营活动产生的现金流量净额	

一、比率指标的构建形式

比率分析法是建立在一套比率指标体系的基础上，就是把分析的数值变成相对数，计算出各种比率指标，然后进行比较，从确定的比率差异中发现问题。比率指标主要有以下三种构建形式：

（一）结构比率分析

结构比率，又称构成比率、结构比重，是指某项财务指标的各个组成部分占总体的比重，反映部分与总体的关系，用来说明指标的内部构成情况及其变化。其计算公式为：

$$构成比率=\frac{某组成部分数额}{总体数额}\times 100\%$$

在财务报表结构分析中，常用的构成比率有：

(1)资产结构，即流动资产、固定资产、无形资产等各资产占总资产的比率。

(2)债务结构，即各负债占总负债的比率。

(3)销售结构，即某类商品销售额占总销售额的比率。

(4)费用结构，即财务费用、管理费用、销售费用占费用总额的比率。

(5)成本结构，即单位成本各构成项目占单位产品成本的比率。

(6)利润结构，即营业利润、投资收益和营业外收支净额占利润总额的比率。

利用构成比率指标，可以考察总体中某个部分的安排是否合理，某个部分在总体中的地位、作用，以协调各项财务活动，突出重点。还可以将这些比率指标与目标水平、行业水平进行比较，将比率分析和比较分析相结合，充分揭示企业财务业绩的构成和结构的发展变化情况。

（二）相关比率分析

相关比率是指两个有着相互联系的财务指标的比率，据以评价企业财务状况及经营成果。如财务活动中反映投入与产出、耗费与收入的成本费用与产品销售收入的比率、成本费用与利润的比率、资金占用额与销售收入的比率、资金占用额与利润的比率、资本数额与利润的比率等。利用这些比率指标，可以对企业进行得失比较，分析与考察企业财务成果，评价企业经营状况和经济效益水平。又如负债总额与资产总额的比率、流动资产与流动负债的比率、所有者权益与负债总额的比率等。利用这些比率指标，可以考察企业有联系的相关指标之间安排是否合理，能否保障生产经营活动的正常运行。

（三）动态比率分析

动态比率是指某指标在不同时期的数值在时间上的发展变动比率，一般用于比较分析法。动态比率分析将连续数年（大于等于三年）的财务报表中的某项目进行比较分析，通过计算项目的发展速度、增长速度、平均发展速度、平均增长速度等，以揭示其发展规律和发展趋势。如对净利润的动态分析，以衡量企业的长期获利能力；对销售收入、总资产进行动态分析，以衡量公司规模发展状态等。由于计算动态比率时选用的基期数值不同，我们将动态比率分为定基比率和环比比率两个指标。

定基比率是将某一时期的数值固定为基期数值而计算的比率，环比比率是将每一分析期的前期数值固定为基期数值而计算的比率，从而将动态比率细分为定基比发展速度、环比发展速度、定基比增长速度、环比增长速度、平均发展速度、平均增长速度。其计算公式为：

$$\text{定基比发展速度}=\frac{\text{报告期数值}}{\text{基期数值}}\times 100\%$$

$$\text{环比发展速度}=\frac{\text{报告期数值}}{\text{上期数值}}\times 100\%$$

$$\text{定基比增长速度}=\text{定基比发展速度}-1=\frac{\text{报告期数值}-\text{基期数值}}{\text{基期数值}}\times 100\%$$

$$\text{环比增长速度}=\text{环比发展速度}-1=\frac{\text{报告期数值}-\text{上期数值}}{\text{上期数值}}\times 100\%$$

$$\text{平均发展速度(即环比发展速度的几何平均数)}=\sqrt[\text{期间数}-1]{\frac{\text{报告期数值}}{\text{基期数值}}}$$

$$\text{平均增长速度}=\text{平均发展速度}-1$$

二、结构比率在报表分析中的运用

结构比率运用在财务报表的分析中，其作用主要体现在以下两个方面：

首先，结构分析反映了各组成项目数据的分布情况。结构分析的基本方法是确定报表中各项目数据占总体数据的比重或百分比。通过各项目数据的比重，分析各项目数据在企业经营中的重要性，一般项目数据比重越大，说明其重要程度越高，对总体的影响越大。

其次，结构分析对财务报表的横向比较尤为有用。在有着不同规模的企业之间，直接进行财务报表的比较分析，就会因为规模差异而产生误导。例如，甲公司的利润为 2 000 万元，乙公司的利润为 20 000 万元，那么，依此认为乙公司的盈利能力比甲公司强，就有可能是错误的，因为两者资产规模并不一定相同。为此，在横向比较之前，先要计算出结构相对数，以控制规模差异。处理后的报表通常称为结构百分比报表、同型财务报表或共同比报表(见表 4—4 和表 4—5)。

表 4—4　　甲公司简化的结构百分比资产负债表　　单位：%

资　产	20×7 年	20×6 年	权　益	20×7 年	20×6 年
流动资产：			流动负债：		
货币资金	8	11	应付票据	16	11
应收账款	11	12	短期借款	21	21
存货	17	17	长期借款	17	17
流动资产合计	36	40	负债合计	54	49
固定资产	55	55	股本	35	38
其他长期资产	9	5	未分配利润	11	13
资产合计	100	100	权益合计	100	100

对表 4—4 中的数据进一步分析发现，由于其他长期资产占总资产的百分比由 5%增加到 9%，流动资产在总资产中的比重就下降了；而流动负债增加主要是由于应付票据的增加，从而也导致负债占总资产的比重增加。

表 4—5 A、B、C 公司简化的结构百分比利润表

项 目	公 司		
	A	B	C
营业收入	100	100	100
营业成本	70	65	75
费用	12	20	15
营业利润	18	15	10
所得税	4.5	3	2.5
净利润	13.5	12	7.5

通过观察和比较不同公司的结构百分比报表，增强了数据的可比性，消除了规模差异产生的影响。通过分析就可以发现各公司之间的账户结构和分布的差异，指导我们对差异的原因进行调查和了解。例如通过上表的比较，就可以发现 A、B、C 三家公司之间营业利润率的差异，就可以进一步寻找导致差异的原因。结构百分比报表分析经常延伸到检查特定子类的比例构成。例如，在评价流动负债的流动性时，不仅要了解各项流动负债占总负债的比例是多少，还要了解各项流动负债在流动负债总额中的比例。分析结构百分比利润表时，了解各费用项目数占销售收入的比例，对分析通常很有指导意义。但有一个例外——所得税，它与税前收益相关，而与销售收入无关，计算这个结构百分比意义不大，但结构百分比报表的主要缺点就是不能反映被分析公司的绝对规模，结构百分比报表更适合公司间横向比较，而在解释其变动趋势时，还应该慎重。要将绝对金额与相对比例结合起来分析。

三、比率分析法应注意的问题

在采用比率法进行财务分析时要注意以下问题：

第一，在运用相关比率分析时，应注意正确地计算和使用财务比率，找到主要的分析比率。因资料使用者分析的目的不同，应根据行业特点、企业类型，选择一组相互联系的有用的比率进行分析。如债权人主要关心的是企业资产流动性，特别注意衡量企业流动性的比率。投资者进行财务分析的目的，在于考察企业获利能力和经营趋势，特别关注的是企业的利润指标等。

第二，在进行动态比率分析时，应剔除偶发性特殊项目的影响，尤其是定基发展速度的基期选择必须具有代表性，否则将影响分析结果的准确性。

第三，在进行比率分析时，不能把计算比率本身当作目的，计算各项比率的目的是为了说明企业目前和历史的财务活动，并预测未来。单独一个财务比率是很难说明问题的，应结合比较分析法，更好地评价企业的财务状况和经营成果。

第三节 比较分析法

比较分析法将彼此联系的指标进行对照，确定它们之间的差异，用以评价财务活动。通过

比较分析，可以发现差距，找出产生差距的原因，从而判断企业的经营活动和经营成果的好坏。比较分析法可进一步按照比较标准与比较对象进行分类。

（一）按照比较标准分类

比较标准取得的恰当与否，关系财务分析结果的准确度和可靠性，因此应当采取谨慎的态度。在比较分析中通常采用的评价标准有以下几种：

1. 绝对标准

绝对标准是指被普遍接受和公认的标准，无论哪个企业，无论分析的目的是什么，它都是适用的，如2∶1的流动比率标准和1∶1的速动比率标准等，这些标准之所以应用很普遍，是因为它们能揭示企业财务活动与财务风险的最一般的状况。

2. 行业标准

行业标准就是以企业所在行业的特定指标数值作为财务分析对比的标准，它可以是绝对数，也可以是相对数。在行业范围内，以行业标准为依据，对同行业进行财务分析比较，是目前财务分析广泛使用的方法。此方法可以增加财务分析的相应数据的可比性，提高分析的准确度，可以直观地显示出被分析的目标企业在所属行业中的地位和未来前景，有利于发现本企业在同行业中的优势与差距。

在实际工作中的具体做法有多种：

(1)本企业的财务指标与同行业公认的标准指标对比；

(2)与同行业的平均水平指标对比，可以分析与判断该企业在同行业中所处的位置；

(3)与同行业的先进水平指标对比，实际上是与先进管理方法、先进技术水平相比较，找出本企业与同行业先进水平的差距，发现本企业自身的不足，有利于向先进水平学习，促使企业管理水平的提高，推动企业努力赶超先进水平。

例如，A企业销售总额实现情况及分析见表4—6。

表4—6　企业销售总额实现情况及分析　单位：万元

本年实际数	本年计划数	上年实际数	同类企业本年实际数	与计划比	与上年比	与同类企业比
220	200	190	230	+20	+30	−10

分析结果表明，A企业本年实际完成销售总额比计划增加20万元，比上年增加30万元，但与同类企业相比少10万元。企业应在肯定成绩的同时，发现与同类企业的差距，寻找原因，采取措施，争取将销售总额提高到一个新的水平。

3. 计划标准

计划标准就是以企业的计划数据作为财务分析的标准。将分析数据和计划数据对比，可以找出实际工作与计划的差异，说明本期计划的完成情况，如果企业的实际财务指标达不到计划，应进一步查明原因，以便改进财务管理工作。当然，这里的计划要根据实际情况来制订，如果制订的计划超额完成或根本就完不成的可能性很大，则说明计划的质量不高，与这样的计划相比较意义不大。

4. 历史标准

历史标准可以是绝对数，也可以是相对数。将实际指标与企业前期指标对比，了解企业财务活动的发展趋势和管理水平的提高情况，找出差异，看看企业在经营管理方面有无改进和提高，并采取相应的对策。

在财务分析工作中，历史标准的具体运用方式有三种：

（1）与上期实际水平对比，即将本期财务指标的实际数与上期期末相同指标的实际数进行比较；

（2）与历史同期水平对比，即将本期财务指标的实际数与历史上相同时期的实际数进行比较；

（3）与历史最高水平对比，即将本期财务指标的实际数与该指标历史上曾达到过的最高水平进行比较。

上述四种比较标准，理论上一般称为基期数据，即被比较的数据。且四种比较标准中，因历史数据较为容易获得，因此是较为常用的比较标准，且与历史标准对比的目的是说明长期变化的趋势，因此又称趋势分析法。

趋势分析法也被称作纵向比较分析法、动态比率分析法等。它运用动态比率数据对企业某些同类经济现象各个时期的变化情况加以对比与分析，以发现其发展规律和发展趋势。企业财务信息受多方面因素的影响，如果只从某一时期或某一时点上进行观察，则很难看清它的发展规律和发展趋势，因此，只有把若干时期或时点上的数据按时间顺序整理为数列，对该数列进行观察，并计算出它的发展速度、增长速度、平均发展与增长速度等，才能准确探索它的发展潜力和趋势。

（二）按照比较对象分类

在比较分析法中，比较标准说明了与谁比，但还没有说明比什么，因此从比较对象上看，比较分析的对象一般包括三类：

1. 财务报表原数比较

财务报表原数的比较是对连续几个会计期间的财务报表中相同项目的增减变动金额和幅度进行比较，据以判断企业财务状况和经营成果发展变化的一种方法。运用该方法时，最好是既计算有关指标增减变动的绝对值，又计算其增减变动的相对值。这样可以有效地避免分析结果的片面性。

［例］ 甲公司资产负债表变动趋势如表4－7所示。

表4－7　比较性资产负债表　单位：元

项　目	20×6年	20×7年	增减数	增减/%
货币资金	324 786.98	257 689.52	－67 097.46	－20.66
短期投资	10 000.00	5 000.00	－5 000.00	－50
应收账款净额	120 000.00	136 000.00	16 000.00	13.33
存货	637 489.26	875 346.19	237 856.93	37.31
流动资产合计	1 092 276.24	1 274 035.71	181 759.47	16.64
长期投资	—	500 000.00	500 000.00	—
固定资产净值	568 938.71	793 246.84	224 308.13	39.43
无形资产	—	1 800 000.00	1 800 000.00	—
资产合计	1 661 214.95	4 367 282.55	2 706 067.60	162.90
短期借款	200 000.00	380 000.00	180 000.00	90.00

续表

项　目	20×6 年	20×7 年	增减数	增减/%
应付项目	692 485.28	889 564.81	197 079.53	28.46
流动负债合计	892 485.28	1 269 564.81	377 079.53	42.25
长期借款	—	800 000.00	800 000.00	—
应付债券	—	1 000 000.00	1 000 000.00	—
负债合计	892 485.28	3 069 564.81	2 177 079.53	243.93
实收资本	230 205.78	480 205.95	250 000.17	108.60
未分配利润	538 523.89	817 511.79	278 987.90	51.81
所有者权益合计	768 729.67	1 297 717.74	528 988.07	68.81
负债及所有者权益	1 661 214.95	4 367 282.55	2 706 067.60	162.90

通过以上比较性资产负债表提供的资料来看，该公司 20×7 年各项财务指标均呈上升趋势，从总体上看公司的规模在迅速扩大，就数值比率来看，比 20×6 年增加 1.62 倍。从资产部分的比较分析看，固定资产增加了 224 308.13 元，增长了 39.43%，这表明公司的生产能力有很大提高。但公司生产能力是否得到充分发挥，还需对公司生产能力的迅速增长的必要性和合理性进行分析。就流动资产各组成项目的增减情况来看，货币资金和短期投资项目较上年分别下降了 20.66%和 50%；应收款项较上年上升了 13.33%；只有存货上升较大，增加了 237 856.93元，增长率达到 37.31%。流动资产各项目的变化可能导致企业支付能力的减弱。

从负债和所有者权益部分的比较分析来看，流动负债增加了 377 079.53 元，增长率为 42.25%，明显快于流动资产的上升幅度，对公司短期偿债能力有不利影响，应作进一步分析；长期负债在 20×6 年没有的情况下，20×7 年增加了 180 000 元，这对公司资本结构有一定影响；所有者权益发生显著变化，共增加了 528 988.07 元，增长率是 68.81%，其中主要是实收资本的增加幅度较大。以上公司资本来源的增加主要是为了公司规模扩大的需要，但还需进一步分析这种变化对公司今后的生产经营有何影响。

[例]　乙公司 20×5～20×7 年利润变动趋势如表 4－8 所示。

表 4－8　**环比趋势百分率损益分析表**　单位：%

项　目	20×6/20×5	20×7/20×6
一、主营业务收入	105.89	123.52
减：主营业务成本	114.28	114.97
主营业务税金及附加	115.15	139.92
二、主营业务利润	108.57	119.39
加：其他业务利润	115.00	104.35
减：营业费用	132.00	171.72
管理费用	117.50	112.77
财务费用	104.00	119.23

续表

项　目	20×6/20×5	20×7/20×6
加:投资收益	135.00	100
三、营业利润	101.92	114.89
加:营业外收入	145.71	84.31
减:营业外支出	87.79	129.56
四、利润总额	103.78	109.86
减:所得税	103.78	109.86
五、净利润	103.78	109.86

从表 4—8 中可以清楚地看到:(1)主营业务收入两年内都有不同程度的增长,20×7 年较 20×6 年增长 23.52%,表明企业处于快速发展时期。(2)20×7 年主营业务利润的增长幅度不及主营业务收入的增幅,这主要是因为主营业务税金及附加增幅较大,达 39.92%,企业应对此做进一步的分析研究。(3)两年内营业外收入和营业外支出的变动情况异常,经营者对此问题的具体原因应做深入研究。(4)20×7 年该企业利润总额与净利润的增长幅度较上一年度并没有明显提高,其主要原因在于企业成本控制还有待提高,从而影响了企业的获利能力。

2. 重要财务指标比较

将不同时期财务报告中的相同指标或比率进行比较,直接观察其增减变动情况及变动幅度,分析和预测企业财务活动的发展趋势。

[例]　丙公司 20×6 年和 20×7 年主要财务比率指标如表 4—9 所示。

表 4—9　主要财务比率指标

财务比率	20×7 年	20×6 年
流动性比率		
流动比率	0.396 2	0.816 6
速动比率	0.386 7	0.810 9
经营效率比率		
存货周转率	75.237 8	60.123 1
应收账款周转率	6.025 0	4.457 9
总资产周转率	0.242 0	0.170 1
收益比率		
净资产收益率(%)	0.780 0	−20.620 0
每股收益	0.012 3	−0.396
主营业务利润率(%)	17.000 0	−6.880 0
总资产收益率(%)	−7.050 0	−43.040 0

通过表中财务比率的趋势比较,可以对公司做出如下判断:

(1)流动性比率。在反映公司短期偿债能力的比率中,20×7 年度的流动比率、速动比率与 20×6 年相比下降幅度较大,这说明企业的变现能力下降。这一方面说明企业能够充分利用财务杠杆获取较高收益,另一方面说明企业具有较高的财务风险。

(2)经营效率比率。一般认为,存货周转率和应收账款周转率越高,表示公司对流动资产的管理效率也越高,资金的占用水平较低及增值能力越好。公司 20×7 年的这两个指标与20×6年相比有所上升,表明公司对资产的管理效率提高了。同时总资产周转率增加,说明公司总资产周转速度加快,销售能力增强。

(3)收益比率。净资产收益率是评价企业资本经营效益的核心指标,它能够比较客观、综合地反映企业的经营效益,准确体现投资者投入资本的获利能力。公司 20×6 年度净资产收益率为−20.620 0%,20×7 年度为 0.780 0%,上升幅度较大,说明公司运营效率大幅提高。主营业务利润率主要用于反映企业主营业务的获利能力,总资产收益率则全面反映公司的获利能力和投入产出状况。公司在 20×7 年的主营业务利润率、总资产收益率较 20×6 年度均有较大增幅,说明公司的盈利情况得到很大改善。

3. 报表项目构成比较

这种方式是在财务报表原数比较的基础上发展而来的,它是以财务报表中的某个总体指标为 100%,计算出其各组成项目占该总体指标的百分比,从而比较各个项目百分比的增减变动,以此来判断有关财务活动的变化趋势。这种方式较前两种更能准确地分析企业财务活动的发展趋势,有利于分析企业的耗费和盈利水平,但计算较为复杂。

[例] 丁公司 20×5～20×7 年报表项目结构分析如表 4−10 所示。

表 4−10　　丁公司 20×5～20×7 年报表项目结构分析

项　目	结构百分比(%)			环比变动数(%)		
	20×5 年	20×6 年	20×7 年	20×5 年	20×6 年	20×7 年
货币资金	10.00	11.00	8.00	—	0.10	−0.27
应收账款	14.00	12.00	11.00	—	−0.14	−0.08
存货	18.00	16.00	17.00	—	−0.11	0.06
固定资产	53.00	55.00	55.00	—	0.04	0.00
资产总额	100.00	100.00	100.00	—	—	—
短期借款	18.00	20.00	21.00	—	0.11	0.05
应付账款	12.00	11.00	16.00	—	−0.08	0.45
长期借款	16.00	17.00	17.00	—	0.06	0.00
负债总额	100.00	100.00	100.00	—	—	—

通过计算资产负债表各项目的结构百分比以及结构百分比的环比变动趋势,不仅可以看出相关项目变动的方向,还可以看出其变动的幅度。

在环比分析中需要注意的是,如果前期的项目数值为零或负数,则无法计算出有意义的变动百分比,则只能使用绝对数进行比较。

(三)比较分析法应注意的问题

采用比较分析法进行财务分析,应注意以下问题:

第一,在运用比较分析法时,必须强调指标之间的可比性,即指标间的计算口径、时间宽容度、计算方法等各方面应保持一致。所谓计算口径一致,是指实际财务指标所包含的内容、范围要与标准指标保持一致。比如,财务数据大多是以货币计量的,这就必然受不同地区价格的影响,不同地区的价格水平不同,财务数据的可比性差,同样地,价格水平的波动也会削弱同一企业在不同时期数据的可比性。所谓时间宽容度一致,是指实际财务指标的计算期限要与标准指标保持一致,如果实际指标是年度指标,那么,标准指标也应是年度指标。所谓计算方法一致,是指实际财务指标的计算程序以及在计算过程中考虑的影响指标的各项因素与标准指标均保持一致。同一经济业务,不同的会计处理、计价方法会导致数据的不可比,比如,固定资产的折旧方法的不同,必然导致企业资产价值、成本费用大小和利润高低的不同。再如,存货计价有加权平均法、先进先出法等多种方法可供选择,不同的计价方法会产生不同的存货价值和不同的利润。

如果存在不可比的情况,应进行调整计算,剔除不可比因素后,再进行对比。只有指标可比,比较的结果才有现实意义,才能说明实际问题。

第二,例外分析原则,即比较分析时需要突出经营管理上的重大特殊问题,分析的项目应符合分析的目的;注意一些重大事项和环境因素对各期财务数据的影响。

第三,绝对数指标比较与相对数指标比较必须同时进行。因为绝对数指标与企业生产经营规模的大小有直接关系,采用绝对数指标虽然能反映出财务指标的表面差异,但不能深入揭示财务现象的内部矛盾,而相对数指标则能做到这一点。

第四节 因素分析法

比较分析方法反映的是某财务指标与被比较财务指标之间的差异,至于差异形成的原因及各种原因对差异形成的影响程度的分析,则需要进一步利用因素分析法进行分析。因此因素分析法适用于多种因素构成的综合性指标的分析。

一项综合性指标受很多因素的影响,在因素分析的过程中,首先需要运用指标分解法对综合性财务指标进行分解。财务指标的内涵不同,在对其进行分解时所采用的因素分析法也不尽相同,常见的分解关系式如表 4－11 所示。

表 4－11 对综合性财务指标进行分解的关系式

主要方法	数学形式	举例说明
和差法	C＝A＋B	总资产周转天数＝流动资产周转天数＋长期资产周转天数
乘积法	D＝A×B	总资产净利率＝销售净利率×总资产周转率
混合法	E＝A＋(A－B)×C	净资产收益率＝净经营资产利润率＋(净经营资产利润率－税后利息率)× 净财务杠杆

在指标分解的基础上,因素分析法假设在其他因素不变,只有其中某一因素变动的情况下,预测这一因素对综合指标的影响程度。常用的分析方法有以下几种:

(一)连环替代法

连环替代法是因素分析法的基本形式,它是把经济指标分解成各个可以计量的因素,根据因素之间的依存关系,依次测定这些因素对财务指标的影响方向和影响程度的一种方法。连环替代法的名称是由其分析程序的特点而来的。为正确理解连环替代法,首先应明确连环替代法的一般程序或步骤。

例如,20×5 年甲公司财务比率分析如表 4－12 所示。

表 4－12　　20×5 年甲公司财务比率分析

财务指标	实际指标数值(A)	基准指标数值(B)
销售净利率	25％	20％
资产周转率	0.6	0.5
权益乘数	1.5	2
权益净利率	22.5％	20％

连环替代法的程序如下：

(1)确定分析指标与其影响因素之间的关系。通常是用指标分解法，即将经济指标在计算公式的基础上进行因素分解，从而得出各影响因素与分析指标之间的关系式，分析这一关系式，既可以说明哪些因素影响分析指标，又可以说明这些因素与分析指标之间的关系及影响的轻重顺序。如权益净利率指标，要确定它与影响因素之间的关系，可按下式进行分解：

权益净利率＝资产净利率×权益乘数

＝销售净利率×资产周转率×权益乘数

其中：

权益乘数＝1÷(1－资产负债率)

从上述关系式中可看出，决定权益净利率高低的因素有三个：销售净利率、资产周转率、权益乘数，它们都与权益净利率成正比例关系；它们的排列顺序是，销售净利率在先，其次是资产周转率，最后是权益乘数。

(2)根据分析指标的实际数值与基准数值列出两个关系式，确定分析对象。对于权益净利率而言，两个关系式是：

实际权益净利率(A)＝实际销售净利率×实际资产周转率×实际权益乘数

＝25％×0.6×1.5＝22.5％

基准权益净利率(B)＝基准销售净利率×基准资产周转率×基准权益乘数

＝20％×0.5×2＝20％

分析对象＝ A－B＝实际权益净利率－基准权益净利率

即两者的差异值＝22.5％－20％＝2.5％

(3)连环顺序替代，计算替代结果。所谓连环顺序替代，就是以基准指标体系为计算基础，用实际指标体系中的每一因素的实际数有序地依次替代其相对立的基准数，在替代时必须是在第一个因素变化后不再变化的基础上替代第二个因素；在第一、第二个因素变化后不再变化的基础上替代第三个因素，以此类推，每个因素依次替代，每次替代后，计算出相应的结果。继续承接上例：

C＝实际销售净利率×基准资产周转率×基准权益乘数

＝25％×0.5×2＝25％

D＝实际销售净利率×实际资产周转率×基准权益乘数

＝25％×0.6×2＝30％

A＝实际销售净利率×实际资产周转率×实际权益乘数

＝25％×0.6×1.5＝22.5％

以上各式中，C、D、A 分别表示因销售净利率、资产周转率、权益乘数变动影响形成的结果。

(4)比较各因素的替代结果，确定各因素对分析指标的影响程度。比较替代结果是连环进行的，即将每次替代所计算的结果与这一因素被替代前的结果进行对比，两者的差额就是替代因素对分析对象的影响程度。在上述甲公司的例子中，

C－B＝25％－20％＝5％

D－C＝30％－25％＝5％

A－D＝22.5％－30％＝－7.5％

三个计算结果分别反映了销售净利率、资产周转率、权益乘数变动对权益净利率指标的影响程度。

(5)检验分析结果。即将各因素对分析指标的变动影响程度相加，检验是否等于总差异。如果相等，说明分析结果是正确的；如果不相等，说明分析结果是错误的。

(二)差额计算法

差额计算法有时是连环替代法的一种简化形式，其因素分析的原理与连环替代法是相同的。区别只在于分析程序上，差额计算法比连环替代法简化，即它是直接利用各影响因素的实际数与基准数的差额，在其他因素不变的假定条件下，计算该因素对分析指标的影响程度。或者说差额计算法是将连环替代法的第三步骤和第四步骤合并为一个步骤而进行。继续承接上例：

销售净利率变动的影响＝销售净利率差异×基准资产周转率×基准权益乘数

＝(25％－20％)×0.5×2＝5％

资产周转率变动的影响＝实际销售净利率×资产周转率差异×基准权益乘数

＝25％×(0.6－0.5)×2＝5％

权益乘数变动的影响＝实际销售净利率×实际资产周转率×权益乘数差异

＝25％×0.6×(1.5－2)＝－7.5％

各因素影响之和为：5％＋5％－7.5％＝2.5％

可见，差额计算法和连环分析法的结果是一样的。它表明，销售净利率增加使权益净利率上升5％，资产周转率增加使权益净利率上升5％，权益乘数下降使权益净利率下降7.5％，这三项因素综合的结果使权益净利率上升了2.5％。

从上述实例中我们发现连环替代法与差额分析法都是因素分析法的两种运用形式，感觉上差额分析法更为简单一些，其实不是每种情形下都是如此，究竟采用哪种运用形式更为简便，取决于综合指标与驱动因素之间的分解公式，我们仍以表4－11为依据，通过表4－13加以说明。

表4－13　　因素分析法的运用形式选择

关系形式	因素分析法的形式选择
C＝A＋B	差额分析法：$C_1-C_0=(A_1-A_0)+(B_1-B_0)$
D＝A×B	差额分析法：$D_1-D_0=(A_1-A_0)\times B_0+A_1\times(B_1-B_0)$
E＝A＋(A－B)×C	连环替代法：A因素的替代：$A_1+(A_1-B_0)\times C_0$ B因素的替代：$A_1+(A_1-B_1)\times C_0$ C因素的替代：$A_1+(A_1-B_1)\times C_1$

(三)因素分析法应注意的问题

第一，因素分解的相关性。所谓因素分解的相关性，是指分析指标与其影响因素之间必须

真正相关，即有实际经济意义。各影响因素的变动确实能说明分析指标差异产生的原因。这就是说，经济意义上的因素分解与数学意义上的因素分解不同，不是在数学算式上相等就行，而要看经济意义。例如，将影响材料费用的因素分解为下面两个等式，从数学上都是成立的。

材料费用＝产品产量×单位产品材料费用

材料费用＝工人人数×每人消耗材料费用

但是从经济意义上说，只有前一个因素分解式是正确的，后一因素分解式在经济上没有任何意义。因为工人人数和每人消耗材料费用到底是增加有利，还是减少有利，无法用这个式子说清楚。当然，有经济意义的因素分解式并不是唯一的，一个经济指标从不同角度看，可分解为不同的有经济意义的因素分解式。这就需要我们在因素分解时，根据分析目的和要求，确定合适的因素分解式，以找出分析指标变动的真正原因。

第二，计算条件的假定性。应用连环替代法测定某一因素变化的影响程度时，是以假设其他因素不变为条件的，计算结果只能说明在某种假设前提下的结果，这是由连环替代法本身的性质决定的。因此，我们在因素分解时，除了要注意相关性以外，还要注意因素之间的依存关系，因素之间最好是相互独立的。我们知道产品销售利润率＝产品销售利润/产品销售收入，若将产品销售利润率分解成产品销售利润和产品销售收入两个因素，产品销售利润增加，产品销售利润率增加；产品销售收入增加，产品销售利润率降低，而产品销售利润是包括在产品销售收入中的，随着销售收入增加，产品销售利润也增加，这和假设条件是不相符的，影响分析结果的正确性。

第三，因素替代的顺序性。各个因素替代顺序不同，因素对指标的影响程度也不同，但是，总的差异是不变的。如何确定正确的替代顺序呢？应取决于分析的目的和指标与因素之间的依存关系。传统的方法是按基本因素在前、从属因素在后，数量指标在前、质量指标在后，实物量因素在前、货币量指标在后的原则排列。一般来说，替代顺序在前的因素对经济指标影响的程度不受其他因素影响或影响较小。可以看出，连环替代法实际上是比较分析法的发展和补充，是以指标的对比分析为基础的。

第五节 综合分析法

一、综合分析法的定义

企业的各项财务活动、各张财务报表、各项财务指标是相互联系的，并且相互影响，这就需要财务报表使用者将企业财务活动看作是一个大系统，将不同财务报表和不同财务指标结合起来，对系统中相互依存、相互作用的各种因素进行综合分析。这样，有利于财务报表使用者全方位地了解所分析企业的财务状况、经营业绩和现金流量，并借以对所分析企业整体做出系统的、全面的评价。单独分析任何一项或一类财务指标，都难以全面评价所分析企业的财务状况和经营成果。

二、综合分析法的原理

应用比较广泛的综合分析法有沃尔评分法、杜邦财务分析体系、帕利普财务分析体系等，在此先简单介绍一下杜邦财务分析体系，详细的介绍参见综合分析章节。杜邦财务分析体系是利用各个主要财务比率指标之间的内在联系，建立财务分析指标体系，综合分析企业的财务状况的方法。由于该分析方法是由杜邦公司的财务主管布朗发明，并由杜邦公司最初采用，所以称之为杜邦财务分析体系。它的特点是：将若干反映企业盈利能力、偿债能力和营运能力的比率按其内在的联系有机结合起来，形成一个完整的指标体系，并最终通过净资产收益率这一核心指标来综合反映。具体见图 4—3。

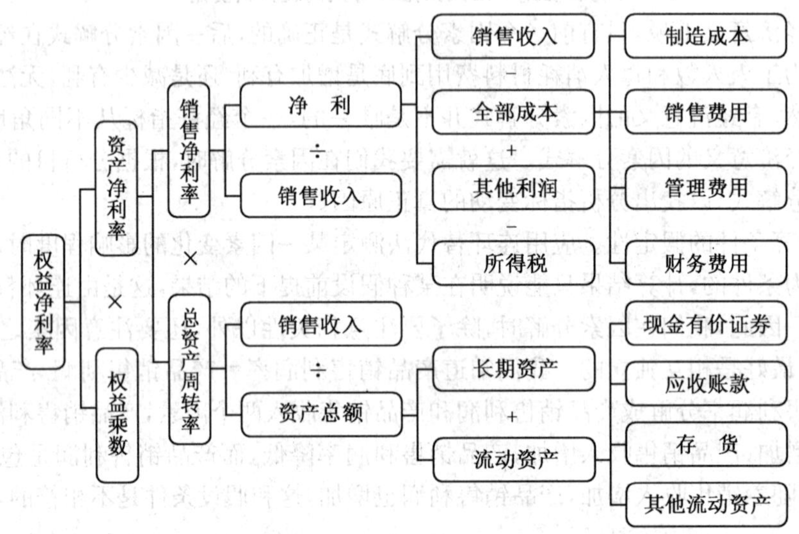

图 4—3　杜邦财务分析体系

三、综合分析法的应用

通过杜邦财务分析体系，一方面可以从销售规模、成本费用、资产营运、资本结构方面分析净资产收益率增减变动的原因；另一方面可协调企业经营政策和财务政策之间的关系，促使净资产收益率最大化，实现股东价值最大化目标。这种方法简单实用，因而为众多跨国公司广泛采用。但是随着经济的发展和社会的进步，杜邦财务体系也日益暴露了一些局限性，如只包括财务方面的信息，未反映非财务分析，未考虑股利政策影响，无法体现可持续增长的理念等。

［例］ M 公司成立于 20×0 年 8 月，主营计算机、软件开发、系统集成、通信、电子技术开发，引进计算机、通信、电子技术开发及咨询服务，目前注册资本为 4 500 万元，员工 1 500 人，95%为本科以上学历。

M 公司近几年的业绩：全国软件出口位于上游；中国软件产业最大规模前 50 家企业之一；最具竞争力、成长性的中国软件企业；年报显示，20×8 年 M 公司的总资产 1.3 亿元，实现营业收入 1.73 亿元，分别是公司成立当年的 75 倍和 48 倍。M 公司的财务指标体系见表 4—14。

表 4—14　M 公司的财务指标

项　目	20×6 年	20×7 年	20×8 年
销售净利率①	11.7%	12.77%	16.77%
资产周转率②	1.02	1.34	1.02
总资产净利率③=①×②	11.93%	17.11%	17.11%

续表

项 目	20×6 年	20×7 年	20×8 年
验证④=③	11.93%	17.11%	17.11%
权益乘数⑤	1.76	1.29	1.30
净资产收益率⑥=④×⑤	21%	20.07%	22.24%
验证⑦=⑥	21%	20.07%	22.24%

杜邦分析体系的权益乘数表示企业的负债程度,权益乘数越大,企业的负债程度越高。权益乘数能给企业带来较大的杠杆利益,同时也会给企业带来较大的风险。尽管 M 公司总资产周转率有所降低,但由于销售净利率不断提高,权益乘数略有上升,所以净资产收益率仍然保持了一定的增长势头。需要注意的是,企业下一步需要改善资本结构,扩大资本金注入规模,借以减少企业负债,提高净资产的营运效率。

第五章

流动性及风险性评价

企业要健康发展，就得防止企业发生“财务失败”现象。财务失败是指企业无力偿还到期债务会引起诉讼或直接破产。在财务分析中体现企业理财安全性状况的主要方面就是评估企业的流动性及风险性，即企业按时足额支付各种债务的能力。因此，重视并有效地提高企业偿债能力，既是维护企业债权人权益的重要保证，也是企业在瞬息万变的市场竞争中求得生存与持续发展的客观要求。

第一节　流动性评价

流动性是指资产经过正常程序无重大损失地转换为现金并以之履行有关契约的能力。其中资产转换为现金可理解为是变现能力。流动性是契约履行的实质所在，所以流动性的评价从另一层含义上看就是评价公司的短期偿债能力，企业用流动资产偿还流动负债的现金保证程度，一般又称支付能力，它既是反映企业财务状况的指标，也是反映企业经营能力的重要指标。流动性评价是企业财务分析的重要组成内容。如果企业缺乏流动性，不但无法获得有利的采购机会，而且由于不能及时偿还短期债务，可能导致破产；对于股份制企业，如果缺乏流动性，会影响股东对该公司股票的信心，导致股价动荡，对公司不利。因此，提高公司的流动性就显得尤为重要。流动性评价所涉及的传统财务指标主要包括绝对数指标(如营运资本)和相对数指标(如流动比率、速动比率等)。

其分析框架见图 5—1。

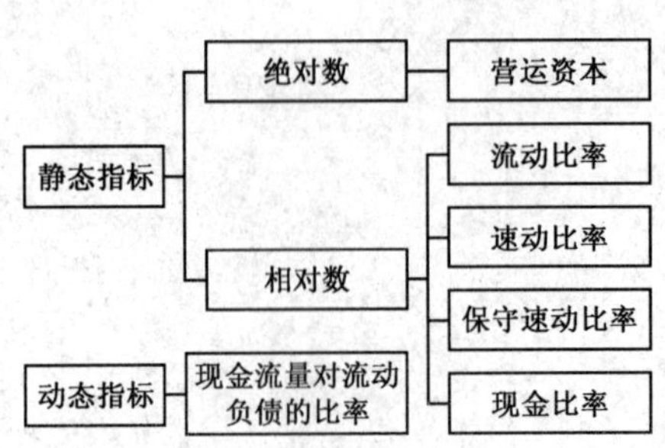

图 5—1　流动性评价分析框架

一、营运资本

(一)指标的计算

营运资本是指企业流动资产超过流动负债的剩余部分,也称为营运资金或净营运资本。一般来说,企业必须保持流动资产大于流动负债,即保有一定数额的营运资本作为缓冲,以防止流动负债"穿透"流动资产。

营运资本＝流动资产－流动负债

＝(总资产－非流动资产)－(总资产－股东权益－非流动负债)

＝(股东权益＋非流动负债)－非流动资产

＝长期资本－长期资产

从以上计算公式可以看出,所谓营运资本,实际上等于企业以长期负债和股东权益为来源的那部分流动资产。

［例］　A公司20×5～20×7年的资产负债表中流动资产与流动负债的相关数据如表5－1所示。

表5－1　　A公司20×5～20×7年资产负债表中流动资产与流动负债的相关数据　　单位:万元

项　目	20×5年末	20×6年末	20×7年末
货币资金	9 397.00	367.00	51.00
应收账款	6 108.00	3 359.00	1 820.00
预付账款	371.00	305.00	161.00
其他应收款	29 277.00	6 231.00	5 081.00
存货	3 690.00	1 932.00	1 695.00
其他流动资产	0.00	3.00	0.00
流动资产合计	48 843.00	12 197.00	8 808.00
流动负债合计	115 259.00	31 719.00	25 862.00

该公司:

20×7年末营运资本＝8 808－25 862＝－17 054(万元)

20×6年末营运资本＝12 197－31 719＝－19 522(万元)

20×5年末营运资本＝48 843－115 259＝－66 416(万元)

该公司连续三年的营运资本均为负数,其中以20×5年度的状况为最甚,20×6年度和20×7年度有了一定程度的改善。20×6年度比20×5年度的营运资本增加了46 894万元,20×7年度又比20×6年度增加了2 468万元。虽然如此,总体上该公司的营运资本仍然偏低,说明该公司虽经努力,仍未摆脱短期债务的偿债能力很差、自由资金流缺乏的状况。

应当注意的是,有些企业收货业务在付款业务前发生,销售量大,存货少且流动性强,对供应商的欠款量大。因此营运资本需求为负,营业循环就成了现金的产生者而不是耗费者。这种情况多见于零售业或服务业、航空业、出版业。例如,欧洲最大的连锁超市家乐福公司几乎没有预付和预提费用,营运资本需求等于应收账款加存货减应付账款,当营运资本需求为－32亿元,则表示现金流入32亿元。这说明现金与营运资本需求具有同等重要的意义。

（二）指标的分析

营运资本为正时，流动资产大于流动负债，说明企业不能偿债的风险较小，但是营运资本并非总是越多越好。过高的营运资本意味着大量资金闲置，不会产生更多的经济效益。同时也说明企业可能缺乏投资机会，发展潜力受到限制。因此，企业应当保持适当的营运资本。

没有一个统一的标准用来衡量营运资金保持多少是合理的，不同行业的营运资金规模有很大差别。一般来说，零售商的营运资金较多，因为他们除了流动资产外没有什么可以偿债的资产；而信誉好的餐饮企业营运资金很少，有时甚至是一个负数，因为其稳定的收入可以偿还同样稳定的流动负债。制造业一般有正的营运资金，但其数额差别很大。由于营运资金与经营规模有联系，所以同一行业不同企业之间的营运资金也缺乏可比性。

二、流动性指标分析

流动性要求企业必须具有某一时点上的债务偿还能力，如果企业丧失这一能力，就难以足额清偿到期债务，就很容易陷入财务危机，甚至面临破产。

（一）比率定量分析

相对数比率在构成上具有以下关系，如图 5—2 所示。

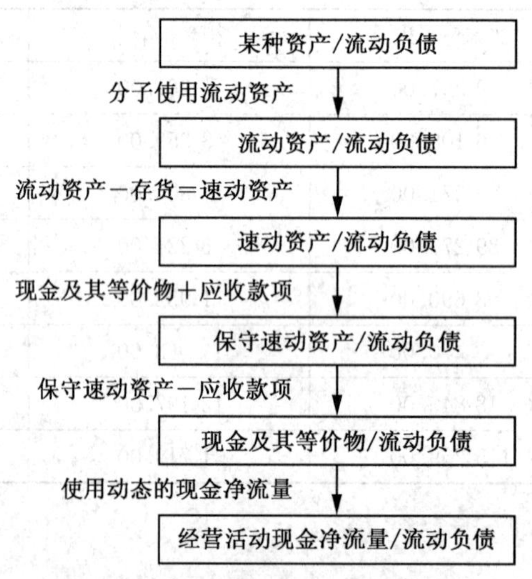

图 5—2　相对数比率在构成上的关系

1. 流动比率

流动比率是指企业的流动资产与流动负债的比率，它表示每一元流动负债有多少流动资产来抵偿，其计算公式为：

$$流动比率=\frac{流动资产}{流动负债}\times 100\%$$

一般情况下，流动比率越高，企业短期偿债能力越强；从债权人角度看，流动比率越高，表明流动资产超过流动负债的营运资金越多，一旦面临企业清算时，则有营运资产作为缓冲，通过资产变现减少损失，从而确保债权人得以足额清偿。

一般认为流动比率 2 ∶ 1 是比较适宜的，它表明企业财务状况稳定可靠，除了日常生产经营的流动资金需要之外，还有财力支付到期债务。如果比例过低，则表示企业可能捉襟见肘，难以如期偿还债务；如果比例过高，则表明企业流动资产占用过多，会影响资金的使用效率和企业的获利能力。

[例]　甲公司有关资料及流动比率的计算如表 5－2 所示。

表 5－2　甲公司有关资料及流动比率的计算

年度项目	20×5 年	20×6 年
流动资产	315 221.40	184 221.80
流动负债	141 235.20	187 916.60
流动比率	2.23	0.98

该公司 20×5 年的流动比率高于一般公认标准，但 20×6 年该公司的流动比率比 20×5 年的减少了 1.25，减少率为 56.05%，表明该公司短期债务的偿还能力在降低，而且这种降低的速度还很快。这应分析流动资产的质量和流动负债的构成。

在运用该指标时，还应结合存货的规模、周转速度和变现价值等指标综合分析，避免造成失误。如果企业流动比率很高，但存货的数量很大，周转的速度也很慢，那么存货的变现能力就很差，企业的实际短期偿债能力就比指标所反映的要弱。

2. 速动比率

速动比率是指企业速动资产与流动负债的比率，速动资产是流动资产减去变现能力较差且不稳定的存货等资产后的余额。由于剔除了存货等因素，速动比率较之流动比率更能可靠、准确地评价企业的资产流动性和短期偿债能力，其计算公式为：

$$速动比率=\frac{速动资产\times(流动资产-存货-预付账款-待摊费用等)}{流动负债}$$

一般认为，速动比率为 1 较为适当，它表明每一元短期负债，有一元易于变现的资产作为保证。如果比率过低，说明企业偿债能力出现问题；如果比率过高，说明企业拥有过多的货币资金，有可能丧失一些有利的投资机会。

接上例，甲公司有关资料及速动比率的计算如表 5－3 所示。

表 5－3　甲公司有关资料及速动比率的计算

年度项目	20×5 年	20×6 年
流动资产/万元	315 221.40	184 221.80
存货/万元	10 605.80	5 815.80
速动资产/万元	304 615.60	178 406.00
流动负债/万元	141 235.20	187 916.60
速动比率	2.16	0.95

该公司在 20×6 年的速动比率比 20×5 年低 1.21，降低率为 56.02% 这说明该公司短期偿债能力在减弱。

企业在运用这一指标进行短期偿债能力分析时，应结合应收账款和其他应收款的规模、周转速度以及它们的变现能力进行综合分析。如果企业速动比率高，但各应收款项规模大，周转速度慢，变现能力差，那么真实的短期偿债能力要比指标反映的差。

结合速动比率，还有一个指标，称为速动资产够用天数，其计算公式为：

速动资产够用天数＝速动资产/每日经营支出

该指标中的速动资产仅包括现金及其等价物，也就是俗称的现金燃烧比率，该比率尤其适用于收入较少的新建公司。

3. 现金比率

上述两个比率都是建立在对企业现有资产进行清盘变卖的基础上的，为了进一步衡量企业的偿债能力，我们引进现金比率指标，它是指现金和现金等价物与流动负债的比率，计算公式如下：

$$\text{现金比率}=\frac{\text{现金及现金等价物}}{\text{流动负债}}$$

现金等价物，是指具有与现金几乎相同的变现能力的各种活期存款和短期有价证券、可贴现和转让票据等。现金比率是对速动比率的进一步优化，它将流动资产中的非现金和非现金等价物剔除，然后与流动负债相比，这意味着作为偿债保证的资产是变现率为百分之百的资产。因而，以此偿还流动负债也具有百分之百的稳定性和安全性，以现金比率来衡量企业的短期偿债能力更为保险。

接上例，甲公司有关资料及现金比率的计算如表 5—4 所示。

表 5—4　甲公司有关资料及现金比率的计算

年度项目	20×5 年	20×6 年
货币资金/万元	121 990.80	123 073.80
流动负债/万元	141 235.20	187 916.60
现金比率	0.86	0.65

从债权人角度来看，将现金类资产与流动负债进行对比，计算现金比率具有十分重要的意义。它比流动比率、速动比率更真实更准确地反映企业的短期偿债能力。特别是当债权人发现企业的应收账款和存货的变现能力存在问题的情况下，该比率就更有实际意义。

在西方财务理论中，该指标要求保持在 20%，在我国现有财务理论中尚没有一个统一标准。为了衡量企业支付到期债务的能力，我们从流动负债中剔除以后到期支付部分，把现金比率改造成支付能力系数。其计算公式为：

$$\text{支付能力系数}=\frac{\text{现金及现金等价物}}{\text{流动负债}-\text{预收账款}-\text{预提费用}-\text{远期货款}}$$

由于现金是非盈利资产，持有现金的机会成本较高，一般认为企业支付能力系数为 1 是比较正常的。比率过高，说明企业没有最佳地利用其现金资源，有剩余资源没能参与创造企业价值；比率过低，则意味着企业的即期支付有问题，企业可能已经陷入无力清偿债务的困境。

还有一个评价流动性的指标将在现金流量分析中进一步讲解，其计算公式为：

现金流量对流动负债的比率＝经营活动的现金净流量/流动负债

这是一个动态流动性比率，考虑了动态的现金流量对债务保障的程度，比其他静态指标更稳健，可以避免单从静态看问题的缺陷。

以上介绍了评价流动性的有代表意义的几个指标，要准确地评价企业的流动性，还需要就上述指标进行趋势分析和横向比较分析。

现以一个历史案例说明短期偿债能力评价指标的作用。即 2002 年的“蓝田事件”，该事件给上市公司和投资大众上了一堂财务科普课。人们由此认识到流动比率指标的重要性。1996年6月18日，蓝田在上海证券交易所上市。1999年10月，证监会处罚公司数项上市违规行为。2001年10月26日，中央财经大学教授刘姝威在《金融内参》发表短文揭露了蓝田的造假丑闻。刘姝威对蓝田提出的具有“毁灭性打击”的质疑是：蓝田股份的流动比率小于1，意味着其短期可转换成现金的流动资产不足以偿还到期流动负债，偿还短期债务能力弱；速动比率只有0.35，意味着扣除存货后，蓝田股份的流动资产只能偿还35%的流动负债；净营运资金是负数，有1.3亿元的净营运资金缺口，意味着蓝田股份将不能按时偿还1.3亿元的到期流动负债。相关财务指标如下：

流动比率＝0.77；速动比率＝0.35

营运资金＝－127 606 680.11元；债务资本比率＝0.30

此后，蓝田公司贷款的资金链条断裂，2002年1月，因涉嫌提供虚假财务信息，董事长保田等10名中高层管理人员被拘传接受检查；同年3月，公司被实行特别处理，股票更名为“ST生态”；同年5月13日，“ST生态”因连续3年亏损，暂停上市；2003年1月8日，“ST生态”才复牌上市。

（二）因素定性分析

上述比率的数据都是从财务报表资料中取得的，但还有一些财务报表资料中没有反映的因素，也会影响企业的流动性，可归纳为以下几点：

1. 可动用的银行贷款指标

对于银行已经同意、企业还未办理贷款手续的银行贷款限额，可以随时增加企业的现金，提高支付能力。

2. 准备很快变现的长期资产

企业在从事生产经营过程中，由于某种原因，可能会将一些长期资产，如固定资产、长期投资等很快出售变为现金，这样就可能增加了企业资产的变现能力，增强企业的流动性及短期偿债能力。

3. 偿债能力的声誉

如果企业的偿债能力一直都很好，有很好的信誉，企业在短期偿债能力出现困难时，就可能凭借这一良好的偿债声誉，很快通过某种融资渠道解决资金短缺问题，提高企业的流动性及短期偿债能力。

4. 或有负债

企业在会计核算时经常会遇到一些或有负债，如已贴现商业承兑汇票、未决诉讼、为他人提供债务担保等，其不利于企业的结果为是否发生具有不确定性，或者即使预料会发生，但具体发生的时间或发生的金额具有不确定性，随时都有可能增加或降低企业的流动性及短期偿债能力。

5. 关联方交易

如果企业存在大量的关联方购货交易，这就预示着某些应付账款可能延期支付。如果存在大量的关联方销货交易，与非关联交易相比，这部分应收账款的回收款或者回收期将难以保障，这些都会影响流动比率等定量指标评价的可靠性。

三、匹配原则在流动性评价中的应用

在评估企业流动性时经常会涉及匹配性原则，所谓匹配就是我们所强调的长期资金长占用，短期资金短占用。通过资产寿命与资金来源期限的匹配，可以减少不协调的风险。匹配原则包括金额匹配和期限匹配两个方面。

（一）金额匹配

在资产负债表中，根据各个项目的期限不同、在企业生产经营过程中所起的作用不同，根据管理用资产负债表，我们可以把资产类项目分为现金、经营性流动资产、（经营性）长期资产；把负债与所有者权益类项目分为短期借款（短期金融负债）、经营性流动负债、长期负债（长期金融负债）与所有者权益。由于经营流动资产与经营流动负债的差额为经营营运资本，资产负债表实际上也可以用表5—5来表示。

金额匹配的原则是指在决定企业资本结构时，为了保证企业在短期和长期均有适当的偿债能力，要注意现金总额与短期借款总额的匹配，以及（经营性）长期资产总额与长期负债、所有者权益总额的匹配。

表5—5　资产负债表项目

资　产	负债与所有者权益
货币资金	短期借款
经营营运资本（经营性）长期资产	长期负债与所有者权益

短期借款－货币资金＝短期融资净值

（长期负债＋所有者权益）－（经营性）长期资产＝长期融资净值

经营营运资本＝短期融资净值＋长期融资净值

从计算公式中可以看出，企业的经营营运资本的来源由短期融资与长期融资两部分构成。其中，长期融资净值与经营营运资本的比率是易变现率。企业的易变现率越高，即企业的营运资本需求中长期融资的比重越大，意味着企业的变现能力越强，流动性越强。反之，当易变现率降低时，公司的流动性变弱，偿债能力相应地变弱。

基于传统资产负债表的流动比率、速动比率等指标虽然可以准确地表示用流动资产抵偿流动负债的能力，但不能表示在持续经营基础上通过及时的现金回流来偿债的能力。而基于调整后资产负债表的易变现率更能反映企业经营的本质，可以全面地、科学地评价一个公司的流动性，避免了传统指标可能出现的错误分析结果。

（二）期限匹配

期限匹配原则的含义是指在计算出资产负债表中的各个项目的对应期限后，根据短期资产与短期负债、长期资产与长期负债的期限对比来分析企业在短期、长期的偿债能力。计算期限的依据如表5—6所示。

表5—6　计算期限的依据

资产类项目	计算依据	负债与所有者权益类项目	计算依据
现金	1天	短期借款	合约载明期限的加权平均值
银行存款	存款期限	应付账款、预收账款、其他应付款	应付账款周转天数
交易性金融资产	投资性质和贴现程度	应付票据	票据载明期限的加权平均值
应收账款	应收账款周转天数	应付职工薪酬	15天

续表

资产类项目	计算依据	负债与所有者权益类项目	计算依据
应收票据	票据载明期限的加权平均值	应交税费	税务部门核定天数×1/2
预付账款、其他应收款	存货周转天数	应付股利	一年以上
存货	存货周转天数	预提费用、其他流动负债	不予计算
存货之后的其他资产	不予计算	长期负债	一年以上
长期金融资产、固定资产	一年以上		
无形资产等其他资产	不予计算	所有者权益	一年以上

例如，甲公司计算出的结果如表 5—7 所示。

表 5—7　　甲公司计算出的结果

期限	≤15 天	≤30 天	≤60 天	≤100 天	≤1 年	>1 年
资产/百元	440	600	710	710	2 053	5 590
负债/百元	540	650	620	847	1 937	4 972

由此可以看出，甲公司流动性较弱，而抵御风险的能力较强。

总之，企业流动性的评价是一个比较复杂的问题，在分析时应考虑多种因素的综合，只有这样，才能全面地评估企业的流动性，做出正确的融资和投资决策。

第二节　风险性评价

企业的长期债务是指偿还期在 1 年或者超过 1 年的、一个营业周期以上的负债，包括长期借款、长期应付款、应付债券等。由于长期债务的期限长，财务风险较大，因此风险性的评价涉及公司的长期偿债能力，这种能力主要取决于企业拥有的经济资源的性质、企业的资本结构和获利能力。风险性评价不仅要关心公司的还本能力，还要关心公司的付息能力。反映还本能力的指标多为静态指标，如资产负债率、产权比率等，反映付息能力的指标多为动态指标，典型的付息能力指标是利息保障的倍数。

一、比率定量分析

风险性评价的比率在构成上具有以下关系，如图 5—3 所示。

1. 资产负债率

资产负债率反映的是负债总额与资产总额的比例关系，反映总资产中有多大比例是通过借款来筹资的，表明了企业在清算时债权人利益受总资产保障的程度。其计算公式如下：

$$资产负债率=\frac{负债总额}{资产总额}\times 100\%$$

公式中负债总额不仅包括长期负债，还包括短期负债。这是因为，短期负债中的一部分，从资金长短期性质看，是属于短期资金，但企业总是长期占用着，可以视同长期性资产来源的一部分。比如，应付账款是短期性的，但企业总是长期性地保持着相对稳定的应付账款总额。

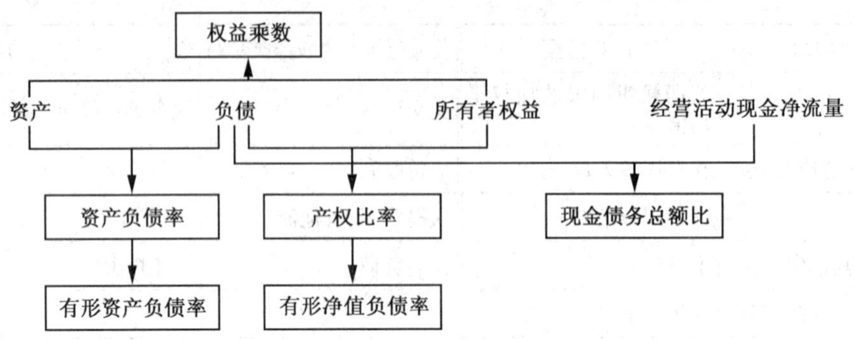

图 5—3 风险性评价的比率在构成上的关系

这种短期负债也可以成为长期资产的来源，本着稳健性原则，我们将短期债务纳入了资产负债率的计算公式。

这个指标反映债权人所提供的资本占全部资本的比例，也是衡量企业负债水平和风险程度的重要指标。一般认为，资产负债率的适宜水平是 40%～60%，然而，对于不同的对象，从各自的立场出发，对这个指标会有不同的要求。

从债权人角度来看，他们最关心的是贷给企业的款项能否按时收回。如果负债比例高，则说明债权人提供的资本在企业资本总额中占有很大的比例，企业的风险主要由债权人负担，债权人按期收回本金和利息的保障程度低。因此，他们希望债务比例越低越好。

从股东角度来看，企业举债筹资所得的资金和股东自己提供的资金在经营中发挥一样的作用，负债经营时，不论利润多少，债务利息是不变的，当利润增大时，每一元利润所负担的利息就会相对地减少，从而给投资者收益带来更大幅度的提高。只要资本利润率高于借款利息率，举债资金就可以获得高于资金利息的利润，股东就可以获得更大的利润。所以，股东希望债务比例越大越好。反之，如果资本利润率低于利息率，举债资金所得的利润不足以弥补债务利息，还需要用股东所得的利润来弥补一部分债务利息，这样，股东就希望债务比例越小越好。

从经营者角度来看，举债过多，会增加企业的财务风险，就很难再以举债方式筹集到资金；如果举债过少，说明企业缺乏活力，没有充分利用债权人资本这一获利资源。因此，企业在利用债务这一融资工具时，应该充分估计预期的盈利和增加的风险，在两者之间权衡，然后才能做出正确的决策。

在资产负债率的基础上进一步计算的有形资产债务率＝负债总额/有形资产，可以反映有形资产对债务的保障程度，比资产负债率更为稳健一些。

2. 产权比率

产权比率反映的是企业负债总额与股东权益总额的比例关系，也称为债务股权比率。其计算公式如下：

$$\text{产权比率}=\frac{\text{负债总额}}{\text{股东权益}}\times 100\%$$

公式中的股东权益就是所有者权益，也即公司的净资产。这一指标反映的是债权人提供的资本和股东提供的资本之间的关系，反映了企业的财务结构状况。从股东来看，在经济繁荣时期，多借债可以获得额外的利润；在经济萎缩时期，多借债会增加企业的利息负担和财务风险。可见，高的产权比率，是高风险、高回报的财务结构；低的产权比率，是低风险、低回报的财务结构。

权益资本是承担长期债务的一个基础，产权比率指标也从另一个角度反映企业清算时债权人利益的保障程度，一旦企业清算解散，所有者权益就成了偿还债务的最后保证。我国《破产法》规定，企业破产清算时，债权人的索偿权在股东之前，因此，产权比率指标和资产负债率指标具有一样的经济意义，对产权比率的分析可以参考资产负债率的分析。但也应该注意到，虽然资产负债率和产权比率在反映还本能力的作用上是相同的，但两者在侧重点上还是有差异的，资产负债率侧重于反映偿债的物质保障，而产权比率则侧重于反映财务结构的稳定性以及股东对债权人的保护程度。

3. 权益乘数

权益乘数是一个延伸分析指标，常被运用于杜邦分析体系，该指标其实是资产负债率与产权比率的延伸，在数值上，权益乘数＝1/(1－资产负债率)或权益乘数＝1＋产权比率，在此基础上对权益乘数进一步整理化简，可得权益乘数＝总资产/净资产，它表明总资产对净资产的倍率，负债程度越低，权益乘数越小，财务风险也越小。负债程度越高，权益乘数越大，负债对增加总资产的作用也越大，但财务风险也越大。

4. 有形净值债务率

为了进一步完善产权比率指标，我们引入“有形净值债务率”指标，其计算公式如下：

$$\text{有形净值债务率}=\frac{\text{负债总额}}{\text{股东权益}-\text{无形资产净值}}\times 100\%$$

在产权比率基础上，我们把无形资产从股东权益中剔除，相对而言，无形资产缺乏可靠的价值，不能作为偿还债务的可靠资源，有形资产是企业偿还债务的主要来源，有形净值债务率建立在更加切实可靠的物质保障基础上，是更为保守和稳健的评价企业长期偿债能力的一个指标。

5. 已获利息保障倍数

债权人放债有自己的盈利目的，即获得资金利息。我们前面介绍的指标都是反映债务总额受保障的程度，这里我们引入“已获利息倍数”或称“利息保障倍数”指标来分析企业利息受保障的程度，即企业支付利息的能力。其计算公式如下：

$$\text{已获利息倍数}=\frac{\text{息税前利润}}{\text{利息费用}}$$

公式中的“息税前利润”是指利润表中未扣除利息、所得税之前的利润。它可以用净利润加所得税加利息费用来计算。“利息费用”在我们利润表中没有单独反映，而是混合在费用化的“财务费用”和资本化的“固定资产”“在建工程”中。为简单起见，我们通常直接用“财务费用”代替“利息费用”来粗略地计算。且分子中的利息为财务费用中的利息，分母中的利息不仅包括财务费用中的利息，也包括资本化利息。

已获利息倍数反映的是企业经营收益为所需支付的债务利息的多少倍。一般情况下，企业借债的目的是获得必要的经营资本，只有债务支付利息小于使用这笔钱所能赚取的利润时，企业才有举债经营的动机，否则得不偿失。因此，已获利息保障倍数至少要大于1。要评价企业的长期偿债能力，还必须在同一企业的不同年度之间、同行业之间进行比较。所以，对于一个企业来说往往需要计算连续几个年度的已获利息保障倍数，这样才能进行正确的评价。通常需要选择一个指标最低的会计年度来估计长期偿债能力情况，因为企业不仅在经营好的年度要支付利息，而且在经营不好的年度也要支付相当的债务。比如，有些企业在某个年度经营收益很大，已获利息保障倍数也可能很高，但不能说明会年年如此。因此，出于谨慎性考虑，采用指标最低年度的数据，保证了最低的偿债能力。

已获利息保障倍数反映的是利息受利润的保障程度。我们再从现金流角度对其完善，引入“现金利息保障倍数”，反映利息受企业经营净现金流的保障程度，在一定程度上避免了应计会计指标的缺陷。其计算公式如下：

现金利息保障倍数＝经营活动现金净流量/利息费用

这一指标只是在已获利息保障倍数基础上加以了完善，两者的分析是差不多的，国外在此不再详细分析。

6. 到期债务本息偿付比率

所谓到期债务本息偿付比率，是指企业经营活动现金净流量与到期债务本息和的比率，其计算公式为：

$$\text{到期债务本息偿付比率}=\frac{\text{经营活动现金净流量}}{\text{本期到期债务本金}+\text{现金利息支出}}\times 100\%$$

这一指标反映的是企业即期债务偿付能力，用来衡量企业到期债务本金及利息受经营活动现金保障的程度。比率越大，说明企业偿还到期债务能力越强，如果比率小于 1，说明企业经营活动产生的现金不足以偿付到期债务本息，企业必须对外筹资或出售资产才能偿还债务。

现金债务总额比＝经营活动现金净流量/负债总额

该指标也是反映企业风险性的一个动态指标，表面上看，该指标是反映还本能力的指标，但从本质上讲，用一年经营活动的现金流与债务总额比较也许更能够说明企业的付息能力，因此该指标如果比市场利率高，则说明公司有较好的付息能力。

［例］ 某上市公司 2006～20×7 年度财务报表的相关数据如表 5－8 所示。

表 5－8　　某上市公司 20×6～20×7 年度财务报表的相关数据　　单位：万元

项　目	20×6 年	20×7 年
资产负债表相关项目：		
资产合计	134 400.00	161 240.00
其中：无形资产净值	640.00	480.00
长期资产	85 600.00	104 000.00
负债合计	64 000.00	83 200.00
其中：本期到期债务本金	0.00	4 000.00
所有者权益合计	70 400.00	78 040.00
利润表相关项目：		
折旧及摊销额	7 200.00	8 160.00
利息费用	7 680.00	8 800.00
息税前利润	26 480.00	24 800.00
现金流量表有关项目：		
经营活动产生的现金流量净额	22 400.00	27 080.00

根据相关报表数据计算出 20×6 年、20×7 年的财务比率，如表 5－9 所示。

表 5—9 某上市公司 20×6 年、20×7 年的财务比率

比 率	20×6 年	20×7 年
资产负债率	47.62%	51.60%
产权比率	90.91%	106.61%
有形净值债务率	91.74%	107.27%
已获利息倍数	3.45	2.82
现金利息保障倍数	1.98	2.15
到期债务本息偿付比率	2.92	2.12
现金债务总额比	0.35	0.325

可以看出，该公司 20×7 年度比 20×6 年度资产负债比率、产权比率略有提高，负债比重加大，已获利息倍数和到期债务本息保障倍数减小，说明企业承担当期债务总额的能力下降。但现金利息保障倍数上升，意味着企业用经营现金流量偿付全部债务的能力增强。

二、因素定性分析

1. 长期资产

将长期资产作为偿还长期债务的资产保障时，长期资产的计价和摊销方式对长期偿债能力的影响很大。资产负债表中的长期资产主要包括固定资产、长期投资和无形资产。固定资产、长期投资和无形资产的市场价值最能反映其资产偿债能力，而报表中采用的是历史成本计价法，虽然有成本与市场孰低计价方法来调整账面价值，然而只是在市场低于账面价值时调整，当市价高于账面价值时，出于稳健考虑，对于这一增值部分没有进行账面处理，长期资产的市场价值没有准确地反映在报表中。我们在用一些指标进行分析时，应该考虑到这些影响因素。

2. 获利能力

长期偿债能力与获利能力密切相关。企业能否有充足的现金流入偿还长期负债，在很大程度上取决于企业的获利能力。一般而言，获利能力越强，长期盈余增幅越大，越有助于增强企业长期偿债能力。企业在提高获利能力的同时，也必须重视偿债能力，盲目地追求获利能力，不考虑财务风险，可能会损害企业的长期偿债能力。维持合理的偿债能力，有利于利用债务资金，提高企业的盈利能力。偿债能力和获利能力是相互影响、相互作用的。

3. 债务结构

企业清算时清偿债务的一般顺序是：(1)应付未付的职工工资、应付福利费、劳动保险费等；(2)应交未交国家的税金；(3)一般债务。如果企业前两项债务占很大比重，债权人在评价该企业长期偿债能力时，就应在指标评价的基础上打一个折扣。

4. 承诺

企业在经营过程中，根据需要，常常要做出某些承诺，这种承诺可能会大量增加该企业的潜在负债或承诺义务。这种潜在负债或义务并没有通过资产负债表反映出来。因此，在进行长期偿债能力分析时，应根据报表附注及其他的相关资料等，判断承诺变成真实负债的可能性，判断承诺责任带来的潜在长期负债。

5. 或有事项

和分析短期偿债能力一样，分析长期偿债能力也应分析或有事项的影响。或有事项是过去的交易或事项形成的，其结果必须通过未来不确定事项的发生或不发生加以证实和确认。或有事项分为或有资产和或有负债。产生或有资产会提高企业的偿债能力，产生或有负债会降低企业的偿债能力。因此，我们在进行偿债能力分析时，应关注或有事项的报表附注披露，以考虑或有事项对偿债能力的潜在影响。

第三节　资本结构分析

资本结构是指企业各种长期筹资来源的构成和比例关系，长期资本来源，主要是权益资本和长期债务。它是一个涉及因素多、影响时间长、综合性强的企业决策问题，即企业如何以最小的资本成本代价、最低的财务风险来筹集所需要的资金，其研究的重点在于确立最佳资本结构。当企业现有资本结构不合理时，通过筹资活动进行调整，使其达到最佳结构，并在以后追加筹资中继续保持。

根据现代资本结构理论，通过资本结构分析，可以衡量企业的偿债能力，检验企业财务风险，促使企业实现价值最大化。

一、资本结构相关概念

(一)资本结构

资本结构有广义和狭义之分。广义的资本结构是指企业全部资金的构成，不仅包括长期资本，还包括短期资金，主要指短期债务。狭义的资本结构是指长期资本结构，在这种情况下，短期债务列入营运资本的范围。本书的资本结构是指狭义的资本结构。资本结构问题不仅要考虑负债与权益资本之间的结构，还应进一步考虑负债的内部结构及权益的内部结构。一般来说，企业的资金结构及资本结构可用图 5—4 来表示。

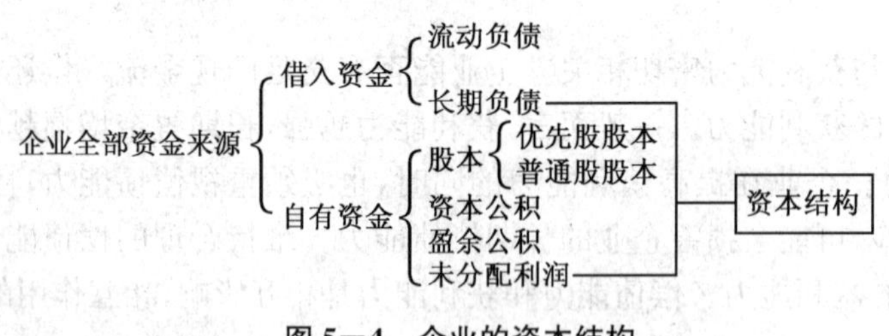

图 5—4　企业的资本结构

(二)资本结构的类型

不同的资本结构，其成本和风险是各不相同的。企业应在成本和风险之间合理取舍，选择最适合自身生存和发展的资本结构。资本结构一般有以下三种类型。

1. 保守型资本结构

保守型资本结构是指在资本结构中，主要采取权益性融资，且负债融资中又以长期负债融资为主。在这种结构下，企业对流动负债的依赖性较低，从而减轻了短期偿债压力，风险较低；但同时由于权益性融资和长期负债融资的成本较高，又会增大企业资金成本。可见，这是一种低风险、高成本的资本结构。

2. 中庸型资本结构

这是一种中等风险和成本的资本结构。在这种结构下，权益性融资和负债融资的比重主要根据资金使用的用途来确定：用于流动资产的资金主要由流动负债提供，用于长期资产的资金主要由权益性融资和长期负债提供。同时，使权益性融资和负债融资的比重保持在较为合理的水平之上。

3. 风险型资本结构

风险型资本结构是指在资本结构中，全部采用或主要采用负债融资，并且流动负债被大量用于长期资产。显然，这是一种风险高但成本低的资本结构。对于希望取得高收益的企业而言，这是一种有吸引力的资本结构。

二、资本结构的定性分析

（一）资本成本

在市场经济条件下，企业筹措和使用资本往往都要付出代价，资本成本就是指企业为筹措和使用资本而发生的费用，包括用资费用和筹资费用。广义地讲，企业筹集、使用任何资金，无论长期、短期都要付出一定的代价。狭义的资本成本仅指筹集和使用长期资本的成本。本书中的资本成本指的是狭义的资本成本，即权益资本成本和长期债务资本成本。资本成本通常用资本成本率表示，资本成本率是指企业使用资本所负担的费用与筹集资金净额之比。资本成本有个别资本成本与加权平均资本成本之分。其中综合资本成本是企业进行资本结构决策的重要依据。债务利息率通常低于股票股利率，而且债务利息是税前支付，有税盾作用，因此，债务资本成本低于权益资本成本。在一定限度内提高债务资本比率，可降低企业的综合资本成本。

（二）财务杠杆

财务杠杆（financial leverage），又可称融资杠杆，是指企业在制定资本结构决策时对债务筹资的利用。在企业资本结构一定的条件下，企业从息税前利润中支付的债务利息是相对固定的，当息税前利润增多时，每一元息税前利润所负担的债务利息就会相应地降低，扣除所得税后可分配给企业所有者的利润就会增加，从而给企业所有者带来额外的杠杆收益。

然而债务筹资也会给企业带来一定的财务风险，是指与企业筹资相关的风险，甚至可能导致企业破产的风险，包括定期付息还本的风险和可能导致所有者权益下降的风险。由于财务杠杆的作用，当息税前利润下降时，税后利润下降得更快，从而给企业带来财务风险，资本结构的变化，即财务杠杆的利用程度，对财务风险的影响最为综合。对此可用财务杠杆系数来衡量。财务杠杆系数（degree of financial leverage，DFL）又称财务杠杆程度，是普通股每股税后利润变动率相当于息税前利润变动率的倍数。它可用来反映财务杠杆的作用程度，估计财务杠杆利益的大小，评价财务风险程度的高低。

企业长期筹资的两大来源中，长期债务产生的利息从税前支付，可减少企业应缴纳的所得税，债务资本成本相对较低，企业增加长期负债的比重可以降低企业综合资本成本。同时负债具有财务杠杆作用，当利润增大时，可以给投资者带来更大的收益。因此，只要资产报酬率高于负债成本，财务杠杆将是有利的，在一定范围内，随着负债比率的上升，企业将保持权益资本报酬率上升，综合资本成本下降。但是，若长期负债所占比重超过一定限度，必然引起企业财务状况变化，投资者将负担较多的债务成本，并经受较多的财务杠杆作用所引起的对收益变动的冲击，从而加大财务风险，导致各种资金来源的资本成本发生变动，最终使企业综合资本成本上升。可见，企业存在一个综合资本成本最小化的债务比率范围，即存在最佳资本结构的范围。

企业确定资本结构需要在资本成本、财务风险和收益之间进行选择。企业筹资的一个重要目标就是使企业整体资本成本，即加权平均资本成本降至最低。同时，以最小的资本组合风险来实现最大的收益。

由于企业的实际情况千差万别，不可能存在一个适用于所有企业的资本结构决策方式，只能是不同企业结合自身的实际情况，决策适合本企业的“最佳”资本结构。企业在评价资本结构的合理性时，除了前面提到的资本成本和财务风险外，还要考虑以下一些因素。

（三）经营风险

从筹资者角度，企业总风险包括财务风险和经营风险，要将企业的总风险控制在一定的范围内，如果企业经营风险增加，必须通过降低负债比率来减少财务风险。因此，资本结构中的负债比例还必须视经营风险大小而定。企业的经营风险是企业在资产经营过程中产生的风险，影响企业生产经营风险的因素很多，主要有：

(1)需求的稳定性。在其他因素不变动的前提下，市场对企业产品的需求越不稳定，企业未来的经营收益就越不确定，经营风险就越大。反之，市场对企业产品的需求越稳定，经营风险就越小。

(2)销售价格的稳定性。销售价格是销售收入的决定因素之一。销售价格不稳定，销售收入就不稳定，企业未来的经营收益也就不稳定，经营风险就大。反之，销售价格变动不大，经营风险就小。

(3)投入价格的稳定性。投入价格的稳定性决定产品成本的稳定性，从而影响企业经营收益的稳定性。投入价格越不稳定，经营风险就越大，除非企业有能力根据投入价格及时调整销售价格，否则将对企业未来经营收益造成很大影响。

(4)固定成本的比重。固定成本占总成本的比重越大，当产品销售量发生变动时，单位产品分摊的固定成本变动就越大，导致企业未来经营收益变动越大，经营风险就越大。反之，固定成本占总成本的比重越小，经营风险也就越小。

（四）资产结构

资产结构是指构成全部资产的各个组成部分在全部资产中的比例。资产结构是由企业的主营业务决定的，它对企业的资本结构有重大影响。一般而言，流动资产比例高的企业，其流动负债比例大；固定资产比例大的企业，其长期负债和所有者权益比率高；资产使用于抵押贷款的企业负债比例较大；以技术研究开发为主的企业负债比例很小。

（五）投资者和管理人员的态度

负债比率涉及控制权的问题，如果一个企业的股权比较分散，谁也没有绝对控制权，这个企业可能会更多地采用投资者投资的方式来筹集资金。投资者并不关心控制权的稀释，因为他们本来就没有什么控制权可言。相反，如果股权相对集中，企业被少数投资者控制，投资者就会很重视控制权。为了防止少数投资者绝对控制权的稀释，企业倾向于举债融资。对企业管理人员来说，冒险型的人倾向于举债融资，而稳健型的人倾向于股权融资。

（六）公司所处行业

所处行业不同的企业在债务权益结构上是不相同的。比如，可作抵押的资产多些的企业，负债可以多些，而无形资产比例高的行业，负债水平会低一些。另外，公司所处行业的发展前景也会决定公司负债水平的高低。比如，生物科技和电信行业的前景看好，负债可能就会高一些。

(七)贷款机构和信用评级机构的态度

企业对如何适当地运用财务杠杆有自己的分析,但在涉及较大规模的债务筹资时,贷款机构和信用评级机构的态度往往成为决定企业资本结构的关键因素。通常,企业在决定资本结构并付诸实施之前,都会向贷款机构和信用评级机构咨询,并且要对他们提出的意见予以重视。如果企业过高地运用财务杠杆,贷款机构可能不会接受超额贷款的要求,或者只有在抵押担保或高利率的条件下才同意增加贷款。信评机构也会认为企业潜在风险较大,从而降低企业的信用等级,影响企业筹资活动。

(八)金融市场发达程度

金融市场越发达,企业融资环境越活跃,可利用的筹资渠道越广泛,资金流动性越强,企业应付风险的能力也就越强,这时,负债融资可相对较高。

三、资本结构的定量分析

根据现代资本结构理论分析,企业应该存在着最佳资本结构,在资本结构的最佳点,企业的加权平均资本成本达到最低,同时,企业的价值达到最大。对于股份公司而言,在有效市场前提下,企业价值也可以表述为股东财富最大,即股票价格最高,而股价高低在一般情况下主要取决于每股利润的多少。因此,定量分析公司资本结构时,可以运用比较资本成本法和每股收益无差别点分析法。

(一)比较资本成本法

比较资本成本法是计算不同资本结构的加权平均资本成本,并以此为标准相互比较进行资本结构决策。

企业的资本结构决策,又分为初始资本结构决策和追加资本结构决策两种。

1. 初始资本结构决策

企业对拟定的筹资总额,可以采用多种筹资方式,每种筹资方式的筹资数额亦可有不同安排,由此可形成若干个资本结构可供选择。

例如,某企业初创时有如下三个筹资方案可供选择,有关资料如表5－10所示。

表5－10　某企业初创时三个可供选择的筹资方案　单位:万元

筹资方式	筹资方案Ⅰ		筹资方案Ⅱ		筹资方案Ⅲ	
	筹资额	资本成本(%)	筹资额	资本成本(%)	筹资额	资本成本(%)
长期借款	40	6	50	6.5	80	7
债券	100	8	150	8	120	7.5
优先股	60	12	100	12	50	12
普通股	300	15	200	15	250	15
合　计	500	—	500	—	500	—

下面分别测算三个筹资方案的加权平均资本成本(WACC),并比较其高低,从而确定最佳筹资方案,即最佳资本结构。

方案Ⅰ:

$$WACC=0.08\times6\%+0.2\times8\%+0.12\times12\%+0.6\times15\%=12.52\%$$

方案Ⅱ：

WACC=0.1×6.5%+0.3×8%+0.2×12%+0.4×15%=11.45%

方案Ⅲ：

WACC=0.16×7%+0.24×7.5%+0.1×12%+0.5×15%=11.62%

比较以上三个筹资方案的加权平均资金成本可以看出，方案Ⅱ WACC 最低，在其他有关因素大体相同的条件下，方案Ⅱ是最好的筹资方案，其形成的资金结构可确定为该企业的最佳资金结构。企业可按此方案筹集资本，以实现其资金结构的最优化。

2. 追加资本结构决策

企业在持续的生产经营过程中会由于扩大业务或对外投资的需要而进行新的筹资活动，这就是追加筹资。因追加筹资以及筹资环境的变化，原定的最佳资本结构可能不再是最佳的。因此，企业应在资本结构不断变化中寻求最佳结构，将备选追加方案与原有最优资本结构汇总，测算出各追加筹资方案的综合资本成本，比较确定最优的追加筹资方案。

（二）每股收益无差别点分析法

每股收益分析法是利用每股收益无差别点来进行资本结构决策的方法，每股收益无差别点是指每股收益不受融资方式影响的息税前水平。根据每股收益无差别点，可以分析判断在什么样的息税前水平应该采用什么样的资本结构。

每股收益的计算公式如下：

$$EPS=\frac{(S-VC-F-I)\times(1-T)-PD}{N}=\frac{(EBIT-I)\times(1-T)-PD}{N}$$

式中：EPS 为每股收益；S 为销售额；VC 为变动成本；F 为固定成本；I 为每年利息；T 为企业所得税率；PD 为每年支付的优先股股利；N 为流通在外的普通股股数；$EBIT$ 为息税前利润。

由公式可以看出，$EBIT$ 较低时，运用股票融资的 EPS 高；$EBIT$ 较高时，运用负债融资的 EPS 高。因此，存在某个特定的 $EBIT$，无论是普通股融资还是负债融资，无论是普通股融资还是优先股融资，其 EPS 相等，这就是每股收益无差别点。此时，令筹资方案的 EPS 相等，EPS_1 表示普通股融资，EPS_2 表示债务融资，EPS_3 表示优先股融资，即

$$EPS_1=EPS_2\ \frac{(EBIT_1-I_1)\times(1-T)-PD}{N_1}=\frac{(EBIT_2-I_2)\times(1-T)-PD}{N_2}$$

在无差别点上，$EBIT_1=EBIT_2$

$$\frac{(EBIT-I_1)\times(1-T)-PD}{N_1}=\frac{(EBIT-I_2)\times(1-T)-PD}{N_2}$$

或 $EPS_1=EPS_3$

$$\frac{(EBIT_1-I)\times(1-T)-PD_1}{N_1}=\frac{(EBIT_3-I)\times(1-T)-PD_2}{N_3}$$

在无差别点上，$EBIT_1=EBIT_3$

$$\frac{(EBIT-I)\times(1-T)-PD_1}{N_1}=\frac{(EBIT-I)\times(1-T)-PD_2}{N_3}$$

能使上式成立的 $EBIT$ 为每股收益无差别点的息税前利润。现举例说明：

[例] 某公司原有资本 1 000 万元，均为普通股资本，为了扩大生产，需要追加融资 500 万元，有以下三种可能的融资方案：(1)全部发行普通股，售价每股 50 元，增发 10 万股；(2)全部举借长期债务，年利率为 10%；(3)全部发行优先股，年股利率为 12%。该公司增资前流通在外的普通股为 20 万股，所得税税率为 40%。

将数据代入公式，普通股融资和债务融资的每股收益无差别点为：

$$\frac{(EBIT-0)\times(1-40\%)-0}{20+10}=\frac{(EBIT-50)\times(1-40\%)-0}{20}$$

解得 $EBIT=150$(万元)

普通股融资和优先股融资的每股收益无差别点为：

$$\frac{(EBIT-0)\times(1-40\%)-0}{20+10}=\frac{(EBIT-0)\times(1-40\%)-60}{20}$$

解得 $EBIT=300$(万元)

我们也可以用图 5—5 来说明每股收益无差别点的决策问题。

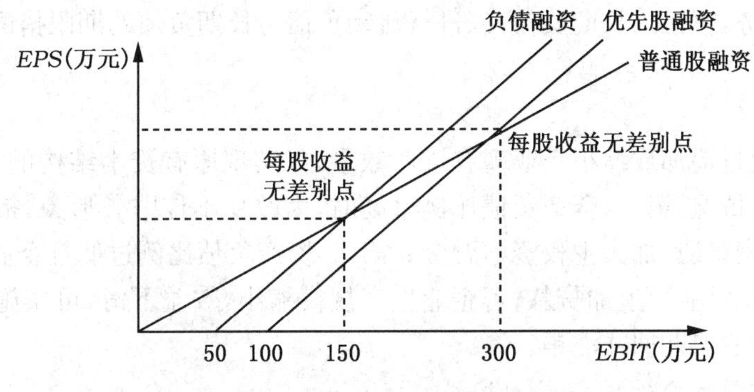

图 5—5 每股收益无差别点的决策

从图 5—5 中可以看出，普通股融资和债务融资的每股收益无差别点为 150 万元，当息税前水平高于每股收益无差别点时的息税前水平时，运用负债筹资可获得较高的每股收益；当息税前水平低于这一点时，运用权益筹资可获得较高的每股收益。普通股融资和优先股融资的每股收益无差别点为 300 万元，当息税前水平高于这一点时，运用优先股筹资可获得较高的每股收益；当息税前水平低于这一点时，运用普通股筹资可获得较高的每股收益。而在债务融资和优先股融资之间并没有无差别点，由于债务利息有抵减所得税的作用，所以在所有的息税前利润水平上，债务融资都比优先股融资产生更高的每股收益。

四、资本结构的弹性分析

(一)资本结构弹性的含义

所谓资本结构弹性，是指企业资本结构随着经营和理财业务的变化，能够适时调整和改变的可能性。一般而言，资本结构一旦形成就具有相对的稳定性，但这种稳定性并不排斥调整的可能。

资本结构弹性是以各种融资本身所具有的弹性为基础，按照各种融资弹性的不同可把融资分成三类：(1)弹性融资。即可以随时清欠、退还和转换的融资，主要指流动负债融资以及企业的未分配利润。(2)刚性融资。即不能随时清欠、退还和转换的融资，主要指主权资本融资。(3)半弹性融资。即介于以上两种类型之间的融资，主要指长期负债融资，可视具体情况分别划入弹性融资(如可提前收兑的企业债券)和刚性融资(如融资租赁的固定资产等)。

企业保持资本结构的一定弹性是必要的，这样，当成本更低、条件更优惠的融资方式出现时，便可迅速实现转换，这对企业的长期债权人来说，有益无害。实务中，企业力求在一定的融资成本与风险下，寻求弹性最大的资本结构。

(二)资本结构的调整

企业筹措资金时,不仅要考虑融资总量,也要注意分析资本结构是否合理。由于企业环境的变化,资本结构是否合理不是表现为一种静态的结构合理性,而是表现为一种动态的结构调整过程。这种资本结构的合理性可以通过融资存量调整和流量调整来改变。

1. 存量调整

存量调整是在企业现有资产规模下对现存自有资本和负债进行结构上的相互转化。这种调整主要是在负债比例过高时采用,具体表现为两种类型:第一,直接调整。即将企业的可转换债券、优先股等可转换证券按规定的转换比例转换为普通股股票,从而增加股本,减少负债。第二,间接调整。即先将某类融资收缩,然后,将相应数额的融资量扩充到其他类融资中,例如,先偿还短期债务,再借入长期负债,以进行流动负债与长期负债的期限搭配、利率搭配的调整。

2. 流量调整

流量调整是通过追加或缩小企业现有资产数量,以实现原有资本结构的合理调整。这种调整常适用于以下情况:第一,资产负债比例过高时,为改变不佳财务形象,提前偿还旧债,伺机举借新债;或增资扩股,加大主权资本融资。第二,资产负债比例过低且企业效益较好时,为充分发挥财务杠杆效用,可追加贷款;若企业生产规模缩小,效益下滑,可实施减资措施,如企业可将市场流通的股票购回并注销。

(三)资本结构弹性分析

1. 资本结构弹性的总体分析

资本结构弹性的总体分析是整体判断企业在不同时期的弹性融资与融资总量的变化情况。其计算公式为:

资本结构弹性=弹性融资/融资总量×100%

2. 资本结构弹性的结构分析

资本结构弹性的结构分析是根据不同弹性的融资分别计算分析企业在不同时期占总弹性融资比重的变化情况 ,以此了解企业资本结构弹性的内部结构变化。结构分析可以揭示资本结构弹性的强度,也就是弹性大的融资所占比重越大,则弹性强度越大;反之,则弹性强度越小。

在弹性融资中,流动负债的弹性最大,因为流动负债不仅能随时清欠、转让,而且其物质基础流动资产的流动性最强,变现最快,从而为清欠和回购短期证券提供了资金来源;与此不同的是,长期负债(长期借款)即使能够随时清欠、转让,但由于其相应的资产通常为长期资产,其变现能力较弱,以致制约了长期负债的弹性;至于未分配利润,只是企业临时可用的资金,不可以转换为其他类型的资金,它的弹性自然较小。其计算公式为:

某类弹性融资强度=某类弹性融资/弹性融资总额×100%

第四节 破产风险分析

一、破产风险的概念

所谓破产,在法律意义上是指债务人丧失清偿能力时,通过司法程序强制清算其全部财产,清偿全体债权人的法律制度。风险是指能够影响一个或多个目标的不确定性。企业破产除了某些特殊原因外，一般有下面两种情况：一种是由于偿债能力不足而导致的企业倒闭，偿债能力不足，不仅会影响企业盈利能力的提高，而且会危及企业的生存与发展；一种是由于盈利能力不足而导致的倒闭。破产风险是指企业可能因经营管理不善造成严重损失，不能清偿到期债务而被宣告破产清算的可能性。破产风险是企业风险的重要方面，是其他风险的综合结果。

二、破产风险的分类

企业的生产经营受多方面因素影响，如内部的、外部的，主观的、客观的，经营管理方面的，行政指挥方面的，等等。破产的原因也是多方面的，如：过分依赖单一产品或单一客户；对产品开发、市场走向的调研、市场的开发缺乏进取心；业务扩张过度，发展后劲不足，已扩张的业务范围也可能因基础不稳定而萎缩；盲目开发风险性较大的业务，但缺乏相关的市场趋势把握；内部管理不善，缺乏财务会计控制；等等。破产风险最终表现为企业不能清偿到期债务，最终宣告破产的可能性，是诸多风险综合的结果。企业面临的总风险的分类如图 5－6 所示。

企业面临的总风险
- 经营风险
  - 经济风险
  - 营业风险
- 财务风险

图 5－6 企业面临的总风险的分类

(一)经营风险

企业生产经营会受到来自企业外部和内部诸多因素的多方面影响，具有很大程度的不确定性。经营风险主要包括经济风险和营业风险。经济风险大多与企业所处的社会经济环境和经济形势有关，如外汇行市不稳定、通货膨胀等。营业风险是企业生产经营活动本身所固有的风险，其直接表现为企业息税前利润的不确定性。如果销售和成本水平发生潜在变动，那么经营杠杆的放大效应使得息税前利润进一步增加或减少，从而放大了营业风险。

经营风险依赖于一系列的因素，比如需求、产品售价、投入成本的波动性，调整价格的能力，研发能力，固定成本的比重等。

(二)财务风险

财务风险有广义和狭义之分。广义的财务风险是指企业财务活动中由于各种不确定因素的影响而带来的债务偿还、利润水平等的可变性。狭义的财务风险又称筹资风险，是指企业与筹资活动有关的风险，也就是企业债务偿还的不确定性。企业负债规模过大，则利息费用支出增加，由于收益降低而导致丧失偿付能力或破产的可能性也增大。同时，由于财务杠杆的放大效应，使得每股收益进一步降低，导致企业的财务风险增加，甚至破产。

三、破产风险的分析与衡量

(一)风险的衡量

衡量风险的大小有多种方法，比较常见的是使用概率统计方法进行风险的衡量与计算。由于风险与各种可能的结果和结果的概率分布相联系，因此概率统计中的标准差 σ 和标准离差率 V 等反映实际结果与期望结果偏离程度的指标往往被用于衡量风险的大小。

标准差 σ 计算公式为：

$$\sigma=\sqrt{\frac{1}{N-1}\sum_{i=1}^{N}(x_i-\overline{x})^2}$$

标准差以绝对数衡量风险的大小。在期望值相同的情况下,标准差越大,风险越大。

标准离差率V是标准差与期望值之比,是一个相对指标,以相对数反映决策方案的风险程度。标准差作为绝对数,只适用于有相同期望值的风险程度的比较,对于期望值不同的风险,只能使用标准离差率这一相对数值。在期望值不同的情况下,标准离差率越大,风险越大。

企业可以根据计算出的息税前利润和每股收益的标准差与标准离差率,分别衡量经营风险和财务风险的大小。

(二)风险分析

企业还可以采用经营杠杆系数和财务杠杆系数来分析所面临的经营风险和财务风险。企业的总风险通常采用总杠杆系数表示,即为经营杠杆系数与财务杠杆系数的乘积。在实际工作中,经营杠杆和财务杠杆可以按多种方式联合以得到一个理想的总杠杆系数和企业总风险水平。合适的企业总风险水平需要在企业总风险和期望报酬率之间进行权衡,这一权衡过程必须与企业价值最大化的财务管理目标相一致。

例如,在企业成立之初,经营杠杆系数和财务杠杆系数均处于一个较低水平,负债的减税效应不能充分发挥,在一定程度上减小了股东权益,使得潜在的投资者不愿对该企业投资;相反,如果企业的经营杠杆系数和财务杠杆系数均相对较高,则总风险处于一个较高水平,虽然此时企业充分享受负债的节税收益,但债权人承担较高的风险,相应地会要求较高的利率,从而使企业发生财务困难。因此,企业应当从价值最大化的总体目标出发,选择合适的风险搭配,既充分享受负债的节税收益,又能使企业价值最大化。

(三)财务预警分析

因为风险的存在,使企业有陷入财务危机的可能,为使企业及早发现财务危机的现象,提前做好财务危机的规避工作,或者避免类似财务危机现象的再次发生,必须建立有效的财务预警分析,常见的分析方法包括以下几种:

1. 单变量分析方法

单变量分析方法是运用单一变量、个别财务比率来预测财务危机的方法。1966年,美国的William Beaver提出较为成熟的单变量模式,他对1951～1961年期间的79个失败企业和相同数量、同等资产规模的成功企业进行比较研究,以单变量分析法发展出财务预警模型。他用以预测财务危机的比率有债务保障率、资产收益率、资产负债率、资产安全率。

单变量分析法虽然简单,但有时会产生对于同一公司使用不同比率预测出不同结果的现象,因此逐渐被多变量方法所取代。

2. 多变量分析方法

多变量分析方法是一种综合评价企业风险的方法。通过运用统计方法、计算机技术等现代技术和方法,对各种财务指标进行筛选、判别,建立一个最优模型,根据模型计算结果判定企业是否正面临财务困境或破产。目前最有影响力、代表性的多变量分析方法如下:

(1)Z分数模型。基于单变量的诸多缺点,美国纽约大学教授爱德华·阿尔曼(Altman)于1968年发表的文章中提出了预测企业破产的Z值模型,这是最早的多变量财务预警模型。他选择了33家破产公司和33家非破产配对公司,确定5个变量作为判别变量,建立了一个多元线性判别模型。计算公式如下:

$$Z=0.012R_1+0.014R_2+0.033R_3+0.006R_4+0.999R_5$$

其中:Z——判别函数值

R_1——(营运资金÷资产总额)×100

R_2——(留存收益÷资产总额)×100

R_3——(息税前利润÷资产总额)×100

R_4——(普通股、优先股市场价值总额÷负债账面价值总额)×100

R_5——销售收入÷资产总额

Z 值的判断标准为：

$Z \geq 2.675$，企业财务状况稳定，破产可能性很小；

$1.81 \leq Z < 2.675$，企业财务状况不稳定，很难估计其破产的可能性，称为灰色地带；

$Z < 1.81$，企业此时虽未破产，但已无药可救，破产可能性很大。

模型主要适用于股票已经上市交易的制造业。

(2)F 分数模型。由于 Z 分数模型在建立时未充分考虑现金流量与产业因素的变动对企业财务状况的影响，同时 Z 分数模型的提出是基于国外企业的资料，因此不一定能为我国的企业所用。为此，我国学者周首华、杨济华、王平于 1996 年提出 F 分数模型。其计算公式为：

$$F = -0.1774 + 0.1091R_1 + 0.1074R_2 + 1.9271R_3 + 0.0302R_4 + 0.4961R_5$$

其中，R_1 为营运资本与总资本的比率，R_2 为期末留存收益与总资产的比率，R_3 为净利润和折旧的总和与平均负债的比率，R_4 为普通股、优先股的市值总额与负债的账面总额的比率，R_5 为净利润、利息、折旧额的总和与平均总资产的比率。

F 值的判断标准为：

$F \geq 0.0274$，企业生存的可能性较大；

$F < 0.0274$，企业破产的可能性较大。

【案例分析】

山东晨鸣纸业集团股份有限公司偿债能力分析

一、公司及行业简介

山东晨鸣纸业集团股份有限公司是集制浆、造纸、能源生产、纸机制造于一体的大型企业集团，是国内造纸行业唯一拥有 A、B 两种股票和可转债的上市公司。集团在全国各地设有 13 家子公司，拥有 7 条国际一流的造纸生产线和 15 条国内领先的造纸生产线，纸产品包括文化用纸、报刊用纸和包装用纸三大类 8 大系列 200 多个品种，集团总资产达 177 亿元，年纸品生产能力 300 万吨。经济效益连续 17 年保持山东省同行业第一，连续 11 年名列全国同行业首位，公司跨入中国企业 500 强和世界造纸企业 50 强，被国务院确定为“全国 520 家重点企业”之一。

晨鸣产品畅销全国，并远销美国、日本、韩国、澳大利亚等 20 多个国家和地区。在全国同行业率先通过 ISO9002 质量体系认证和 ISO14001 环境管理体系认证，先后荣获全国五一劳动奖、轻工业十佳企业、中国企业管理杰出贡献奖、全国精神文明建设先进单位等省级以上荣誉称号 150 多项。

晨鸣纸业集团作为我国造纸行业的龙头企业，多年来一直致力于推进中国造纸工业的发展，现在，面对全球经济一体化的发展趋势，晨鸣集团制定了新的发展规划，即坚持诚信经营、以人为本的原则，大力实施国际化发展战略，努力参与国内国际两个市场的竞争，实现生产规模化、经营国际化、装备现代化、产品高档化、原料基地化。力争用5年左右的时间使产量达到600万吨以上，进入世界纸业10强，成为全球最具竞争力的造纸企业之一。

2012年，中国造纸工业遭遇了量增利减的严重困难局面。前三季度，全国机制纸及纸板制造行业产量同比增长5.76%，产值同比增长8.88%，利润同比增长-10.59%；产值利润率从2010年的接近6%回落到当前的3.8%。受机制纸及纸板行业的困难影响，纸浆价格处于低位运行，纸浆制造行业亏损。

造纸行业出现困境既有外因，也有内因。外因主要有两个：一是国家宏观经济增速放缓，工业形势低迷，作为与国民经济正相关的造纸工业，受到很大影响；二是国际产业环境严峻，美国、欧盟对中国铜版纸反补贴、反倾销，限制了中国纸业的国际市场拓展。内因主要是部分产品过度发展，导致产能过剩，特别是铜版纸在2011年产能集中释放，市场压力骤然加大。

本案例将基于这样的行业背景，对晨鸣纸业的偿债能力进行分析。同时选择了太阳纸业、福建南纸、民丰特种纸作为比较对象，其原因是：4家公司在市场细分上既具有差别化和专业化，又存在近似产品的竞争情况；如晨鸣纸业的双胶纸、太阳纸业和福建南纸的文化纸、民丰特纸的卷烟纸都是各自的优势产品；同时晨鸣纸业和太阳纸业、福建南纸在铜版纸和新闻纸的销售上存在竞争；民丰特种纸由于在经营范围上与另外三家公司有较大差别，也作为次要参考对象。

二、偿债能力分析

企业偿债能力是指企业偿还各种到期债务的能力，是反映企业财务状况和经营能力的重要标志，是企业能否健康生存和发展的关键。偿债能力主要分为短期偿债能力和长期偿债能力。

现以晨鸣纸业2007～2011年的财务报告为基础，对其偿债能力进行分析。

(一)短期偿债能力分析

短期偿债能力，是指企业以流动资产偿还流动负债的能力，它反映企业偿付到期短期债务的能力。衡量短期偿债能力的指标包括绝对数指标(如营运资本)和相对数指标(如流动比率、速动比率和现金比率)。

1. 绝对数分析——营运资本

表1 **晨鸣纸业股份有限公司2007～2011年营运资本比较** 单位：千元

	2011年	2010年	2009年	2008年	2007年
营运资本	-2 682 800	-1 077 604	3 476 117	1 532 829	-769 468
变动	-1 605 196	-4 553 721	1 943 288	2 302 297	—

由该表可以看出晨鸣纸业营运资本波动较大，先由负转正后又变为负数。营运资本状况最优在2009年，为3 476 117千元，2011年最差，为-2 682 800千元。

具体来说，在2007～2009年间营运资本逐年上升，自由现金流充足，偿债能力较好；但到2010年年末，营运资本减少了-4 553 721千元，偿债能力受到了影响，究其原因有二：(1)公司有1 432 842千元的长期债务即将到期。(2)公司新增了短期融资券3 358 769千元。到了2011年，营运资本继续减少1 605 196千元，依然为负数，表明公司缺乏自由现金流，偿债能力较为不理想。

现在对公司 2010 年和 2011 年营运资本情况做进一步分析。

表 2　　晨鸣纸业股份有限公司 2010～2011 年营运资本具体情况

	2011 年	2010 年	增长	
	金额(千元)	金额(千元)	金额(千元)	增长
流动资产	17 236 150	11 584 463	5 651 688	48.79%
流动负债	19 918 950	12 662 067	7 256 883	57.31%
营运资本	−2 682 800	−1 077 604	−1 605 196	—
长期资产	28 394 678	23 492 669	4 902 009	20.87%
长期资本	25 711 879	22 415 066	3 296 813	14.71%

由上表数据可知，2011 年和 2010 年营运资本均为负数，这也表明长期资本小于长期资产，有部分长期资产由流动负债提供资金来源，偿还流动负债所需现金不足。

具体来看，2011 年与 2010 年相比，流动资产增加了 5 651 688 千元，上升 48.79%，流动负债增加 7 256 883 千元，上升 57.31%，结果导致营运资本下降 1 605 196 千元。

营运资本的绝对数下降，同时由于流动负债的增长速度超过了流动资产的增长速度，表明公司债务偿还压力增大，偿债能力有所下降。

2. 相对数分析

衡量短期偿债能力的相对数指标主要有流动比率、速动比率和现金比率。以下将纵向比较和横向比较相结合来分析晨鸣纸业的短期偿债能力。

(1)流动比率

表 3　　晨鸣纸业股份有限公司资产负债表节选 1　　单位:元

项　目	2011 年	2010 年	变动
流动资产合计	17 236 150 498.52	11 584 462 941.30	5 651 687 557.22
短期借款	12 086 984 606.69	3 594 157 220.47	8 492 827 386.22
应付账款	4 685 585 997.60	2 708 064 676.44	1 977 521 321.16
流动负债合计	19 918 950 019.66	12 662 066 577.10	7 256 883 442.56

表 4　　四家造纸业公司 2007～2011 年流动比率比较

	2011 年	2010 年	2009 年	2008 年	2007 年
晨鸣纸业	0.865 3	0.914 9	1.492 0	1.187	0.895 6
太阳纸业	0.670 9	0.634 6	0.658 8	0.704 2	0.676 3
福建南纸	0.803 6	1.065 4	0.973 7	1.886 6	0.916 9
民丰特种纸	0.899 8	0.937 6	0.858 9	0.565 7	0.462 3

数据来源:国泰安 CSMAR 数据库。

由以上二表可以发现：

①晨鸣纸业 2007～2011 年流动比率围绕 1 上下波动，但都低于一般公认标准 2。流动比率最高出现在 2009 年，最低出现在 2011 年。

②具体来说，2007～2009 年流动比率逐年上升，偿债能力不断上升；但 2010 年流动比率比 2009 年减少了 0.58，减少率为 38.68%，表明公司偿债能力在降低，而且降低速度较快，其主要原因如前文所述：(i)公司有 1 432 842 千元的长期债务即将到期；(ii)公司新增了短期融资券 3 358 769 千元，两者综合结果使得公司流动负债增长速度快于流动资产增长速度，从而影响了公司的偿债能力。

③到了 2011 年，流动比率继续下降，偿债能力没有提升迹象。从表 3 可以看到，短期借款增加了将近 85 亿元，应付账款也增加了将近 20 亿元，而流动资产总体只增加了约 57 亿元，短期偿债能力明显受到了制约。

④与造纸行业中其他公司相比可以看出，晨鸣纸业的流动比率处于行业中上水平，2007～2011 年均优于太阳纸业，与福建南纸和民丰特种纸则相差不大。

(2)速动比率

表 5　　晨鸣纸业股份有限公司资产负债表节选 2　　单位：元

项　目	2011 年	2010 年	变动
流动资产合计	17 236 150 498.52	11 584 462 941.30	5 651 687 557.22
存货	5 586 472 121.37	3 047 078 215.01	2 539 393 906.36
流动负债合计	19 918 950 019.66	12 662 066 577.10	7 256 883 442.56

表 6　　四家造纸业公司 2007～2011 年速动比率比较

	2011 年	2010 年	2009 年	2008 年	2007 年
晨鸣纸业	0.584 9	0.674 2	1.176 9	0.772 4	0.658 8
太阳纸业	0.515 2	0.504 6	0.497 4	0.511 4	0.493 6
福建南纸	0.545 6	0.804 2	0.688 3	1.402 8	0.623 5
民丰特种纸	0.468 6	0.643 9	0.556 3	0.391 3	0.303 7

由以上二表可以发现：

①晨鸣纸业 2007～2011 年速动比率新增后降，2009 年速动比率大于 1，大于一般公认水平，偿债能力较好，但之后两年连续下降，反映公司偿债能力在减弱。

②具体来说，2010 年下降原因如前文所述，受到了到期长期债务和短期融资券增加的影响。

③到了 2011 年，速动比率继续下降，比 2010 年减少了 0.08，除前文所指出的短期贷款和应付账款增加的原因外，另外一个原因是公司 2011 年存货比 2010 年增加了 25 亿元，影响了流动资产的变现速度，从而影响了公司的偿债能力。

④与行业其他竞争对手相比，晨鸣纸业的速动比率处于中上水平，2007～2011 年速动比率均高于太阳纸业，偿债能力优于太阳纸业；与福建南纸和民丰特种纸差距并不明显，偿债能力相当。

(3)现金比率

表 7　晨鸣纸业股份有限公司资产负债表节选 3　单位:元

项　目	2011 年	2010 年	变动
货币资金	3 529 938 211.47	1 951 854 940.72	1 578 083 270.75
流动资产合计	17 236 150 498.52	11 584 462 941.30	5 651 687 557.22
流动负债合计	19 918 950 019.66	12 662 066 577.10	7 256 883 442.56

表 8　四家造纸业公司 2007～2011 年现金比率比较

	2011 年	2010 年	2009 年	2008 年	2007 年
晨鸣纸业	0.116 3	0.146 5	0.335 1	0.327 9	0.083 3
太阳纸业	0.118 4	0.132 3	0.130 1	0.136 0	0.069 0
福建南纸	0.234 6	0.298 1	0.345 2	0.776 0	0.234 5
民丰特种纸	0.121 0	0.200 1	0.221 9	0.113 8	0.083 4

由以上二表可以发现:

①晨鸣纸业 2007～2011 年现金比率与流动比率、速动比率呈现相同趋势,均为先增后降。2009 年现金比率最高,2008 年和 2009 年现金比率大于 0.3,超过了西方财务理论认可的标准,但之后两年连续下降,同样反映公司偿债能力在减弱。

②具体来说,2010 年下降原因如前文所述,受到了到期长期债务和短期融资券增加的影响。

③到了 2011 年,速动比率继续下降,比 2010 年减少了 0.03,说明公司为每 1 元流动负债提供的现金资金保障降低了 0.03 元。下降的原因是货币资金的增长幅度(16 亿元)小于短期贷款和应付账款二者合计增长的幅度(105 亿元),因此公司的现金偿债能力有所下降。

④与行业其他竞争对手相比,晨鸣纸业的速动比率处于中上水平,2007～2011 年速动比率均高于太阳纸业,偿债能力优于太阳纸业;与福建南纸和民丰特种纸差距并不明显,偿债能力相当。

(4)影响短期偿债能力的表外因素

①或有负债:公司截至 2011 年 12 月 31 日,没有需要披露的重大或有事项,因此该项目对公司短期偿债能力没有较大影响;

②关联方交易:公司有关联方交易,但管理方应收、应付账款占所有应收、应付账款的比例不到 1%,因此该项目对公司短期偿债能力的影响也不大;

③经营租赁承诺:公司对外签订了不可撤销的经营租赁合约,其中资产负债表日后第一年需要支付约4 000万元人民币,资产负债表日后第二年需要支付2 000万元人民币,该项目可能会进一步降低公司的短期偿债能力。

(二)长期偿债能力分析

通过对公司的长期偿债能力进行分析,可以了解一个企业的财务风险有多大。对公司的风险性评价涉及公司的还本能力和付息能力。反映还本能力的指标有资产负债率、产权比率等,反映付息能力的有利息保障倍数等。

1. 资产负债率

表 9 **四家造纸业公司 2007～2011 年资产负债率比较**

	2011 年	2010 年	2009 年	2008 年	2007 年
晨鸣纸业	67.15%	56.50%	47.77%	46.68%	51.93%
太阳纸业	70.19%	63.60%	60.36%	61.93%	58.61%
福建南纸	63.58%	61.01%	57.94%	39.18%	53.29%
民丰特种纸	54.14%	46.50%	52.19%	55.14%	54.80%
行业平均	66.23%	61.08%	63.59%	66.55%	61.85%

资料来源：公司数据来自 CSMAR 数据库，行业平均数据来自中经产业数据库。

表 10 **晨鸣纸业股份有限公司资产负债表节选 4** 单位：元

<table>
<tr><th>项　目</th><th>2011 年</th><th>2010 年</th><th>结构</th><th>增加</th><th>增加比例</th></tr>
<tr><td>资产合计</td><td>45 630 828 967.03</td><td>35 077 132 129.98</td><td>100%</td><td>10 553 696 837.05</td><td>30.09%</td></tr>
<tr><td>存货</td><td>5 586 472 121.37</td><td>3 047 078 215.01</td><td>12.24%</td><td>2 539 393 906.36</td><td>83.34%</td></tr>
<tr><td>固定资产</td><td>22 740 904 031.02</td><td>12 882 358 381.56</td><td>49.84%</td><td rowspan="2">4 605 072 710.47</td><td rowspan="2"></td></tr>
<tr><td>在建工程</td><td>2 618 039 624.85</td><td>7 871 512 563.84</td><td>5.74%</td></tr>
<tr><td>负债合计</td><td>30 643 054 107.64</td><td>19 816 933 123.48</td><td>100%</td><td>10 826 120 984.16</td><td>54.63%</td></tr>
<tr><td>短期借款</td><td>12 086 984 606.69</td><td>3 594 157 220.47</td><td>39.44%</td><td>8 492 827 386.22</td><td>236.30%</td></tr>
<tr><td>应付账款</td><td>4 685 585 997.60</td><td>2 708 064 676.44</td><td>15.29%</td><td>1 977 521 321.16</td><td>73.02%</td></tr>
<tr><td>长期借款</td><td>5 143 067 496.05</td><td>4 725 628 719.05</td><td>16.78%</td><td>417 438 777.00</td><td>8.83%</td></tr>
<tr><td>应付债券</td><td>2 476 942 694.79</td><td>0</td><td>8.08%</td><td>2 476 942 694.79</td><td></td></tr>
<tr><td>专项应付款</td><td>660 000 000.00</td><td>0</td><td>2.15%</td><td>660 000 000.00</td><td></td></tr>
</table>

由以上两表可以看出：

(1)晨鸣纸业的资产负债率自 2008 年起呈逐年上升趋势，到 2011 年年末，资产负债率达到 67.15%，超过一般认可水平(40%～60%)，这表明晨鸣纸业的偿债能力在逐年减弱。

(2)从行业数据来看，晨鸣纸业 2007～2010 年的资产负债率均低于行业平均水平，除了 2008 年高于福建南纸，2010 年高于民众特种纸外，2007～2010 年资产负债率均低于其他三家公司，可见晨鸣纸业 2007～2010 年偿还债务能力较好，偿债能力居于行业前列。但到了 2011 年，资产负债率攀高，超出行业平均水平 0.92 个百分点，也高于其他三家公司的资产负债率，可见晨鸣纸业的偿债能力有所降低。

(3)通过 2011 年和 2010 年晨鸣纸业的资产负债表数据，可以看出 2011 年晨鸣纸业资产总额比 2010 年上升了 30.09%，而负债总额则上升了 54.63%，负债总额增长速度超过了资产总额增长速度，使得资产负债率由 56.5%上升到 67.15%，即每一元资产需要多承担 0.11 元的债务，债务承担压力上升。

(4)进一步看 2011 年晨鸣纸业的资产、负债结构，可以看出存货、固定资产分别占资产总额的 12.24%、49.84%，短期借款、应付账款、长期借款、应付债券分别占负债总额的 39.44%、15.29%、16.78%和 8.08%。短期借款占比最多，这严重影响了公司的短期偿债能力；另一方面，公司长期借款增加了 4.1 亿元，应付债券也增加了接近 25 亿元，而相应的资产主要增加在固定资产和在建工程中，由此可以看出，晨鸣纸业的偿债能力的确发生了较大程度的下降。

(5)通过财务报告附注可以了解到，由于近两年晨鸣纸业加大对项目投资的力度，2011 年成为了公司项目和投产的高峰年，比如 80 万吨铜版纸项目、湛江晨鸣 70 万吨化学浆和 45 万吨文化纸项目等多个大型新建项目，因此公司加大了举债的力度，所以近两年晨鸣纸业的偿债能力将会有所减弱。需要进一步对项目的盈利能力进行分析，以确认公司以后的偿债能力。

2. 产权比率

表 11　　四家造纸业公司 2007～2011 年产权比率比较

	2011 年	2010 年	2009 年	2008 年	2007 年
晨鸣纸业	2.044 5	1.298 6	0.914 4	0.875 6	1.080 3
太阳纸业	2.354 4	1.746 9	1.523 0	1.626 8	1.416 0
福建南纸	1.746 1	1.565 0	1.377 5	0.644 2	1.140 9
民丰特种纸	1.180 7	0.869 2	1.091 4	1.229 2	1.212 4

产权比率反映负债和所有者权益的比率，表明每 1 元股东权益借入的债务额。由以上数据可以看出，晨鸣纸业债务资本比重不断上升，财务风险逐年加大，偿债能力则相应逐年下降。

由于产权比率是资产负债率的换算，因此通过对产权比率的分析，将得到与资产负债率相同的结论，就是晨鸣纸业最近两年的偿债能力有所减弱。

产权比率与权益乘数是两种常用的财务杠杆比率，财务杠杆运用得当将有利于公司提高盈利能力。对财务杠杆的分析将留到后文进行。

3. 已获利息保障倍数

表 12　　四家造纸业公司 2007～2011 年已获利息保障倍数比较

	2011 年	2010 年	2009 年	2008 年	2007 年
晨鸣纸业	2.617 9	7.692 3	4.751 1	6.416 7	4.797 7
太阳纸业	2.028 8	3.940 2	4.544 9	1.853 4	3.885 9
福建南纸	−1.406 8	1.109 2	−6.408 9	1.049 4	1.254 9
民丰特种纸	1.481 5	3.333 5	3.890 6	1.218 6	1.484 0
行业平均	1	3	1	2	3

表 13　　晨鸣纸业 2010～2011 年利润表节选数据 1

	2011 年	2010 年	变动	
净利润	588 726 782.82	1 301 658 119.07	−712 931 336.25	−54.77%
所得税费用	110 263 113.88	260 696 445.13	−150 433 331.25	−57.70%
利润总额	698 989 896.70	1 562 354 564.20	−863 364 667.50	−55.26%
财务费用	432 022 027.84	233 455 658.10	198 566 369.74	85.06%
息税前利润	1 131 011 924.54	1 795 810 222.30	−664 798 297.76	−37.02%
已获利息保障倍数	2.617 9	7.692 3	−3.348 0	−43.52%

由以上两表可以看出：

(1)在 2007～2011 年间，晨鸣纸业的已获利息保障倍数呈波动变化趋势，最高出现在 2010 年，为7.692 3，最低为 2011 年，为2.617 9。2007～2010 年间均大于 4，表明晨鸣纸业的经营收益能够支持现有的债务规模，但 2011 年该项指标严重下降，表明晨鸣纸业偿债能力下降，财务风险加大。

(2)从行业数据可以看出，2007～2011 年晨鸣纸业的利息保障倍数均高于行业平均水平，同时也高于其余三家公司的利息保障倍数，这说明晨鸣纸业的偿债能力在行业中居于前列位置，优于行业其他竞争对手。

(3)由于晨鸣纸业在建工程投资增加以及产能、经营规模扩大，流动资金需求增加，短期借款也相应增加了 80 亿元，另外 2011 年公司发行了面值 25 亿元的公司债券，长期借款也增加了 4.1 亿元，再加上贷款利率提高的影响，最终使得晨鸣纸业 2011 年财务费用增加了85.06%；而另一方面，受到原材料价格上涨和人工成本增加的影响，晨鸣纸业 2011 年度利润总额较 2010 年下降了 54.77%，因此 2011 年利息保障倍数较 2010 年严重下降，偿债能力减弱。

4. 影响长期偿债能力的其他因素

(1)长期租赁。通过财务报告可以发现晨鸣纸业至 2011 年年末，对外签订了不可撤销经营租赁合约，其中载明公司在资产负债表日以后年度需要支付约 7.42 亿元租赁付款额，其中前 3 年需要支付约7 500万元的租赁付款额。该项经营租赁形成了公司的一项长期性融资，将会降低公司的长期偿债能力。

(2)债务担保。2011 年度，晨鸣纸业无对外提供担保情况，但为控股子公司申请银行贷款提供了担保，担保发生额为每月 38 万元，截至 2011 年年末，为子公司担保余额为每月 78 万元人民币，需要进一步了解子公司的资信状况，从而了解担保业务是否对公司偿债能力产生了影响。

(3)未决诉讼。2011 年度和 2010 年度公司均无重大诉讼、裁决事项，对公司长期偿债能力没有影响。

(三)分析总结

由于项目工程投产、经营规模扩大的需要，晨鸣纸业近两年加大了对债务融资的需求，这在一定程度上影响了公司的偿债能力，出现了偿债能力下降的趋势。另一方面，由于债务的增加、贷款利率的上升，利息费用也大幅上涨，但相应的公司盈利能力则受到了原材料和人工成本上升的影响而出现了下滑迹象，偿债压力进一步加大。

但从行业数据来看，晨鸣纸业的偿债能力高于行业平均水平，偿债能力优于造纸业中大多数企业。未来应该更多关注公司几项重大项目的获利能力，对公司的投资资本效率做进一步分析。

第六章

经营效率评价

第一节 经营效率评价概述

经营效率是指企业各项经济资源通过配置组合与相互作用而生成的推动企业运行的物质能量。它表现为企业占用或消耗的经济资源与其提供的产品数量的对比关系。在经济资源一定时，所提供的产品越多，或所提供的产品一定时，所需的经济资源越少，则企业的经营效率越高。在财务上，它是通过企业生产经营资金周转速度的有关指标反映出来的企业的经营效率，体现企业的经营管理水平。而企业的资金总是寓于相应的资产中，所以经营效率的评价，又可以称为企业资产管理能力的分析。资产管理，可以从考察它们营运的效率和效益方面进行分析。资产营运的效率主要指资产的周转率或者周转速度；而企业资产营运的效益则是指企业生产的产出额与资产占用额之间的比率。通过对企业资产营运的效率和效益指标的计算和分析，评价企业经营管理资产的水平，为企业后续提高经济效益指明方向。

一个企业，如果它的管理者水平较高，则可以运用手中有限的资产，产出较多的成果，而企业的资金也会在经过货币资金、存货资金、生产资金、成品资金的循环之后达到增值，从而使得企业不断膨胀，价值不断增长。由于企业价值增长的过程即是企业运用有限的资产产生出更多的资产，因而资产的营运效率对于一个企业至关重要。那么如何评价企业经营管理资产的水平？这里关键因素是我们必须设计出最能反映资产经营效率的评价指标，通过这些指标的计算和分析，我们能够比较客观地反映一个企业的资产营运水平以及为管理者以后管理资产提供建议。

企业资产经营效率的评价，或者说企业资产管理水平的分析主要包括以下几个方面：

(一)短期资产营运效率的分析

短期资产是企业一种很重要的资产形式，它是企业开展正常的生产经营活动的保障，也是企业短期偿债能力的最重要体现。一般来讲，短期资产主要由存货、应收账款、货币资金等组成。反映企业短期资产营运效率的财务指标主要有存货周转率、应收账款周转率、营业周期、流动资产周转率。

（二）长期资产营运效率的分析

长期资产相对来说是一个企业总资产中最重要的组成部分，它是企业盈利能力的重要体现，是一个企业生存、发展、获利的最重要的保障。经营好企业的长期资产，对于提升企业自身的竞争力至关重要。那么如何分析一个企业长期资产营运效率？一般来说，反映长期资产经营效率的财务比率主要包括固定资产周转率、固定资产更新率以及无形资产利用效率。

第二节 经营效率评价指标

经营效率评价指标的构建原则见图6—1。

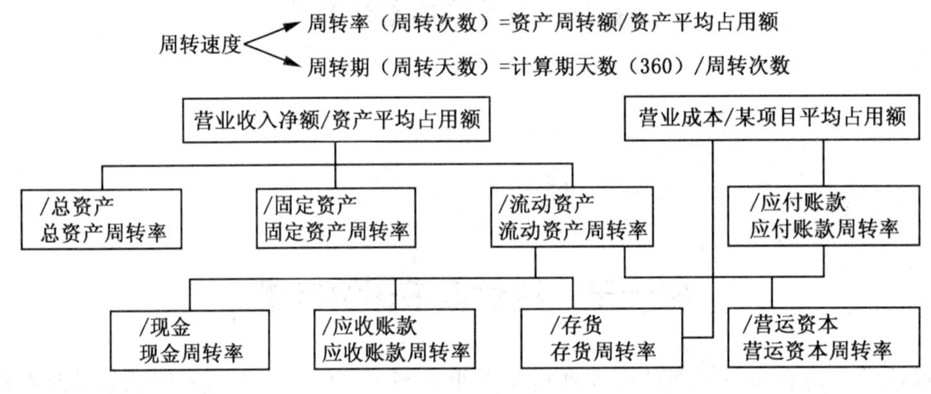

图6—1 经营效率评价指标的构建原则

一、存货营运效率分析

一般来讲，在企业流动资产中，存货所占的比重最大。所以存货的周转速度对于企业流动资产的周转率影响极大。它的流动性直接影响企业的流动比率，因此要特别注重分析一个企业的存货。

1. 存货周转率

存货周转率，又称存货利用率。它是衡量和评价企业购入存货、投入生产、销售收回等各环节管理状况的综合性指标，一般是销售成本与平均存货的比值，也可以称为存货的周转次数。用时间表示的存货周转率就是存货周转天数。其计算公式为：

$$\text{存货周转率}=\frac{\text{销售成本}}{\text{平均存货}}$$

$$\text{平均存货}=\frac{\text{期初存货余额}+\text{期末存货余额}}{2}$$

$$\text{存货周转天数}=\frac{360}{\text{存货周转率}}$$

公式中的销售成本可以从损益表中得知，而期初和期末存货余额可以根据资产负债表得出。在运用以上公式时，需注意：如果某个公司生产经营活动具有很强的季节性，则在年度内，各季度的销售成本与存货都会有较大的变动幅度。因此平均存货应该按照季度或者月份来计算，然后再计算全年的平均存货。例如，长城公司财务报表显示：2003年销售成本为5 000万元，年初存货为700万元，年末存货600万元。则公司存货周转率和周转天数为：

$$平均存货=\frac{700+600}{2}=650(万元)$$

$$存货周转率=\frac{5\ 000}{650}=7.69$$

$$存货周转天数=\frac{360}{7.69}=46.81(天)$$

2. 存货周转率的意义

存货周转率说明在一定时期内企业存货周转的次数,可以用来测试企业存货的变现速度,反映企业销售能力。一般来讲,存货周转速度越快,存货的周转水平就越高,流动性就越强,企业的营运资金占用在存货上就会越少,这样公司在同行业中就能保持优势。然而,存货周转率过高,也可能隐含着企业在管理方面存在一些问题。例如,存货水平太低,甚至经常缺货,或者采购次数过于频繁,没有达到经济订货批量,等等。所以企业应该和同行业中其他企业进行比较,分析和它们的共同点以及不同点,同时考虑自身的特点之后,保持一个比较合适的存货周转率。但是企业在和同行业企业进行比较时,应该注意:如果企业与企业之间对于存货计价所采取的会计政策不同,则它们之间的可比性就比较差。

存货周转率能够比较综合地反映出企业存货的管理水平,同时它也会影响企业短期偿债能力。作为企业管理者和报表分析者,除了要分析批量因素、季节性生产的变化等情况对于存货的影响外,还应该对于存货的构成进行细分。例如,在工业企业中,可以分析原材料、在产品、产成品等各自在存货中的比重,从而从不同的角度和环节上找出存货管理中的问题,使得存货在保证企业生产连续性的同时,尽可能少占用经营资金,提高企业资金利用的效率,在保障企业偿债能力的同时,提高企业管理水平。

在分析存货周转率时,应注意应付账款、存货和应收账款之间的联动关系。一般来说,销售增加会拉动应收账款、存货和应付账款增加,不会引起周转率的明显变化。但当企业接受一个大的订单后,先要增加采购,然后推动存货和应付账款增加,最后才会引起销售收入上升,在这种情况下,销售没有使以前的存货周转速度减慢不是坏的现象;反之,预见到销售萎缩时,会减少采购,引起存货周转速度加快,这反而不是一件好事情。

必须注意的是,存货周转率的分子一般使用销售成本,但在具体分析时,应视分析目的不同而有所不同,在分析流动性时,为说明存货的质量,可使用销售收入净额,在分解总资产周转率时,为系统分析影响因素,并能与其他指标分析口径保持一致,分子也应该使用销售收入净额。只有在评估存货经营效率和使用业绩时,一般才使用销售成本。

二、应收账款营运效率分析

1. 应收账款周转率

应收账款和存货一样,在流动资产中占据举足轻重的地位。企业及时收回应收账款,不仅可以减少坏账损失,还可以增强短期偿债能力。

反映应收账款周转速度的指标是应收账款周转率,也就是一个会计年度内企业应收账款转为现金的平均次数。它是企业一定时期赊销收入净额与应收账款平均余额的比率。其计算公式如下:

$$应收账款周转率=\frac{赊销收入净额}{应收账款平均余额}$$

由于企业的财务报表不提供年赊销商品额的数据,所以在财务分析中我们一般用企业销售收入来替代。而销售收入数据可以从损益表中得到。应收账款是指扣除坏账准备后的应收账款，也包括应收票据在内，它等于资产负债表中期初应收账款（应收票据）与期末应收账款（应收票据）的平均余额。

在现实经济生活中，用应收账款周转天数来反映企业应收账款管理水平比较常见。其计算公式如下：

$$\text{应收账款周转天数}=\frac{360}{\text{应收账款周转率}}$$

应收账款周转天数从本质上说就是销货方给予购买方的优惠条件，即允许顾客延期付款的天数，主要是为了吸引顾客，扩大销售。因此应收账款周转天数是否合理应结合企业事先制定的信用政策来确定。

例如根据长城公司财务报表，公司在 2003 年销售收入净额为 9 000 万元，年初应收账款为 400 万元，年末为 600 万元，则公司应收账款周转率和应收账款周转天数为：

$$\text{应收账款周转率}=\frac{9\ 000}{\frac{400+600}{2}}=18$$

$$\text{应收账款周转天数}=\frac{360}{18}=20(\text{天})$$

影响应收账款周转率正确性的因素有：季节性经营的企业使用这个指标时不能反映实际情况；大量使用分期收款结算方式或大量使用现金结算方式；年末销售大量增加或减少等。这些因素都会对该指标的计算结果产生较大的影响。

随着市场经济的发展，商业信用也得到越来越广泛的应用。越来越多的企业在销售时采用了赊销这一政策。因而应收账款也成为企业流动资产一项重要组成。一般而言，应收账款周转率越高，平均应收账款回收期就越短，说明企业催收账款的速度越快，这样可以减少坏账损失，使得企业资产的流动性得到增强，短期偿债能力提高，在一定程度上可以弥补企业流动比率低的不利因素。相反，如果一个企业应收账款周转率过低，则企业的营运资金会过多地呆滞在应收账款上，影响企业正常的资金周转，更严重的，会导致企业资金链的断裂。作为企业管理者，对该指标进行分析计算，可以为应收账款管理提供指导，为企业制定信用政策提供重要依据；作为财务报表的使用者，可以将计算出来的该指标与企业前期、行业平均水平以及同行业类似企业进行对比，从而对企业应收账款营运能力做出比较客观的判断。

在分析应收账款周转率时，也应当注意应收账款与销售额、现金项目之间的联动关系。应收账款的起点是销售，终点是现金，正常的情况是销售增加引起应收账款增加，随后是现金和现金流量增加，而如果出现应收账款增加，但销售和现金却减少的状况，则可能是销售出了问题，促使企业放宽信用政策，因此对于应收账款周转率的分析也不是简单地分析其周转速度的问题，而应该与其他问题联系在一起进行分析。

2. 应收账款周转率的意义

在分析企业应收账款周转速度时，我们需要具体问题具体分析。由于影响应收账款回收期的因素较多，需分别对待和处理：(1)企业规模和经营特点。一般来讲，企业规模越大，它在行业中的地位就越重要，此时由于具有很强的优势，对于一般客户，它不会给予很宽松的信用政策。(2)客户特点。对于企业的长期客户、大客户以及信用好的客户，企业会给予比较诱人的信用政策，而对于一般客户，就不会享有如此诱人的政策。(3)行业产品。企业所处行业不同，生产的产品不同，也会造成账款回收期的差异。例如日用消费品的货款回收期就要比大型机器设备的货款回收期来得短。(4)资金利率情况。如果企业借款利率较高,它就会执行较紧的信用政策;同理,如果企业资金机会成本较高,也会趋向于缩短货款回收期。由于企业应收账款具有如下特点:即便账款收不回,它仍然会在账面上使企业呈现盈利现象,然而企业却还要为其支付增加的占用成本。这就会造成企业经营状况仍然良好的假象,所以企业应该尽量加快账款回收,制定好相应的收账政策。

三、营业周期与现金周期

营业周期是指企业从取得存货开始到销售存货并收回货款为止这段时间,因而影响营业周期的就是企业存货周转期和应收账款的回收期。它是一个衡量企业短期资产营运能力的比较综合的财务指标。我们知道,存货和应收账款都是单一的衡量企业短期资产营运能力的指标,但是营业周期不同,它能够综合存货和应收账款两方面要素,任何一方都会对它造成影响,同时我们也能够发现短期资产中存货和应收账款各自对于营业周期的影响程度,哪方面问题更大等等。其计算公式如下:

营业周期=存货周转天数+应收账款周转天数

由长城公司年报可知,公司 2003 年的存货周转天数为 46.81,应收账款周转天数为 20,所以公司的营业周期为:

营业周期=46.81+20=66.81(天)

它表示的是企业从取得存货开始到收回货款所需天数。在考察企业营业周期时,我们可以将上述数据与同行业进行对比,如果低于行业平均水平,再进一步分析问题是在存货方面还是在应收账款方面,便于以后改进。一般情况下,营业周期越短,说明资金周转速度越快,企业占用资金就越少;营业周期越长,说明资金周转速度越慢,企业占用资金就越多。

如果公司不使用商业信用赊购,营业周期就等价于现金周期,但在使用商业信用赊购的情况下,则:

现金周期=营业周期-应付账款周转天数

=存货周转天数+应收账款周转天数-应付账款周转天数

现金周期其实揭示了存货、应收账款与应付账款之间的内在关系。周期越短,说明公司的经营效率越高,现金管理的能力越强;周期越长,说明公司越容易出现现金短缺的局面,经营效率也越低。需要指出的是,不同行业的不同企业间现金周期的差异较大,必须具体情况具体分析。营业周期与现金周期的关系可用图 6-2 来表示。

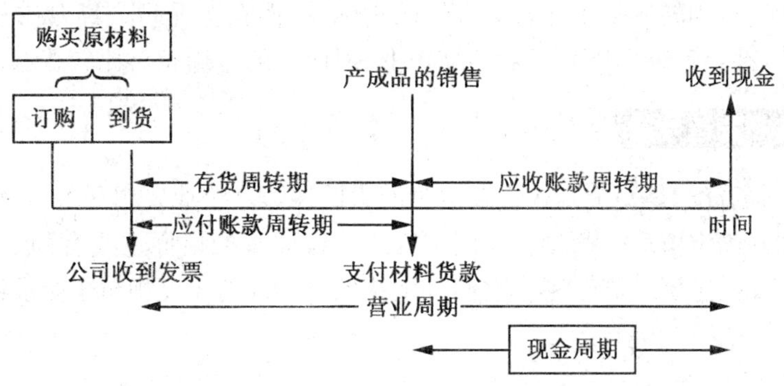

图 6-2 营业周期与现金周期的关系

四、流动资产周转率

流动资产周转率是企业销售收入与全部流动资产平均余额的比值，它反映企业全部流动资产的利用效率。其计算公式如下：

$$流动资产周转率=\frac{销售收入}{流动资产平均余额}$$

$$流动资产平均余额=\frac{期初流动资产+期末流动资产}{2}$$

上式表明：增加销售收入、降低流动资产资金占用是提高流动资产周转速度的有效途径。提高销售收入，就要在提高产品质量和功能的同时提高产品售价，扩大市场销售数量；降低流动资产占用，就要加速组成流动资产的各项周转，降低存货、应收账款等的资金占用。

流动资产周转率指标可以揭示以下问题：

第一，流动资产实现销售的能力，即流动资产周转率越高，则实现的销售收入越多。因为

$$销售收入=流动资产周转率\times流动资产平均占用额$$

$$流动资产利润率=销售利润率\times流动资产周转率$$

第二，反映流动资产投资的节约与浪费情况。因为

$$流动资产节约或浪费额=分析期销售额\times(分析期流动资产实际占用率-基期流动资产实际或分析期流动资产计划占用率)$$

$$流动资产占用率=1/流动资产周转率$$

其中：正值表示浪费，负值表示节约。

长城公司2003年财务报表显示：2003年销售收入为9 000万元，年初流动资产为1 500万元，年末流动资产为1 800万元，则公司流动资产周转率为：

$$流动资产周转率=\frac{9\ 000}{\frac{1\ 500+1\ 800}{2}}=5.45$$

流动资产周转率是衡量企业流动资产营运能力的一个综合性指标。流动资产周转速度快，就可以节约流动资金，等于相应扩大企业资金投入，提高企业盈利能力。而资金的节约又可以分为绝对节约和相对节约两种情况。流动资金绝对节约是指企业由于流动资产周转加快，因而可以从周转资金中拿出一部分支付给企业所有者或者债权人。资金的相对节约是指由于企业加快流动资产周转，等于在企业所有者没有新投入资金的情况下，扩大了企业的生产规模。由于流动资产周转率是个比较综合性的指标，因而在企业生产经营中任何一个环节上的工作得到改善，都会反映到周转天数的缩短上，因而它的应用相对比较普遍。

五、固定资产营运效率

众所周知，固定资产是一个企业长期盈利能力的保障。企业要想获得持续的盈利，一定要充分有效地利用好固定资产。衡量企业固定资产营运效率的指标主要有固定资产更新率、固定资产产值率以及固定资产周转率。它们分别从各个不同的角度衡量了企业固定资产营运效率。

1. 固定资产更新率

企业在生产经营过程中，必定伴随着固定资产的不断更新和淘汰。特别是在科技突飞猛进的年代，企业固定资产更加需要频繁的更新，否则就会跟不上现代化生产发展的需要。所以

企业固定资产的总体新旧程度在一定程度上代表了企业的生产能力和发展潜力。计算固定资产的更新率主要有以下两种指标：

(1)固定资产更新率。(备注:公式中当初改为期初)

$$\text{固定资产更新率}=\frac{\text{当年新增固定资产}}{\text{当初固定资产原价之和}}\times 100\%$$

它说明的是企业固定资产的增长率,为提高企业现代化而采取的措施。

(2)固定资产淘汰率。(备注:公式中当初改为期初)

$$\text{固定资产淘汰率}=\frac{\text{当年淘汰固定资产的原价}}{\text{当初固定资产原价之和}}\times 100\%$$

它是从另一个角度来反映企业固定资产的更新状况。

2. 固定资产产值率

在现实经济生活中,反映企业固定资产营运效率的指标就是固定资产产值率,因为固定资产作为企业的劳动手段主要是用于生产经营的,因此可以联系产值对固定资产的效率进行评价。固定资产产值率就是一定时期内企业总产值与固定资产平均总值之间的比率。其计算公式如下：

$$\text{固定资产产值率}=\frac{\text{工业总产值}}{\text{全部固定资产平均总值}}$$

在市场经济体制下,我们经常强调企业产值率的高低,但是在看到一个固定资产产值率的数据时,我们如何分析和找出影响它的因素？据此,我们进一步分解固定资产产值率,找到影响因素：

$$\begin{aligned}\text{固定资产产值率}&=\frac{\text{工业总产值}}{\text{全部固定资产平均总值}}\\&=\frac{\text{总产值}}{\text{生产设备平均总值}}\times\frac{\text{生产设备平均总值}}{\text{生产用固定资产平均总值}}\times\frac{\text{生产用固定资产平均总值}}{\text{全部固定资产平均总值}}\\&=\text{生产设备资金产值率}\times\text{生产设备构成率}\times\text{生产用固定资产构成率}\end{aligned}$$

以上公式中,生产设备的资金产值率反映生产设备能力和时间的利用效果;而生产设备占全部固定资产的比重和工业生产用固定资产占全部固定资产的比重,则表明企业固定资产的结构状况和配置的合理程度。所以在企业固定资产产值率的分析中,应该从固定资产配置和使用两方面进行。

3. 固定资产周转率

衡量企业固定资产营运效率的最常用的指标是固定资产周转率。它是企业年销售收入净额与固定资产平均净值的比率,它反映的是企业固定资产周转速度的快慢,用来测定和判断固定资产产生销售收入的能力。其计算公式如下：

$$\text{固定资产周转率}=\frac{\text{销售收入净额}}{\text{固定资产平均净值}}$$

$$\text{固定资产平均净值}=\frac{\text{期初固定资产净值}+\text{期末固定资产净值}}{2}$$

长城公司 20×8 年财务报表显示:20×8 年销售收入为 9 000 万元,年初固定资产净值为 2 100 万元,年末为 2 500 万元。则公司固定资产周转率为：

$$\text{固定资产周转率}=\frac{9\ 000}{\frac{2\ 100+2\ 500}{2}}=1.96$$

这个比率主要是用来分析企业厂房、设备等固定资产的利用效率。该比率越高,说明企业固定资产的利用率越高,闲置设备越少,管理水平越高。如果企业固定资产周转率与同行业平均水平相比偏低,说明企业的生产效率低下或者是企业生产能力过剩,这在一定程度上会影响企业的获利能力。对该财务比率进行分析,可以发现企业资产管理中特别是固定资产管理中存在的问题,为企业以后提高管理水平和盈利能力奠定基础。

另外需要注意的是,固定资产周转率的大小及变化趋势取决于分子与分母的特点,销售收入的变化是连续的,在不同的生命阶段,也许其变化速度是不同的。而分母的固定资产占用的调整是不连续的,其变化时间、金额等很大程度上取决于公司的管理决策,这两个变化加总起来,就会使固定资产周转率的变化上下震荡。初创期公司的固定资产周转率较低,但随着销售的扩大,该指标会不断提高,新的固定资产投资又会导致该指标急剧下降,而当公司的销售能量释放出来后,该指标又会重新回升,这一过程会不断反复直到成熟期结束,进入衰退期,情形相反。由此引致出来的问题是,即使两家公司的销售及生产能力相同,但由于固定资产的购置时间不同,也会导致有不同的固定资产周转率,从而影响了该指标的可比性。也就是说,运用固定资产周转率时,需要考虑固定资产因计提折旧而影响其净值在不断地减少,以及因更新重置其净值突然增加的影响。同时,由于折旧计提方法的不同,也会影响其可比性,在分析时必须将这些不可比因素予以剔除。

六、无形资产利用效率

无形资产在许多企业中得不到重视,很多企业的管理者总是把精力放在固定资产和流动资产上,对于无形资产没有引起足够的重视。然而随着经济不断发展,许多产业逐步由劳动密集型转向知识密集型,高科技企业不断涌现,使得无形资产在企业中的地位越来越重要。特别在某些行业,例如软件行业,主要就是靠卖它的知识产品来生存和获利的。那么我们如何来分析无形资产的营运能力?由于考察无形资产无法用定量的财务指标来衡量,所以这给我们分析无形资产带来了很大的阻碍。例如我们知道,海尔公司的品牌价值在市场上值几百亿元人民币,产品只要贴上海尔标志,就能赢得客户和消费者的青睐。然而这品牌到底给海尔带来多大的销售收入或者说给企业创造了多大的利润,我们无法衡量。例如还有公司的特许权使用费,著名的可口可乐公司的特许权使用费就是一笔巨额财富。由于很多的无形资产是和公司的固定资产等结合在一起使用的,因此在公司固定资产等的营运能力中蕴涵着无形资产的营运能力。作为公司管理者,如果要想使得无形资产营运能力提高,就需要加强无形资产的经营,使得无形资产更好地和其他资产融合在一起,从而给公司创造无限价值。

七、总资产周转率

1. 总资产周转率指标及其意义

总资产周转率是企业销售收入与全部资产平均余额的比值,它反映企业全部资产的利用效率。其计算公式如下:

总资产周转率= 销售收入/总资产平均占用额

总资产平均余额=(期初总资产+期末总资产)/2

总资产周转天数=365/总资产周转率

上式表明:增加销售收入、降低总资产的占用是提高总资产周转速度的有效途径。总资产周转率越快,总资产周转天数越短,说明企业总资产的利用效率越高。

2. 总资产周转率的驱动因素分析

总资产是由各项资产构成，在销售收入既定的条件下，总资产周转率的驱动因素是各种资产，通过驱动因素的分析，就可以了解总资产周转率的变动是由哪些资产引起的，以及影响较大的因素，为进一步分析指明方向。总资产周转率的驱动因素分析是结合因素分析法来进行的，通常选用资产周转天数，不用资产周转次数，因为各项资产周转次数不能相加，而各项资产周转天数却可以相加，因此总资产周转率驱动因素的分析公式为：

总资产周转天数＝流动资产周转天数＋非流动资产周转天数

流动资产周转天数＝现金周转天数＋应收账款周转天数＋存货周转天数

例如，某公司本年总资产周转天数是 270 天，其中流动资产周转天数为 85 天，则非流动资产周转天数一定为 185 天。总资产周转天数比上年增加了 30 天，其中流动资产增加了 7 天，非流动资产增加了 23 天，说明非流动资产周转天数是影响总资产周转天数的主要因素，进一步发现，固定资产大量增加是影响非流动资产周转速度的原因，进一步看流动资产，现金周转天数比上年增加 3 天，应收账款周转天数比上年增加 27 天，存货周转天数比上年减少 23 天，说明尽管流动资产周转天数的变化不大，但应收账款和存货的周转天数变化的影响还是比较大的，其中应收账款周转应是关注的重点。

第三节 资产结构分析

资产负债表反映企业在某一特定时点的财务状况。更具体地说，资产负债表的左边资产方，反映企业实际控制的经济资源的数量及其结构，即企业的资产结构；而企业的资产结构揭示企业的经营能力能否被充分利用，因为只有当各类资产合理搭配时，才可能实现其最佳效用。

一、资产的结构分析

(一)资产结构的定义及分类

由于总资产周转率＝某资产周转率×该资产占总资产的结构，说明总资产周转速度的快慢一方面取决于资产自身的运用效率，另一方面与资产的结构相关，因此在进行效率性分析时，应进一步分析资产结构变化对营运能力的影响。

所谓资产结构，是指各类资产之间的比例关系，与资产的分类结构相适应，资产结构的种类也可以分为资产变现速度及价值转移结构、资产占用形态结构与资产占用期限结构。

所谓资产变现速度及价值转移结构，是指总资产中流动资产和非流动资产各自所占的比重及比例关系，其中非流动资产包括固定资产、无形资产、对外长期投资等。该结构反映了企业经营能力的大小及风险的大小。资产占用形态结构是指企业总资产中有形资产与无形资产各自所占的比重及比例关系，该结构不仅揭示了不同资产的实物存在性质，也能反映企业经营能力、收益能力及风险的大小。资产占用期限结构是指企业总资产中长短期资产各自所占的比重及比例关系，该结构不仅说明了资产流动性的强弱或周转速度的快慢，对资产价值的实现及风险也有一定的影响。

企业生产经营的成功与否，在很大程度上取决于它是否具有合理的资产结构。资产结构实际上反映了企业资产的流动性，它不仅关系企业的偿债能力，也会影响企业的获利能力，而且从一个企业资产结构能够看出企业管理者的经营风格。

流动资产主要由货币资金、存货、应收账款组成。如果货币资金所占的比重过高，就应当分析企业现金持有量是否合理,有无资金闲置现象,因为保存过多的现金,虽然可以降低企业经营风险,但是会降低企业的盈利水平。同样道理,如果在流动资产中,存货和应收账款过多,就会占用企业大量的资金,影响企业的资金周转,严重的话,会使企业资金链断裂,从而使得企业陷入危机。现实经济生活中,许多公司由于存货大量囤积,资金大多陷入应收账款,企业继续经营没有资金保障,从而纷纷破产。

在非流动资产组成中,主要有固定资产和无形资产。固定资产是一个企业长期盈利能力的保证,所以它在企业中占据举足轻重的地位。企业新添一项金额较高的固定资产,都需经过严格的可行性论证。因为一般情况下,如果一项金额较高的固定资产投资失败,会对企业造成长期影响,使得企业经过多年才能喘过气来;而如果一项固定资产投资成功,可以在很大程度上提高企业经营业绩。而随着经济的不断发展,无形资产在企业中占据越来越重要的位置。特别是在一些高科技行业,无形资产在企业所有资产中占据最高的比重,最典型的就是软件企业。在这类企业中,如何管理好无形资产是管理当局的重点所在,因为它直接影响企业盈利能力和发展能力。

(二)资产结构的定量分析

衡量企业资产结构常用的财务指标有以下两种:

1. 构成比率

$$\text{流动资产构成比率}=\frac{\text{流动资产合计数}}{\text{资产总和}}\times 100\%$$

$$\text{非流动资产构成比率}=1-\text{流动资产构成比率}$$

其中非流动资产构成比率中主要研究固定资产的比率。企业需要综合考虑自己几年的流动资产构成比率以及同行业的流动资产的构成比率,从而做出比较明智的判断。

2. 流动资产与固定资产比率

$$\text{流动资产与固定资产比率}=\frac{\text{流动资产总数}}{\text{固定资产净值总数}}\times 100\%$$

虽然流动资产盈利能力较差,但是它却可以缓解企业短期偿债压力,而固定资产虽然盈利能力较强,但是由于它的流动性较差,所以企业应该仔细分析自身和同行业的财务数据,从而决定公司未来在该财务比率上的大小。

除了简单的指标以外,资产结构的定量分析,通常是以资产负债表中的“资产总额”为基数来进行纵向分析的,即:将资产的每一项目以占资产总额的百分比形式填列,形成资产的结构百分比列表。

资产结构百分比法把资产中为数众多的各明细项目的数额转化为简单的百分数,从而简单明了地揭示了资产中各项目和总额之间的关系。资产的结构百分比可以清楚地揭示企业不同类型的资产占总资产的比例,说明企业管理者对其所有的资源是如何运用的。通过与同行业企业比较并结合企业的战略特征,可以判断这种资产运用的合理性和适当性。通过分析不同时期企业资产结构的变化,可以分析企业经营上发生的变化。

在具体计算与分析的过程中,通常分别计算对比期和基期的资产结构百分比。通过分析这种比重的变动,可以更好地反映资产结构的详细变动情况,进而判断其对财务状况的影响。除此之外,往往还在列示两期各项目百分比的同时,增设一栏反映两期的差异,以更明了地反映各项目的增减变动情况。

以下以 A 公司的资产负债表为例,编制资产结构百分比表(见表 6—1)。

表 6—1　　资产结构百分比

编制单位:A 公司

项　目	资产负债表		资产结构百分比分析		
	20×6 年 12 月 31 日	20×5 年 12 月 31 日	期末(%)	期初(%)	差异(%)
流动资产:					
货币资金	193 395 308.02	248 677 748.81	17.16	32.23	—15.07
应收票据	260 660 588.59	152 677 862.90	23.14	19.79	3.35
应收账款	70 844 003.96	43 782 152.07	6.29	5.67	0.62
预付款项	7 643 588.37	1 099 678.07	0.68	0.14	0.54
应收利息					
应收股利					
其他应收款	9 915 858.38	7 994 325.54	0.88	1.04	—0.16
存货	317 858 286.28	137 764 627.70	28.21	17.85	0.36
流动资产合计	860 317 633.60	591 996 395.09	76.36	76.72	—0.36
非流动资产:					
长期股权投资	1 671 959.20	1 663 088.69	0.15	0.22	—0.07
投资性房地产					
固定资产	158 910 721.96	107 518 813.86	14.1	13.93	0.17
在建工程	71 108 296.32	36 220 388.25	6.31	4.69	1.62
固定资产清理					
无形资产	26 992 485.88	28 935 088.24	2.4	3.75	—1.35
开发支出					
商誉					
递延所得税资产	7 689 034.45	5 347 790.11	0.68	0.69	—0.01
其他非流动资产					
非流动资产总计	266 372 497.81	179 685 169.15	23.64	23.28	0.36
资产总计	1 126 690 131.41	771 681 564.24	100	100	

由于资产的项目种类繁多,因此通常会进一步按资产的大类进行结构百分比分析:按一定的目的或原则对资产项目进行必要的合并,以突出分析的重点。通常可以考虑:(1)按照重要程度合并,对存货、固定资产等重要项目分别单独反映,而对无形资产、递延资产等数额不大、相对不太重要的项目,则以"其他资产"的形式合并列示并加以分析;(2)按照属性相关性合并,例如将现金、银行存款、应收账款等属性类似的项目合并,以"速动资产"加以反映。

结合上述 A 公司的实际情况,将资产项目进行以下的分类:(1)速动资产,包括货币资金、应收票据、应收账款、预付账款、其他应收款等;(2)存货;(3)长期投资;(4)固定资产;(5)其他资产,包括无形资产及递延资产等。这样可以将 A 公司资产进行大类结构百分比分析,如表 6—2所示。

表 6—2 **资产结构大类百分比**

编制单位:A 公司

项　目		资产负债表		资产结构百分比分析		
		2009 年 12 月 31 日	2008 年 12 月 31 日	期末(%)	期初(%)	差异(%)
流动资产	速动资产	542 459 347.32	454 231 767.39	48.15	58.86	−10.71
	存货	317 858 286.28	137 764 627.70	28.21	17.85	10.36
	小计	860 317 633.60	591 996 395.09	76.36	76.71	−0.35
固定及长期资产	长期投资	1 671 959.20	1 663 088.69	0.15	0.22	−0.07
	固定资产	230 019 018.28	143 739 202.11	20.42	18.63	1.79
	其他长期资产	34 681 520.33	34 282 878.35	3.08	4.44	−1.36
	小计	266 372 497.81	179 685 169.15	23.65	23.29	0.36
合　计		1 126 690 131.41	771 681 564.24	100.01	100.00	

从表 6—4 可以看出,A 公司的流动资产的比例下降 0.35%,固定及长期资产上升了 0.36%,从总体来看,资产大类比重变化不大。但是进一步分析,则可以看出,A 公司的速动资产的比例下降了 10.71%,而存货的比例上升了 10.36%,如果结合表 6—3 进行分析,可以看出速动资产的下降主要是 A 公司的货币资金结构比例下降 15.07%所引起的;如果结合有关公司的销售增长率为 70%的情况进行分析,可以看出在公司销售增长的同时,其存货的比例也同比上升了,比较符合公司目前规模扩张的实际情况。同时可以看出公司的固定资产的结构比上升了 1.79%,这也可以解释为什么公司的货币资金的比例下降了 15.07%,同时也符合公司目前进行规模扩张的实际情况。

二、资产结构的定性分析

企业资产结构状况直接决定了它的流动性和盈利性。不同的管理者,会在风险和收益之间选择不同的平衡点。一般来说,流动资产能够缓解企业短期偿债压力,减小企业危机;而长期资产更多的是提高企业未来盈利水平和发展水平。但由于长期资产流动性较差,所以它的风险相对较大。企业需要谨慎做出决定,以便在风险和收益之间做出权衡。然而在企业中,究竟是什么因素决定企业安排多少流动资产、多少非流动资产的呢?这就需要在考虑如下因素的情况下做出最优决策。

1. 风险和报酬

一般而言,持有大量的流动资产可以降低企业的风险。因为在企业出现偿债压力时,可以比较快速地将流动资产卖出去,转化为现金;但是对于非流动资产特别是固定资产就不是那么容易,因为它的变现能力较差。所以如果企业把资金较多地投资于流动资产,则风险较低。但是由于流动资产盈利能力较差,所以这样必然带来企业效益低下,投资报酬率低于行业水平,最终失去生存之道。因而这就决定了企业管理当局在选择资产组合时,应该认真权衡风险和报酬,以便做出最佳决策。

2. 经营规模对资产组合的影响

企业规模对资产组合也有重要影响。一般来讲,随着企业规模的不断扩大,流动资产的比重会相对降低。因为随着企业规模扩大,企业在社会上的影响力会越来越大,筹资能力会越来越强,在企业出现暂时性的财务危机时,它能够迅速筹集到资金,因而它能够承受较大的风险。

在小企业中，由于对于固定资产消化能力比较低，所以相对应该少投入，而大企业由于实力雄厚，消化能力强，更多的是强调规模经济，所以持有的固定资产会更多一些，如表 6－3 所示。

表 6－3　　制造业企业流动资产占总资产的百分比

项　目	资 产 规 模(百万美元)				
	\$10 以下	\$10～25	\$50～100	\$250～1 000	\$1 000 以上
流动资产所占的百分比	65.4%	63.9%	59.8%	46.9%	33.3%

资料来源：Gitman，Joehnk，Pinches：Managerial Finance，Harper & Row Pubulishers。

3. 利率的变化

一般来讲，随着利率上升，企业为了减少利息支出，就会减少对于流动资产的投资，从而使得流动资产在总资产中的比重下降；相反随着利率下降，企业会增加对于流动资产的投资。因而企业的资产结构并不是固定不变，随着宏观经济的变化，它也是一个动态的过程。

综合考虑以上因素，所以企业在选择资产组合时，一定要结合自己的实际情况，在风险与收益之间选择适合自己的平衡点。

【案例分析】

万科企业股份有限公司营运能力分析

一、公司简介

万科企业股份有限公司成立于 1984 年，1988 年进入房地产行业，1991 年成为深圳证券交易所第二家上市公司。经过二十多年的发展，成为国内最大的住宅开发企业，目前业务覆盖珠三角、长三角、环渤海三大城市经济圈以及中西部地区，共计 53 个大中城市。

万科以上海、北京、深圳、广州为核心城市，同时在以上海为龙头的长江三角洲地区、以北京为龙头的环渤海地区和以深圳、广州为龙头的珠江三角洲地区三大城市圈开发住宅，并以成都、武汉等腹地区域经济中心城市作为战略发展目标，逐步把 44 个 100 万以上人口的城市覆盖，进一步扩大各地的市场份额，实现成为行业领跑者的目标。

万科的经营策略，相对是比较稳定的。这些策略包括：坚持小户型和装修房，坚持快速周转和较少的土地储备，重视合作，稳健的投资策略，以及推动住宅产业化和绿色建筑。

本案例将在此背景下对公司的营运能力进行分析。

二、营运能力分析

企业的资产经营效率评价主要分为短期和长期两方面。短期资产营运效率分析主要包括存货周转率、应收账款周转率、营运周期和流动资产周转率；长期的分析包括固定资产周转率、固定资产更新率以及无形资产利用效率这几方面。下面我们就从上述的几个方面对万科 2007～2011 年五年来的营运能力进行分析。

1. 存货周转率

一般来讲，在企业流动资产中，存货所占的比重最大。所以存货的周转速度对于企业流动资产的周转率的影响很大，所以要特别注重分析企业的存货。

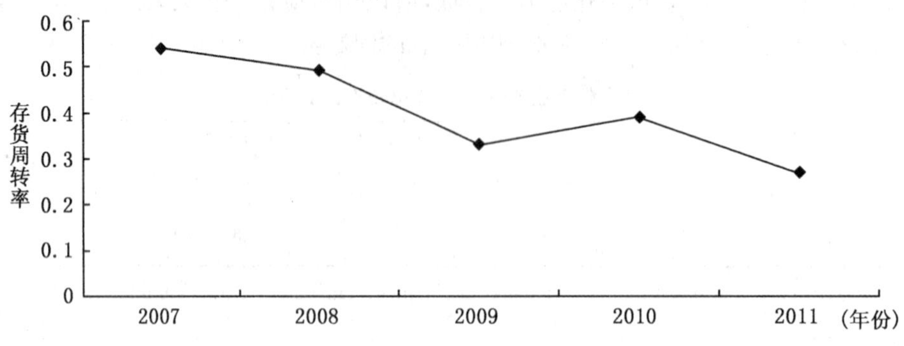

图 1 2007～2011 年万科房地产存货周转率变动趋势

存货周转率越高越好，说明企业存货变现速度快，销售能力强。万科集团从 2007 年到 2011 年的存货周转率总体是下降的，除了 2010 年的存货周转率比 2009 年、2008 年、2007 年有所提高，提高了企业资产的变现能力，为短期偿债能力提供了保障。2011 年最低，说明 2011 年企业销售状况不好，存货积压，资金占用水平高。这个与经济大环境的趋势有着密切的关系。2008 年经济危机，对房地产产生了冲击，所以 2008 年和 2009 年的存货周转率一直下降，销售量变小。2010 年经济回稳，所以销售额有小幅回升，存货周转率也跟着小幅上升，但随着限购令等一系列的政府调控措施出台，房价一直在跌，房产热也“退烧”，2011 年存货周转率又呈现下降趋势。

2. 应收账款周转率

企业及时收回应收账款，不仅可以减少坏账损失，还可以增强短期偿债能力。

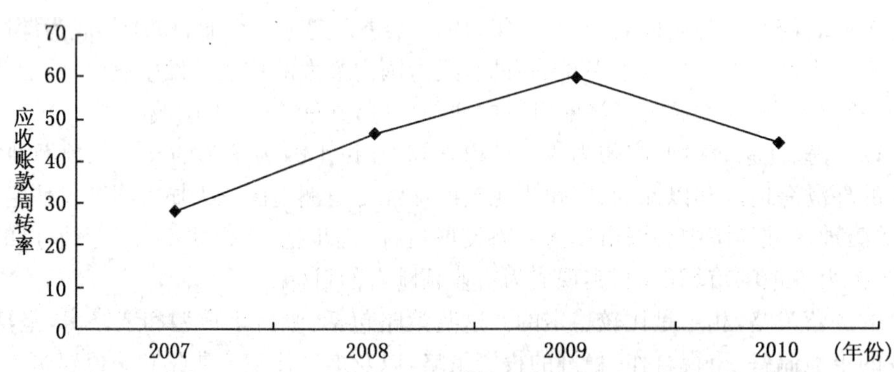

图 2 2007～2011 年万科房地产应收账款周转率变动趋势

应收账款周转率越高，说明企业应收账款回收快，流动性强。2009 年的应收账款周转率比 2007 年、2008 年有大幅度提升，证明平均收账期比较短，有利于提高企业的运营能力；2010 年的应收账款周转率比 2009 年有所下降，说明在这一时间段的平均收账期稍微偏长，对企业运营能力的提高有不利的影响。

由于现行应收账款周转次数计算公式只是简单地将赊销收入与应收账款平均额相比，没有考虑到实际收回的赊销贷款与应收账款余额的内在联系，在特定的条件下，计算出的结果与事实显然不符。同时，应收账款周转率(次数)计算公式中，分子式赊销净额，但在实际计算中，由于企业公开发表的会计资料很少标明赊销数字，所以往往就用销售总额来取代赊销净额，这样的计算会高估应收账款的周转率或缩短应收账款的回收天数。

3. 总资产周转率

固定资产周转率急剧上升是由处置、核销部分固定资产及几年来主营业务量的大幅度增长所致，说明万科保持了高度的固定资产利用率和管理效率，同时也反映了其固定资产与主要业务关联度不高。

总资产周转率取决于每一项资产周转率的高低，该指标近年的下降趋势主要是由于存货周转率的下降，但其毛利率、应收账款和固定资产利用率的提高使其下降幅度较小，万科要提高总资产周转率，必须改善存货的管理。

总资产周转率的计算中，现行计算公式将销售收入与企业平均资产总额直接相比。但在企业资产中，有一部分是与企业销售收入的形成没有必然的联系，如企业的投资数额。这些账户的存在会歪曲企业总资产周转率而使其比实际要低，也即实际周转率要比计算所显示的要好。

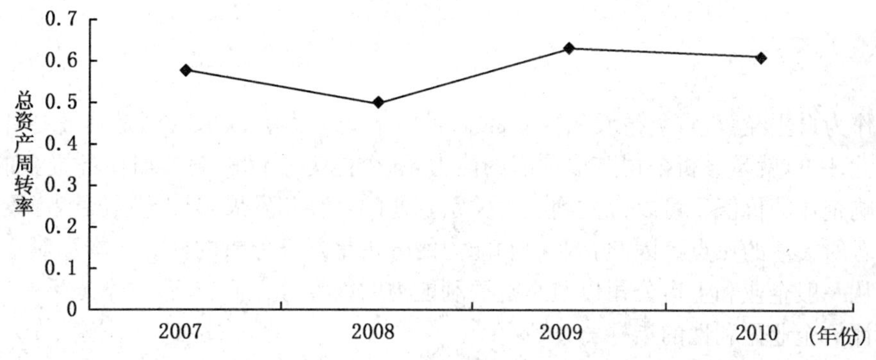

图 3　万科房地产 2007～2011 年总资产周转率变动趋势分析

根据万科房地产的财务数据显示，万科房地产在 2007 年至 2011 年这段时间内，其总资产周转率大体是呈上升的趋势，有助于万科运营能力的增强。

三、分析总结

总的来说，万科的资产运营能力较强，尤其是其应收账款的运营能力非常优秀，堪称行业典范。但由于近年来土地储备和在建工程增多，存货管理效率下降较为明显，因此造成了总资产管理效率降低，管理层应关注存货的管理。另外，2008 年经济危机对房地产行业带来了一定的冲击，但万科在行业内的成长性比较好，在其抵御风险能力的作用下，公司目前发展得比较稳定。但在房控政策之下，房地产开发商未来将面临较为艰难的营运环境，所以应关注公司的经营风险。

第七章

盈利性评价

企业作为自主经营、自负盈亏的独立商品生产者和经营者，获取利润是其最终目的。这里讲的盈利性评价，就是分析公司赚取利润的能力，这个能力不仅影响公司债务资金的取得，它还最终影响企业的价值。可以说盈利能力关系企业的生存和发展，是企业经营者、投资者以及利益相关者所关注的焦点。因此企业盈利能力的分析是财务分析的核心。本章对企业盈利性的评价将从一般企业和上市公司以及影响盈利能力的因素等方面进行，本章最后一节，将介绍一种新的评价企业盈利性的指标——EVA。

第一节　盈利性评价的指标

考察企业经营业绩不能单纯分析企业利润额的实现情况，因为它是绝对额指标，受销售数量增减的影响。例如，企业在经营管理中虽然存在着管理不善和损失浪费现象，利润数额也可能由于产销数量的扩大而增加。另外，利润额在不同企业之间往往缺乏可比性，经营管理差的大企业，很可能比经营管理好的同类型中小企业获得更多的利润。因此，在分析和考核盈利性指标时，应在分析利润额的基础上，再进一步分析企业的相对数的获利能力，才能比较全面地评价企业的经营业绩。

由于企业获得利润是以投入并耗费资源为代价的，只有把获得的利润与所付出的代价作对比，才能客观地反映企业的盈利性状况。我们将从以下四方面进行分析。

一、营业收入盈利水平衡量

营业收入可看作是企业一定期间内利润的来源，将收入与利润对比，可反映企业盈利水平的高低。反映营业收入盈利水平的指标主要有销售毛利率、销售利润率和销售净利率。

(一)销售毛利率

销售毛利率又称直接边际收入，是反映企业产品市场竞争能力的重要指标，它直接体现了企业每 1 元销售收入能获得的毛利额，也体现了销售收入对企业产品成本的补偿能力以及对企业净收入的贡献水平。

$$销售毛利率=\frac{销售毛利}{销售收入}$$

一般来讲,该指标越大,企业的销售能力越强,产品在市场上的竞争能力也就越强。但绝对不能简单地讲,本期的销售毛利率比上期低就不好,因为如果企业采取薄利多销的经营政策,适度降低产品的销售价格,使企业的销售规模不断上升,会使企业的利润总额有较大程度的提高,并且扩大了企业产品的市场占有率,但此时企业的销售毛利率却可能会有所下降,这正是企业产品市场价格竞争能力较强的实际表现。如果企业并未采用相应的销售政策,而销售毛利率下降,则应该引起充分的重视。

(二)销售利润率

销售利润率指标是企业的销售利润与销售收入的比率。

$$销售利润率=\frac{销售利润}{销售收入}$$

销售利润是指企业的销售收入扣除销售成本、销售税金、销售费用后的余额,但这是个相对传统的概念,而且在现行的损益表中,并不使用销售利润这一概念,而更多地采用营业利润的概念。此概念与销售利润概念不同,它是将销售收入扣除销售成本、销售税金后,再扣除全部企业的期间费用(包括销售费用、管理费用、财务费用)后的余额。虽然在计算时我们仍可以习惯地称其为销售利润率,但使用营业利润率概念更合理些。

在一般情况下,该比率越大,说明企业销售的盈利能力越强,也说明企业每 1 元的销售收入能为企业带来更多的销售利润。但这是个相对数指标,并不能说明本期销售利润总额的变动情况。有时企业销售不佳,销售利润下降,但其销售利润率却可能是上升的,所以要注意结合利润总额来分析销售利润率指标。另外,当企业采用薄利多销的经营方针时,其销售利润率同样会下降,但这并非说明企业财务状况不好。

(三)销售净利率

销售净利率指标反映的是企业销售收入能最终获取税后利润的能力。

$$销售净利率=\frac{净利润}{销售收入}$$

一般来讲,该指标越大,说明企业销售的盈利能力越强。一个企业如果能保持良好的持续增长的销售净利率,应该讲企业的财务状况是好的,但并不能绝对地讲销售净利率越大越好,还必须看企业的销售增长情况和净利润的变动情况。如果企业放弃销售规模和市场占用率,一味提高销售价格,也可能用较少的销售额换来较高的销售净利率,但这是没有价值的。相反,如果企业为了扩大产品销售和增加市场占有率,而主动降低售价,增加产品市场竞争能力,而使销售净利率适度下降,这是企业经营和财务政策调整的结果,并非企业财务状况不佳,获利能力下降。

以销售收入为基础的获利能力分析,并不是一种投入与产出的分析,而是属于一种产出与产出之间的比较分析,它还不能真正反映企业的获利能力,因为较高的销售利润率完全可以靠巨额资产和大量投资来维持。因此必须深入分析企业的资产利用效益和资本报酬水平的高低,才能真正辨明企业获利能力的强弱。

现以 A 公司的年报为例,说明上述指标的计算,如表 7—1 和表 7—2 所示。

表 7—1　　　　利润表

编制单位:A 公司　　　　单位:人民币元

项　目	20×5 年度	20×4 年度
一、营业收入	1 082 726 539.89	634 663 268.10
减:营业成本	648 485 137.15	359 351 996.62
营业税金及附加		
销售费用	259 236 198.35	149 979 014.46
管理费用	44 101 790.31	32 639 432.13
财务费用	—7 955 477.32	—6 294 962.08
资产减值损失	7 663 875.06	24 472 436.50
加:公允价值变动收益(损失以“—”号填列)		
投资收益(损失以“—”号填列)	8 870.51	—6 571.60
其中:对联营企业和合营企业的投资收益	8 870.51	—6 571.60
二、营业利润(亏损以“—”号填列)	131 203 886.85	74 508 778.87
加:营业外收入	4 621 790.33	4 421 966.20
减:营业外支出	1 332 581.14	735 037.34
其中:非流动资产处理损失	326 981.14	715 037.34
三、利润总额(亏损总额以“—”号填列)	134 493 096.04	78 195 707.73
减:所得税费用	19 566 194.54	10 215 914.15
四、净利润(净亏损以“—”号填列)	114 926 901.50	67 979 793.58

表 7—2　　　　营业收入衡量的指标计算

项　目	20×5 年度	20×4 年度
营业收入	1 082 726 539.89	634 663 268.10
营业成本	648 485 137.15	359 351 996.62
毛利	434 241 402.74	275 311 271.48
利润总额	134 493 096.04	78 195 707.73
净利润	114 926 901.50	67 979 793.58
销售毛利率	40.11%	43.38%
销售利润率	12.42%	12.32%
销售净利率	10.61%	10.71%

从该企业的收入指标看,企业的销售毛利率略有下降,销售净利率基本保持不变。但是企业的营业收入和净利润年度增长率都达到了 70%,这说明该企业在销售额和市场占有率大幅增长的情况下,仍保证了原有的获利率,体现了较高的获利能力。同时,可以将该公司的各指标与同行业的指标做进一步的分析与比较。

二、营业支出盈利水平衡量

这是从经济资源耗费的角度，评价单位成本费用支出为企业创造的利润是多少。常用的有两个指标：成本利润率与成本费用利润率。

(一)成本利润率

成本利润率是企业一定期间的产品销售利润与产品销售成本的比率，其计算公式为：

$$成本利润率=营业利润/营业成本\times100\%$$

该指标反映企业从事经营业务时，经过一定的成本耗费（投入）而为企业带来的经济效益（产出），成本利润率越高，说明每一元经营成本耗费为企业带来的经营收益越多。

(二)成本费用利润率

成本费用利润率是企业一定时期的利润总额同企业成本费用总额的比率。成本费用利润率表示企业为取得利润而付出的代价，从企业支出方面补充评价企业的收益能力。其计算公式为：

$$成本费用利润率=\frac{利润总额}{成本费用总额}\times100\%$$

公式中，成本费用总额是指企业销售（营业）成本、销售（营业）费用、管理费用、财务费用之和。成本费用利润率是从企业内部管理等方面，对资本收益状况的进一步修正，通过企业收益与支出直接比较，客观评价企业的获利能力。该指标从耗费角度补充评价企业收益状况，有利于促进企业加强内部管理，节约支出，提高经营效益。该指标越高，表明企业为取得收益所付出的代价越小，企业成本费用控制得越好，企业的获利能力越强。

沿用表7—1利润表进行分析，如表7—3所示。

表7—3 营业支出盈利水平衡量的指标计算

项目	20×5年度	20×4年度
营业成本	648 485 137.15	359 351 996.62
营业利润	434 241 402.74	275 311 271.48
利润总额	134 493 096.04	78 195 707.73
成本费用总额	943 867 648.49	535 675 481.13
成本利润率	67%	76.6%
成本费用利润率	14%	15%

从上述指标可以看出，随着公司经营规模的扩大，成本利润率和成本费用利润率略有下降。说明公司在经营规模扩张的同时，应注意控制成本费用的发生。

三、投资盈利水平衡量

投入企业的经济资源表现为企业的资产，它是企业生产经营的物质条件。所以，资产与利润的对比关系能够反映企业投资的盈利水平。常用的指标有：总资产报酬率、净资产报酬率与资本收益率等。

(一)总资产收益率

总资产收益率是最为简单的衡量资产获利能力的指标，其计算公式为：

$$总资产收益率=\frac{净收益}{资产平均总额}\times100\%$$

总资产收益率主要反映企业全部资产的综合利用效果，即企业利用其资产赚取利润的能力。该比率越高，说明为取得相同销售水平需要投入的资金越少，企业的获利水平越高；反之，则说明企业投入资金的盈利能力较低，或者可能是企业正在大规模地进行更新设备或添置设备。

（二）总资产报酬率

总资产报酬率是指企业一定时期内获得的报酬总额与平均资产总额的比率。总资产报酬率表示企业包括净资产和负债在内的全部资产的总体获利能力，是评价企业资产运营效益的重要指标。其计算公式为：

$$总资产报酬率=\frac{利润总额+利息支出}{平均资产总额}\times100\%$$

公式中，利润总额是指企业实现的全部利润，包括企业当年营业利润、投资收益、补贴收入、营业外收支净额和所得税等项内容，如为亏损，以“－”号表示。利息支出是指企业在生产经营过程中实际支出的借款利息、债券利息等。平均资产总额是指企业资产总额年初数与年末数的平均值，即平均资产总额＝(资产总额年初数 ＋资产总额年末数)/2。

总资产报酬率表示全部资产获取收益的水平，全面反映了企业的获利能力和投入产出状况。通过对该指标的深入分析，可以增强各方面对企业资产经营的关注，促进企业提高单位资产的收益水平。一般情况下，企业可据此指标与市场资本利率进行比较，如果该指标大于市场利率，则表明企业可以充分利用财务杠杆，进行负债经营，获取尽可能多的收益。该指标越高，表明企业投入产出的水平越高，企业的资产运营越有效。

（三）投资收益率

投资收益率是在上述总资产报酬率的基础上，进一步将范围缩小至企业长期资金的提供者，而将短期资金予以剔除。其计算公式为：

$$投资收益率=\frac{利润总额+利息费用}{长期负债平均余额+所有者权益平均余额}\times100\%$$

这一比率反映了企业向其长期资金提供者支付报酬及企业吸引未来资金提供者的能力，并表明企业是如何有效利用其现有资产的。

（四）净资产收益率

净资产收益率，又称权益净利率，是指企业一定时期内的净利润同平均净资产的比率。净资产收益率充分体现了投资者投入企业的自有资本获取净收益的能力，突出反映了投资与报酬的关系，是评价企业资本经营效益的核心指标。其计算公式为：

$$净资产收益率=\frac{净利润}{平均净资产}\times100\%$$

公式中，净利润是指企业的税后利润，即利润总额扣除应交所得税后的净额，是未作任何分配的数额，受各种政策等其他人为因素影响较少，能够比较客观、综合地反映企业的经济效益，准确体现投资者投入资本的获利能力。平均净资产是企业年初所有者权益同年末所有者权益的平均数，即平均净资产＝(所有者权益年初数＋所有者权益年末数)/2。净资产包括实收资本、资本公积、盈余公积和未分配利润。

净资产收益率是评价企业自有资本及其积累获取报酬水平的最具综合性与代表性的指标，反映企业资本运营的综合效益。该指标通用性强，适应范围广，不受行业局限。在我国上市公司业绩综合排序中，该指标居于首位。通过对该指标的综合对比分析，可以看出企业获利能力在同行业中所处的地位，以及与同类企业的差异水平。一般认为，企业净资产收益率越高，企业自有资本获取收益的能力越强，运营效益越好，对企业投资人、债权人的保证程度越高。

（五）资本收益率

资本收益率是企业一定期间的税后利润与实收资本的比率。它反映了企业运用投资者投入资本获得收益的能力，其计算公式如下：

$$\text{资本收益率}=\frac{\text{净利润}}{\text{实收资本}}\times 100\%$$

资本收益率指标用于衡量企业运用所有者投入资本获取收益的能力，该比率越高，表明企业资本的利用效率越高，企业所有者投入资本的获利能力越强。

（六）各收益比率之间的关系

各收益比率之间的关系如图 7－1 所示。

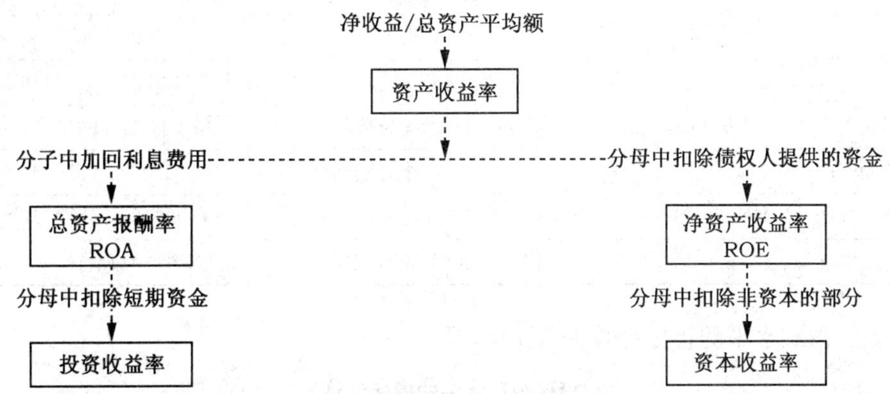

图 7－1　各收益比率之间的关系

结合上述表 7－1 和该公司的资产负债表 7－4，计算投资盈利水平指标。

表 7－4　资产负债表

编制单位：A 公司　　单位：人民币元

资　产	20×5 年 12 月 31 日	20×4 年 12 月 31 日	负债和股东权益	20×5 年 12 月 31 日	20×4 年 12 月 31 日
流动资产：			流动负债：		
货币资金	193 395 308.02	248 677 748.81	短期借款		
应收票据	260 660 588.59	152 677 862.90	应付票据	102 799 748.39	
应收账款	70 844 003.96	43 782 152.07	应付账款	195 475 323.02	87 928 207.65
预付款项	7 643 588.37	1 099 678.07	预收款项	85 661 522.14	48 491 318.10
应收利息			应付职工薪酬	21 251 860.10	7 073 206.42
应收股利			应交税费	22 469 848.08	10 470 132.86
其他应收款	9 915 858.38	7 994 325.54	应付利息		
存货	317 858 286.28	137 764 627.70	应付股利		

续表

资　产	20×5 年 12 月 31 日	20×4 年 12 月 31 日	负债和股东权益	20×5 年 12 月 31 日	20×4 年 12 月 31 日
⋮			其他应付款	39 405 877.80	32 092 238.83
流动资产合计	860 317 633.60	591 996 395.09	其他流动负债	2 362 590.00	
非流动资产：			流动负债合计	469 426 769.53	186 055 103.86
长期股权投资	1 671 959.20	1 663 088.69	长期应付款	8 399 544.00	8 399 544.00
投资性房地产			专项应付款		
固定资产	158 910 721.96	107 518 813.86	预计负债		
在建工程	71 108 296.32	36 220 388.25	递延所得税负债		
固定资产清理			非流动负债合计	8 399 544.00	8 399 544.00
生产性生物资产			负债合计	477 826 313.53	194 454 647.86
无形资产	26 992 485.88	28 935 088.24	股东权益：		
开发支出			股本	333 000 000.00	333 000 000.00
商誉			资本公积	116 646 848.17	116 646 848.17
递延所得税资产	7 689 034.45	5 347 790.11	盈余公积	62 441 177.66	50 948 487.51
其他非流动资产			未分配利润	136 775 792.05	76 631 580.70
非流动资产合计	266 372 497.81	179 685 169.15	股东权益合计	648 863 817.88	577 226 916.38
资产总计	1 126 690 131.41	771 681 564.24	负债和股东权益总计	1 126 690 131.41	771 681 564.24

关于投资盈利水平的指标计算如表 7—5 所示。

表 7—5　　投资盈利水平的指标计算

项　目	2009 年度
净利润	114 926 901.50
利息费用	—7 955 477.32
资产平均总额	949 185 847.83
平均净资产	613 045 367.13
总资产收益率	12%
总资产报酬率	13%
净资产收益率	19%

如要评价该公司的投资盈利水平，可以将上述计算的指标与公司所处的行业水平进行比较，以评价公司的盈利能力。或者与公司以前年度的相关指标进行纵向比较，分析公司投资盈利能力的变化。

四、股本盈利水平衡量

对股份制企业股本盈利状况的分析经常采用以下几个指标：普通股每股收益、市盈率、普通股每股股利、股利发放率等。

（一）普通股每股收益

每股收益是指净利润扣除优先股股息后的余额与发行在外的普通股的平均股数之比，它反映了每股发行在外的普通股所能分摊到的净收益额。其计算公式为：

$$普通股每股收益额=\frac{净利润-优先股股利}{已发行在外的普通股平均股数}$$

在计算时如果公司发行优先股，应先在净利润中扣除应付的优先股股利，才能得到普通股股东的实际收益。这个指标在股份制企业的财务分析中占有相当重要的地位，无论是普通股的股东还是潜在的投资者，都非常关心企业的利润情况，尤其是每股的收益情况。普通股每股收益额是影响股票价格行情的一个重要财务指标。该比率反映了公司普通股每股获利能力的大小，它直接影响公司未来的股价。在其他因素不变的情况下，普通股每股收益额越大，说明企业的获利能力越强。

（二）市盈率

市盈率也称本益比，是指普通股每股市价与每股收益额的比率。其计算公式为：

$$市盈率=\frac{普通股每股市价}{普通股每股收益}$$

市盈率反映投资者对该种股票每元利润所愿意支付的价格。它直接表现出投资人和市场对公司的评价和长远发展的信心。无论对企业管理当局还是市场投资人，这都是十分重要的财务指标。一般情况下，收益增长潜力较大的企业，其普通股的市盈率就比较高，收益增长潜力较小的企业，该比率就低。所以，市盈率是判断股票是否具有吸引力以及测算股票发行价格的重要参数。

（三）普通股每股股利

普通股每股股利是指每一普通股取得的现金股利额，是评价投资于普通股每股所得报酬的指标。其计算公式为：

$$普通股每股股利=\frac{支付给普通股的现金股利}{发行在外的普通股平均股数}$$

潜在的股票投资人可以比较各个公司的每股股利，作为选择投资哪种股票的参考。

（四）股利发放率

股利发放率是普通股股利与每股收益的比值，反映普通股东从每股的全部获利中分到多少收益。其计算公式如下：

$$股利发放率=\frac{每股股利}{每股收益}\times 100\%$$

公式中，每股股利是指实际发放给普通股东的股利总额与流通股数的比值。该指标反映了公司的净利润中有多少是用于向投资者支付股利的，同时也说明了公司的资金留存情况，公司股利发放率的大小直接影响公司的市场股价和资本结构，进而影响公司的获利能力。

（五）每股账面价值

$$每股账面价值=\frac{股东权益总额-优先股权益}{发行在外的普通股平均股数}$$

每股账面价值反映了企业流通在外的每股普通股所代表的股东权益。

（六）市净率

$$市净率=\frac{普通股每股市价}{普通股每股账面价值}$$

市净率，也称净资产倍率，是普通股每股市场价格与每股账面价值的比例。市净率反映了普通股本身价值的大小，以及市场投资者对企业资产质量的评价。

(七)股票获利率

$$股票获利率=\frac{普通股每股股利}{普通股每股市价}$$

股票获利率，又称股利率，它反映了普通股每股股利与市场价格之间的比例关系。企业的股利率根据其股利政策和市场价格不同而不同。

(八)普通股比率之间的构成关系

普通股比率之间的构成关系如图 7－2 所示。

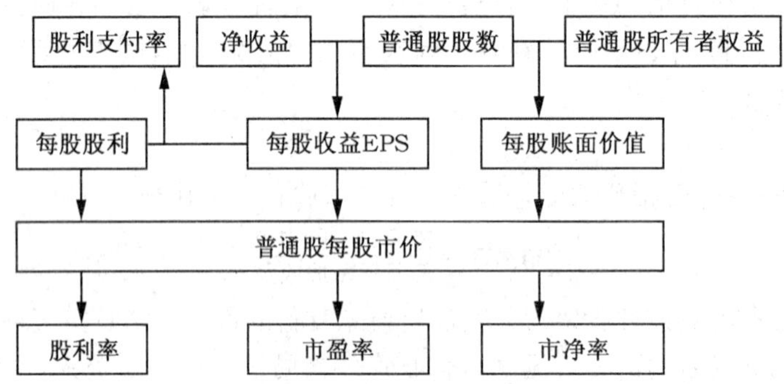

图 7－2 普通股比率之间的构成关系

根据上述的相关报表，可以计算公司的股本收益情况，如表 7－6 所示。

表 7－6 公司的股本收益情况

项 目	20×5 年度	20×4 年度
净利润	114 926 901.50	67 979 793.58
股东权益总额	648 863 817.88	577 226 916.38
股本总额	333 000 000.00	333 000 000.00
每股市价	8.09	8.19
每股收益	0.35	0.20
市盈率	23.44	40.12
每股现金股利	0.18	0.13
股利发放率	0.52	0.64
每股账面价值	1.95	1.73
市净率	4.15	4.72

从公司上述指标的纵向分析可以看出，公司的每股收益增长了 75%，表明盈利能力增强；公司两年都保持了较高的股利发放率，表明公司的现金流量充足，盈利质量较高；在公司每股收益增长的同时，股价确因受证券市场的整体影响略有下降，导致公司的市盈率大幅度下降，相对来说，公司的股票比上年度更具有投资价值。同时，为了进一步分析公司的盈利能力，可将上述指标与同行业的其他公司进行横向比较分析。

第二节　收益与成本费用结构分析

对收益及成本费用进行的结构分析，主要是分析各项收益以及成本费用占营业收入的百分比，分析收益的结构是否合理，费用的发生是否合理。同时对收益、费用的各个项目进行分析，看各个项目的增减变动趋势。虽然这并不是直接分析企业的盈利性大小，但可以据此确定对企业盈利性产生影响的重要因素，并在此基础上进一步分析盈利能力的高低。还可以据此判定公司的管理水平和财务状况，预测公司的发展前景。

一、利润构成分析

利润是企业一定时期生产经营活动的最终成果。企业利润由经常性收益、非经常性收益、营业外收支净额三大部分组成，不同的利润来源及其各自在利润总额中所占比重，往往能反映企业不同的经营业绩和经营风险。

(一)经常性收益

这是指企业在生产经营活动中创造的营业利润，它直接客观地反映出企业的经营业绩，代表了企业的总体经营管理水平和效果。营业利润又由主营业务利润和其他业务利润构成，并扣除管理费用、财务费用、营业费用等期间费用。新会计准则不要求企业进一步反映主营业务利润和其他业务利润。

经营业务利润这是企业销售产品或提供劳务而取得的利润。每个企业的经营活动都是紧紧围绕着自己的主业来展开，由主业产生的利润理应在利润总额中占较大比重，即主营业务利润应是企业利润形成的主要来源，才能说明企业的经营业绩好，盈利水平高。企业主营业务利润的大小直接与企业的销售收入的高低、成本费用控制的严格程度密切相关。一般情况下，企业主营业务利润大，可以说明企业在两方面取得了成绩：一是企业产品销售状况良好，具有一定的销售规模和市场占有率，主营业绩突出；二是企业直接成本费用控制合理。一个企业不能严格控制成本，降低各项费用，即便有再高的主营业务收入，也会被成本费用所侵蚀，形不成较高的主营业务利润。所以较高的利润取决于企业扩大销售规模和严格的成本费用控制。如果一个企业的主营业务利润较小甚至亏损，企业应从自身的生产规模、销售规模、成本费用控制上找原因，只有找准原因，才能采取相应措施，改变亏损局面，提高经营业务利润。

在分析营业利润时，还应对营业利润产生较大影响的期间费用进行分析。期间费用主要包括财务费用、管理费用及销售费用。以管理费用为例，其核算的项目很多，包括管理性费用如办公费、业务招待费等，发展性费用如职工教育经费、研发费等，保护性费用如保险费、坏账损失等，不良性费用如流动资产的盘亏等。不少企业由于管理费用开支太大，造成营业利润的大幅下降。企业要取得较高的营业利润，就要合理控制管理费用，即在四项费用中，对管理性费用应严格控制，对不良性费用应杜绝发生，对发展性和保护性费用要合理开支。

对营业利润的分析，不能只看一年的数据，而应结合企业几年的利润指标，看其每年的增长情况，如果企业连续几年保持较高的主营业务收入增长率、主营业务利润增长率、其他业务利润增长率，则基本上可以认定该企业盈利能力强。同时，对营业利润的分析不能只看利润单个绝对指标，而应计算利润与其他相关项目比值，如计算总资产报酬率、销售利润率、净资产收益率等，一般来说，这些指标越高，企业的总体盈利能力越强。

（二）非经常性收益

非经常性收益主要包括资产减值损失、公允价值变动净损益和投资净收益。其中资产减值损失核算企业依据企业会计准则计提的各项资产减值准备所形成的损失。针对该项目还应当关注报表附注中的企业资产减值明细表，明确其构成，评价每项资产减值准备的计提是否充分，是否存在企业计提不足或过度计提的状况，并且与历史资产减值状况对比，观察减值准备的异常变化，是否企业应用资产减值来调节利润。公允价值变动净损益是指用公允价值计价的项目其期末公允价值调整账面价值时两者之间形成的差额。针对该项目分析时，关键是注意企业获取的相关资产的公允价值是否合理，是否将不适合使用公允价值计量的资产或负债划分为此类，企业在出售相关资产或偿付相关负债后，前期发生的公允价值变动损益是否计入了投资收益。而投资净收益是企业对外投资如债券投资、股票投资中取得的收益。债券投资，风险相对较小，收益相对较低但较稳定；股票投资，特别是短期股票投资，风险较高，收益也较高但不稳定，会给企业带来较大的风险。当一个企业的投资收益成为利润主要来源，即在利润中占较大比重，则意味着企业潜伏着较大风险，因为企业花费了主要人力、财力、精力去精心经营的主业，其取得的利润还不能高于对外投资取得的收益，这是值得企业深思的问题。作为企业，经营目标不能也不应该立足于冒着极大风险去追求最大收益，但是企业也不能因为有风险而放弃投资。从财务管理角度看，任何经营都应以相对较低风险取得相对较高收益，这就要求企业的对外投资应从量和质两个方面把关。量，即对外投资总量要适度，应根据投资报酬、经营目标、市场规模、产业政策、筹资能力、自身素质等确定合理的投资规模；质，即对外投资应控制风险，提高收益。这就需要权衡投资的收益和风险关系，进行组合投资，以提高投资收益，分散和弱化投资风险。上述三项内容都称为非经常性收益，足以说明其可预测性与可持续性都比不上经常性的收益。

（三）营业外收支净额

这是企业在非生产经营中取得的所得，如固定资产出售、盘盈，罚款收入、补贴收入等，带有很大的偶然性。收支净额大，可以增加企业的总利润，但不能说明企业的经营业绩好，相反，收支净额为负数时，则应引起管理者的重视，分析造成的原因，如果主要是固定资产盘亏、企业经营中因违约支付赔偿金和违约金造成的，那么，管理者应采取相应措施，加强管理，杜绝不必要的损失发生。

对利润构成进行分析，不仅有利于管理者看到自身取得的成绩，更重要的是让管理者发现企业存在的问题，并找到问题的根源，在此基础上加强企业筹资、投资、营运资金、营销活动的管理，真正做到在各个环节降低成本，化解风险，提高利润，实现企业价值最大化。

以上述公司的报表为例，分析该公司各利润的构成，如表7—7所示。

表7—7　公司各利润的构成

项　目	20×5年度	20×4年度
营业利润（经常性收益）	138 858 891.40	98 987 786.97
非经常性收益	7 672 745.57	24 465 864.90
营业外收支净额	3 289 209.19	3 686 928.86
非经常性收益/营业利润	5.53%	24.72%
营业外收支净额/营业利润	2.37%	3.72%

从上面的数据分析可以看出，公司的营业利润增长率为40%，表明企业具有较强的盈利能力；2009年非经常性收益与营业外净支出占公司营业利润的比例非常小，表明公司的主营业务比较突出。

二、成本费用分析

(一)销售成本率分析

(1)销售成本率是企业一定时期的销售总成本与销售收入的比例，说明企业每1元销售收入中，必须有多大的比例用来弥补其销售成本。一般来讲，这个比例越低，说明企业销售收入中的成本含量越低，企业销售成本的盈利能力越强。企业的成本控制水平高，产品的市场竞争能力强。但如果企业采用降低售价和扩大销售的经营方针，可能会使企业销售成本率有所上升，但企业弥补成本后的总利润是上升的，这样的销售成本率上升并非坏事。

(2)销售成本率中的成本概念有狭义和广义之分，使该指标的计算形成两种方法。一种讲的销售成本率是用狭义概念计算的，即将实际销售产品的库存成本与销售收入相比，该计算指标反映了产品直接制造成本占销售收入的比率，是企业不可避免成本的体现，该比例变动与销售量没有直接关系。如采用广义的成本概念计算，即将销售产品的库存成本加上本期的期间费用与销售收入相比，该计算指标反映企业经营成本与销售收入的关系，体现了期间费用对企业产品盈利能力的影响。由于期间费用在一定时期内是相对稳定的，所以该计算比率的变动与企业当期的销量具有直接的联系，销量上升时，用广义成本概念计算的销售成本率将有较大幅度的提高，更能反映企业成本费用管理水平的高低。企业应根据自身的特点和分析的要求，选用不同的分析指标，但是要保持前后比较口径的统一。

(3)该指标的正确性直接受成本计价和不同计量方法的影响。企业销售成本的形成有一个较长的过程，其中某一环节计价或计量不实都会使该指标发生波动。如为了特定的目的而人为地多计或少计成本及有关费用，就会引起销售成本发生变化。在企业供产销过程中改变存货计量方法，如将原来的先进先出法改为后进先出法等，都会直接对本期销售成本发生影响，并使销售成本率指标发生较大波动。所以，在进行该指标分析时要特别注意。

(4)销售成本率分析可以与企业的销售利润率和资产利润率等指标结合起来分析，将销售成本插入有关的综合性指标，便能掌握销售成本变动对其的影响程度。如将销售成本插入销售利润率指标，则

$$\text{销售利润率}=\frac{\text{销售利润}}{\text{销售收入}}=\frac{\text{销售利润}}{\text{销售成本}}\times\frac{\text{销售成本}}{\text{销售收入}}$$

$$=\text{销售成本利润率}\times\text{销售成本率}$$

可见，企业的销售利润率受到销售成本利润率和销售成本率两个因素的双重影响。但销售成本率是个反指标，不是越大越好，而是越小越好，故要与前期或同行业比较，分析其变动程度，如果销售成本利润率上升幅度大于销售成本率上升幅度，就是有利变动。

(二)成本产值率分析

(1)成本产值率是企业一定时期的产值总额与经营成本的比率。其计算公式为：

$$\text{成本产值率}=\frac{\text{总产值额}}{\text{经营成本}}$$

上式中的经营成本包括企业一定时期的完工商品成本和期间费用总和。该指标反映了企业经营成本创造产值的能力，是反映企业成本资金耗用和利用水平的综合指标之一，是一个投入和产出的对比分析指标。从生产角度看，该指标越大越好，说明企业能以最低的消耗来创造

最大的产出，企业有较好的生产能力和成本费用控制能力。但如果企业生产的是滞销产品，那么再高的产值率也是无意义的。

(2)分析该指标时，其总产值额应采用不变价格计算，才能确保各期指标的可比性。同时还应该将该指标的本期实际数与上期计划数，和同行业的平均水平、较好水平等进行比较，以便检查企业成本产值计划的完成情况和与上期相比的改进程度，把握本企业的成本产出水平在同行业中所处的地位。同时应注意，不要只看一时或一事，应长期和连续地对企业的投入和产出水平进行分析研究，才能真正了解它们的变化规律和变动原因。

(三)成本变动率分析

(1)成本变动率的计算主要有按总成本计算和按单位成本计算两种方法。

$$单位变动成本率=\frac{本期某产品单位成本}{上期某产品单位成本}$$

$$总成本变动率=\frac{\sum(本期各产品产量\times本期单位成本)}{\sum(本期各产品产量\times上期单位成本)}$$

上述总成本变动率说明了企业本期生产的各种产品的总成本比上期总成本的增长或节约程度。但这只说明了总成本的变化，却无法了解各项具体产品(特别是主要产品)的成本变动情况，因此必须另外计算单位产品成本变动率。这两个指标是相互联系和互为补偿的，有时企业的总成本变化是节约的，但某项单位成本却是超支的，而有时情况正好相反。

(2)成本变动率指标反映了企业一定时期成本水平的上升或下降，体现了企业成本管理水平的高低。由于是用本期比上期，故该指标应该是越低越好，说明企业本期的成本耗费有所下降，成本控制能力有所提高。特别是主要产品的成本变动率指标，对于企业本期的产品定价和市场竞争能力等都具有重大影响，最低的成本消耗是其产品能在市场上立于不败之地的重要因素。一个能确保成本变动率持续下降的企业，只有销售正常，财务状况一般总是良好的。

(3)在做成本变动率指标分析时，要注意其指标计算的口径一致和可比性。首先，产品的工艺和技术要求是相同的，即并非新老产品的比较，而是两种相同产品比较。其次，用于比较的产品质量是相同的，要在确保产品质量要求的前提下，通过有效的成本管理和费用控制来达到成本降低的目的，不能为了降低成本获取更高利润，而用以次充好和假冒伪劣的方法来降低成本。第三，成本变动率的计算可以只对企业的生产成本进行分析，也可以包括全部成本和费用，用经营总成本的概念来计算。如何计算要视分析要求而定。

(四)成本构成分析

(1)企业成本费用分析的内容主要是产品成本和期间费用两项。产品成本的构成主要是直接材料、直接人工和制造费用三项，期间费用的构成主要有管理费用、销售费用和财务费用三项。上述成本变动率指标虽然能使我们了解成本的变动程度，但却不能知晓成本或费用中的哪些内容发生了变动，及它们的变动程度。成本构成分析就是对成本变动的具体内容加以分析，不但要说明这些成本项目的变动程度，还要分析其变动的原因。

(2)对大多数产品来讲，直接材料在产品成本中的比重较大，它主要有构成产品实体的原材料和有助于产品形成的辅助材料等。当企业产品成本发生变化时，要分析是哪些成本项目发生了变化，在整个成本构成中，哪些部分变化大，哪些部分变化小。这就要求首先分析各成本项目的结构比例，再分析引起变化的原因。其计算公式为：

$$成本项目结构比例=\frac{某一成本项目金额}{产品成本总额}$$

$$本期成本节约(超支)额=实际产量\times(上期单位成本-本期单位成本)$$

其中：

原料单耗节约(超支)额＝(上期原料单耗－本期原料单耗)×实际产量×上期原料单价

原料单价节约(超支)额＝(上期原料单价－本期原料单价)×实际产量×本期原料单耗

人工效率节约(超支)额＝(上期工时单耗－本期工时单耗)×实际产量×上期工资率

工资率节约(超支)额＝(上期工资率－本期工资率)×实际产量×本期工时单耗

制造费用效率节约(超支)额＝(上期制造费用分配率－本期制造费用分配率)×实际产量×本期工时单耗

上述原料、人工和制造费用量差和价差合计数，应该等于本期成本总节约(超支)额。通过这样分析，使我们不但了解各成本项目构成情况的变化对总成本变动的影响，而且进一步了解和深入把握各成本项目变动的数量差异和价格差异对总成本变动的影响程度。

(3)企业的期间费用是企业经营成本中的一项重要组成部分，这些费用的绝大部分属于固定费用性质，与企业的业务量没有直接关联，企业应通过严格的预算制度来实施控制。但企业仍应定期编制管理费用等的结构分析表，如将管理费用的具体变动项目进行结构和金额的对比分析，分析各项目占总费用的比重，本期为什么会发生较大变化。有时总费用是节约的，看似管理控制水平不错，但细致分析便会发现，其中某项项目却大大超支，这时必须分析查明是哪些事项引起的，超支程度有多大，应由什么部门和谁来对此负责。期间费用中也有一部分是与业务量相关的，如销售费用中的运输费、包装费和其他物料消耗等，应编制变动预算，分析时将实际数与预算数进行比较。对销售费用等期间费用可以采用水平分析法和垂直分析法，将较长一段时间内的费用发生额进行比较，反映其差异及其产生的原因。

(五)成本费用利润率分析

(1)成本费用利润率是将企业一定时期利润额除以成本费用总额的比例。其公式为：

$$成本费用利润率=\frac{利润总额或净利润}{成本费用总额}$$

该指标反映了一定时期成本费用耗用对企业利润的盈利能力。成本费用是企业资产的耗费，是一种投入量指标，而利润是经营所得，是产出量指标，两者相比说明了企业每1元成本费用耗用能为其创造多大的收益。一般来讲，该指标是越大越好，反映了企业能用较少的成本费用获取较大的利润收益。总体上讲，该指标较大，则企业的经营和财务管理水平较高，产品也有较强的市场竞争能力。

(2)该指标的计算有多种变化形式，其分子可用企业一定时期的利润总额，也可用净利润，分母可用企业一定时期的成本费用总额，也可以用产品成本总额，而不包括期间费用。各种计算方法都有其特殊意义，并提供了不同的分析信息，关键看其分析目的是什么。如果仅从指标本身来讲，分子采用利润总额更合理，因为净利润含有各种非正常经营业务所引起的损益及税金，这些均与企业成本费用的耗费没有直接的关系，放在一起分析在一定程度上会歪曲成本费用的实际盈利能力，人为地过高或过低地评价企业成本费用的利用水平。分母可采用产品成本或全部经营成本两种不同的计算方法，产生两种不同意义的分析指标，分别表示产品成本和全部经营成本的盈利能力。

(3)该指标只能说明本期投入成本与获得利润之间的关系，但本期成本的盈利能力是否比上期有所提高，就要与上期的成本利润率进行比较才能做出正确判断。为了了解本企业的成本利用水平在同行业中所处的地位，还要与同行业的平均和先进水平进行比较。但这种分析也只能了解成本利润率的变化程度，不能了解企业投入成本变动与利润增长变动之间的对应关系，要分析这一点，就要计算成本利润变动的相关系数。

$$成本利润变动相关系数=\frac{利润增长率}{成本增长率}$$

比如，我们计算出了一家公司的该相关系数为2，则说明按企业目前的资产结构和经营管理水平，利润的增长幅度是成本增长幅度的2倍，即成本增长1倍，相应的利润能增长2倍，所以该指标越大越好。

以上述的报表数据进行相关的成本费用分析，如表7—8所示。

表7—8　　相关的成本费用分析

项　目	20×5年度	20×4年度
营业收入	1 082 726 539.89	634 663 268.10
营业成本	648 485 137.15	359 351 996.62
成本费用总额	943 867 648.49	535 675 481.13
净利润	114 926 901.50	67 979 793.58
销售成本率	59.89%	56.62%
成本费用利润率	12.18%	12.69%
利润增长率	69.06%	—
成本增长率	76.20%	—
成本利润变动的相关系数	0.91	—

从公司的年度数据分析可以看出，在公司的销售规模大幅增长的情况下，各相关比率变动不大，表明了公司较强的盈利能力。当然，对公司成本费用的指标进行分析时，关键是和同行业中的企业进行比较，分析公司的盈利能力在行业中所处的水平，才能真正评价公司的盈利能力。

第三节　影响盈利性的因素分析

获取利润是企业持续、稳定发展的前提。企业只有在不断地取得利润的前提下，才有可能获得持续、稳定的发展。通过对影响企业盈利性的因素进行分析，可以促使企业合理经营，节约耗费，降低成本，为实现更好的利润创造条件，在激烈的市场竞争中求得持续、稳定的发展。下面我们通过一个例子来对影响盈利性的因素进行分析与说明。

一、盈利能力分析

把销售利润同销售成本、销售收入、资本金、资产等指标结合起来，可形成从不同的角度观察和判断企业盈利能力的指标。其中：

$$产品销售利润率=\frac{产品销售利润}{产品销售收入}\times 100\% \tag{7—1}$$

该指标反映了产品销售业务活动的获利能力。从公式(7—1)中可以看出，销售利润额与销售利润率成正比，而销售收入与销售利润率成反比。因此，一个企业在增加产品销售收入额的同时，必须相应地获得更多的利润，才能提高企业的盈利水平，创造最佳经济效益。下面我们以某企业产品销售情况为例进行影响因素分析，资料如表7—9所示。

表 7—9　A 企业产品销售情况

产品	销售数量		单位价格		单位成本		单位费用		单位税金		销售收入		销售利润	
	上年	本年	上年	本年	上年	本年	上年	本年	上年	本年	上年	本年	上年	本年
A	1 000	500	100	120	60	65	5	5	5	6	100 000	60 000	30 000	22 000
B	500	1 500	100	100	70	60	6	6	4	8	50 000	150 000	10 000	39 000
合计	1 500	2 000	200	220	130	125	11	11	9	14	150 000	210 000	40 000	61 000

将表 7—9 中的数据代入公式(7—1)中，求出本年度销售利润率变动额：

本年度销售利润额＝61 000(元)

上年度销售利润额＝40 000(元)

计算结果表明，本年度销售利润额比上年度提高了 21 000 元。

本年度销售利润率＝(61 000/210 000)×100%＝29.05%

上年度销售利润率＝(40 000/150 000)×100%＝26.67%

本年度产品销售利润率－上年度产品销售利润率＝29.05%－26.67%＝2.38%

计算结果表明，本年度销售利润率比上年度提高了 2.38%。

二、影响因素分析

由于销售利润是企业经常性的收益，因此影响销售利润变动的因素，也是影响企业盈利性的主要因素。具体来说，影响利润的因素包括销量(只影响绝对数，不影响相对数)、销售品种结构、销售价格、销售成本与费用、销售税率。

1. 影响销售利润的因素分析

假设除品种结构外，各因素均和上年相同，以本年销售量为基础，分别求出销售收入、销售费用、销售成本、销售税金、销售利润。计算结果如表 7—10 所示。

表 7—10　本年实际销售情况

产品	销售收入		销售成本		销售费用		销售税金		销售利润	
	按上年价格计算	实际数	按上年成本计算	实际数	按上年费用计算	实际数	按上年税金计算	实际数	按上年价格成本费用税金计算	本年
A	50 000	60 000	30 000	32 500	2 500	2 500	2 500	3 000	15 000	22 000
B	150 000	150 000	105 000	90 000	9 000	9 000	6 000	12 000	30 000	39 000
合计	200 000	210 000	135 000	122 500	11 500	11 500	8 500	15 000	45 000	61 000

(1)由于销量变化影响利润

40 000×(200 000/150 000－1)＝13 333(元)

(2)由于品种结构变化影响利润

45 000－40 000×200 000/150 000＝－8 333(元)

(3)由于成本变化影响利润

500×(65－60)＋1 500×(60－70)＝－12 500 元，或者说本年销售产品按上年成本计算的总成本为 135 000 元，实际销售总成本为 122 500 元。总成本降低 12 500 元，利润增加

12 500元。

(4)由于单价变化影响利润

500×(120－100)＋1 500×(100－100)＝10 000 元，或者说销售量按上年价格计算的销售收入为 200 000 元，而实际销售收入为 210 000 元。因为价格的变动，使销售收入增加了10 000元，排除税率因素，使利润也增加了 10 000 元。

(5)由于税率变化影响利润

500×(6－5)＋1 500×(8－4)＝＋6 500 元，或者说本年销售量按上年税金计算的销售税金为 8 500 元，实际销售税金为 15 000 元。税金的变动(其中包括价格因素)使利润减少了6 500元。

五个因素共同影响的结果为：13 333－8 333＋12 500＋10 000－6 500＝21 000(元)。

2. 影响销售利润率的因素分析

将公式 7－1 做如下分解：

$$\text{产品销售利润率}=\frac{\text{产品销售利润}}{\text{产品销售收入}}\times 100\%$$

$$=\frac{\text{产品销售数量}\times\text{单位销售利润}}{\text{产品销售数量}\times\text{单位销售价格}}\times 100\%$$

$$=\frac{\text{产品销售数量}\times(\text{单位价格}-\text{单位成本}-\text{单位费用}-\text{单位税金})}{\text{产品销售数量}\times\text{单位销售价格}}\times 100\%$$

可以发现影响销售利润率的因素包括销售品种结构、销售价格、销售成本与费用，销售税率，销售量的变动对销售收入和销售利润的影响是相同的。因此，单纯的销售量变动并不会影响产品销售利润的高低，所以此项因素不考虑。各因素对销售利润率的影响分析如下：

(1)销售产品结构变动影响。将表 7－10 中，按上年价格、上年成本、上年费用、上年税金计算的利润与按上年价格计算的销售收入相比，计算的销售收入利润率，即为本年销售产品结构变动，而其他因素与上年相同的利润率为：(45 000/200 000)×100%＝22.5%，它同上年销售收入利润率相比的差异，反映着销售产品结构变动的影响。上面我们已经计算出了上年的利润率为 26.67%，所以 22.5%－26.67%＝－4.17%，即由于品种结构的变动，使产品销售利润率降低 4.17%。

(2)销售成本变动影响。由于总成本降低 12 500 元，这时的销售利润率为：[(45 000＋12 500)/210 000]×100%＝28.75%，因此成本变动对销售利润率的影响为：28.75%－22.5%＝6.25%，即产品成本变动使销售利润率提高了 6.25%。

(3)销售价格变动影响。因为价格变动使销售额增长了 10 000 元(不考虑税率变动因素)，这时的销售利润率为：[(45 000＋10 000＋12 500)/210 000]×100%＝32.14%，因此价格变动对销售利润率的影响为：32.14%－28.75%＝3.39%，即由于价格提高，使利润率增长了 3.39%。

(4)销售费用未发生变动，所以影响程度为零。

(5)销售税金变动影响。由于税金的变动，使利润减少了 6 500 元，这时的销售利润率为：[(45 000＋10 000＋12 500－6 500)/210 000]×100%＝29.05%，因此销售税金变动对销售利润率的影响为 29.05%－32.14%＝－3.09%，即由于销售税金的变动，使销售利润率降低3.09%。

将上述影响产品销售利润率的因素汇总列入表 7－11：

表 7－11　　影响产品销售利润率的因素汇总

影响因素	影响程度(%)
1. 销售产品结构变动	－4.17
2. 销售成本变动	6.25
3. 销售费用变动	0
4. 销售价格变动	3.39
5. 销售税金变动	－3.09
合　计	2.38

从汇总表分析结果可以看到,本期销售利润率比上年提高 2.38%。分析其原因,是因为 A 产品价格比上年度提高了,占总成本比重较大的 B 产品单位成本的降低使总成本降低了,这两项因素的影响使本年度销售利润率提高 9.64%。但是由于盈利水平较高的 A 产品销售比重的下降、品种结构变动的影响,使得产品销售利润率比上年度下降。销售税率的变动使得产品销售利润减少,从而降低了销售利润率。这两项因素的影响使销售利润率下降 7.26%。受上述四项因素的共同影响,本年度销售利润率提高 2.38%。通过上述综合分析,反映出产品品种结构和成本的变动对企业盈利能力影响最大。特别是高盈利水平的 A 产品销售量大幅度下降的原因,企业应该进一步分析以做出正确的决策,采取合理的经营措施,提高该产品的市场占有率,从而增加企业的盈利。

第四节　上市公司的盈利性分析

上市公司是经批准、可以通过证券交易所向社会公开发行股票而筹资成立的股份公司。它是一种特殊的企业形式。它要在金融市场筹集资金,首先必须公开自己的会计信息资料,使得目前的或潜在的投资者对企业的财务状况、盈利能力、发展前景有一个详细的了解。因为作为股票投资者,他们为了获取预计的利润、增加收入或有利于自己经营,需要了解自己所投资企业的情况;否则,他们根本不会进行投资,上市公司也就无法筹集到自己所需要的资金。上市公司另一筹集资金的渠道是发行债券,作为债券购买者,虽然主要关心的是企业偿债能力,但是企业偿债能力的强弱最终还是决定于企业的盈利能力。因此,债券购买者势必也非常关心企业的盈利能力。上市公司的经营管理者为了维护自身的信誉,证明自己的能力,也愿意并要求公开公司的会计信息资料。因此,我国会计信息公开制度规定股票上市公司必须将其主要会计报表经注册会计师审核出具证明后,交证券管理机构向社会公布。

由于上市公司的上述特点,决定了上市公司与非上市公司在财务分析内容和指标上会有差别。主要表现在对上市公司进行财务分析时,除了要像非上市公司一样分析偿债能力、营运能力和获利能力外,还必须利用上市公司公开的会计信息对上市公司的获利能力作进一步的分析。那么,投资者到底如何进一步分析和评价上市公司的获利能力呢?与投资者最直接相关的获利能力指标主要有每股收益、普通股权益报酬率、股利支付率、市盈率等指标。要对上市公司获利能力进行分析,也就是要对以上这些指标进行分析。

一、每股收益的分析

每股收益是指公司净利润与发行在外的普通股的平均股数之比,它反映了每股发行在外的普通股所能分摊到的净收益额，是评价上市公司盈利能力的基本指标之一。其计算公式为：

$$每股收益=\frac{净利润}{发行在外的普通股股数}$$

在美国，早在1969年就要求企业的损益表上载明每股盈余，作为损益表整体内容的一部分。在我国，实行财务通则、会计准则后，也要求企业必须把每股盈余作为损益表的一部分内容予以列示，这都说明了每股收益的重要性。每股收益具有连接资产负债表与损益表的功能，作为这两张主要会计报表间的“桥梁”，通过综合数值的“压缩”使财务评价简便易行。每股收益被用于不同公司间、同一公司不同时期间、经营实绩与预测数值间的比较，可以较好地反映企业的财务状况和经营成果；每股收益作为评价公司经营业绩的基本指标，它还是衍生市盈率、股利支付率等重要盈利能力指标的依据。总之，每股收益作为上市公司盈利能力分析的一个核心指标，具有引导投资、增加市场评价功能、简化指标体系的作用。

在上市股份公司中，有些公司的权益结构比较复杂，除包含普通股之外，还发行一些特别股，如优先股等。优先股股利一般是按固定比例、在支付普通股股利之前支付的，其支付方式与长期负债的利息支付方式相似。在这种情况下，对于优先股股东来说，计算每股收益是毫无意义的，而对于普通股股东来说，他们最为关心的是其享有的权益所能获得的报酬。在这种情况下我们要把优先股的股利扣除，所以每股收益的公式变为：

$$每股收益=\frac{净利润-优先股股利}{发行在外的普通股股数}$$

其中：

发行在外的普通股股数＝(期初发行在外的普通股股数×报告期时间＋当期新发普通股股数×已发行时间－当期回购普通股股数×已回购时间)/报告期时间

(注：报告期时间、已发行时间、已回购时间一般按照天数计算，在不影响计算结果的前提下，也可以按照月份简化计算。)

例如，A股份有限公司20×3年末发行在外普通股为28 800股，同时在外发行不可转换优先股为3 200股(该优先股为非累计优先股，固定股利率为6%，每股面值为10元)；20×4年末在外发行普通股为44 300股，其中15 500股为9月份发行，持有3个月；20×4年净利润额为423 067元。则每股收益计算如下：

$$\begin{aligned}发行在外普通股股数&=\frac{年初持有股数+本年发行数\times持有月数}{12}\\&=\frac{28\ 800\times12+15\ 500\times3}{12}\\&=32\ 675(股)\end{aligned}$$

$$每股收益=\frac{423\ 067-32\ 000\times10\times6\%}{32\ 675}=12.89(元)$$

我们把上述按照归属于普通股股东的当期净利润，除以发行在外普通股的加权平均数计算的每股收益称为基本每股收益。每股收益高，一般来说，该企业的获利能力就高，说明企业的经济效益好。在其他因素不变的情况下，每股收益愈高，该种股票市价则愈高；反之，每股收益愈低，该种股票市价也就可能愈低。

除了基本每股收益外，还有稀释每股收益。稀释每股收益是指存在稀释性潜在普通股份时计算的指标。稀释性潜在普通股是指假设当期转换为普通股会减少每股收益的潜在普通股，主要包括可转换债券、认股权证和股票期权。该指标应分别调整归属于普通股股东的当期净利润和发行在外的普通股的加权平均数，即分子和分母都要调整。对分子的调整项目包括：(1)当期已确认为费用的稀释性潜在普通股的利息；(2)稀释性潜在普通股转换时将产生的收益与费用。对分母的调整方法是：将基本每股收益的分母调整为当期发行在外的普通股的加权平均数与假定稀释性潜在普通股转换为已发行在外普通股而增加的普通股股数的加权平均数之和。

二、市盈率的计算分析

市盈率，又称为本益比，是指普通股每股市价与普通股每股收益的比值。其计算公式如下：

$$市盈率=\frac{每股市价}{每股收益}$$

它说明投资者究竟愿意按每股盈余的几倍购入或售出其股票。式中普通股每股市价通常采用年度平均价格，即全年各日的收盘价格的简单平均数，该价格从证券市场(指证券交易所)所发布的证券交易资料即可获得。也可采用收盘价格，但是收盘价格代表性较差。为简单起见，也为了增强其适时性，亦可采用报告日前一日的现时股价。每股收益则按前述每股收益计算方法来确定。

还有一种计算形式，那就是用每股收益去除以每股市价。采用这种形式有另外一种分析的意义。它可以告诉我们投资者要获得该收益需要投资多少。企业盈利能力的大小，直接影响股东权益。由于上市公司的股票可以自由买卖和转让，股东为取得股票而支付的代价实际并不是股票的面值，而是购买股票时的股票价格，即当时的市价。也就是说，股东以购买股票的形式投资于企业的资本，不是股票面值，而是股票市价。因此，股东测算、考核其投资效益，也自然应以股票的市价来计算投资收益。所以，市盈率还是投资人进行投资决策的重要指标。投资人在投资于股票之前，都要对不同股票的市盈率进行对比分析，然后才会决定投资于哪种股票。由于每股收益及按股票面值计算的盈余，都只能说明过去投资的收益能力，而市盈率则说明获得同样的收益时需要投资多少，因此，市盈率是对每股收益的补充和延伸。

股票市价上升往往是伴随着企业的盈利上升而上升的，所以一般来说市盈率越高，说明企业获利能力越强。市盈率较高，说明投资者对该企业的盈余品质较具信心，且预期将来的盈余会提高。但是，市盈率较高也说明投资的收益率较低，风险较大。

另外，在使用市盈率对某上市公司进行分析时，需要注意几点：

(1)使用市盈率，需要以动态的眼光并结合主营利润增长率分析，换句话说，一家成长性非常好的上市公司，市场能够接受它较高的市盈率。

(2)对于业绩很差的公司，特别是连续两年亏损或者没有配股资格而且股本又较好的那些上市公司，在二级市场的股价不能用市盈率来衡量。其原因是在有中国特色的证券市场框架下，出于社会稳定或者有利于国有企业改革等政治考虑，虽然有连续3年亏损的上市公司要摘牌的法律规定，但是一般不采用摘牌的方式，会敦促当地政府采取措施进行资产重组。再加之，以前股票发行上市有严格规定，资源非常宝贵，属于稀缺资源，对于争取上市比较困难的公司宁愿选择重组。如果这类公司有实质性重组，其二级市场绝大部分都有良好的表现：一方面，资产重组是证券市场永恒的题材，重组后的效益能得到大幅度的提升，能得到投资者的追捧和认同；另一方面，也有重组方或者庄家或者他们共同联手的市场炒作行为。

(3)在我国现阶段，资本市场不健全，股票市场多为大股操纵，投机性股价左右着市场股价，因而市盈率很难能真正达到评价企业盈利能力的目的，市盈率在决定投资决策方面的作用也大打折扣了。因此，以市盈率评价企业盈利能力主要应看其变动的原因及其趋势，而不能仅看其高低。

(4)该指标不能用于不同行业公司的比较，充满扩展机会的新兴行业市盈率普遍较高，而成熟行业的市盈率普遍较低，这并不能说明后者的股票没有投资价值。

三、股利支付率的分析

股利支付率又称股利发放率，是指普通股每股股利与普通股每股收益的比率。其计算公式为：

$$股利支付率=\frac{每股股利}{每股收益}\times100\%$$

股利支付率是反映企业一定时期净利润额中股利发放程度的一个指标。在股票持有者中，一部分投资者，特别是短期投资者和一些散户投资者，投资于企业的主要目的，有时并不是为了企业的长远发展，更不是为了操纵企业，而是为了获取股利。在企业净收益中有多少用于发放股利，特别是现金股利，是股东最为关心的问题之一，他们希望这一比率越高越好；而对于那些长期投资者来说，虽然他们也希望企业发放股利，但是他们并不希望这一比率过高，因为发放股利，特别是发放现金股利，常常影响企业的支付能力、偿债能力和营运能力，他们希望这一比率最好维持在既能维持企业在资本市场的形象和信心，又能够不影响企业的支付能力、偿债能力和营运能力。

式中的普通股每股股利是指普通股股利总额与发行在外股数的比率。其计算公式为：

$$每股股利=\frac{股利总额(扣除优先股股利后的总额)}{普通股发行在外的平均股数}$$

其中，普通股发行在外平均股股数，参见每股收益中的股数计算办法。

每股收益表明企业每一普通股所能获得的利润，但是企业实现的净利润往往不会全部用于分派股利。因为企业的净利润必须根据国家规定以及董事会的决议，要扣除公积金、公益金、优先股股息以及保留盈余后，才能派发股利。

例如，A 股份有限公司 2004 年决定支付普通股股利总额为 178 080 元，发行在外普通股加权平均股数为 32 675 股，普通股每股收益为 12.89 元。则计算该企业每股股利及股利支付率如下：

$$普通股每股股利=\frac{178\ 080}{32\ 675}=5.45(元)$$

$$股利支付率=\frac{5.45}{12.89}\times100\%=42.28\%$$

在计算股利支付率时，普通股每股股利通常指现金股利总额(剔除优先股股利及积欠股利后的数额)。当年度现金增资股票，应依其实际流通期间的比例折算，例如，6 月 1 日的增资现金股票，对当年的股利仅有 7 个月的股利分配权。另外，企业年度内将资本公积或法定盈余公积转增为股本，不论何时发放，这些新股票对当年度的现金股利分配权，均回溯至当年年初有效，即对全年股利有分配权。

在计算股利支付率的同时，为了全面分析上市公司盈利能力，有时还计算分析每股账面价值、股票收益率、收益留存率等指标。

每股账面价值是指股东权益总额减去优先股权益后的余额与发行在外的普通股股数的比

率。其计算公式为：

$$每股账面价值=\frac{股东权益总额-优先股权益}{发行在外的普通股股数}$$

例如，A股份有限公司2004年末股东权益总额为2 082 243元，其中优先股权益为32 000元（此优先股全部为非累计不参加优先股3 200股，每股账面价值为10元），普通股发行在外股数为32 675股，则每股账面价值计算如下：

$$每股账面价值=\frac{2\ 082\ 243-32\ 000}{32\ 675}=62.75(元)$$

股票收益率又称股票报酬率，是指每股股利与每股市价的比率。其计算公式为：

$$股票收益率=\frac{每股股利}{每股市价}\times 100\%$$

对那些希望其投资的股利收益最大化的投资者而言，股利收益率极为重要。因为对股东来说，收益分为两大类：一类是为了赚取定期的现金股利；另一类是期望股票市价上涨，而赚取资本利得。对于前者来说，他们期望能获得较多的现金股利，这一比率越高越好，意味着按市价计算的股票投资的现金报酬越高，投资者的现实利得越多；对于后者来说，他们并不希望这一比率过高，而更希望每股账面价值更高些。

对于企业来说，如果企业在普通股每股市价不变的情况下，要提高股利收益率，就必须增加普通股每股发放的股利，结果企业留存收益减少，从而减少企业所能支配的现金数量。在通常情况下，如果企业提高股利收益率是为了提高企业普通股的股价，则必须多派股利。这时股利支付率较高，能吸引更多的投资者，从而使股票市价上升，但相应又会使股利收益率下降。当然这期间公司还可以选择发放股票股利，它既分派了股利，又不减少企业现金，还增加了稳定的资本来源。不过发放过多的股票股利又可能对股票市价产生不利影响，因为股票股利具有股票分割的某些作用。

不管怎样，企业的每股账面价值、股票收益率等持续降低，特别是股票市价持续降低，不管股东还是企业都是无法接受的。因此，企业还是应尽可能地多派股利，以维持或提高股票市价。

收益留存率是指企业利润净额减去全部已宣布分派的股利后的数额与利润净额的比值。其计算公式如下：

$$收益留存率=\frac{净利润-全部股利}{净利润}\times 100\%$$

企业利润净额中除了支付股利外，还常常留用一部分用于扩大企业再生产或公益事业，这部分净利润就称为留存收益。从投资者的长远利益出发，企业留存收益（包括法定盈余公积、公益金、任意盈余公积及未分配利润等）愈高，一般表明企业对未来越充满信心。而从投资者眼前收益来看，留存盈利率又是直接关系现实分发股利的多少，因此希望这一比率低一些。

上市公司作为公众型企业，其信息披露应该真实、准确、完整，但实际上他们可能为了某种目的或出于某种动机，没有完全遵守上述要求，在对投资者和公司自身关系重大的利润问题上，常常是使出浑身解数，进行利润包装。所以对上市公司进行获利能力分析要正确识别其利润包装，以免盲目投资。

第五节　EVA 绩效分析

一、EVA 的基本理论

EVA(经济增加值,economic value added 的首字母缩写)是 20 世纪 90 年代发展起来的公司业绩评价方法,由美国 Stern Stewart 咨询公司提出并注册了 EVA 商标。该公司目前拥有 EVA 客户 300 多家,包括可口可乐、西门子、AT&T 等著名公司。美国《幸福》杂志宣称 EVA 革命已经来临,它会彻底更新企业理念和文化,对企业决策、激励与分配机制等诸多方面将产生深远影响。

经济增加值(economic value added)是公司经过调整的营业净利润减去该公司现有资产经济价值的机会成本后的余额。其计算公式为:

$$EVA = NOPAT - NA \times K_W$$

式中,K_W 是企业的加权平均资本成本($WACC$),主要包括两个部分,即权益成本与债务成本,权益成本是股东投入资本的期望报酬,债务成本是指借贷资本利息,这两个部分的加权平均就构成了 K_W;$NOPAT$ 是指经过调整的营业净利润,调整后的营业净利润是在企业会计利润的基础上进行的,调整项目主要包括 R&D 费用、培训费用、坏账准备、商誉摊销、营业外收支等;NA 则是指公司资产期初的经济价值。

由此不难看出,经济增加值指标是在扣除了全部债务资本成本和权益资本成本的基础上来衡量企业价值的。EVA 财务管理系统以 EVA 这一评价指标为核心,可以将其层层分解,找出影响这一指标的关键因素,如图 7—3 所示。

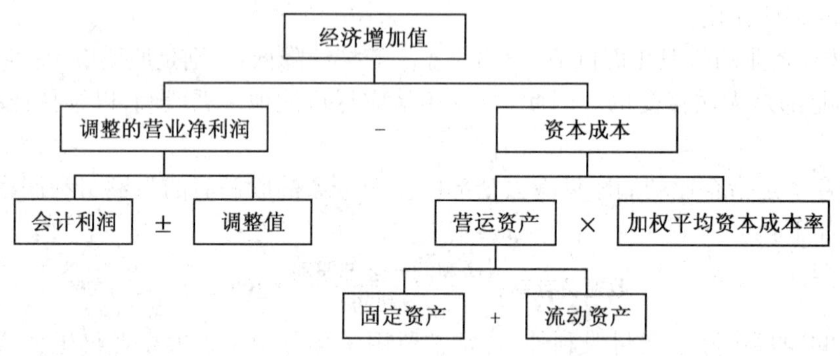

图 7—3　EVA 财务管理系统分解

根据计算出的 EVA 值,我们可以做出如下判断:

EVA<0 时,说明公司耗损股东财富;

EVA=0 时,说明公司恰好维持股东原有财富;

EVA>0 时,说明公司为股东增加了额外财富。

EVA 财务管理系统目的同样是使得股东财富得以最大化。其更侧重于企业的业绩评价与激励机制的设计。建立在 EVA 基础之上的管理体系密切关注股东财富的创造,并以此指导公司决策的制定和营运管理,使战略企划、资本分配、并购或出售等公司行为更加符合股东利益,并使年度计划甚至每天的运作计划更加有效。

从 EVA 的角度看，提升公司价值有三条途径：一是更有效地经营现有的业务和资本，提高经营收入，削减经营成本，在已经投入的资金上获得更高的资金回报；二是投资预期回报率超出资本成本的项目，即所从事的投资项目能带来正的净现值；三是出售对别人更有价值的资产，或者通过提高资金使用效率，加快资金流转速度，把资金沉淀从现存营运中解放出来，这其中也包括了减少库存和加速应收账款的回收等。

二、EVA 与传统财务指标的比较

1. 会计利润

财务理论虽然承认资本成本的存在，但会计只能对权益成本的取得成本（如发行股票的费用）加以计量，因而权益成本在会计核算时低于借款、发行债券等负债成本，甚至把权益资本当作无成本资本来使用。事实上，权益成本大于负债成本，因为购买股票的风险高于购买其他有价证券，所以股东的期望报酬率高于其他有价证券利率；如果股东得不到预期报酬，就会转向其他投资，权益成本等于转向其他投资的收益机会成本，会计核算不能确认机会成本，因而低估了当期成本而高估了当期“实际利润”，在会计利润不大于资本成本的情况下，实质上没有利润。EVA 与会计方法的区别在于对权益成本的确认与计量，也就是说，EVA 考虑了经营的全部成本，可以称之为“股东利润”，因此，EVA 能够作为唯一的绝对指标对公司业绩进行评价与考核，而会计利润及以其构造的多种利润率相对指标则无法胜任。

2. 投资报酬率

投资报酬率（ROI）一般定义为税后净利润与投资总额之比，依分母的不同而有资产、净资产、资本、权益资本报酬率等指标，广泛应用于财务分析与项目决策。

可用如下的例子说明这一指标的缺陷：假设公司的全部资本成本是 10%，其下属甲、乙两个单位分别采用投资报酬率 12%和 8%作为投资决策依据，与 EVA 决策结果的比较如表 7—12 所示。

表 7—12　　应用 ROI 和 EVA 两种方法决策的结果比较

	ROI<8%	8%<ROI<10%	10%<ROI<12%	ROI>12%
甲单位 12%	N	N	N	Y
乙单位 8%	N	Y	Y	Y
EVA 10%	N	N	Y	Y

N：放弃；Y：接受。

可以看到：采用 ROI 方法，甲单位放弃了投资报酬率为 10%～12%（大于资本成本 10%）的能够增加股东收益的项目，乙单位选择了投资报酬率为 8%～10%（小于资本成本 10%）的耗损股东财富的低效率项目；如果以投资报酬率最大化为投资决策依据，那么可能放弃投资报酬率高于 12%的项目。这种方法的主要缺陷在于其基准报酬率的确定缺乏明确合理的界限，而这个界限就是资本成本。

3. 权益资本报酬率（ROE）

在进行财务评价时，因为没有客观的报酬率标准，而且只要报酬率大于零即可增加利润的绝对值，所以有时强化了经营者的投资动机；而应用权益资本报酬率指标，这种现象更为严重，只要增加借贷资本项目并且有利润，就可加大该指标的分子，而分母不变，使该指标及利润都得到提升。一切使用会计利润构造的反映获利能力的传统指标如销售利润率、成本费用利润率、每股利润等都具有类似的缺点,在此就不一一赘述。

三、EVA 的应用

EVA 评价系统的应用主要涉及以下几个方面:

1. 公司业绩评价与投资

EVA 财务管理系统可用于分析企业整体、某个业务部门或某一投资项目的真实经济效益。所谓真实经济效益是指对评价主体扣除了某些主观和不可控因素后给企业所带来的收益。前面提到的关于 EVA 小于零、大于零和等于零的三种情况是判别公司业绩优劣和投资取向的标准。EVA 大于零肯定说明公司创造了超额财富,股东可以在市场上得到回报。当 EVA 为负值时要区别情况加以分析,例如,处于初创或扩张阶段的公司在短期内往往投放大量资金,由于"期化"影响,EVA 可能是负值,不一定表明其业绩不佳。据有关人员研究测算,像钢铁、玻璃等一些传统制造业普遍存在 EVA 为负的现象,涉足这类行业需要谨慎(即便个别企业 EVA 大于零)。除了股东以外,其他利害关系者(如银行等)都可以采用这一指标分析公司业绩,作为行动的依据。目前在西方该方法已进入投资者的视野,把 EVA 作为股市基本分析的重要指标,尤其是机构投资者不仅用 EVA 评价投资对象,而且也评价其自身业绩。

此外,EVA 还可用于企业并购、资产重组的价值评估。一般的财务指标很难对并购重组等决策方案进行量化分析,EVA 则可以在一定程度上将其量化。

2. 资金分配、内部考核与决策

在传统财务评价体系下,子公司之间为争取母公司的投资而展开竞争以增加投入获取包括利润增加在内的许多好处,母公司在资金分配上由于缺乏合理的依据往往采取"政策分配"的办法,致使资金闲置或低效使用。而 EVA 方法从根本上解决了这一难题:子公司争取到的资金必须创造出正的 EVA,如果 EVA 为负,就需要其他业务的 EVA 或利润来补偿。因此,子公司在没有多大把握实现正的 EVA 的情况下,不会争取母公司的过度投资。公司经理可依据 EVA 指标评价子公司的业绩。前文所述 EVA 的三种情况同样适用于公司经理对下属公司以及任何形式的经营单位的业绩考核。

新增项目的可行性可以根据有关预测指标项目存续期的各年 EVA 或 EVA 折现是否大于零来判别,项目投产后计算实际的 EVA 以决定存续或撤销该项目。公司改善 EVA 指标的决策有:(1)在现有资本基础上,提高资本报酬率,也就是促进营业利润的增长;(2)追加新的投资以获取"额外利润"(EVA>0 的利润);(3)从 EVA<0 的投资中撤出资金和对这种项目进行清算。

通过对 EVA 这一指标的分解,公司财务分析人员可以清楚地了解到引起企业经营状况好坏的原因,从而能够针对具体的因素或指标提出有效的管理建议。

3. 激励与分配

不同的成员对企业肩负着不同的责任,EVA 财务管理系统的设计包括了对不同人员薪酬的设计,使其薪酬制度与企业的整体目标相挂钩,起到应有的激励作用。随着 EVA 理论与实践的深入发展,基于 EVA 指标的奖励分配制度逐渐成熟,其基本做法是:对于公司取得的 EVA 可全部进行分配或拿出一部分进行奖励,例如,将 EVA 分为三份,一份作为经理的奖金,一份作为其他员工的奖金,另一份归股东;为了增强激励效果,还可以只兑现一部分奖金,其余部分存入"奖金银行"中,直到员工正常离职或退休时才予以兑现。如果某一年 EVA 为负,则当年没有兑现的奖金,并减少其账户余额。这样,将 EVA 奖励分配制度纳入了风险机制，使公司经理或其他员工和股东一样承担收益风险，并且取代了确定经理报酬的谈判程序，减少了代理成本，也缓和了劳资矛盾。因为在 EVA 不大于零的情况下，没有可供增加工资的剩余，只有在有可供分配的 EVA 时，劳资双方才能实现收入的一同增长。

EVA 财务管理系统目前在英美许多公司有着广泛的使用，我国一直采用传统财务指标对企业绩效进行评价，为进一步完善企业绩效评价体系，应尝试引进 EVA 指标，使之与传统指标进行相互补充和印证，或许会产生积极的导向，促进经营管理水平的提高；此外，EVA 奖励分配制度还能为我们一直讨论的经营者薪金方案提供参考，比如可以独立使用，也可以和经理股票期权制度结合。EVA 财务管理系统是否适合我国目前的状况，它的使用能否起到应有的作用，还有待于理论和实践的进一步探索。

四、EVA 在我国的应用

我国国务院国有资产监督管理委员会从 2010 年开始对中央企业负责人实行 EVA 业绩考核并不断完善，于 2013 年 1 月 1 日开始施行《中央企业负责人经营业绩考核暂行办法》(以下简称《暂行办法》)。

《暂行办法》规定我国使用简化的 EVA 考核指标。

1. 简化的 EVA 计算公式

经济增加值＝税后净营业利润－资本成本

＝税后净营业利润－调整后资本×平均资本成本率

税后净营业利润＝净利润＋(利息支出＋研究开发费用调整项)×(1－25%)

调整后资本＝平均所有者权益＋平均负债合计－平均无息流动负债－平均在建工程

2. 调整项目的说明

(1)利息支出是指企业财务报表中“财务费用”项下的“利息支出”。

(2)研究开发费用调整项是指企业财务报表中“管理费用”项下的“研究与开发费”和当期确认为无形资产的研究开发支出。对于勘探投入费用较大的企业，经国资委认定后，将其成本费用情况表中的“勘探费用”视同研究开发费用调整项，按照一定比例(原则上不超过 50%)予以加回。

(3)无息流动负债是指企业财务报表中“应付票据”“应付账款”“预收款项”“应交税费”“应付利息”“应付职工薪酬”“应付股利”“其他应付款”和“其他流动负债(不含其他带息流动负债)”；对于“专项应付款”和“特种储备基金”，可视同无息流动负债扣除。

(4)在建工程是指财务报表中的符合主业规定的“在建工程”。

3. 资本成本率的确定

(1)中央企业资本成本率原则上定为 5.5%；

(2)对军工等资产通用性较差的企业，资本成本率定为 4.1%；

(3)资产负债率在 75%以上的工业企业和 80%以上的非工业企业，资本成本率上浮 0.5 个百分点；

(4)发生下列情形之一，对企业 EVA 考核产生重大影响，国资委酌情予以调整：

①重大政策变化；

②严重自然灾害等不可抗力因素；

③企业重组、上市及会计准则调整等不可比因素；

④国资委认可的企业结构调整等其他事项。

【案例分析】

泸州老窖股份有限公司盈利能力分析

一、公司概况

1. 经营情况

泸州老窖股份有限公司(LU ZHOU LAO JIAO CO.,LTD),位于四川省泸州市,由谢明出任董事长。前身为泸州老窖酒厂,始建于1950年3月,1993年9月20日经四川省经济体制改革委员会批准,由泸州老窖酒厂以其经营性资产独家发起以募集方式设立股份有限公司。1993年10月25日经四川省人民政府和中国证券监督管理委员会批准公开发行股票,于1994年5月9日在深交所挂牌交易。

公司所属行业为酿酒食品行业。公司产品主要有:国窖1573系列酒(与贵州茅台、五粮液、水井坊同为中国酒类市场超高端白酒)、泸州老窖精品特曲系列酒、百年老窖系列酒等。

2. 行业分析

(1)白酒行业

白酒行业因生产的高度离散型、低门槛,导致业内企业数量庞大。同时,国外及业外的资本对白酒行业高度繁荣的觊觎、国家政策的未知变化、白酒消费文化的升级等都对2012年白酒企业提出了新的挑战。除了超高端品牌之外,白酒的全国性品牌较少,多数次高端和中高端酒为地域性品牌,走向全国的道路较为艰难。但伴随着行业分化的进一步加剧、品牌差距的持续扩大,预计未来几年白酒行业将逐步走出“战国时代”。

从价位细分看,超高端市场(零售价在600元以上)的销售绝对额增长,但是增速相对下降(近期国窖1573的终端零售价为930多元,批发价为730元左右)。次高端市场(200～600元),未来将有50%的井喷式增长,中高端市场(50～200元)有30%的增长。从国际经验来看,利润率最高的企业的利润额和市值不一定最大。原因是次高端、中高端的容量要比超高端大好多倍。

超高端白酒的基本商业模式是凭借品牌的足够粘性,通过供求关系调节价格,以实现收入和利润的增长。预计超高端市场未来是价增量缓。超高端市场中茅台、五粮液的经验和国窖、水井坊的经验不一样。国窖和水井坊没有足够强的消费者粘性,所以需要靠空中和地面营销才能长期做下去。次高端、中高端白酒与超高端不同,核心看营销和渠道。

(2)近期信息

2011年,白酒业持续稳定增长,高端市场依然景气,中端产品随居民收入结构升级而增长迅猛,整个市场潜力巨大。随着白酒产业逐步规模化、全国化以及消费者消费理念的日趋成熟化,白酒业未来将逐步向品牌酒原产地集中,原产地概念将慢慢深入人心。

2012年以来,因“三公”消费受限等影响,白酒价格出现回落,白酒类信托的发行也大幅降温。而塑化剂风波一出,随即引起白酒股的剧烈反应。酒鬼酒(000799)在复牌后连封4个跌停板(11月29日又大跌6.82%),仅短短5个交易日便蒸发了60亿元市值,整个白酒板块也受到拖累。与此同时目前有7款白酒信托产品正在运行,其中有4款产品募集资金用于白酒收藏,1款产品的资金用于补充将军岭酒业的流动资金及扩大生产。

这些产品的预期最高年化收益率基本上都在10%上下,最低至8.5%,最高至11.8%。今年以来，白酒市场并不景气，加上此次塑化剂风波一石激起千层浪，这些产品能否经得起"折腾"。泸州老窖总裁张良谈及"塑化剂事件"时认为这一事件有利于众多中小酒厂提高安全标准，对于行业发展而言是件好事。

二、盈利能力分析

泸州老窖作为股份制上市公司，是自主经营、自负盈亏的独立商品生产者和经营者，实现企业价值最大化，或在资本市场上具体化为股东利益最大化，是其最终目的。这其中很重要的一点是企业赚取利润的能力，这是企业生存和发展的前提和基础，是企业投资者关注的焦点、管理层业绩考评和经营控制的核心、债权人得以偿还的支付源泉，因而也是财务分析的核心。在分析盈利能力时不能单纯分析企业利润额的实现情况，还要关注收入和支出的结构，在分析盈利能力时还要关注投入与产出的关系以及成本费用的控制，以期正确反映企业的获利水平。

1. 利润水平分析

泸州老窖近一年来的利润绝对数和增长率如下图所示：

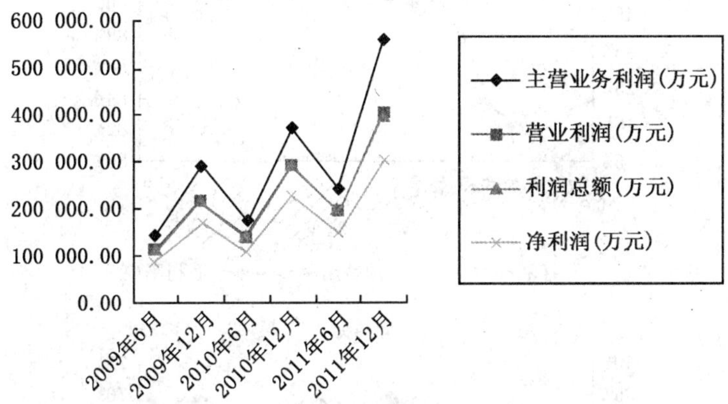

观察泸州老窖各项利润指标，我们不难发现：从绝对数分析来看，泸州老窖的四项利润指标，如主营业务利润、营业利润、利润总额以及净利润指标的变化趋势保持一致，都呈周期性变化，波动越来越剧烈，波动幅度也越来越大，并且 2009 年到 2011 年这四个利润指标都是呈现上涨状态，且涨势越来越快。

下面对比泸州老窖、贵州茅台和五粮液近年来净利率、毛利率和三项费用率的折线图，我们可以发现，泸州老窖有下降的趋势，且毛利率不及贵州茅台和五粮液；净利率比贵州茅台低，与五粮液基本持平；三项费用率三者基本持平，均在 10%左右，贵州茅台略低。

具体如下图所示：

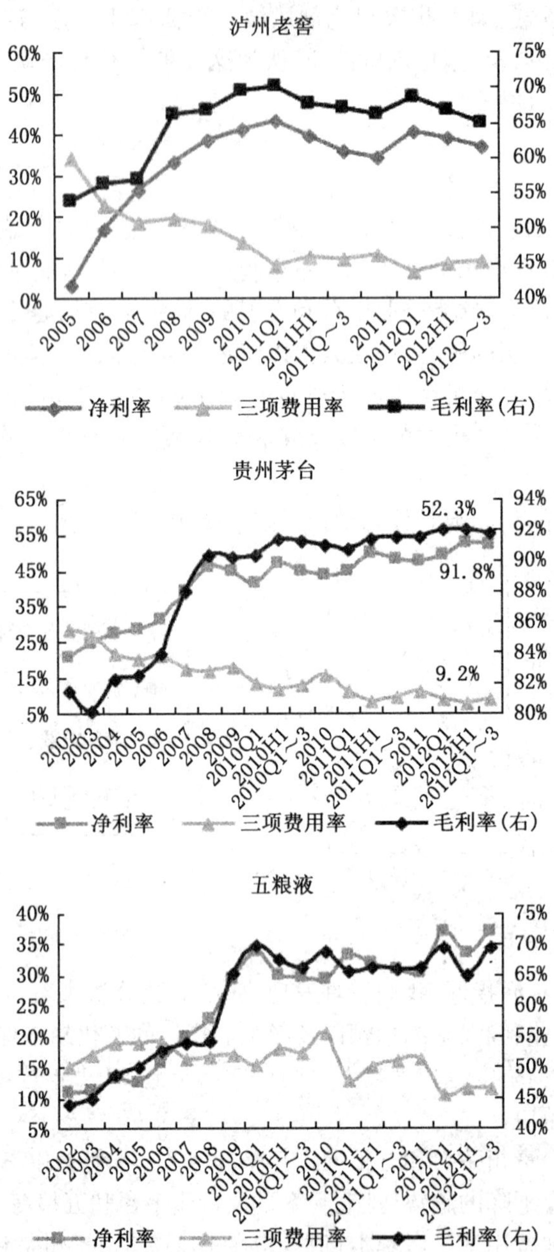

贵州茅台和五粮液的品牌有很强的竞争力，因此售价比泸州老窖更有竞争力，因此毛利率较高，特别是贵州茅台，在毛利率和净利率方面都有较大的优势。虽然在毛利率方面，泸州老窖可能不及另外两家，但是泸州老窖开发不同系列的产品，其中次高档和中高档的白酒尽管在利润率方面不及超高档酒，但是随着中国城镇化进程的加速，中产阶级的比例上升，以及对“三公”经费的限制等，中档酒将面临广阔的市场，可以从量上扩大来为企业提高利润额和现金流，从而创造企业价值。因此，我们不能片面地从三家企业的利润率数字高低来判断优劣，而应该联系市场和需求趋势，以及企业的实际情况和战略方向，来分析企业的盈利状况。

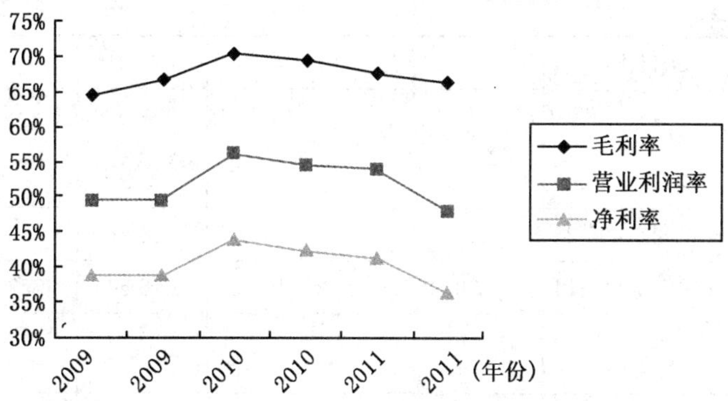

从泸州老窖自身的相对数分析来看，公司的三项利润率指标，如毛利率、营业利润率与净利率的变化趋势也如同绝对数指标一样大致保持相似的趋势，利润率在这三年中呈现先上涨后下跌状态。对比利润绝对数指标，从 2010 年到 2011 年的过程中，主营业务利润上升，但毛利率却下降，我们应关注营业成本问题，是否是由于销售的扩大致使主营业务利润总额上升，而由于成本费用控制不足，使得成本费用上升导致毛利率下降。从泸州老窖披露的财务报表中可以看出，从 2009 年到 2011 年营业收入的增速越来越快，销售确实在扩大的过程中，因此利润率处于下滑的状态，很可能是由于成本上升，以下我们接着来分析泸州老窖这三年的成本费用情况，以找出影响利润率的因素。

2. 成本费用分析

成本费用分析主要是分析各项成本费用占营业收入的百分比，分析各项费用的发生是否合理。同时对成本费用的各个项目进行分析，看各个项目的增减变动趋势。虽然这并不是直接分析企业的盈利性，但是可以帮助我们据此确定对企业盈利性产生影响的因素，并在此基础上分析盈利性的高低，判断公司的管理水平和财务状况。

这里主要从产品销售成本和各项费用两个方面进行分析。

2.1　产品销售成本

2.1.1　成本变动分析

	2011 年		2010 年		2009 年	
一、营业总收入	8 427 910 004.45	%	5 370 871 771.66	%	4 370 422 479.87	%
其中：营业收入	8 427 910 004.45	100.00	5 370 871 771.66	100.00	4 370 422 479.87	100.00
二、营业总成本	4 433 952 669.96	52.61	2 805 018 445.98	52.23	2 572 681 701.14	58.87
营业成本	2 846 009 311.66	33.77	1 643 185 783.51	30.59	1 457 580 348.60	33.35
营业税金及附加	695 230 132.81	8.25	437 864 125.52	8.15	323 752 857.15	7.41
销售费用	389 549 268.39	4.62	323 368 124.96	6.02	499 371 204.10	11.43
管理费用	500 646 378.58	5.94	390 466 729.63	7.27	290 421 928.82	6.65
财务费用	−3 151 859.54	−0.04	7 564 062.32	0.14	−240 711.93	−0.01
资产减值损失	5 669 448.06	0.07	2 569 629.04	0.05	1 786 074.35	0.04

续表

	2011 年		2010 年		2009 年	
加:公允价值变动收益(损失以“—”号填列)						
投资收益(损失)	37 889 899.28	0.45	351 042 232.07	6.54	356 815 816.63	8.16
其中:对联营企业	193 608 864.14	2.30	351 008 166.56	6.54	357 884 097.28	8.19
汇兑收益(损失以“—”号填列)						
三、营业利润	4 031 847 143.77	47.34	2 916 895 557.75	54.31	2 154 556 595.35	49.30

2011 年公司共计销售白酒 14.29 万吨。营业成本为 2 846 009 311.66 元,比上年增加 73.2%;营业总成本为 4 433 952 669.96 元,比上年增加 58.1%。2010 年营业成本为 1 643 185 783.51元,比上年增加 12.7%;营业总成本为 2 805 018 445.98 元,比上年增加 9.03%。营业成本占营业收入的比率虽然比 2010 年下降 3.18%,公司单位成本率没有太大改变,说明营业成本和营业总成本的增加均是由于销售的扩大所导致的,属于正常的增加。

2.1.2 主营业务(分行业、产品情况)分析

2011 年

主营业务分行业情况						
分行业	营业收入	营业成本	毛利率(%)	营业收入比上年增减(%)	营业成本比上年增减(%)	毛利率比上年增减(%)
酒类	823 244.23	283 607.67	65.55	58.66	74.53	—3.13
主营业务分产品情况						
高档酒类	564 131.83	101 951.35	81.93	60.33	83.65	—2.29
中低档酒类	259 112.39	181 656.32	29.89	55.15	69.80	—6.05

2010 年

主营业务分行业情况						
分行业	营业收入	营业成本	毛利率(%)	营业收入比上年增减(%)	营业成本比上年增减(%)	毛利率比上年增减(%)
酒类	518 872.35	162 495.94	68.68	23.15	14.87	2.27
主营业务分产品情况						
高档酒类	351 860.26	55 513.65	84.22	33.33	19.77	1.78
中低档酒类	167 012.09	106 982.29	35.94	6.10	12.49	—7.14

2009 年

主营业务分行业情况						
分行业	营业收入	营业成本	毛利率(%)	营业收入比上年增减(%)	营业成本比上年增减(%)	毛利率比上年增减(%)
酒类	421 670.35	141 642.04	66.41	13.99	11.92	0.71
进出口	353.28	185.48	47.50	−63.48	−51.90	−12.64
主营业务分产品情况						
高档酒类	263 909.86	46 349.03	82.44	6.03	−0.56	1.17
中低档酒类	199 606.27	113 613.00	43.08	66.26	42.12	9.67
合计	421 670.35	141 642.04	66.41	13.99	11.92	0.71

2011 年高档酒营业成本上升 83.65%，中低档酒营业成本上升 69.8%。而高档酒的营业收入上升只有 60.3%，中低档酒营业收入上升只有 55.1%。成本与收入上升的不匹配使得毛利率等盈利性指标下降。这其中更多地归因于高档酒营业成本的上升。

2010 年高档酒营业成本上升 19.77%，中低档酒营业成本上升 12.49%。而高档酒的营业收入上升却有 33.3%，中低档酒营业收入下降 16.3%。成本与收入上升的不匹配说明公司高档酒和中低档酒品牌的发展状况不同。伴随高档酒营业成本上升的是较高的毛利率，而中低档酒的发展状况欠佳，毛利率下降幅度较大。

2.1.3　采购成本分析

2011 年公司从前五名供应商处采购的金额为 121 082.03 万元，占公司总采购金额的 67.49%。2010 年公司从前五名供应商处采购的金额为 749 088 700.16 元，占公司总采购金额的 55.87%。

公司采购规模的扩大和金额的增加使得公司对于供应商的议价能力提高，公司可利用提升的议价能力降低采购成本，从而减少产品的单位营业成本。

2.2　各项费用完成情况分析

2.2.1　费用变化分析

从相对数来看，2011 年三项期间费用共计 887 043 777.43 元，总费用水平 10.53%，比上年同期的 13.43%下降了 2.9%；其中销售费用、管理费用、财务费用占销售收入的百分比均减少，是费用总额占销售收入百分比减少的主要原因。从绝对数来看，销售费用和管理费用均有较多的增加。

从相对数来看，2010 年三项期间费用共计 721 398 906.91 元，总费用水平 13.43%，比上年同期的 18.07%下降了 4.64%；其中销售费用占销售收入百分比的减少是费用总额占销售收入百分比减少的主要原因。从绝对数来看，管理费用和财务费用的增加较大。

2.2.2　销售费用分析

2011 年销售费用本期较上期增加 6 618.12 万元，增幅 20.47%，主要是随着公司产品销量的增长，仓储运输费及广告宣传费同比增长所致。

2010 年销售费用本期较上期减少 17 600.31 万元，减幅 35.24%，主要原因是：从 2009 年 5 月开始，本公司的经销商分别出资在泸州设立经销商联盟体，公司与经销商联盟体采用离厂价结算，经销商联盟体与各片区经销商采用送达价结算，通过经销商联盟体销售的业务，销售费用中的仓储费等主要由经销商联盟体承担。

销售费用的提升与公司的营销措施有关，目前公司致力于加大销售体系改革力度，把整个集群化营销体系的协调、联系与指挥统一起来，实现前端市场和后端管理的运筹系统化，目的是快速形成泸州老窖在整个白酒市场强大的商气聚集，以达到市场上渗透的作用。

2.2.3 管理费用分析

2011 年管理费用与上年同期相比增加了 11 017.97 元，比上年同期增长 28.22%，主要是职工薪酬、期权费用及研发费用较上期略有增长。

2010 年管理费用本期较上期增加 10 004.48 万元，增幅 34.45%，主要是因为本期计提了股票期权费用 10 885.21 万元。

此外，公司通过登陆央视黄金资源段广告，举办"中国品味 2011 珍藏版发布活动"等系列文化活动，以文化高度塑造品牌高度，大力推动泸州老窖的品牌提升。同时，顺应消费形势需求，及时赢得中高端市场，目的是在品牌和价格的双支撑下，取得销售规模的新突破。

2.2.4 财务费用分析

2011 年财务费用本期较上期减少 1 071.60 万元，减幅 141.67%，主要是因为本期财务费用减少 8 793 300.52 元。

2010 年财务费用本期较上期增加 780.48 万元，增幅 3 242.37%，主要是本期利息支出增加 1 369.47 万元所致。

总体而言，2011 年，公司的管理费用和销售费用占营业总成本的比例下降，增长速度低于销售的增长率；而产品成本的占比上升，增长速度显著高于销售的增长；另外营业税金及附加保持占比不变。

三、分析总结

总体而言，泸州老窖的盈利能力较强。结合公司多品牌发展战略可知，在高端产品方面，公司应注意保持价格优势，牢牢占据中国超高端白酒市场第一阵营，提升利润率和品牌美誉度；在中低端产品方面，尽量扩大销售量，扩大利润绝对值。在成本费用方面上有潜力可挖，使得公司在盈利能力方面还有进一步提升的空间。

第八章

成长性评价

第一节　成长性评价的框架

企业是营利性组织，其出发点和归宿都是为了获利。企业一旦成立，就会面临竞争，并始终处于生存和倒闭的矛盾之中。企业必须生存下去才能获利。而要生存和获利，就必须不断发展、不断壮大，具有较强的成长性。企业的成长性，是企业通过自身的生产经营活动，不断扩大积累而形成的发展潜能。企业成长性主要可以分为两部分：(1)自我成长性。即企业依靠自身生产经营、实现利润等内部筹资来推动企业不断发展。(2)外源筹资发展。即企业向外界借款、发行债券、股票来筹集资金，从而为企业发展提供动力。一般来讲，持续的成长性的形成主要依托于企业不断增长的销售收入、企业降低开支而节约的资金和企业创造的利润。一个企业可能有很强的盈利能力，但如果把所有利润通过各种形式转化为消费，不注意企业的资本积累，那么，即使这个企业效益指标很高，也不能说这个企业的成长性强。特别是在我国目前国有企业经营管理中，一些企业的管理者短期行为相当严重，忽视企业的长期发展。所以，在一般的企业绩效评价中，我们都将成长性状况作为考核指标之一，就显得十分必要。从宏观角度讲，它可以促进国有经济总量的不断增长；从微观角度讲，它可以促使企业经营者重视企业的持续经营和经济实力的不断增强，提高企业的质量。正因为有此约束，所以企业在发展过程中，管理当局就会重视企业经营成果的积累，考虑后续发展需要，从而促使企业持续健康地发展。然而在分析企业成长性时，我们究竟以什么财务指标作为评价与考察的依据？其框架如何建立？都是值得研究的。

我们认为可用图 8－1 来说明企业的成长性，图中提及的相关因素都是驱动企业价值提升的因素。

一般而言，在企业成长性中，最重要的也是最首要的是企业的销售增长率。企业只有在取得持续的销售增长的情况下，才有可能带来权益、资产的不断增长，从而促使企业不断发展。在企业每年销售收入不断增长、销售利润不断提高的情况下，如果企业管理当局都把利润分配了，而不积累资金，则企业后续发展后劲不足。所以管理者应该保留一定比例的利润，为企业以后发展注入资金。对于企业，在搞好生产经营的同时还应该承担一定的社会责任。所以在评

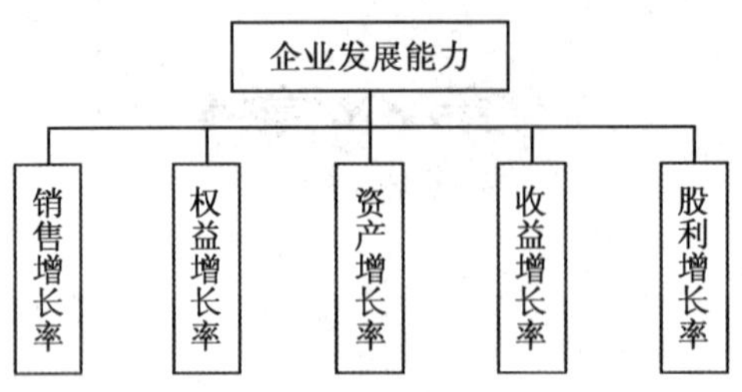

图 8—1 企业成长性及相关因素

价一个企业成长性的时候,还应该注重它对社会的贡献。如果一个企业在连续的几年中,销售收入的确每年保持快速增长,但是却给社会带来包袱,比如造成环境污染、产品质量不合格等一系列问题,我们则说这种企业的成长性也是比较差的。

所以在分析评价企业成长性的时候,在构建企业成长性分析框架的时候,我们不仅要看它的销售增长率,还有它的权益、资产净利及股利增长率情况。与此同时,另外一个不可忽视的指标就是企业的社会责任。综合这些方面,才能对企业的成长性做出恰当的评价。在采用这一框架对企业成长性进行分析时,应该注意:由于不同企业所采取的发展策略不同,所以在分析时应该分开考虑。例如有的企业采取的是外向规模增长的政策,即进行大规模的兼并收购活动,使得公司资产在短期内得到迅速膨胀,但是并不一定带来销售以及净利润的迅速增长,这一类的企业成长性分析则应该侧重于资产增长上;相反,有些企业采取内部优化型的增长策略,即在现有公司资产规模上,充分挖掘内部潜力,提高研发能力,加速产品更新换代,提高市场占有率,扩大销售规模并实施成本战略,这一类企业成长性分析则侧重于销售增长率和收益增长率。同时在采取这一分析框架时,还应该与企业所处周期结合起来。因为处于不同周期的企业上述各个指标代表不同的成长性。例如有两个企业 A 和 B,A 处于起步发展阶段,B 则处于成熟阶段。计算出来的两企业上述成长性分析指标相同,但实际上 A 企业成长性不如 B 企业。不同周期阶段的指标特征如表 8—1 所示。

表 8—1 生命周期各阶段的指标特点

生命周期阶段	引入期	成长期	成熟期	衰退期
销售额	小,增长慢	较大,增长快	大,增长慢	小,下降
买方	高收入、追求时尚的客户	可以接受参差不齐的质量	巨大市场、饱和、重复购买	精明、挑剔
产品	设计新颖、经常变换,质量一般	差异大、质量不断改进	质量好、差异缩小	差异小、质量可能出问题
竞争者	少	竞争者涌入	价格竞争	部分竞争者退出
战略重点	扩大市场份额,研发和技术是关键	扩大市场份额,市场营销是关键	巩固市场份额,降低成本是关键	控制成本或退出
投资需求	很大	较大	较小	不投资或收回
净现金流量	负数	小(正或负)	很大的正数	正数,下降
盈利性	高价格、高毛利、低净利	高净利	价格下降、净利适中	低价格、低毛利、低净利
经营风险	很大	较大	较小	小

在采用这一框架进行成长性评价时，不仅要关注企业的短期发展能力，还要看企业承担社会责任的状况，以进一步评价企业的可持续增长率。除此以外，在成长性分析中还应进一步分析成长速度的快慢，一个理智的企业在成长速度上选择的余地很小，一些企业由于发展过快、缺乏资源而陷入危机，另外一些企业由于发展过慢而被别的企业并购，不当的增长足以毁掉一个企业。

第二节　成长性评价的指标

在企业发展过程中，销售增长率、股东权益增长率、资产增长率、收益增长率、股利增长率等指标，分别从不同角度来衡量企业的成长性。而在实际应用过程中，我们不能孤立地考察各个指标，因为上述各个指标之间是相互影响、相互联系的。所以应该综合考虑，把它们相互串联起来，才能正确评价企业的成长性。

一、成长性的指标分析

(一)常见指标

1. 销售增长率分析

企业收入的主要来源就是销售收入，而且销售收入也是一个企业价值增值的源泉。所以管理者应该采取各种措施，来保持企业销售收入的稳步增长。比如企业可以不断开拓新的市场，拓展营销渠道，不断提高产品市场占有率；企业还可以扩大研发投入，不断开发新的产品，丰富自己的产品品种，争取到多类消费者。只有在销售收入不断得到提高的前提下，才能促进企业的进一步发展。

2. 股东权益增长率(资本积累率)分析

企业资产的一个主要来源就是股东投入。要说服股东投入资产，必须保证股东投入的资产不断得到增值保值。而股东权益增长有两个来源：一个就是来源于净利润，而净利润又是主要来源于企业主营业务利润，主营业务利润又是取决于企业销售收入的；股东权益增长的另外一个来源就是股东本身再次投入资金。而要股东投入资金，只有在企业具有增长潜力的情况下才有可能。

3. 资产增长率分析

企业资产是取得产品、实现销售收入的保障。要实现销售收入的增长，在企业资产使用效率一定的情况下，必须扩大资产规模。而要扩大资产规模，资金的一个来源就是股东权益的增长，即净利润和净投资增长。

4. 收益增长率分析

企业收益的增长主要表现为净利润的增长。而对于一个持续增长的企业来说，净利润增长体现在主营业务利润上。而主营业务利润又由销售收入产生。

5. 股利增长率分析

企业净利的增长固然能反映归属于股东财富的增加，但由于利润是权责发生制的产物，不代表现实财富，因此在反映公司成长性时也应该反映股利增长率，以反映股东现实财富的变化。

下面用一个具体的实例来分析企业增长能力。表 8－2 是从 ABC 公司年报上摘录的部分财务数据。

表 8—2　　ABC 公司 20×0～20×3 年成长性分析　　单位:万元

财务指标	20×0 年	20×1 年	20×2 年	20×3 年
营业收入	206 363	286 541	385 622	536 489
销售增长率	—	38.85%	34.58%	39.12%
股东权益	126 211	152 459	203 599	289 562
股东权益增长率	—	20.80%	33.54%	42.22%
资产	301 235	320 014	354 128	392 456
资产增长率	—	6.23%	10.66%	10.82%
营业利润	35 462	54 622	78 003	93 245
收益增长率	—	54.03%	42.81%	19.54%

由表 8—1 基本可以了解到企业这几年的发展状况。20×0～20×3 年销售收入保持一个比较稳定的增长,而且增长率也较高。特别是 20×1 年和 20×3 年销售增长业绩很不错,20×2年相对下降一些。我们应该仔细查找原因,同时也应该和同行业比较,使得企业在行业中保持强有力的竞争地位。股东权益在这些年也是保持快速增长。而在企业这些增长能力的财务指标中,最有问题的就是净利润增长率。自 20×0 年以来,企业净利润增长率每年下滑,而且没有呈现止住的迹象。这是企业最有危机的方面,管理者应该仔细分析。由于企业销售增长率基本没有变化,所以企业应该从成本费用方面着手,把成本费用降下来,从而保持净利润增长率与销售增长率之间稳定的同步增长。

通过以上分析,我们知道,ABC 公司这几年除了在销售成本方面管理不当之外,基本上还是具有一定的增长能力。另外再参考一些其他因素,比如行业平均水平,社会对于 ABC 公司这几年的认可度等,从而对于企业增长能力做出一个比较准确的判断。

(二)分析中应注意的问题

第一,在分析中应注意各个财务指标之间的联动关系。

首先看销售增长率和股东权益增长率、净利润之间的关系。股东权益增长率呈现逐年上升的趋势,最终超过销售增长率,但是由于净利润增长率逐年下降,所以单靠净利润作为股东权益的增加还远远不够,这其中必然有股东新投入资本,否则股东权益增长率就不会逐年上升。再看资产增长率和股东权益增长率之间的关系。由于股东权益总的增加额小于资产每年增加额,所以企业必然需要通过债权融资来弥补这个空缺,但是由于股东权益呈现逐年上升,所以企业这几年债权融资越来越少,这样可以减轻企业债务负担。最后分析销售增长率和销售净利润增长率之间的关系。由于销售增长率保持一个较高的增长比率,而企业销售净利润增长率却是呈现逐年下滑,从这对财务指标中我们可以发现企业存在一个比较严重的问题,就是销售成本逐年上升,而且上升势头很猛。企业管理者应该实行成本战略,把销售成本降下来,这样才能使得企业保持旺盛的生命力。

第二,在分析中应注意进一步分析发展均衡与稳健的态势。

上述增长率的分析指标仅使用近两期的数据,有可能因使用的两期数据正处于高速发展最快或最慢的年份,从而对公司的发展速度做出错误的评价。为进一步说明公司的平均发展速度,可针对上述驱动因素计算三期(五期)平均增长率,其计算公式如下:三期平均增长率=$(R_3/R_0)^{1/3}-1$,式中 R 代表驱动企业价值变化的相关因素。

第三，在分析中应补充说明资产质量。

为进一步说明公司的发展速度，可补充说明资产的质量，因为精良的装备以及先进的技术都是公司发展所必需的要素，资产质量涉及的指标一般包括固定资产成新率和技术投入比率，其中，固定资产成新率＝平均固定资产净值/平均固定资产原值，该指标越高，表明固定资产越新，维持发展的时间越长。技术投入比率＝研发费用/营业收入，该指标越高，表明新技术的投入越大，转化为现实的生产能力越强，可以支撑更快的发展速度。

第三节　社会责任分析

在构建企业成长性框架的时候，我们不仅要关注增长率指标，还要关注企业承担的社会责任，这样可以对企业的可持续发展能力做出更加明确的判断。

深圳证券交易所颁布的《上市公司社会责任指引》中称，公司的社会责任是指公司对国家和社会的全面发展、自然环境和资源，以及股东、债权人、职工、客户、消费者、供应商、社区等利益相关方所应承担的责任。因此在成长性评价中也应该对公司社会责任评价指标体系加以构建。公司的社会责任指标可分为：利益相关者责任指标、资源环境责任指标和慈善责任指标三大部分。具体分析指标阐述如下：

（一）利益相关者责任指标

1. 综合指标，包括社会贡献率、社会积累率及企业研发投入比率。

（1）社会贡献率

社会贡献率＝公司的社会贡献÷总资产平均占用额×100%

该指标反映公司运用投资者（包括股东和债权人）投入的资本为社会所做的贡献。公司的社会贡献主要包含支付的职工薪酬奖金，缴纳的各项税款，支付给股东和债权人的股利、利息等。该指标越高，反映公司对职工、股东、债权人和国家的贡献越大，社会责任履行得越好。

该指标还可以细分为企业每元总资产纳税额与企业创造就业岗位年增长率。因为企业除了要取得良好的经济绩效，实现自身可持续良性发展外，履行照章纳税的义务和为社会提供更多的就业机会也是实现其对社会直接的经济责任和贡献的突出方面。细分的指标就是从企业对税收的贡献和就业的贡献两个方面来考察企业对社会经济发展的贡献水平。

（2）社会积累率

社会积累率＝上缴税金额÷社会贡献总额×100%

该指标反映在形成的社会贡献中，用于积累的税金所占的比重，该指标越高，说明用于积累的金额越大，对国家和社会的贡献越大。

（3）企业研发投入比例

企业研发投入比例＝研发费用/销售收入×100%

该指标反映研发费用占收入的比重，该指标越高，表明企业市场拓展能力和创新能力较好。

2. 对股东承担责任的指标

上市公司对股东的责任主要包括对股东的经济责任、法律责任和道德责任。上市公司中小股东（尤其是股民）与大股东相比属于相对弱势的一方，其权益经常被有意无意地侵害。因此可以将对中小股东承担责任的指标单独列为一类，以反映公司应承担的社会责任。对股东承担责任的指标可分为一般指标和对中小股东承担责任的指标两类，通过对这些指标的考核，希望有助于保护中小股东的利益，维持企业的可持续发展。具体指标如下：

(1)一般指标，包括资本保值增值率与净资产收益率，这里重点介绍资本保值增值率。

资本保值增值率＝年末股东权益总额÷年初股东权益总额×100%

该指标反映公司运用股东投入的资本获得资本增值的能力。该比率越高，意味着企业运用一定的资本为社会，尤其是股东所做的贡献越大，对股东的责任履行得越好。

(2)对中小股东承担责任的指标，包括中小股东利益保护指标和股东所得率两项指标。其中，中小股东利益保护指标为定性指标，反映中小股东利益被保护的情况。可以通过了解大股东有无抽逃、挪用上市公司资本、公司有无未按招股说明书使用股东资金等现象，来分析上市公司对中小股东责任的履行情况。

股东所得率为定量指标，其计算公式为：

股东所得率＝股利÷净利润×100%

该指标反映股东从企业增值(净利润)中直接获利的情况。该比率如果长期处于比较低的水平，可能存在损害中小股东利益的情况。通过对该指标的长期分析，可以间接获得上市公司对中小股东履行责任好坏的信息。

3. 对债权人承担责任的指标，除了传统的还本付息指标(资产负债率及已获利息倍数)以外，还包括逾期债务比率，以反映对债权人承担的责任 。

逾期债务比率＝年末逾期债务总额÷年末债务总额×100%

该指标反映公司拖欠债权人债务的情况。比率越高，表明对债权人责任履行越差。

4. 对职工承担责任的指标，包括九项指标，具体参见下表：

指　标	公　式	含　义
职工劳动生产率	职工劳动生产率＝公司收入总额÷职工总人数	反映公司劳动者素质的高低，能间接反映公司对劳动者素质提高所履行的社会责任。该指标越大，表明公司对提高劳动者素质的责任履行得越好。
劳动合同签订率	劳动合同签订率＝劳动合同签订人数÷职工总人数	反映公司保护劳动者权益、合法使用劳工的状况
最低小时工资率	较低档小时工资率＝较低档月工资额÷该类职工月工作小时数，取计算结果最低者。	反映公司是否执行企业所在地政府的最低工资标准法律规定。
职工获益率	职工获益率＝支付职工工资、福利及社保基金总额÷营业收入总额×100%	反映公司对职工的重视程度，此比率越高，对职工的重视程度越高，但也并非越高越好。因为该比率的倒数反映职工的生产率，职工的生产率太低并不是好事。
职工薪酬支付率	职工薪酬支付率＝已付职工薪酬总额÷应付职工薪酬总额×100%	该指标反映公司对国家相关劳动法规的遵守情况，比值越大越好。
职工安全事故率	职工安全事故率＝因工作伤亡的人数÷职工总人数×100%	该指标反映企业对职工安全保障责任的履行情况。如伤亡比率超过了国家规定的限度，企业要停止生产，进行整改。
职工人均年教育经费	职工人均年教育经费＝支付的职工教育费总额÷职工人数	该指标反映企业对员工素质提升责任的履行情况，该指标值越大越好。

续表

指　标	公　式	含　义
职工对公司的满意度	可通过调查问卷的形式获得。	该指标反映职工对工作条件、工资待遇等的满意程度，满意度越高，表示公司对职工责任履行得越好。
职工最低年龄		该指标可反映企业是否雇用童工。我国法律规定，任何企业不得雇佣16岁以下的未成年工。

5. 对国家、政府承担责任的指标，包括四项指标，具体参见下表：

指　标	公　式	经济含义
税款上缴率	税款上缴率＝已缴纳税款÷应缴纳税款×100％	该指标可用来分析公司是否有挤占挪用国家税款的违法行为，反映公司对国家相关税收法律法规的遵守情况。
罚项支出比率	罚项支出比率＝罚项支出总额÷企业收入总额×100％	罚项支出总额包括企业支付的各种罚金、罚款、罚息、滞纳金、赔偿费、诉讼费等，这些支出的发生与企业遵纪守法状况直接相关。罚项支出比率越高，企业遵纪守法状况越差。
行政贿赂金额、次数		反映公司向国家相关行政机关人员行贿的情况。公司如果存在行政贿赂现象，则其社会责任履行较差。
企业诉讼与仲裁事项的多少		该指标更为广泛地涉及公司与所有利益相关者及其所构成的环境的关系和协调程度。反映公司与利益相关者的和谐程度。

6. 对消费者、客户和供应商及诚信经营承担责任的指标，包括四项指标，具体参见下表：

指　标	公　式	含　义
退货或返修率	退货或返修率＝退货或返修产品的数量÷销售产品总数量×100％	该指标越高，反映公司对消费者责任履行越差。
顾客、商业伙伴、融资机构满意度	可从顾客、商业伙伴、融资机构等反馈的信息中了解。可按很满意、较满意、基本满意、不满意、很不满意五个等级记分，分别记为100分、80分、60分、30分、0分，将所记分数进行算术平均，即为顾客满意度指数。	指数越高，说明顾客越满意。
履行合同率	履行合同率＝已履行合同数÷已签订合同数×100％	反映公司对客户或供应商的诚信状况，越高越好。
应付账款拖欠率	应付账款拖欠率＝年末逾期应付账款÷年末应付账款余额×100％	反映公司对供应商的诚信状况，指标越低越好。

7. 对社区承担责任的指标，包括年绿化费用和为社区无偿服务次数两项指标，其中：年绿化费用金额越多，表明公司对社区的责任履行得越好。为社区无偿服务次数越多，表明公司对社区的责任履行得越好。

(二)资源、环境责任指标

资源、环境责任指标包括五项指标,具体参见下表:

指　标	公　式	经济含义
单位营业利润资源消耗率	单位利润资源消耗率=年资源消耗量÷年营业利润	反映企业为获利对资源(包括各种材料、水、电、煤等)的消耗程度,可按不同资源分别列示。该指标值越小越好。
单位净利润废物排放量	单位净利润废物排放量=年废物排放量÷年净利润	反映企业生产造成的外部不经济情况,该指标越小,对社会造成的负面效应越小。
废弃物回收利用率	废弃物回收利用率=废弃物回收利用量÷废弃物产生总量×100%	反映企业循环使用资源的能力,比值越大越好。
污染治理投资率	污染治理投资率=污染治理投入总额÷当年营业收入×100%	反映企业治理污染的力度,比值越大越好。
破坏环境罚款率	破坏环境罚款率=破坏环境罚款支出÷当年营业收入×100%	反映企业破坏环境被罚的情况,比值越小越好。

(三)慈善责任指标

慈善责任指标,反映公司的公益责任,包括捐赠收入比率与福利员工比两项指标,其中:

1. 捐赠收入比率

捐赠收入比率=慈善与公益捐赠÷企业收入总额×100%

慈善与公益捐赠是企业为社区建设、希望工程和困难人群进行的捐赠。该指标值越大,反映企业慈善责任履行得越好。

2. 福利员工比

福利员工比=福利员工人数÷员工总数

福利员工指身有残疾的员工或下岗工人。该指标反映企业接纳下岗、残疾员工,为社会分忧的情况。比值越大,反映企业慈善责任履行得越好。

第四节　可持续增长分析

一、可持续增长率概述

在激烈的市场竞争中,企业能够取得长久的发展并不断增加企业价值,是一件十分困难的事情。现实中,有的企业高速发展几年后便销声匿迹,有的企业一直存续但并未发展,显然这都不是可持续发展的模式。一般而言,企业的发展能力,一方面主要体现在资产、销售收入、利润及所有者权益方面的增长,另一方面主要受企业经营策略和财务策略的影响。因此,要保持企业的可持续增长,必须做好企业经营和财务决策。可持续增长能力分析实质上是企业经营政策和财务政策的分析,同时进行可持续增长分析也是判定企业发展阶段以及发展策略的重要手段。

经营政策主要指企业的销售政策和资产运营政策,财务政策主要指企业的融资政策和股利政策。可持续增长率就是企业在经营政策和财务政策不变的情况下公司销售所能增长的最大比率。具体来讲,可持续增长率的假设条件如下:(1)公司目前的资本结构不变;(2)公司目前的股利支付率不变;(3)公司不打算发售新股,增加债务是其唯一的外部筹资来源;(4)公司的销售净利率不变,并且可以涵盖负债的利息;(5)公司的资产周转率不变。

我们以前提到,在分析企业成长性时,可以选取销售增长率、股东权益增长率、资产增长率以及收益增长率等多个指标。在各种财务指标中,我们还发现企业的留存收益能够反映企业的融资政策和股利政策,也能进一步说明内部资金是如何满足经营发展的需要。因此,以留存收益为基础计算的净资产增长率比较贴切地反映了可持续增长的效果。

满足可持续增长的经营循环如图 8—2 所示。

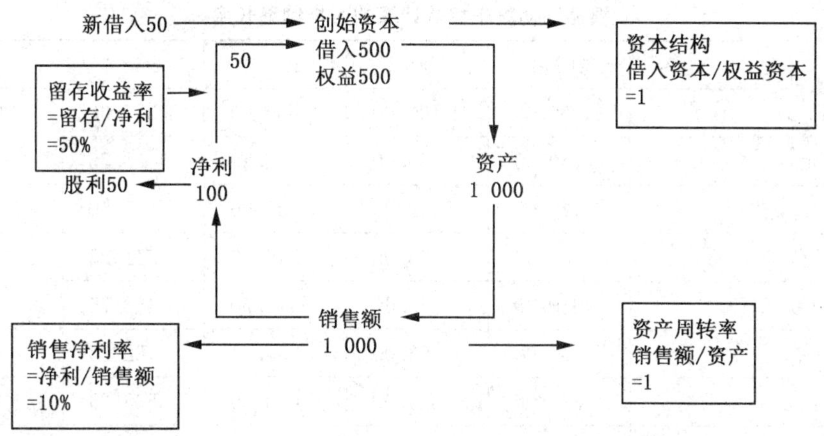

图 8—2　满足可持续增长的经营循环

可持续增长率计算公式可以表示为:

可持续增长率=净资产增加额/期初净资产

=本期净利×本期收益留存率 / 期初净资产

=按期初净资产计算的净资产收益率×本期收益留存率

[例]　A 公司 20×6 年按照期初净资产计算的净资产收益率是 16.67%,股利支付率是 40%;20×7 年按照期初净资产计算的净资产收益率是 22.74% ,股利支付率是 50%。根据公式,

20×6 年企业可持续增长率=16.67%×(1—40%)=10%

20×7 年企业可持续增长率=22.74%×(1—50%)=11.37%

由此可见,该企业 20×7 年可持续增长率有所提高。

由于净资产收益率的指标可以进一步按照杜邦公式分解,可以得到可持续增长率的分解公式:

可持续增长率=按期初净资产计算的净资产收益率×(1—股利支付率)

=销售净利率×资产周转率×权益乘数×(1—股利支付率)

注意,这里的权益乘数=期末总资产/期初净资产。

由此可见,影响企业可持续增长率的因素有四个:销售净利率、资产周转率、权益乘数和股利支付率。它们分别反映了企业销售政策、资产运营政策、融资政策以及股利政策。利用这一原理,我们可以利用连环替代法或差额分析法确定不同因素对于可持续增长率的影响。

二、可持续增长率与实际增长率的比较分析

可持续增长率反映了企业在经营效率和财务政策不变的条件下所能达到的最大增长速

度，这和企业的实际增长率常常不一致。在实际中，有的企业发展过快，有的企业发展过慢，这会给企业的财务资源带来不同程度的压力。如果企业仅仅追求销售增长最大化而忽略财务的协调，当发展速度超过企业的可持续增长率时，可能会出现严重的财务问题，甚至会因为财务资源的衰竭而破产。因此，我们需要探讨当企业的实际增长率不等于可持续增长率，特别当企业的实际增长率大于可持续增长率时，企业经营政策和财务政策的变化以及高速增长的资金来源。

［例］ A公司20×1～20×5年的主要财务数据如表8－3所示。①

表8－3　　根据期初股东权益计算的可持续增长率

年　度	20×1	20×2	20×3	20×4	20×5
收入(万元)	1 000.00	1 100.00	1 650.00	1 375.00	1 512.50
税后利润(万元)	50.00	55.00	82.50	68.75	75.63
股利(万元)	20.00	22.00	33.00	27.50	30.25
留存利润(万元)	30.00	33.00	49.50	41.25	45.38
股东权益(万元)	330.00	363.00	412.50	453.75	499.13
负债(万元)	60.00	66.00	231.00	82.50	90.75
总资产(万元)	390.00	429.00	643.50	536.25	589.88
可持续增长率的计算：					
销售净利率	5.00%	5.00%	5.00%	5.00%	5.00%
销售/总资产	2.564 1	2.564 1	2.564 1	2.564 1	2.564 1
总资产/期初股东权益	1.300 0	1.300 0	1.772 7	1.300 0	1.300 0
收益留存率	0.6	0.6	0.6	0.6	0.6
可持续增长率	10.00%	10.00%	13.64%	10.00%	10.00%
实际增长率		10.00%	50.00%	－16.67%	10.00%

下面我们分析在不同的实际增速下A公司的经营业绩和财务政策的不同表现。

1. 可持续增长率＝实际增长率

20×2年，A公司的实际增长率＝可持续增长率＝10%。

公司增长所需资金＝429－390＝39(万元)

其中，留存收益提供资金＝363－330＝33(万元)

负债提供资金＝66－60＝6(万元)

公司增长所需资金＝留存收益提供资金＋负债提供资金＝33＋6＝39(万元)。

由表8－3可知，20×2年A公司的销售净利率、资产周转率、权益乘数、留存收益率均与20×1年公司的财务指标相同，而实际增长率、上年可持续增长率以及本年的可持续增长率三者相等。这种增长状态，在资金上可以永远持续发展下去，可称之为平衡增长。在这种情况下，我们发现，可持续增长率＝实际增长率＝税后利润增长率＝股利增长率＝留存收益增长率＝股东权益增长率＝负债增长率＝总资产增长率。在本例中，这个数字是10%。

① 《财务成本管理》，注册会计师全国统一考试辅导教材，中国财政经济出版社2015年版。

2. 可持续增长率＜实际增长率

20×3 年，A 公司的实际增长率为 50%，大大超过上年的可持续增长率 10%，我们称这种增长为高速增长。公司在高速增长状态下比在平衡增长状态下需要更多的资金。下面我们具体计算一下高速增长的资金来源。

(1)计算超常增长的销售额：

按可持续增长率计算的销售额＝上年销售×(1＋可持续增长率)

＝1 100×(1＋10%)＝1 210(万元)

超常增长的销售额＝实际销售－可持续增长销售＝1 650－1 210＝440(万元)

(2)计算超常增长所需资金：

实际销售需要资金＝实际销售÷本年资产周转率＝1 650÷2.564 1＝643.5(万元)

持续增长需要资金＝可持续增长销售÷上年资产周转率

＝[1 100 ×(1＋10%)]÷2.5641＝471.90(万元)

超常部分销售所需资金＝实际增长需要资金－可持续增长需要资金

＝643.5－471.9＝171.6(万元)

(3)分析超常增长的资金来源：

留存收益提供资金＝49.5(万元)

其中：

按可持续增长率增长提供留存收益＝33×(1＋10%)＝36.3(万元)

超常增长产生的留存收益＝实际利润留存－可持续增长利润留存

＝49.5－36.3＝13.2(万元)

负债提供资金＝231－66＝165(万元)

其中：

按可持续增长率增长需要增加负债＝66×10%＝6.6(万元)

超常增长额外负债＝165－6.6＝158.4(万元)

因此，超常增长额外所需的 171.6 万元资金，有 13.2 万元来自超常增长本身引起的留存收益增加，另外的 158.4 万元来自额外增加的负债。正是这一增量权益资金和增量借款的比例不同于原来的资本结构，使权益乘数提高到 1.56。正是这一财务比率的提高使得 20×3 年的实际增长率高于上年的可持续增长率，也使得 20×3 年的可持续增长率(13.64%)高于上年的可持续增长率(10%)。

3. 可持续增长率＞实际增长率

20×4 年，A 公司的实际增长率为－16.67%，远远低于上年的可持续增长率 13.64%，我们称这样的增长为低速增长。

(1)按可持续增长率计算的销售额＝上年销售×(1＋可持续增长率)

＝1 650 ×(1＋13.64%)

＝1 875.06(万元)

低于可持续增长销售额＝按可持续增长率计算的销售额－实际销售额

＝1 875.06－1 375

＝500.06(万元)

(2)计算低速增长所需资金：

实际销售所需资金＝实际销售÷本年资产周转率

=1 375 ÷ 2.564 1

=536.250 5(万元)

可持续增长需要资金=可持续增长销售÷上年资产周转率

=1 875.06 ÷ 2.564 1

=731.274 1(万元)

低速增长带来的资金剩余=731.274 1−536.250 5=195.023 6(万元)

(3)资金去向:

留存收益提供资金=41.25(万元)

其中:

按可持续增长率增长提供留存收益=49.05 ×(1+13.64%)=55.74(万元)

低速增长带来的留存收益减少额=41.25−55.74=−14.49(万元)

负债提供资金=82.50−231=−148.5(万元)

其中:

按可持续增长率增长需增加负债=231×13.64%=31.508 4(万元)

低速增长带来的负债减少额=−148.5−31.508 4=−180(万元)

由此可知,低速增长产生的195万元资金剩余中,约有15万元来自低速增长本身所带来的留存收益减少,有180万元来源于低速增长带来的负债减少,这引起了公司资本结构的变化,使得权益乘数由1.56减少到1.18。这一财务比率的下降使得20×4年的实际增长率(−16.67%)远低于上年的可持续增长率(10%),也使得20×4年的可持续增长率(10%)低于20×7年的可持续增长率(13.64%)。但由于20×4年的权益乘数下降到20×1年和20×2年的水平,这使得3年的可持续增长率相等(10%)。

三、企业可持续发展的策略分析

根据可持续增长率公式,我们知道,企业的可持续增长率和四个因素相关:销售净利率、资产周转率、权益乘数和股利支付率。因此,如果一个企业想要改变自己的发展速度,就必须改变企业的经营政策或财务政策或两者兼而有之。如果企业要想使实际的发展速度超过可持续增长率,要么增强自身的基本获利能力(销售净利率),要么提高自身的经营效率(资产周转率),要么改变自己的财务政策(降低股利支付率或增加债务),也可以从几个方面同时改变。

企业可持续发展策略分析就是在利用本年度企业可持续增长率数据的基础上,根据市场环境和企业战略,分析影响企业可持续增长率的各个因素,并相应调整企业的经营政策和财务政策,以实现企业的可持续发展。

1. 销售净利率分析

企业销售净利率反映了企业控制产品价格和成本的能力,这是由企业所处的行业和企业的竞争战略所决定的。因此,销售净利率的分析必须要以行业分析和竞争战略分析为基础。一般而言,完全竞争行业的销售净利率较低,垄断行业的销售净利率较高;实施成本领先战略的企业销售净利率较低,而实施差异化战略的企业销售净利率较高。销售净利率反映了企业自身的基本获利能力,这是企业可持续增长率的主要驱动部分。

2. 资产周转率分析

对资产周转率进行分析时,要对影响资产周转的各因素进行分析。我们不仅要分析资产的各组成部分在资金占用量上是否合理,还应该分析流动资产周转率、存货周转率、应收账款周转率等各部分的使用效率,以判明影响企业资产周转率的主要问题。同样,在分析资产周转率时,要结合行业和竞争战略分析,这是因为不同行业的企业,以及采取不同竞争战略的企业,其资产周转率会有很大差别。

3. 财务杠杆分析

适度提高企业财务杠杆,可以提高企业的可持续增长率,为企业发展提供充裕的资金。但是这种方法能增加的现金是有限的,当企业的财务杠杆超过一定比例时,企业可能因为无法承受高昂的资金成本而放弃再负债筹资的举措,或债权人可能因为风险太大而拒绝企业追加贷款的要求。因此,财务杠杆的提高是有限度的。

4. 股利支付率分析

股利支付率的高低关系企业长期发展和股东当前利益的协调问题。合理降低股利支付率,有助于企业提高可持续增长率。与财务杠杆相反,股利支付率有一个下限,就是 0。降低股利支付率,可以使用企业内部的资金,能够降低企业的资本成本。但是选择这种政策,必须考虑投资者对于股利及企业投资前景的看法。根据股利相关理论,如果投资者认为企业具有良好的投资机会,就愿意接受企业降低股利支付率的政策;如果投资者认为企业的投资回报不能令人满意,那么降低股利支付率会导致股价下跌。因此,企业应根据实际情况,将股利支付率控制在一个合理的范围内。

【案例分析】

中国东方航空股份有限公司发展能力分析

一、公司概况

中国东方航空股份有限公司是一家总部设在中国上海的国有控股航空公司,是我国三大国有骨干航空运输集团之一。东方航空是中国民航第一家在香港、纽约和上海三地上市的航空公司,1997 年 2 月 4 日、5 日及 11 月 5 日,中国东方航空股份有限公司分别在纽约证券交易所(NYSE:CEA)、香港联合交易所(港交所:0670)和上海证券交易所(上交所:600115)成功挂牌上市。

东航集团主要经营业务包括:公共航空运输、通用航空业务及与航空运输相关产品的生产和销售(含免税品)、航空器材及设备的维修、航空客货及地面代理、飞机租赁、航空培训与咨询等业务以及国家经营的其他业务。东航集团有全资、控股公司 21 家。经过几年来的调整优化和资源整合,基本形成以航空食品、进出口、金融期货、传媒广告、旅游票务、机场投资等业务为辅助的航空运输服务体系。

航油成本是本集团最大的运营成本。其他主营业务成本包括飞机起降成本、飞发及高周件折旧、工资福利成本等也构成了主要成本来源。

东航集团所面临的风险主要分为经营风险及财务风险。

经营风险包括安全管理风险和季节性风险,安全飞行是航空公司维持正常运营和良好声誉的前提和基础。恶劣天气、机械故障、人为错误、飞机缺陷以及其他不可抗力事件都可能对飞行安全造成影响。而航空运输在一年之中存在淡季和旺季之分,随着季节和月份的不同,旅游及商务活动的活跃性存在差异,季节性变化可能会对本公司的正常运营构成一定影响。

财务风险后者主要包括航油价格波动风险、利率变动风险、汇率波动风险、其他不可抗力及不可预见风险。航油是航空公司最主要的成本支出，本公司的经营和盈利能力会受到国际原油价格波动以及国家发改委对国内航油价格调整的影响；对于利率变动风险，东航的负债率较高，主要负债是由于引进飞机（购买或租赁）所致的美元负债和人民币负债，因此美元以及人民币利率的变化对本公司财务成本会造成影响；由于本公司的所有租赁债务及大部分的贷款均以外币结算（主要是美元），并且公司经营中外币支出一般高于外币收入，故此人民币对外币（主要是美元）的贬值或升值都会对公司的业绩构成重大影响；其他方面，航空运输业受外部环境影响较大，地震、台风、海啸等自然灾害、突发性公共卫生事件以及恐怖袭击、政治动荡等因素都会影响航空公司的正常运营，包括航班中断、客运量和收入减少、安全和保险成本上升等，从而对公司的生产经营带来不利影响。

公司面临的挑战：全球经济不景气导致国际、国内客货运市场需求不足；燃油价格保持高位运行，成本压力较大；高铁分流航空旅客逐步常态化，国内航线竞争加剧；同时，国际突发事件也对公司的国际航线业务产生影响。面对复杂的国际、国内形势，公司在保证飞行安全的前提下，通过优化航线和机队结构、强化客货运销售管理、严格控制成本、加强信息化建设、提高服务质量等手段，保持了较好的盈利。

二、公司成长性分析

（一）运用成长性评价框架分析东航的成长性

表 1　　中国东方航空股份有限公司 2008～2012 年成长性分析　　单位：千元

财务指标	2008 年	2009 年	2010 年	2011 年	2012 年
销售收入	41 842 361	39 831 331	74 958 108	83 974 505	85 569 250
销售增长率	—	−4.81%	88.19%	12.03%	1.90%
股东权益	−11 065 151	3 613 128	16 576 177	22 145 413	25 042 642
股东权益增长额		14 678 279	12 963 049	5 569 236	2 897 229
股东权益增长率	—	—	358.78%	33.60%	13.08%
资产	73 184 006	72 018 681	100 810 137	112 215 152	120 962 479
资产增长率	—	−1.59%	39.98%	11.31%	7.80%
销售利润	−14 846 334	−949 790	4 882 207	3 597 685	827 384
销售利润增长额		13 896 544	5 831 997	−1 284 522	−2 770 301
销售利润增长率	—	—	—	−26.31%	−77.00%

注：股东权益、销售利润指标部分数据计算增长率无意义，故计算绝对数指标增长额。

由表 1 基本可以了解到东航这几年的发展状况。下面分别分析销售增长率、股东权益增长率、资产增长率、收益增长率等指标，从不同角度衡量企业的成长性。

1. 销售收入

从销售收入指标看，2009 年较 2008 年有小幅下降，而 2010 年则有一个大幅度的上升，2010 年之后则一直是小幅上升，且销售增长率有下降的趋势。但是东方航空公司的销售收入增长水平高于另外两家航空公司，计算三家航空公司 2008～2012 年的销售收入平均增长率分

别为：国航 13.52%，南航 12.46%，东航 15.38%。

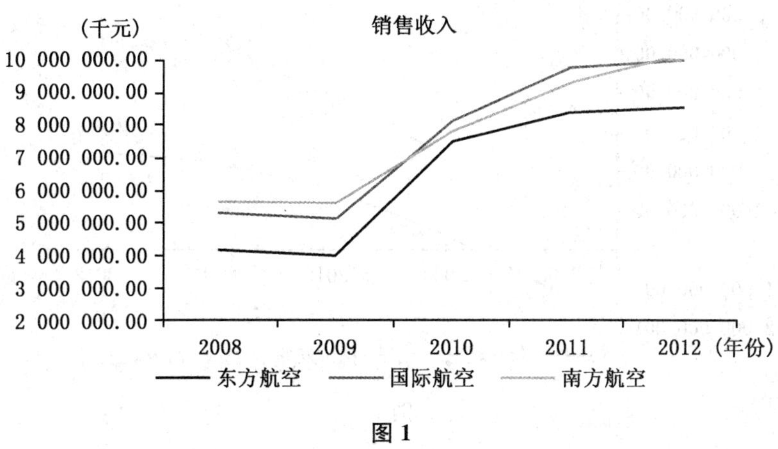

图 1

通过与同行业公司对比（见图 1），可以看出销售收入增长趋势整体趋同。

2009 年销售收入下降主要是因为金融危机的继续蔓延，世界经济受到严重冲击，全球民航业经历了战后最严重的衰退，国际航空需求尤其是货运需求大幅下降。

2010 年全球经济缓慢复苏，中国经济维持高速增长；全球民航业亦逐渐摆脱金融危机阴影开始稳步回升。中国航空业需求强劲，使中国成为 2010 年全球航空业中增长最快的市场。同时，东航合并上航后运营规模显著扩大、上海世博会拉动以及营销能力的提升等因素也进一步推动了东航的销售增长，使 2010 年东航的销售收入有大幅度上升，与国航、南航接近。

然而，2010 年之后，由于全球经济不景气，国际、国内航空运输市场需求放缓，中国航空业的增长也逐渐减缓。从图 1 中可以看出，东方航空在 2011、2012 年销售收入增长率下降的速度要比其他两家航空公司快，导致 2012 年的销售收入差异基本回复到 2008、2009 年的水平。当然，公司本身规模存在差异，销售收入差异也是正常的，但是我们可以看到，东航在 2010 年收购了上航，运营规模显著扩大，当年的销售收入有一个大幅增加，但是之后年度的销售收入增速迅速下降，对比收购前后年度，东航的销售收入在同行业中并没有大的飞跃，5 年平均销售收入增长率仅领先国航 2 个百分比、南航 3 个百分比。对比南航和国航近两年的增长曲线，东航今后的销售收入增长并不乐观。

2. 股东权益

从股东权益指标看，2009、2010 年均有大幅度的增加，而此后增长率则回复到一个较低的水平，且有下降的趋势。

通过与同行业公司对比（见图 2），可以看出 2008～2012 年股东权益变化趋势基本趋同。

2009 年东航的股东权益增长率要远远高于其余两家航空公司，主要原因应该是 2008 年东航的巨额亏损导致当年股东权益为负值，并且 2009 年东航增发了大量新股，因此即使在当年继续亏损的情况下，股东权益有大幅度增加。

年报中披露股份总数变动情况如下：本公司 2009 年 6 月向东航集团的全资公司东航国际控股（香港）有限公司（“东航国际”）定向增发143 737.5万股 H 股，并向东航集团非公开发行143 737.5万股 A 股，上述增发完成后，本公司的股份总数增加至774 170万股。本公司于2009 年 12 月向东航国际定向增发49 000万股 H 股，并向特定投资者非公开发行135 000万股 A 股，其中向东航集团非公开发行49 000万股 A 股，上述增发完成后，本公司的股份总数增加至

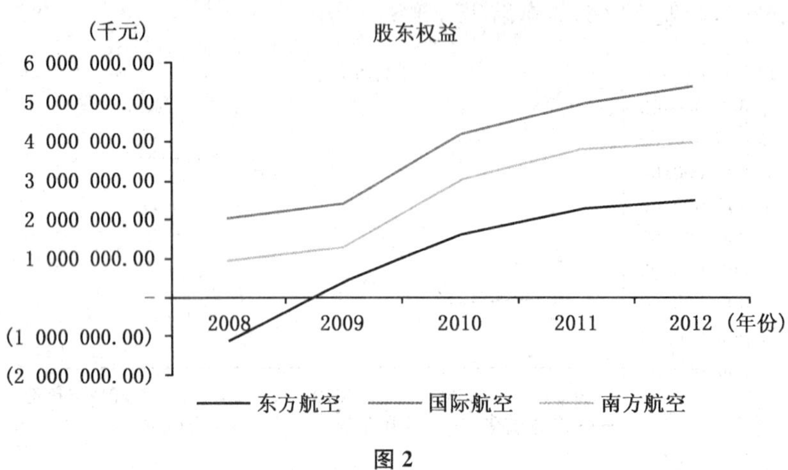

图 2

958 170万股。截至2009年 12 月 31 日,公司股份总数为958 170万股,其中 A 股为608 737.5万股,H 股为349 432.5万股。

2010 年东航股东权益增长率仍维持在高水平,主要原因在于当年收购了原上海航空股份有限公司。

年报中披露的信息如下:2010 年 1 月 28 日,公司吸收合并原上海航空股份有限公司,原上海航空股份有限公司股东,持有的原上海航空股票按照 1∶1.3 的比例自动转换为本公司 A 股股票,由此公司增加1 694 838 860股 A 股。上诉换股完成后,本公司的股份总数增加至11 276 538 860股。

2011～2012 年,东航没有增发新股、配股、送股以及兼并收购等特殊情况,股东权益增长率也保持在较平稳的水平上,但是增长速度有所放缓,原因可能在于这两年的利润呈下降趋势。从这一方面看,东航未来股东权益增长趋势可能会继续放缓。

另外,由表 1 可以看出,股东权益增长率远远高于销售增长率和销售利润增长率,所以单靠销售利润作为股东权益的增加还远远不够,这其中必然有股东新投入资本。而股东投入资金,一般情况下说明企业具有增长潜力。

3. 总资产

从资产指标来看,2009 年较 2008 年有小幅减少,2010～2012 年则保持上升趋势,但增长率逐步下降。

通过与同行业公司对比(见图 3),可以看出 2008～2012 年三家航空公司的资产总额基本呈逐步上升趋势。但是东方航空公司的资产总额增长水平低于另外两家航空公司,计算三家航空公司 2008～2012 年的资产总额平均增长率分别为:国航 13.43%,南航 11.41%,东航10.57%。

利用图 4 分析东方航空公司资产增长率和股东权益增长率之间的关系。2009 年股东权益增加额大于资产增加额,则当年无须债权融资。然而之后每年的股东权益增加额都小于资产增加额,所以企业必然需要通过债权融资来弥补这个空缺,尤其是 2010 年资产总额增加额远大于股东权益增加额,必然会给企业债券融资带来较大的压力,而其后年度情况有所缓解。

4. 销售利润

从销售利润来看,2009、2010 年逐步扭亏,但之后销售利润又开始减少,且减少的幅度越来越大。

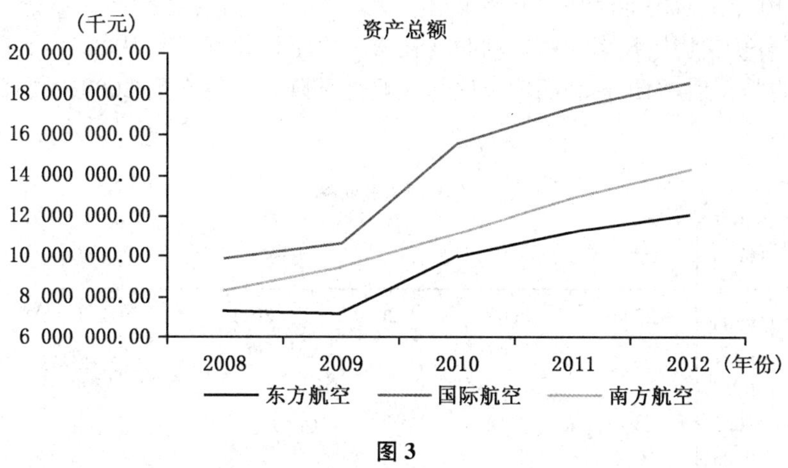

图 3

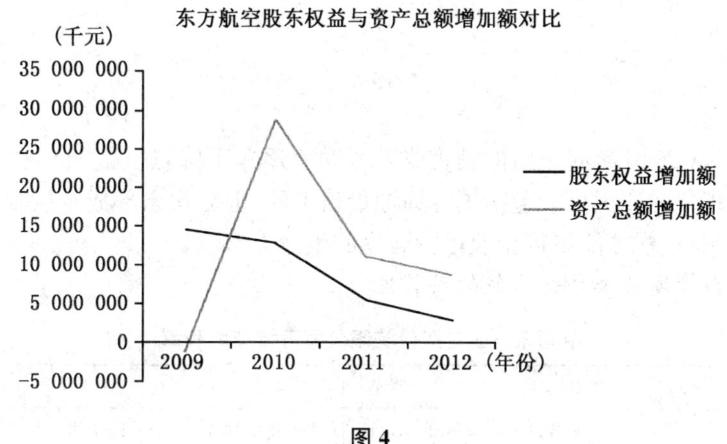

图 4

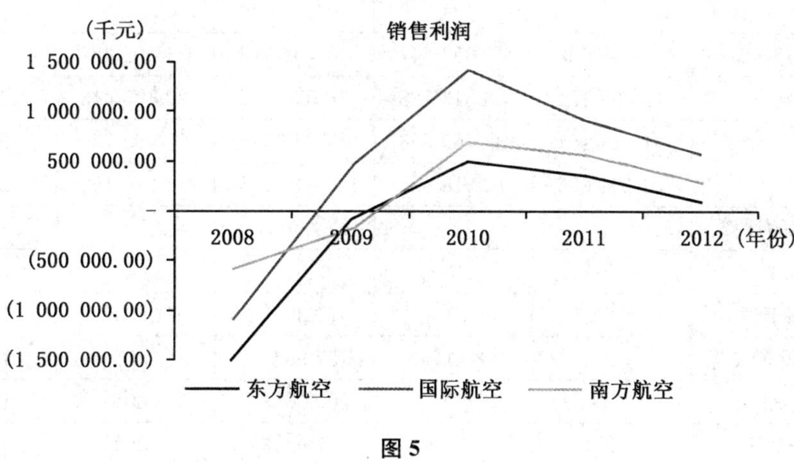

图 5

通过与同行业公司对比(见图 5),可以看出 2008～2012 年三家航空公司的销售利润都经历了先上升、后下降的过程,且 2008～2010 年上升的趋势较为迅猛,而 2010～2012 年下降的速度则较为缓慢。这也与宏观经济和行业发展情况相吻合,即 2008～2010 年是金融危机后的复苏期，而2010年之后国际经济又开始下滑。

利用表1分析销售增长率和销售利润增长率。由于销售增长率从2010年起虽然有所下滑，但仍然一直是正值，而销售利润增长率却大幅度下降。计算东航2008～2012年销售收入利润率(见图6)。

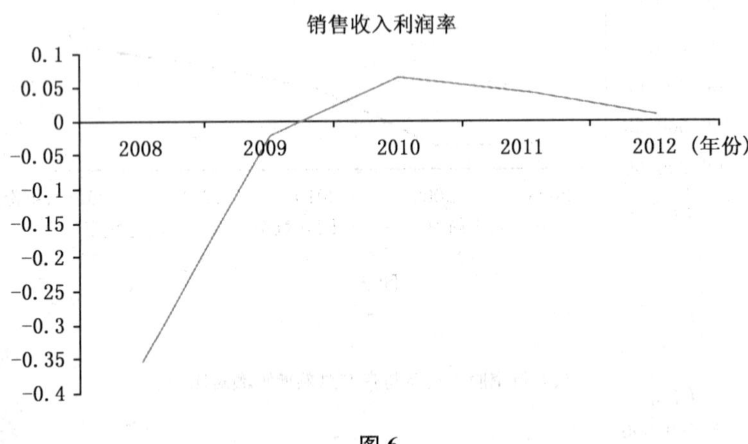

图6

如上图所示，从2010年起东航的销售收入利润率逐年下降，这说明企业的销售成本逐年上升。出现这种现象的原因可能包括国际原油价格上涨，但公司内部成本控制也应受到重视，把销售成本降下来，这样才能使得企业保持旺盛的生命力。

(二)运用可持续增长率分析东航的成长性

表2 中国东方航空股份有限公司可持续增长率 单位：千元

年　度	2008	2009	2010	2011	2012
收入	41 842 361	39 831 331	74 958 108	83 974 505	85 569 250
税后利润	(14 045 903)	559 247	5 702 916	4 902 487	3 300 328
股利	0	0	0	0	0
留存收益	(14 045 903)	559 247	5 702 916	4 902 487	3 300 328
股东权益	(11 065 151)	3 613 128	16 576 177	22 145 413	25 042 642
负债	84 249 157	68 405 553	84 233 940	90 069 739	95 919 837
总资产	73 184 006	72 018 681	100 810 137	112 215 152	120 962 479
可持续增长率的计算：					
销售净利率		1.40%	7.61%	5.84%	3.86%
销售/总资产		55.31%	74.36%	74.83%	70.74%
总资产/期初股东权益		98.41%	139.98%	111.31%	107.80%
收益留存率		100.00%	100.00%	100.00%	100.00%
可持续增长率		0.76%	7.92%	4.86%	2.94%
实际增长率		−4.81%	88.19%	12.03%	1.90%

根据表2，东航2009～2012年的可持续增长率分别是0.76%、7.92%、4.86%、2.94%。这表明从2010年起，企业的成长性是下降的。其中销售净利率、资产周转率和财务杠杆比率均

有不同程度的降低。

取 2010、2012 年的数据进行连环替代，来对可持续增长率的变化做因素分析(见表 3)。

表 3　　可持续增长率驱动因素分析

	2010 年	2012 年	差异额	影响
销售净利率	7.61%	3.86%	−3.75%	−3.90%
资产周转率	74.36%	70.74%	−3.62%	−0.20%
权益乘数	139.98%	107.80%	−32.18%	−0.88%
留存收益率	100.00%	100.00%	0.00%	0.00%
可持续增长率	7.92%	2.94%	−4.98%	−4.98%

如表 3 所示，对东方航空公司可持续增长率影响最大的驱动因素依次是销售净利率、权益乘数和资产周转率，影响分别为−3.90%、−0.88%、−0.20%。

利用表 2 对比分析 2010～2012 年东方航空公司可持续增长率与实际增长率的差异，可以看出东航在 2010、2011 年的实际增长率均高于可持续增长率，这样超常增长的后果是导致 2012 年的实际增长率大幅度降低，低于可持续增长率。

(三)分析总结

综上所述，仅根据 2008～2012 年的财务数据分析，东方航空公司的成长性并不理想。究其原因，在经历了 2008 年金融危机之后，虽然有 2010 年的短暂黄金期，但随后两年公司又开始走下坡路，一方面与公司内部治理的问题有关，另一方面全球经济不景气也是大势所趋。所以在全球经济从低迷向繁荣转化的过渡期，轻易断言东航的未来发展是不科学的。

第九章

现金流量状况评价

在20世纪70年代以前的很长时间内，以营运资金为基础的财务状况变动表一直是会计呈报的重点。但从20世纪70年代中期起，无论是企业内部管理者，还是外部所有者、债权人，都开始关心与决策相关的现金流量的信息。其原因主要在于许多企业不断出现现金短缺问题，以营运资金为基础的财务状况变动表已不能满足企业决策需求。这样，以现金等价物为基础的现金流量表便应运而生，而以现金流量表、资产负债表、利润表为基础的财务分析就成为企业财务分析的重要内容之一。现金流量表于1999年7月1日在全社会的各个企业统一编制，至今也只有十年多的历史。

第一节　现金流量表概述

现金流量表揭示在一定时期企业的现金流动状况及结余状况。如果做一个比喻的话，现金流量表是透视企业血液流动的会计报表。有句谚语说得好：没有利润是痛苦的，但没有现金流则是致命的。现金流量表能够告诉我们，在满足了同一时期所有现金费用支出后，企业究竟创造了多少超额的现金。这一现金净额可以用于追加的现金费用，比如追加的债务偿付等。如果一定时期中现金净额为负值，说明企业为满足本期现金费用支出的需要，动用了以前各期积累的现金储备。如果这一趋势不能扭转的话，最终企业的现金将被耗尽。

一、现金流量表的格式与内容

同资产负债表和利润表一样，现金流量表也有一定的结构。现金流量表分主表和补充资料两部分。主表按照经营活动、投资活动和筹资活动的顺序报告企业的现金流量。此外，现金流量表还包括一个补充资料。

企业编制现金流量表有两种格式：直接法和间接法。两种方法的主要差异体现在报告经营活动现金流量的方式不同。在直接法下，直接分项目列示来自经营活动的现金流入和流出。在间接法下，通过对净利润进行调整来获得经营现金流量的信息。由于间接法将现金流量表与企业的利润表和资产负债表联系起来，所以很多分析者认为间接法更为有用。因此我国要求企业在主表中以直接法反映经营活动的现金流量，同时要求在补充资料中按照间接法反映经营活动现金流量的信息。主表的内容如表9－1所示。

表9－1　　现金流量表的主表内容

企业生产经营活动中的现金流动状况
企业投资活动中的现金流动状况
企业筹资活动中的现金流动状况
企业本期的现金流量净额

其中，经营活动是指企业投资活动和筹资活动以外的所有日常交易和事项。通过经营活动产生的现金流量，可以说明企业经营活动对现金流入和流出净额的影响程度。当公司销售商品、提供劳务收到现金时，当公司收到租金时，当公司收到增值税销项税额和退回的增值税税款时，以及收到其他税款时，这时公司发生了与销售商品的主营业务相关联的现金流入。当公司购买商品、接受劳务支付现金及支付经营租赁的租金、职工的工资福利、缴纳增值税款、所得税及其他税时，构成经营活动的现金流出。

投资活动是指企业长期资产的购建和不包括现金等价物范围内的投资及处理活动。通过现金流量表中所反映的投资活动所产生的现金流量，可以分析企业通过投资获取现金流量的能力，以及投资产生的现金流量对企业现金流量净额的影响程度。投资活动现金流入量包括：(1)收回投资收到的现金。(2)分得股利或利润收到的现金。(3)取得债券利息收入收到的现金。(4)处置固定资产、无形资产和其他长期资产而收到的现金净额(如为负数，作为投资活动现金流出项目反映)。(5)收到的其他与投资活动有关的现金。投资活动现金流出量包括：(1)购建固定资产、无形资产和其他长期资产所支付的现金。(2)投资所支付的现金。(3)支付的其他与投资活动有关的现金。

筹资活动是指导致企业资本及债务规模和构成发生变化的活动。通过筹资活动产生的现金流量，可以说明企业的筹资能力，以及筹资所负担的成本和利息对企业现金流量的影响程度。具体的筹资活动现金流入量包括：(1)吸收权益性投资(如发行股票)收到的现金。(2)发行债券收到的现金。(3)借款收到的现金。筹资活动的现金流出量包括：(1)偿还债务支付的现金。(2)发生筹资费用支付的现金。(3)分配股利或利润支付的现金。(4)偿付利息支付的现金。(5)融资租赁支付的现金。(6)减少注册资本支付的现金。

现金流量表将现金流量分为三种形式，并不是说三种形式的现金流量彼此毫无关系、各成体系。实际上经营、筹资、投资活动的现金流量互为补充，共同形成了公司一定时期内总的现金流量。三类现金流量具体有如下关系：一般而言，公司的经营活动取得的现金流入应用来抵偿经营活动的现金流出，并且有一定的现金流入用于偿还债务或用于投资，这也就与投资活动和筹资活动挂上了钩。当一个公司的经营活动产生的现金收入不足以满足经营活动所需的现金支出时，往往需要通过短期借款来弥补，但这时公司的盈利能力和创造现金的能力足以偿还短期债务。当公司由于市场等因素的考虑，需要进行长期投资时，一般经营活动产生的现金盈余无法保证，可以通过筹资活动来满足现金需要，如发行股票、债券。如果该项长期投资有效，公司在投资期结束后，会产生现金的流入，公司将不会面临还债的困境。当公司经营活动现金严重不足，大量商品积压，而筹资能力有限，到期债务急需偿还，以及公司盲目扩张，投资规模过大时，公司的境况最糟。三种形式的现金流量都是负值，那么投资者和债权人都会心急如焚，担心公司股价大跌,担心公司无法按期偿还债务。

我们可以用图 9—1 直观地反映三项活动现金流量。

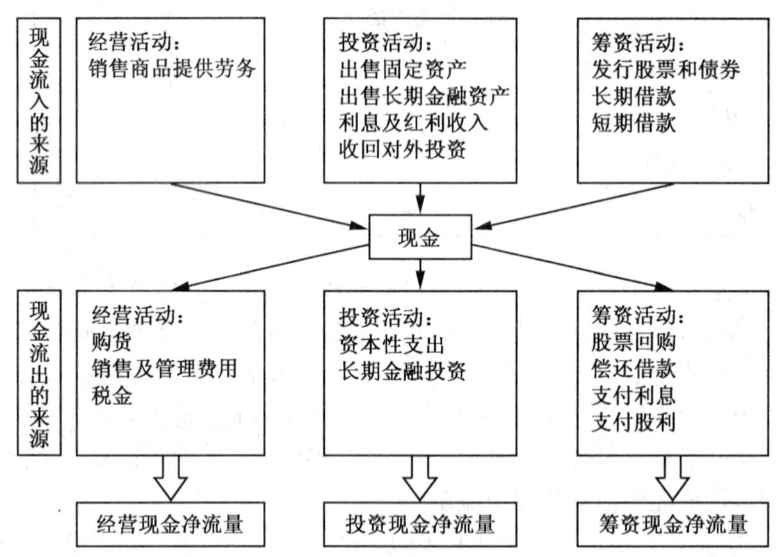

图 9—1 经营、投资、筹资活动现金流量

补充资料的内容如表 9—2 所示。

表 9—2 现金流量表补充资料的内容

将净利润调整为经营活动的现金流
不涉及现金收支的投资与筹资活动
现金及现金等价物的本期变动情况
企业本期的现金流量净额

其中,将净利润调节为经营活动现金流量就是采用间接法在现金流量表中进一步披露信息,是对主表中用直接法反映经营活动现金流量的补充,其具体方法是以净利润为起点,加减以下项目后得到企业经营活动现金净流量:

(1)"资产减值准备"项目,反映企业本期计提的坏账准备、存货跌价准备、短期投资跌价准备、长期股权投资减值准备、持有至到期投资减值准备、投资性房地产减值准备、固定资产减值准备、在建工程减值准备、无形资产减值准备、商誉减值准备、生产性生物资产减值准备、油气资产减值准备等资产减值准备。

(2)"固定资产折旧"项目,分别反映企业本期计提的固定资产折旧。

(3)"无形资产摊销""长期待摊费用摊销"项目,分别反映企业本期计提的无形资产摊销、长期待摊费用摊销。

(4)"处置固定资产、无形资产和其他长期资产的损失"项目,反映企业本期处置固定资产、无形资产和其他长期资产发生的损益。

(5)"公允价值变动损失"项目,反映企业持有的金融资产、金融负债以及采用公允价值计量模式的投资性房地产的公允价值变动损益。

(6)“财务费用”项目，反映企业利润表“财务费用”项目的金额。

(7)“投资损失”项目，反映企业利润表“投资收益”项目的金额。

(8)“递延所得税资产减少”项目，反映企业资产负债表“递延所得税资产”项目的期初余额与期末余额的差额。

(9)“递延所得税负债增加”项目，反映企业资产负债表“递延所得税负债”项目的期初余额与期末余额的差额。

(10)“存货的减少”项目，反映企业资产负债表“存货”项目的期初余额与期末余额的差额。

(11)“经营性应收项目的减少”项目，反映企业本期经营性应收项目(包括应收票据、应收账款、预付账款、长期应收款和其他应收款中与经营活动有关的部分及应收的增值税销项税额等)的期初余额与期末余额的差额。

(12)“经营性应付项目的增加”项目，反映企业本期经营性应付项目(包括应付票据、应付账款、预收账款、应付职工薪酬、应交税费、应付利息、应付股利、长期应付款、其他应付款中与经营活动有关的部分及应付的增值税进项税额等)的期初余额与期末余额的差额。

补充资料中，不涉及现金收支的投资与筹资活动是指:债务转为资本，一年内到期的可转债以及融资租入固定资产等事项。这些活动虽然目前并不涉及现金收支，但对未来的现金收支产生重大影响，必须予以披露。

补充资料中现金及现金等价物的本期变动状况是将资产负债表与现金流量表较好连接的科目，在资产负债表中反映的现金是企业现阶段所持有的现金存量，而现金流量表中反映的是一定阶段中现金流量存量的变动额，所以用现金的期末余额与现金的期初余额相减，用现金等价物的期末余额与现金等价物的期初余额相减，即构成现金及现金等价物的净增金额，并且与主表的现金及现金等价物的净增加额形成对比。

二、现金流量表的作用

编制现金流量表，是为报表使用者提供企业一定会计期间内现金和现金等价物流入和流出的信息，以便于报表使用者了解和评价企业获取现金和现金等价物的能力，并据以预测企业未来现金流量。现金流量表的作用，主要表现在以下几个方面:

1. 现金流量表可以提供企业的现金流量信息，从而对企业整体财务状况做出客观评价

在市场经济条件下，竞争异常激烈，企业要想站稳脚跟，不但要想方设法把自身的产品销售出去，更重要的是要及时地收回销货款，以便以后的经营活动能顺利开展。除了经营活动以外，企业所从事的投资和筹资活动同样影响着现金流量，从而影响财务状况。如果企业进行投资，而没能取得相应的现金回报，就会对企业的财务状况(比如流动性、偿债能力)产生不良影响。从企业的现金流量情况，可以大致判断其经营周转是否顺畅。

2. 现金流量表是在以营运资金为基础编制的财务状况变动表基础上发展起来的，它提供了新的信息

以营运资金为基础编制的财务状况变动表有一定的局限性。营运资金是流动资产和流动负债的差额，流动资产中不但包括现金，还包括存货、应收账款等其他流动资产。假定一个企业的现金大幅减少，但应收账款和存货却大量增加，这时企业的营运资金不一定会减少，反而可能增加，给人一种该企业财务状况不错的印象。如果应收账款和存货的质量有问题，就会误导会计信息使用者。而现金流量信息则可避免这种缺陷，投资者和债权人通过现金流量表，可以对企业的支付能力和偿债能力，以及企业对外部资金的需求情况做出较为可靠的判断。

3. 通过现金流量表可以预测企业未来的发展情况

如果现金流量表中各部分现金流量结构合理,现金流入流出无重大异常波动,一般来说,企业的财务状况基本良好。另一方面,企业最常见的失败原因、症结也可在现金流量表中得到反映,比如,从投资活动流出的现金、筹资活动流入的现金和筹资活动流出的现金(主要是利息支出)中,可以分析企业是否过度扩大经营规模;通过比较当期净利润与当期净现金流量,可以看出非现金流动资产吸收利润的情况,评价企业产生净现金流量的能力是否偏低。

第二节 现金流量表的绝对数分析

一、现金流量表主表的绝对数分析

在进行绝对数分析时,现金流量的指标与利润指标相比有较大差异,利润指标的总额是越大越好,但是对现金流量的评价却并非如此。所以对于现金流量的绝对数进行分析,应从以下两个方面进行:第一,对三类现金流量各自的整体数据进行分析。企业经营活动、投资活动和筹资活动的现金流量性质都不相同,但是各自的现金净流量都有三种结果,即大于零、等于零和小于零。每种结果都与企业所在的经营周期、发展战略以及市场环境等因素有关,在分析时,不能仅仅依据现金净流量的大小做出优劣判别。第二,对各个现金流量项目的具体数据进行分析。在对三类现金流量各自的整体数据分析的基础上,再进行各个现金流量项目的具体数据分析,分析的内容包括判断企业现金流量的构成,以及哪些项目在未来期间可以持续,哪些项目是偶然发生的,各个项目发生的原因是什么等。

(一)经营活动现金流量分析

企业经营活动现金流量是企业现金的主要来源,而且其在未来的可持续性也最强,所以对该部分内容的分析是现金流量分析的重点。

1. 经营活动现金净流量大于零

一般而言,企业经营活动现金净流量大于零意味着企业生产经营比较正常,具有"自我造血"功能,且经营活动现金净流量占总现金净流量的比率越大,说明企业的现金状况越稳定,支付能力越有保障。但是企业在日常经营活动中不仅有导致现金流出的付现成本,还会发生一些非付现成本和费用,这些成本费用在生产经营过程中短期内不涉及现金支付,如固定资产折旧、无形资产摊销、预提费用、待摊费用等,但是从长期来看,只要企业维持简单再生产,这些项目的现金流出迟早会发生。所以如果企业当期经营活动现金净流量在大于零的基础上,还能补偿当期发生的这部分非付现成本,则说明剩余的现金在未来期间基本上不再为经营活动所需,则企业可以将该部分现金用于扩大生产规模,或者选择其他有盈利能力的项目进行投资,从而增加企业的竞争能力;反之,如果企业现金净流量大于零的程度很小,只能部分或几乎不能补偿当期发生的非付现成本,则企业就难以抽出长期资金进行投资,难以得到战略上的发展。因此当经营活动现金净流量大于零时,分析人员还应注意大于零的程度,能否补偿非付现成本费用,否则就可能得出片面的结论。

2. 经营活动现金净流量等于零

该种情况在现实中比较少见,意味着经营过程中的现金"收支平衡",长此以往不仅使得企业能够增加未来收益的长期投资无法实施,而且对简单再生产的维持也只能停留在短期内,当企业简单再生产条件不再具备,例如需要对陈旧设备进行更新改造时,则简单再生产也无法维持。此时如果企业想继续存在下去，只能通过外部融资来解决资金困难。因此，该情况对企业的长远发展不利。

3. 经营活动现金净流量小于零

这是最糟糕的情况，意味着经营过程的现金流转存在问题，经营中“入不敷出”。在此种情况下，企业不仅不能长期发展，甚至难以短期内进行简单再生产。如果这种局面长期内不能改变，企业的现金亏空将会越来越大，必须通过再融资或挤占本应投资的长期资金来维持流动资金的需求，如果自身的资金积累消耗殆尽，又难以从外部取得资金，则企业将陷入财务危机。

（二）投资活动现金流量分析

投资活动是指企业对外的股权、债权投资，以及对内的非货币性资产（固定资产、无形资产等）投资。投资活动对当期经营成果的影响一般较小，但是直接影响企业未来期间的损益。当然，该部分内容也核算以前期间的投资在本期处置所导致的现金流入状况，该部分事项会影响企业当期损益，同时投资的回收也说明企业经营规模的下降以及战略的调整。

1. 投资活动现金净流量大于或等于零

投资活动产生的现金流量大于或等于零的情况可以得出两种相反的结论：一种是企业投资收益显著，尤其是短期投资回报收现能力较强；另一种可能就是企业因为财务危机，同时又难以从外部筹资，而不得不处置一些长期资产，以补偿日常经营活动的现金需求。如果是后一种情况，分析人员应进一步研究企业的财务状况以及以后期间是否会演化为财务危机。

2. 投资活动现金净流量小于零

同样，投资活动现金净流量小于零的结果也有两种解释：一种是企业投资收益状况较差，投资没有取得经济效益，并导致现金的净流出；另一种可能是企业当期有较大的对外投资。因为大额投资一般会形成长期资产，并影响企业今后的生产经营能力，所以这种状况下的投资活动现金流量小于零，对企业的长远发展是有利的。因此分析人员应注意区分该结果的原因，以得出准确的结论。

（三）筹资活动现金流量分析

1. 筹资活动现金净流量大于零

正常情况下，企业的资金需求主要通过自身经营现金流入解决，但是当企业处于初创、成长阶段，或者企业遇到经营危机时，仅仅依靠经营现金流入是不够的，此时企业应通过外部筹资满足资金需求。因此企业筹资活动现金流量一般会大于零，但是分析人员应注意分析企业筹资活动现金流量大于零是否正常，企业的筹资活动是否已经纳入企业的发展规划，是企业管理层以扩大投资和经营活动为目标的主动筹资行为，还是企业因投资活动和经营活动的现金流出失控、企业不得已的筹资行为。

2. 筹资活动现金净流量小于零

这种情况的出现原因一般是企业在本会计期间集中发生偿还债务、支付筹资费用、进行利润分配、偿付利息等业务。但是，企业筹资活动产生的现金流量小于零，也可能是企业在投资活动和企业战略发展方面没有更多作为的一种表现。

一般来说，对于一个健康的正在成长的公司而言，经营活动的现金净流量应该是正值，投资活动的现金净流量可以是负值，而筹资活动的现金净流量可以是正负相间的。综合上述分析，将企业现金流量表报表数值正负情况可以归纳为表9—3。

表 9—3　　经营活动、投资活动和筹资活动的现金流量分析

经营活动现金流量	投资活动现金流量	筹资活动现金流量	对企业生产经营状况的初步判断
+	+	+	企业经营和投资收益状况良好，这时仍然进行融资，如果没有新的投资机会，会造成资金的浪费
	+	—	企业经营和投资活动良性循环，融资活动虽然进入偿还期，但财务状况比较安全
	—	+	企业经营状况良好，在内部经营稳定进行的前提下，通过筹集资金进行投资，往往是处于扩展时期，应着重分析投资项目的盈利能力
	—	—	企业经营状况良好，一方面要偿还以前的债务，另一方面又要继续投资，应关注经营状况的变化，防止经营状况恶化导致财务状况恶化
—	+	+	企业靠借债维持生产经营的需要，财务状况可能恶化，应着重分析投资活动现金净流入是来自投资收益还是收回投资
	+	—	经营活动已经发出危险信号，如果投资活动现金流入主要来自收回投资，则已经处于破产的边缘，需要高度警惕
	—	+	企业靠借债维持日常经营和生产规模的扩大，财务状况很不稳定，尤其是对成长期或稳定期的企业来说，非常危险
	—	—	企业财务状况非常危险，必须及时扭转

需要进一步指出的是：在对现金流量表的绝对数分析时不能只分析单一报告期的现金流，还应结合趋势分析来进行，即将不同时期的现金流量放在一起进行比较，就可以了解企业现金流量的变化及未来发展趋势。趋势分析通常采用编制比较现金流量表的方法，即将连续多年的现金流量表，至少是最近二三年，甚至 5 年的报表并列在一起加以分析，以观察其变化趋势。观察连续数期的报表分析比单看一个报告期的报表能了解到更多的情况和信息，并有利于分析变化的趋势。

二、现金流量表补充资料的绝对数分析

为便于进行现金流量表补充资料的分析，我们有必要对补充资料的结构重新调整①，重新调整后的现金流量表资料如表 9—4 所示。

表 9—4　　重新调整后的现金流量表补充资料

1. 将净利润调节为经营活动的现金流量
净利润
+资产减值准备
+固定资产折旧
+无形资产摊销
+长期待摊费用摊销
+处置固定资产、无形资产和其他长期资产的损失（减：收益）
+固定资产报废损失

① 陈少华：《财务报表分析方法》，厦门大学出版社 2004 年版。

续表

+公允价值变动损失
+财务费用(不含现金流动的利息支出)
+投资损失(减:收益)
+递延所得税资产减少(减:增加)
+递延所得税负债增加(减:减少)
分析之一:流动资金投资及支付利息前的经营现金流量
+存货的减少(减:增加)
+经营性应收项目的减少(减:增加)
+经营性应付项目的增加(减:减少)
分析之二:流动资金投资后支付利息前的经营现金流量
+收到的利息(投资活动)
-支付的利息(筹资活动)
分析之三:流动资金投资及支付利息后的经营现金流量
+收回投资所收到的现金
+处置固定资产、无形资产和其他长期资产而收回的现金净额
+收到的股利(投资活动)
-购建固定资产、无形资产和其他长期资产而支付的现金
-投资所支付的现金
分析之四:长期投资后/支付股利和外部融资前的现金流量
-支付的股利(筹资活动)
分析之五:支付股利和外部融资前的现金流量
+吸收投资所收到的现金
+借款所收到的现金
-偿还债务所支付的现金
分析之六:外部融资后的现金流量

对重新调整后的现金流量表补充资料的分析如下:

1. 分析流动资金投资对现金流量的影响

分析之一:流动资金投资及支付利息前的经营现金流量——评估企业创造经营现金盈余的能力

流动资金投资及支付利息前的经营现金流量＝**净利润**＋**计提的坏账准备或转销的坏账**＋**固定资产折旧**＋**无形资产摊销**＋**长期待摊费用**＋**处置固定资产、无形资产和其他长期资产的损失**＋**固定资产报废损失**＋**不含利息实际以现金收支的财务费用**＋**投资损失**－**投资收益**＋**递延税款贷款**－**递延税款借款**

从表 9－4 中我们可以看出：该指标展示了企业创造经营现金盈余的能力，基本概括了企业的生存能力。若指标为正，则企业拥有的资金足以保持现有的经营规模；若指标为负，则表明企业创造的经营现金盈余不足，企业的发展前景不容乐观。

分析之二：流动资金投资后支付利息前的经营现金流量——评估企业如何管理流动资金

流动资金利息前的经营现金流量＝流动资金投资及支付利息前的经营现金流量＋存货的减少－存货的增加＋经营性应收项目的减少－经营性应收项目的增加＋经营性应付项目的增加－经营性应付项目的减少＋待摊费用减少－待摊费用增加＋预提费用增加－预提费用减少

企业在创造经营现金盈余后，出于增长的目的，会投资于流动资金。对企业在流动资金方面的投资情况及其管理效率的评价，可以通过该指标来进行。若该指标为正，则表明企业能依靠内部资金解决流动资金的需要，否则便需进行外部筹资以满足增长的需要。

2. 分析企业利息支付净额的影响

分析之三：流动资金投资和支付利息后的经营现金流量——评估企业偿还利息的能力

流动资金投资和支付利息后的经营现金流量＝流动资金投资后支付利息前的经营现金流量＋收到的利息－支付的利息

该指标用于分析企业财务管理的前景，若为正，则表明企业具有依靠内部资金偿还利息的能力，并有追求长期增长的机会，若为负，企业必须清理资产或是筹集外部资金来偿还利息费用，这显然对财务管理的前景不利。

3. 分析长期投资对现金流量的影响

分析之四：长期投资后/支付股利和外部融资前的现金流量——评估企业借助内部资金进行长期投资的融资灵活性

长期投资后/支付股利和外部融资前的现金流量＝流动资金投资和支付利息后的经营现金流量＋收回投资所收到的现金＋处置固定资产、无形资产和其他长期资产而收到的现金净额＋收到的股利－购建固定资产、无形资产和其他长期资产所支付的现金－投资所支付的现金

该指标能够提供关于企业借助内部资金进行长期投资的融资灵活性的信息。若该指标为正，表明企业能依靠自身满足长期投资的需要；若指标为负，则表明企业需筹集外部资金以满足长期投资的需求。

分析之五：支付股利后及外部融资前的现金流量——检验企业的股利政策

支付股利后及外部融资前的现金流量＝支付股利和外部融资前的现金流量－支付的股利

企业在支付股利和外部融资前的现金流量为正值时可以分派股利，但是企业的股利政策能否持续？该指标可用于检验企业的股利政策是否恰当及可否持续。若该指标为正，说明企业除发放股利外还可以进行股票回购、偿还债务等理财活动；若该指标为负，即支付完股利后企业的现金流量为负，表明企业需要另外筹集资金以发放现金股利，在这种情况下的股利政策不可能持久。

分析之六：外部融资后的净现金流量——检验企业的财务政策

外部融资之后企业净现金流量＝支付股利后及外部融资前的现金流量＋吸收投资所收到的现金＋借款所收到的现金－偿还债务所支付的现金

除了利用前述方法调节现金流量外，管理者一般会根据其对财务风险的态度，调整企业的

财务杠杆，以影响企业每股盈余及财务风险。该指标能反映企业如何为自身提供资金、各种理财活动对现金流量的影响、企业的融资方式是否过于激进，以及企业财务政策对现金流量的影响程度等。

第三节　现金流量表的相对数分析

现金流量表的相对数分析是指现金流量表的结构百分比分析。一般的结构百分比分析是指将会计报表中某一关键项目的数字作为基数(即为100%)，再计算出该项目各个组成部分占总体的百分比，以分析各项目的具体构成，使各个组成部分的相对重要性明显地表现出来，从而揭示会计报表中各个项目的相对地位和总体结构关系。现金流量结构百分比分析可以从以下三个方面入手：

一、现金流入结构分析

现金流入结构分析是反映企业的各项业务活动的现金流入，如经营活动的现金流入、投资活动的现金流入、筹资活动的现金流入等在全部现金流入中的比重(总流入结构)以及各项业务活动现金流入中具体项目的构成情况(流入的内部结构)，明确企业的现金究竟来自何方，要增加现金流入主要依靠什么等。通常，我们可以通过编制现金流入结构分析表(见表9—5)来对企业的现金流入结构加以分析。

表9—5　　现金流入结构分析

项　目	金额(元)	结构百分比(%)
经营活动的现金流入		
其中：来自销货的现金流入		
投资活动的现金流入		
其中：处置固定资产收回现金		
筹资活动的现金流入		
其中：借款收到的现金		
现金流入合计		

二、现金流出结构分析

现金流出结构是指企业各项现金流出占企业当期全部现金流出的百分比(总流出结构)，以及各项业务活动现金流出中具体项目的构成情况(流出的内部结构)，它具体地反映企业的现金用在哪些方面。我们可以通过编制现金流出结构分析表(见表9—6)来对企业的现金流出结构加以分析。

表 9—6 现金流出结构分析

项 目	金额(元)	结构百分比(%)
经营活动的现金流出		
其中:现金购货支出		
支付税金		
支付职工工资		
投资活动的现金流出		
其中:购置固定资产支付的现金		
筹资活动支付的现金		
其中:偿还债务支付的现金		
现金流出合计		

三、现金净流量结构分析

现金净流量结构是指经营活动、投资活动、筹资活动的现金收支净额占全部现金净流量的百分比,它反映企业的现金净流量是如何形成的,如表 9—7 所示。

表 9—7 现金净流量结构分析

项 目	金额(元)	结构百分比(%)	流入流出比
经营活动现金流量净额			
投资活动现金流量净额			
筹资活动现金流量净额			
现金净流量合计			

期中流入流出比等于某项活动的流入/该项活动的流出,当现金净流量为正数时,流入流出比大于 1,当现金净流量为负数时,流入流出比小于 1。所以对于一个健康的正在成长的公司而言,其经营活动的流入流出比应该大于 1,投资活动的流入流出比可以小于 1,而筹资活动的流入流出比既可以大于 1,也可以小于 1。值得注意的是,不要认为现金净流量总应该是正数,更不要认为现金净流量总是越多越好。另外,通过流入流出结构的历史比较和同业分析,也可以得到更有意义的信息。

第四节 现金流量表的比率分析

在现金流量信息中,经营活动的现金净流量的信息最值得关注。将经营活动的现金流量与其他报表项目的有关信息进行比较,可以分析与评价企业的偿债能力、获取现金的能力、财务弹性、收益质量等。常用的现金流量比率指标包括:

一、偿债能力分析

企业的偿债能力取决于资产的流动性,流动性越强意味着企业的偿债能力有可能越强。

现金具有较强的流动性，所以说真正能够用来偿债的是现金流，尤其是经营活动的现金流。借助于现金流量表，可以更好地反映公司的流动性及偿债能力。偿债能力分析的通用公式可以构建为：经营活动现金净流量/某种债务，具体包括以下几个指标：

1. 反映企业短期偿债能力的现金流量比率（现金到期债务比及现金流动负债比）

$$\text{现金到期债务比}=\text{经营活动的现金净流量}/\text{到期债务}$$

$$\text{现金流动负债比}=\frac{\text{经营活动的净现金流量}}{\text{流动负债}}$$

经营活动的净现金流量与到期债务（是指本期到期的长期负债和本期应付票据，其偿债的刚性较强）及流动负债的比率，可以反映到期的刚性债务及流动负债所能得到的现金保障程度，或反映企业获得现金偿付短期债务的能力。这个比率越大，说明企业用现金偿付短期负债的能力越强。

2. 反映企业偿付全部债务能力的现金流量比率（现金债务总额比）

$$\text{现金债务总额比}=\frac{\text{经营活动的净现金流量}}{\text{负债总额}}$$

经营活动的净现金流量与全部债务（包括流动负债和长期负债）的比率，可以反映企业用每年的经营活动现金流量偿付所有债务的能力。这个比率越大，说明企业承担债务的能力越强。将该指标与市场利率作对比，可以充分说明企业的付息能力。

二、获取现金的能力分析

获取现金的能力是指占用一定的资源能够创造的现金，属于投入产出比的效率指标，只不过这里的产出强调的是现金流而已，该能力分析的通用公式可以构建为：经营活动现金净流量/某种投入资源，具体包括以下指标：

1. 反映流通在外的每股普通股的现金流量比率（每股营业现金流量）

$$\text{每股营业现金流量}=\frac{\text{经营活动的净现金流量}}{\text{流通在外的普通股股数}}$$

经营活动的净现金流量与流通在外的普通股股数的比率，可以反映流通在外的每股普通股的现金流量是多少。这个比率越大，说明企业进行资本支出和支付股利的能力越强。该指标可以反映企业最大的分派股利的能力，超过此限度，就有可能要借款分红。

2. 主营收入净现率。主营收入净现率也称销售现金比率，是经营活动现金净流量与主营业务收入的比值，说明企业经营主营业务产生现金的能力。

$$\text{主营收入净现率}=\frac{\text{经营活动现金净流量}}{\text{主营业务收入}}$$

该比率反映每1元销售得到的净现金，其数值越大越好。

3. 全部资产现金收回率。全部资产现金收回率，是经营活动现金净流量与企业全部资产的比值，说明企业利用总资产产生现金的能力。

$$\text{全部资产现金收回率}=\frac{\text{经营活动现金净流量}}{\text{全部资产}}$$

三、财务弹性分析

所谓财务弹性，是指企业适应经济环境变化和利用投资机会的能力，这种能力来源于现金供给与现金需求之间的比较，其中，现金供给的主要来源还是应当以经营活动的现金流量为主，而现金需求可以是各种支付要求，包括投资需求与承诺支付等。具体包括以下指标：

1. 反映企业支付现金股利的现金流量比率

$$现金股利保障倍数=\frac{经营活动的净现金流量}{现金股利}$$

经营活动的净现金流量与现金股利的比率,可以反映企业每年度经营活动的现金流量支付现金股利的能力。这个比率越大,说明企业支付现金股利的能力越强。

2. 现金满足投资比率。这是一个反映企业财务弹性的指标。所谓财务弹性是指企业适应经济环境变化和利用投资机会的能力。这种能力来源于现金流量和支付现金需要的比较。现金流量超过需要,有剩余的现金,适应性就强。因此,财务弹性的衡量是用经营活动的现金净流量与支付要求的现金流量进行比较。支付要求可以是投资需求或承诺支付等。

$$\text{现金满足投资比率}=\frac{近5年经营活动现金净流量}{近5年资本支出+近5年存货增加支出+近5年现金股利支付等}$$

该比率越大,说明资金自给率越高。该比率小于1,则说明企业是靠外部融资来补充所需资金;若达到1时,说明企业可以用经营活动获取的现金满足扩充所需资金;若大于1,说明企业有剩余现金,适应性强,有弹性。

四、收益质量分析

收益质量是指报告收益与公司实际收益之间的相关性,如果报告收益能如实反映公司的业绩,则收益质量高,反之则收益质量差,反映收益质量的现金流量表比率主要包括:

1. 盈利现金比率

$$盈利现金比率=经营活动现金净流量/净利润$$

该指标反映了净利润中所包含的现金流量的数量,俗称利润的含金量指标,该指标如果大于1,说明收益质量较高;如果该指标小于1,甚至为负数,则表明收益质量较差。

2. 现金营运指数

$$现金营运指数=经营活动的现金净流量/经营应得现金$$

其中,经营活动应得现金=经营活动净收益+折旧摊销等非付现费用,其数据主要来源于补充资料一。

该指标的分子其实是表明经营活动实得现金,实得现金与应得现金之间的差异越小,也就是说,该指标越接近1,收益质量越高。

例:某公司现金流量表补充资料如下:

净利	2 379
+提取折旧	2 000
+无形资产摊销	600
+公允价值变动损失(一收益)	
+投资损失(一收益)	−315
+处置长期资产的损失(一收益)	−518
+固定资产的报废损失(一收益)	179
+财务费用	215
+存货减少	53
+经营性应收项目减少(一增加)	−490
+经营性应付项目增加(一减少)	−337
经营活动现金流量净额	3 766

则

经营活动应得现金＝2 379－439＋2 600＝4 540

现金营运指数＝3 766/4 540＝0.83

第五节　现金流量表的因素分析[①]

现金流量表并没有直接提供当期现金流量产生的动因，这种信息可以利用间接法编制的现金流量表，并以此为基础进行因素分析中的差量分析得出，该方法由约翰·胡尔于 1990 年提出。现介绍如下：

一、现金流量表差量分析模式的基本假设

现金流量表差量分析模式是建立在两个基本假设基础之上的，间接法编制的现金流量表中的项目区分为两类：

(1)销售收入、销售费用、存货、应收账款和应付账款等项目，假设这些项目均随销售的变动而变动，称其为经营现金流量因素；

(2)其他一些付现项目，如利息费用和所得税费用等，假设其对现金流量的影响不随销售收入的变化而变化，称其为非经营现金流量因素。

二、现金流量表差量分析的思路

现金流量表差量分析的思路以前述的两个基本假设为基础。也就是说，在区分两类因素之后，企业现金流量的总体变化就可通过经营现金流量因素和非经营现金流量因素这两个因素来表述。

(1)对于经营现金流量因素的变动，可以进一步划分为销售增长、获利能力、营运资金管理效率等方面进行分析，具体包括：

①销售增长因素变动对经营现金流量的影响，包括应收账款、存货和应付项目等因素变动对经营现金流量的影响；

②获利能力因素变动对经营现金流量的影响，可以分解为包括销售毛利率、销售费用率等因素变化对经营现金流量的影响；

③营运资金项目管理效率因素的变动对经营现金流量的影响，又可以分解为应收账款周转率、存货周转率以及应付账款占销售收入的比率、应付费用占销售收入的比率等因素的变动来分析。

(2)对于非常经营现金流量因素的变动，如税收及其他付现费用的差异，直接由当期现金支出，减去上期现金支出，反映其对企业现金流量的影响。

在进行现金流量表差量分析时，各个因素的变化均以上期的数值作为分析当期现金流量差异的起点，这样也就是运用因素分析法的思想，逐个分析诸如销售毛利率、营运资金项目周转率等因素的影响，以分别反映销售增长因素、获利能力因素、营运资金项目管理效率因素等的变动对企业现金流量的影响。值得注意的是，其中的销售增长因素隐含了销售单价和单位成本不变假设。

---

① 陈少华:《财务报表分析方法》，厦门大学出版社 2004 年版。

三、现金流量表差量分析的步骤

1. 企业上期获利能力

$$上期获利能力A=上期营业利润+折旧费用$$

2. 销售增长因素变化对现金流量的影响

销售增长率的计算公式为：

$$销售增长率=\frac{本期销售净额-上期销售净额}{上期销售净额}\times 100\%$$

(1)销售增长对现金流量的影响：

$$B_1=上期获利能力\times 销售增长率$$

(2)销售增长率对应收账款的影响：

$$B_2=上期末应收账款余额\times 销售增长率$$

(3)销售增长率对存货的影响：

$$B_3=上期末存货余额\times 销售增长率$$

(4)销售增长率对应付账款的影响

$$B_4=上期末应付账款余额\times 销售增长率$$

这样，销售增长因素变化对现金流量的影响为：

$$B=B_1-B_2-B_3+B_4$$

3. 获利能力因素变动对现金流量的影响

(1)销售毛利率变动对现金流量的影响：

$$C_1=本期销售净额\times(本期销售毛利率-上期销售毛利率)$$

(2)销售费用率变动对现金流量的影响

$$C_2=本期销售净额\times(本期销售费用率-上期销售费用率)$$

这样，由于销售费用的增加意味着现金支出的增加、现金流量的减少，因此，获利能力因素变动对现金流量的影响为：

$$C=C_1-C_2$$

4. 营运资金管理效率因素变动对现金流量的影响

这一步是分析企业应收账款周转率、存货周转率、应付账款占销售收入的比率、应付费用占销售收入的比率变动等因素对现金流量所产生的影响。

(1)应收账款周转率变动对现金流量的影响：

$$D_1=本期销售净额\times(本期应收账款周转率-上期应收账款周转率)$$

(2)存货周转率变动对现金流量的影响：

$$D_2=本期销售净额\times(本期存货周转率-上期存货周转率)$$

(3)应付账款占销售收入比率变动对现金流量的影响：

$$D_3=本期销售净额\times(本期应付账款占销售收入比率-上期该比率)$$

(4)应付费用占销售收入比率变动对现金流量的影响：

$$D_4=本期销售净额\times(本期应付费用占销售收入比率-上期该比率)$$

这样，营运资金管理效率因素变动对现金流量的影响为：

$$D=D_3+D_4-D_1-D_2$$

5.非经营现金流量因素的变动对现金流量的影响

$$E=本期现金支出-上期现金支出$$

6.因素汇总

$$\text{本期现金净流量} = \text{上期获利能力} + \text{销售增长因素影响} + \text{获利能力因素变动影响} + \text{营运资金管理效率因素变动影响} + \text{非经营现金流量因素变动影响}$$

即:本期现金净流量=A+B+C+D+E。

【案例分析】

汇源集团现金流量表分析

一、集团简介

汇源集团成立于1992年,2007年在中国香港成功上市。目前已在全国建立了130多个经营实体,链接了1 000多万亩优质果蔬茶粮等种植基地,建立了基本遍布全国的销售网络,构建了一个横跨东西、纵贯南北的农业产业化经营体系。以果汁产业为主体,形成了汇源果汁、汇源果业、汇源农业互相促进、共同发展的新格局。

汇源果汁产业拥有200多条世界先进的水果加工、饮料灌装等生产线。原浆生产的水果冷破碎、浓缩果汁生产的超微过滤、饮料灌装的UHT超高温瞬时灭菌和无菌冷灌装等项工艺技术,均处于世界领先地位,并健全和实施了一系列质量、安全、环境管理体系。汇源纯果汁和中浓度果汁饮料的市场份额一直处于全国领先地位。汇源浓缩果浆、浓缩果汁和部分果汁饮品出口至五大洲的30多个国家和地区。

汇源以"营养大众、惠及三农"为企业使命,每年可为果农加工水果上百万吨,累计研发、生产、销售了600多种健康饮品和食品,倡导并引领了健康消费的生活新时尚,带动了种植业、加工业和饮料食品业的快速发展。目前已缴纳各类税金上百亿元,向社会公益事业捐献资金、物资价值5亿多元。

汇源集团荣获中国驰名商标、中国名牌产品、农业产业化国家重点龙头企业、全国农产品加工业示范企业、全国轻工行业先进集体、全国就业和社会保障先进民营企业、社会责任突出贡献奖等殊荣。40多位党和国家领导人视察了汇源企业,或接见朱新礼董事长。

2012年,面对全球宏观经济环境多方面的困局,全球经济只以3.3%的速度前行。中国国内生产总值增速由2011年的9.2%放缓至7.8%。在此环境下,通胀相对于2011年回落,工业品出厂价格(PPI)下跌1.7%,而消费者物价指数(CPI)则上升2.6%,其中食品价上升4.8%。中国饮料行业已从2011年的谷底反弹,整个行业的增长前景仍然乐观。

汇源集团2012年的业绩反映了集团所面临的经营环境挑战。虽然汇源集团能够持续保持果汁饮料行业的领先地位,但增长和改善的空间非常有限。截至2012年12月31日,收益达到人民币3 980.8百万元,同比增长4.1%。百分百果汁及OEM销售的增长被中浓度果蔬汁及果汁饮料的跌幅所抵消。百分百果汁方面,200毫升装产品广受市场关注,为整个销售增长带来贡献。原材料成本下跌,毛利率由2011年的25.2%上升至2012年的28.0%,令2012年毛利率增加2.8%。集团2012年获得净利润16.2百万元,调整后权益持有人应占溢利101.9百万元。董事会并不建议就此年度派付股息。

下面从现金流量方面对汇源集团2012年的财务状况进行分析。

二、现金流量状况的评价分析

1. 现金流量表的绝对数分析

经营活动现金净流量为141 941，大于零。表示企业生产经营比较正常，具有“自我造血”功能，且经营活动现金流量占总现金净流量的比率较大，说明企业的现金状况越稳定，支付能力越有保障。此外，企业现金净流量大于零的程度很大，说明在补偿当期发生的非付现成本之后，企业仍可以进行战略上的发展。

投资活动现金净流量为－366 605，小于零。企业当期有较大的对外投资，其中购买物业、厂房及设备的数额为－374 378，形成了大量的长期资产。并影响今后的生产经营能力，所以这种情况下的投资活动现金流量虽然小于零，但对企业的长远发展是有利的。

筹资活动现金流量为467 810，大于零。虽然“银行及其他金融机构借款的所得款项”和“偿还银行及其他区金融机构借款”相比上年期末均有大幅增长。但是筹资活动现金流量总额依然保持着正的上升的水平。所以企业的筹资活动处于较好的水平，稳步增长。

2. 现金流量表的相对数分析

现金流入结构分析表

项 目	金 额	结构百分比
经营活动的现金流入	1 229 387	0.191 547 186
投资活动的现金流入	140 530	0.021 895 568
筹资活动的现金流入	5 048 277	0.786 557 246
现金流入合计	6 418 194	1

现金流出结构分析表

项 目	金 额	结构百分比
经营活动的现金流出	1 087 446	0.176 103 246
投资活动的现金流出	507 135	0.082 126 487
筹资活动的现金流出	4 580 467	0.741 770 266
现金流出合计	6 175 048	1

现金净流量结构分析表

项 目	金 额	结构百分比	流入流出比
经营活动现金流量净额	141 941	0.583 768 6	1.130 526 941
投资活动现金流量净额	－366 605	－1.507 756 656	0.277 105 702
筹资活动现金流量净额	467 810	1.923 988 057	1.102 131 508
现金净流量合计	243 146	1	

当现金净流量为正数时，流入流出比大于1。当现金净流量为负数时，流入流出比小于1。该企业经营活动现金流入流出比大于1，投资活动现金流入流出比小于1，筹资活动现金的流入流出比大于1。该企业的经营和成长呈健康状态。

3. 现金流量表的比率分析

(1)偿债能力

偿债能力是指企业用现金来偿还各种负债的能力。

		2012 年	2011 年
现金流动负债比	经营活动的净现金流量/流动负债	0.037 208 526	0.066 301 612
现金债务总额比	经营活动的净现金流量/负债总额	0.024 167 505	0.054 207 205

汇源用现金来偿还流动负债以及偿还所有负债的能力从比例的数值来看并不乐观，2012 年相比 2011 年偿债能力下降了 50%。

(2)获取现金的能力分析

		2012 年	2011 年
现金获利能力	经营活动的净现金总额/净利润	8.784 021 288	0.832 837 888

现金获利能力数值为 8.78，很高，表明企业的账面利润的现金保证很可靠。与 2011 年相比，其中主要原因为 2012 年的净利润大幅下降。

		2012 年	2011 年
每股营业现金流量	经营活动的净现金流量/流通在外的普通股股数	1.234 269 565	2.248 626 087

流通在外的每股普通股的现金流量为 1.23，说明企业进行资本支出和支付股利的能力处在平稳的水平。

		2012 年	2011 年
主营收入净现率	经营活动现金净流量/主营业务收入	0.035 656 705	0.067 595 219

每 1 元的销售得到的净现金为 0.36。

		2012 年	2011 年
全部资产现金收回率	经营活动现金净流量/全部资产	0.012 719 353	0.025 739 834

总资产产生现金的能力为 0.013。

根据以上的数据，企业获取现金的能力在 2012 年大幅下降，大部分指标均下降了 50%。主要原因包括经营活动净流量下降以及净利润大幅下降等。

(3)收益质量分析

		2012 年	2011 年
现金营运指数	经营活动的现金净流量/经营应得现金	0.370 779 326	0.745 705 429
息税前利润		1 522	355 893
物业、厂房及设备折旧		362 733	296 282
商标及许可权摊销		19 348	20 107
土地使用权摊销		16 206	17 021

续表

	2012 年	2011 年
可换股债券的换股权的公平值变动	−10 742	−340 603
出售物业、厂房及设备收益	−2 039	−248
出售土地使用权协议收益	−4 210	−1 677
经营应得现金	382 818	346 775

实得现金与应得现金之间的差异越小，即该指标越接近 1，收益质量越高。

从数值可以看出，企业 2012 年的收益质量不高，不到 0.5，相比 2011 年有所下降。

总结：

汇源 2012 年在经营活动和投资活动的现金流量上均有所减少，而筹资活动的净现金流量相比 2011 年增加了近两倍。

三、分析与总结

综合以上的分析，可以看出汇源在 2012 年的经营和投资状况均受到融资成本大幅上升的影响。该公司的经营能力受到削弱，偿债能力、收益质量和获取现金的能力都减弱了一半。

虽然汇源公司经营活动现金流量占总现金净流量的比率较大，但筹资活动现金流入是经营活动现金流入的 4 倍，筹资活动的现金流出也非常多。其中筹资活动的现金流出远远大于经营活动净流入，其财务杠杆存在比较大的风险。

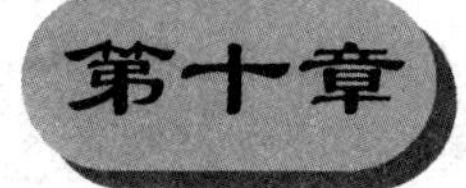

第十章 综合分析

第一节 沃尔综合评分法

一、沃尔综合评分法的概念

沃尔综合评分法是英国的亚历山大·沃尔在20世纪初出版的《信用晴雨表研究》中提出的分析企业信用状况的一种分析方法。其原理是利用线性关系把若干财务比率联系起来,采用指数法计算一个综合指标,以评价企业综合的财务(或信用)状况。

二、沃尔综合评分法的步骤

(1)选定若干财务比率,按其重要程度给定一个分值,即重要性权数,其总和为100;

(2)计算各指标的实际值,并与所确定的标准值进行比较,计算一个相对比率;

(3)将各项指标的相对比率与其重要性权数相乘,得出各项比率指标的指数;

(4)将各项比率指标的指数相加,最后得出企业的综合指数,即可以判明企业财务状况的优劣。其具体过程见下表。

比　率	权重	标准值	实际值	相对比率=实际/标准	综合评分
流动比率	25	2	1.66	0.83	20.75
净资产/负债	25	1.5	2.39	1.59	39.75
资产/固定资产	15	2.5	1.8	0.736	11.04
销售成本/存货	10	8	9.94	0.243	12.43
销售收入/应收账款	10	6	8.61	0.435	14.35
销售收入/固定资产	10	4	0.55	0.137	1.38

续表

比　率	权重	标准值	实际值	相对比率=实际/标准	综合评分
销售收入/净资产	5	3	0.4	0.133	0.67
合计	100				100.37

综合得分越高，综合财务状况越好。但该方法从理论上说，有一个缺陷，就是未能证明为什么选择七项指标，而不是更多或更少，且指标的选择与权重的确定具有很大的主观性，从而在不同行业与企业间可比性不强。该方法在技术上也有局限性，就是相对比率的计算过于简单，且当某一个指标严重异常时，会对综合评分产生不合逻辑的重大影响，这个缺陷是由相对比率与权重相乘引起的，财务比率提高一倍，综合评分增加 100%，而财务比率缩小一倍，综合评分只减少 50%。

三、沃尔评分法的运用

现代社会与沃尔所处的时代相比，发生了很大的变化，因此该种方法目前在运用中只是参照其原理，做了很大的改进。我国财政部曾于 1995 年 1 月 9 日发布《企业经济效益评价指标体系(试行)》，公布了销售利润率、总资产收益率、资本收益率、资本保值增值率、资产负债率、流动或速动比率、应收账款周转率、存货周转率、社会贡献率和社会积累率十项考核指标，要求选择一批企业采用沃尔财务状况综合评价法，按照新的指标进行经济效益综合评价。现对该套企业经济效益评价指标体系总和评分的一般方法和应注意的问题说明如下：

(一)重要性权数

权数是该项指标的评分值，是由该项指标在指标体系中所占的重要性决定的。按其重要程度可分为三类：最为重要、较为重要、一般重要。三类之间可按 45∶35∶20 分配比重。

第一类最为重要的是收益性指标，其评分值应占 45 分左右。收益性是指企业的盈利能力，它是企业经营活动的主要目的，也是企业发展的客观要求和基本素质的标志。主要指标有各种利润率，如销售利润率、总资产报酬率、资本收益率，以及人均利润率、利润额等。

第二类较为重要的是稳定性指标，其评分值应占 35 分左右。稳定性也称安全性，是指企业的偿债能力和营运能力。它是企业生存和发展的基本条件，也是企业必备的素质。偿债能力是企业安全程度和财务风险大小的标志。主要指标有资产负债率(或产权比率)、流动(或速动)比率等。营运能力是反映企业生产经营活动的强弱，说明资产周转快慢及资金节约、浪费的指标。主要指标有应收账款周转率、存货周转率、流动资产周转率、总资产周转率等。

第三类一般重要的是增长性指标和其他指标。其评分值应占 20 分左右。增长性是指企业的发展能力，它是保持企业活力的物质基础。主要指标有利润增长率、营业收入(或产值、产量)增长率、劳动效率、附加值率、资本保值增值率等；其他指标是指根据评价需要设置的指标。

各项指标比重的合理性是相对而言的。这里只能提供一个可供参考的划分建议，在应用时要结合实际情况，根据评分对象的不同要求，确定其合理比重。比重的合理性要能起到导向作用。通过比重大小的合理确定，引导企业和员工努力完成最为重要和较为重要的指标，并兼顾完成其他有关指标。

(二)其他规定

(1)以行业平均先进水平为标准值。

(2)标准值的重要性权数总计为100分,其中销售利润率的重要性权数为15分,总资产收益率为15分,资本收益率为15分,资本保值增值率为10分,资产负债率为5分,流动比率(或速动比率)为5分,应收账款周转率为5分,存货周转率为5分,社会贡献率为10分,社会积累率为15分。

(3)在经济效益综合分析评价时,选择的各项经济效益指标在评价标准上应尽量保持方向的一致性,尽量选择正指标,不要选择逆指标。因为在选择各项指标为正指数时,单项指数越高越好。

$$单项指数=\frac{某指标实际值}{该指标标准值}$$

(4)特别需要注意的是,财政部颁布的这套评价指标体系中八个为正指标,另有两个指标中的资产负债率为逆指标,而流动比率(或速动比率)既不是正指标,也不是逆指标。因为标准值具有约束性,即大于或小于标准值都不好,其单项指数最高为1或100%。对于上述资产负债率指标,单项指数计算公式为:

$$单项指标=\frac{标准值}{实际值}$$

(5)根据企业财务报表,分项计算十项指标的实际值,再计算十项指标的加权平均数。其计算公式为:

$$综合实际分=\sum(重要性权数\times 单项指数)$$

例如,已知A公司20×5年有关财务数据,运用沃尔综合评分法进行综合评价,其结果如表10－1所示。

表10－1　　沃尔财务比率综合分析

序号	评价指标	标准值 ①	实际值 ②	单项指数 ③=②÷①	重要性权数 ④	评分 ⑤=③×④
1	销售利润率	18%	16%	89%	15	13.35
2	总资产收益率	20%	18%	90%	15	13.50
3	资本收益率	25%	26%	104%	15	15.60
4	资本保值增值率	105%	105%	100%	10	10.00
5	资产负债率	60%	50%	83%	5	4.15
6	流动比率	2	1.8	90%	5	4.50
7	应收账款周转率	12次	10次	83%	5	4.15
8	存货周转率	10次	9次	90%	5	4.50
9	社会贡献率	35%	38%	109%	10	10.90
10	社会积累率	30%	28%	93%	15	13.95
	综合评分合计				100	94.60

综合评分越高越好。如果综合评分达到100,说明企业总体财务水平达到标准要求。本例中,综合评分合计数为94.60,总体情况不错,但还有一定差距,反映该企业财务状况还存在一定问题。通过进一步观察,可发现该企业除资本保值增值率等于1、资本收益率及社会贡献率大于1外,其余比率均小于1,说明该企业在资产营运方面存在着问题。这是造成实际综合

分数与标准综合分数有一定差距的主要原因。

采用综合评价法可以综合评价企业的财务状况，但应注意使用这一方法的有效性，它有赖于对重要性权数和标准比率的正确确定。而这两项因素在确定时，往往带有一定的主观性，因此，对这两项因素应根据历史经验和现实情况合理地判断与确定，只有这样才能得出正确的结果。必须指出，上述各种分析方法均采用定量分析法。在实际工作中，只有将定量分析和定性分析结合起来，才能获得正确的结论。为此，我们可以设想，对定量部分按一定权重计分（如80 分为满分），其余分值用定性方法（如专家调查法、德尔菲法等）确定，然后汇总。

四、沃尔评分法在我国的改良应用——国有资本经营绩效分析体系

我国财政部门及有关部门联合颁布的国有企业绩效评价实施办法，是沃尔评分法的进一步改良应用。

1. 指标体系概况

2002 年 4 月，财政部以及原国家经贸委、中央企业工委、劳动保障部、国家计委联合发布了《企业效绩评价操作细则（修订）》，进一步完善了国有资本监管制度。该制度将企业分为工商企业和金融企业两类。下面介绍国有工商企业的评价指标体系（见表 10－2 和表 10－3）。[①]

表 10－2　　工商企业定量评价指标体系

评价内容	权数	基本指标	权数	修正指标	权数
1. 财务效益	38	净资产收益率 总资产报酬率	25 13	资产保值增值率 主营业务利润率 盈余现金保障倍数 成本费用利润率	12 8 8 10
2. 资产营运	18	总资产周转率 流动资产周转率	9 9	存货周转率 应收账款周转率 不良资产比率	5 5 8
3. 偿债能力	20	资产负债率 已获利息倍数	12 8	现金流动负债比率 速动比率	10 10
4. 发展能力	24	销售（营业）增长率 资本积累率	12 12	三年资本平均增长率 三年销售平均增长率 技术投入比率	9 8 7
合　计	100		100		100

表 10－3　　工商企业定量评价指标体系

评议指标	权　数
经营者基本素质	18
产品市场占有能力	16
基础管理水平	12

① 财政部：《企业绩效评价操作细则（修订）》，2002 年。

续表

评议指标	权 数
发展创新能力	14
经营发展战略	12
在岗员工素质	10
技术装备更新水平	10
综合社会贡献	8
合 计	100

2. 权数的确定

该评价体系采用固定权数综合评分法得到绩效分数，其中：定量指标权重为 80%，定性指标权重为 20%，指标权数通过专家意见法（德尔菲法）确定。其具体做法是邀请从事有关实际工作和理论研究的专家，独立将 100 分总权数分配给各项指标，然后综合分析专家的意见，确定每项指标的权重。这是一种定性分析的方法。

3. 对国有资本经营绩效体系的评价①

现行企业绩效评价指标体系是在 1999 年的原有评价体系基础上改进的结果，但依然存在着某些不足。这些不足主要表现在以下方面：

首先，评价指标忽视了现金流量信息。在信息不对称的情况下，应计制有可能使企业经营者利用会计操纵来优化业绩。而运用现金流量指标可以较好地消除应计制会计对盈余的操纵，有助于信息使用者真实客观地评价企业的经营状况。

其次，整体评价指标体系的指标和权重设计过于单一。整体评价指标体系的指标和权重设计过于单一，没有区分不同行业的企业和不同发展阶段的企业，不利于做出客观的评价。另一方面，各个指标及其分值权重的确定缺乏必要的灵活性，加之实行统一的模式和标准，不能体现企业发展的阶段性，不能公平反映企业的经营业绩。

最后，评价指标权重设计主观性过强。现行评价体系规定企业效绩评价实行百分制，指标权数通过专家意见法确定，其中计量指标权重为 80%，非计量指标权重为 20%。一方面，由于目前会计报表数据的可靠性不高，如果计量分析比重越大，则评价效果的准确性也越差，从这个角度考虑，应降低计量指标权重；但从另一个角度来看，不同专家对企业所做的定性评价不同会直接影响指标评价的客观性，从这一点看，应加大计量指标权重而减少非计量指标，而现行的指标权数设计显然存在极强的主观性。

第二节 杜邦综合分析法

一、杜邦分析法的定义

用比率分析法分析企业的偿债能力、营运能力、获利能力，是从某一特定的角度对企业经营的某一方面进行分析，但有时需要全面评价企业的总体财务状况和经营成果。杜邦分析法

① 方燕萍：《国有企业效绩评价体系的不足及改进建议》，《财会通讯》，2004 年第 10 期。

就是应此要求而产生的。杜邦分析法是美国杜邦(DUPONT)公司率先采用的用以分析企业综合财务状况的一种财务分析方法。它以股东权益报酬率(ROE)为核心,利用主要财务比率指标之间的内在联系,对企业财务状况进行综合分析和评价,重点揭示企业获利能力及其前因后果,从而为企业的有效运行提供决策依据。

二、杜邦分析体系的原理

杜邦分析法不是建立新的指标,而是从净资产收益率出发,对财务指标进行分解,在不断的分解中说明指标之间的勾稽关系,揭示指标升降变化原因的分析方法。作为一种财务指标分解法,它是一种定性分析方法,但一般情况下应将分解的结果利用因素分析法进行进一步的分析,从而杜邦分析成为一种定性与定量结合的分析方法。尽管杜邦分析体系及其以后的拓展有多种形式,但这种分解不是随意的,是有一定的理论基础的,具体表现在:该分析体系体现了财务指标之间的相关性、层次性;体现了经营和财务的协调一致。

财务分析指标之间存在着一定的相关关系,杜邦分析体系正是将企业的经营管理活动看作是一个完整的系统,是对系统内相互依存、相互作用的各种因素进行综合分析的结果。分解出来的资产净利率和权益乘数反映了企业的经营效率和财务政策,我们经常看到的现象是:收益能力高的企业,其经营风险大,经营风险高的企业只能得到较少的贷款,财务杠杆较低;反之,财务杠杆较高的企业为稳定现金流,只能降低盈利性,可见资产净利率与权益乘数之间经常呈现负相关的关系,杜邦体系将净资产收益率分解为两个方面,反映了经营战略与财务政策之间的协调关系。而在第二层次将资产净利率进一步分解为销售净利率和资产周转率,可以反映企业的经营战略,两者经常呈反向变化,如"薄利多销"就是指销售净利率低,而资产周转快,两者协调作用在这里同样也能反映出来。

我们可用图 10—1 来理解财务指标之间的相关性。

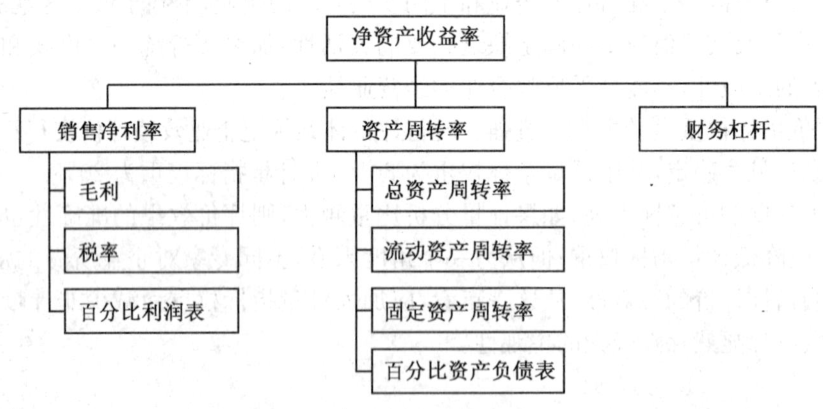

图 10—1 财务指标之间的相关性

三、传统杜邦分析体系的框架

杜邦分析体系如图 10—2 所示。

杜邦分析系统反映了以下几种主要财务比率之间的关系:

(1)决定股东权益报酬率的因素是总资产收益率和所有者权益乘数。所以,股东权益报酬

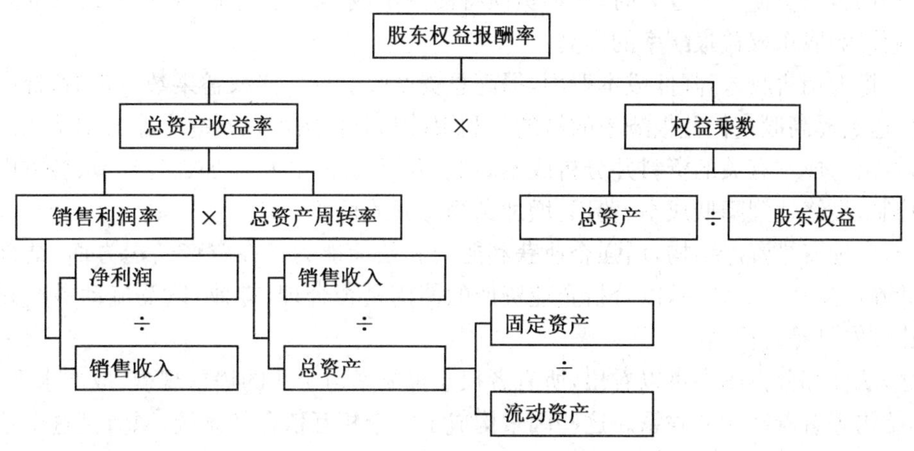

图 10—2　杜邦分析体系

率的分析又必须具体落实到对总资产收益率和所有者权益乘数的分析上。所有者权益乘数取决于企业的全部资金中负债所占的份额。它是总资产对所有者权益的比率。这一指标反映了企业理财的保守、开放程度和财务风险。

(2)总资产收益率反映了企业全部资产的创利能力。它的大小又取决于销售利润率和总资产周转率。销售利润率是企业的销售收入对净利润的贡献程度;总资产周转率是企业总资产的周转次数,它反映了企业资产的使用效率。

(3)销售利润率取决于企业实现的销售收入和企业净利润的关系,而企业的净利润是销售收入扣除了有关成本费用后的部分。因此,在对销售利润率进行分析时,应进一步深入分析企业当期实现的销售收入,以及为取得这些收入而发生的成本费用和所得税项目。

(4)所有者权益乘数反映了企业资本结构的合理性,也反映了一个企业的财务风险。当资金成本率低于企业的投资收益率时,企业应负债经营,以利用财务杠杆原理来提高企业的净资产收益率。但企业也因此承担了较大的财务风险,因为如果市场条件一旦恶化,即当资金成本率高于企业的投资收益率的时候,企业将会负担沉重的利息和面临不能按期还债的危机。

财务管理的目标是使企业价值最大化,也就是所有者财富最大化。股东权益报酬率反映所有者投入资金的获利能力,它综合反映企业筹资、投资、资产运营、产品营销和经营管理、生产组织、成本管理和控制等若干活动的效率。提高股东权益报酬率是所有者财富最大化的基本保证,所有者、经营者都十分关心这一财务指标。杜邦分析体系使得经营管理者能够从这一指标出发,系统地对整个企业的运行做出评价。

我们还可以根据杜邦分析体系,从股东权益报酬率出发,将其分解,计算出相关主要财务指标的高低及其增减变化,进而再对主要财务指标进行层层剖析,细分至各资产负债表及利润表项目,在对比中找到引起各项指标变化的原因,从而有针对性地寻求最佳的管理决策方案。其将反映企业的财务状况和经营成果的财务指标有机地结合在一起,是一种很好的综合分析方法。

从杜邦分析体系来看,要提高企业的股东权益报酬率,需要从以下几方面着手:

第一,改善资本结构。在总资产收益率基本保持不变的情况下,适当增加负债,提高权益乘数,可以达到提高股东权益报酬率的目的。其原因是利用了财务杠杆原理,获得了杠杆收益。另一方面，当负债比率过大时，增加负债将使资本成本急剧增加，从而导致总资产利润率下降，进而影响股东权益报酬率的提高。

第二，扩大销售收入，降低成本费用，提高总资产收益率。当权益乘数一定时，提高总资产收益率可达到提高股东权益报酬率的目的。利用杜邦分析图可以研究企业成本费用的结构是否合理，找出与成本有关的资料并分析成本高低、升降的原因，从而加强各环节、各方面的成本管理和控制，最终达到降低成本、费用，增加利润总额的目的。

第三，合理安排资产结构，增强企业获利能力和偿债能力。在资产营运方面，结合销售收入计算并确定总资产周转率，以分析企业资产的使用是否合理、有效，以及流动资产和非流动资产的比例安排是否恰当。

总之，从杜邦分析图中可以看出，所有者权益报酬率与企业的销售规模、成本水平、资产营运、资本结构等有着密切的联系。这些因素构成了一个相互依存的系统，只有把这个系统内各个因素的关系安排好、协调好，才能使股东权益报酬率达到最大，才能实现股东财富最大化的理财目标。

当然，杜邦分析体系的使用也存在着不可避免的缺陷：第一，收益指标容易被操纵，或虚报或瞒报，不利于真实反映企业的盈利水平及盈余质量。第二，杜邦分析体系是工业化时代的产物，着重分析企业的获利能力，在当今注重现金流量的时代，运用这一体系无法预先判断企业财务风险，账面盈利却走上破产之路的公司屡见不鲜。

尽管存在着缺陷，杜邦分析系统至今仍是一个未被取代的财务分析系统，在现实中受到广泛的应用。与此同时，人们对于它所存在的缺陷也不断提出相应的改进措施，以期望进一步完善杜邦分析体系，更好地进行财务分析。

下面我们通过一个例子来看如何通过杜邦分析体系并结合因素分析法对企业的经营业绩和财务政策进行评估。

［例］ 以下是 ABC 公司的财务报表数据（见表 10－4 和表 10－5）。

表 10－4　　资产负债表

编制单位：ABC 公司　　20×6 年 12 月 31 日　　单位：万元

资　产	年末余额	年初余额	负债及股东权益	年末余额	年初余额
流动资产：			流动负债：		
货币资金	100	50	短期借款	120	90
交易性金融资产	12	24	交易性金融负债		
应收票据	16	22	应付票据	10	8
应收账款	796	398	应付账款	200	218
预付账款	44	8	预收账款	20	8
应收股利	0	0	应付职工薪酬	4	2
应收利息	0	0	应交税费	10	8
其他应收款	24	44	应付利息	24	32
存货	238	652	应付股利	56	20
待摊费用	64	14	其他应付款	28	26
一年内到期的非流动资产	90	8	预提费用	18	10
其他流动资产	16	0	预计负债	4	8

续表

资　产	年末余额	年初余额	负债及股东权益	年末余额	年初余额
流动资产合计	1 400	1 220	一年内到期的非流动负债	100	0
			其他流动负债	6	10
			流动负债合计	600	440
			非流动负债：		
非流动资产：			长期借款	900	490
可供出售金融资产	0	90	应付债券	480	520
持有至到期投资			长期应付款	100	120
长期股权投资	60	0	专项应付款	0	0
长期应收款			递延所得税负债	0	0
固定资产	2 476	1 910	其他非流动负债	0	30
在建工程	36	70	非流动负债合计	1 480	1 160
固定资产清理		24	负债合计	2 080	1 600
无形资产	12	16	股东权益：		
开发支出			股本	200	200
商誉			资本公积	20	20
长期待摊费用	10	30	盈余公积	200	80
递延所得税资产	0	0	未分配利润	1 500	1 460
其他非流动资产	6	0	减:库存股	0	0
非流动资产合计	2 600	2 140	股东权益合计	1 920	1 760
资产总计	4 000	3 360	负债及股东权益总计	4 000	3 360

表 10－5　　利润表

编制单位:ABC 公司　　20×6 年度　　单位:万元

项　目	本年金额	上年金额
一、营业收入	6 000	5 700
减:营业成本	5 288	5 006
营业税金及附加	56	56
销售费用	44	40
管理费用	92	80
财务费用	220	192
资产减值损失	0	0
加:公允价值变动收益	0	0
投资收益	12	0
二、营业利润	312	326
加:营业外收入	90	144
减:营业外支出	2	0

续表

项　目	本年金额	上年金额
三、利润总额	400	470
减:所得税费用	128	150
四、净利润	272	200

根据杜邦分析法:

权益净利率＝销售净利率×资产周转率×权益乘数

即本年权益净利率＝4.533%×1.5×2.083 3＝14.165%

上年权益净利率＝5.614%×1.696 4×1.909 1＝18.181%

权益净利率变动＝－4.016%

与上年相比,股东的报酬率降低了,公司整体业绩不如上年。影响权益净利率变动的不利因素是销售净利率和资产周转率下降,有利因素是财务杠杆提高。

利用因素分析法中的连环替代法可以定量分析它们对权益净利率变动的影响程度:

(1)销售净利率变动的影响

按本年销售净利率计算的上年权益净利率＝4.533%×1.696 4×1.909 1＝14.681%

销售净利率变动的影响＝14.681%－18.181%＝－3.5%

(2)资产周转率变动的影响

按本年销售净利率、资产周转率计算的上年权益净利率＝4.533%×1.5×1.909 1＝12.981%

资产周转率变动的影响＝12.981%－14.681%＝－1.7%

(3)财务杠杆变动的影响

财务杠杆变动的影响＝14.165%－12.981%＝1.184%

通过分析可知,最重要的不利因素是销售净利率降低,使权益净利率减少3.5%;其次是资产周转率降低,使权益净利率减少1.7%。有利的因素是权益乘数提高,使权益净利率增加1.184%。不利因素超过有利因素,所以权益净利率减少4.015%。由此应重点关注销售净利率降低的原因。①

四、杜邦分析体系的拓展

(一)强调财务成本及税收效应的分解公式

在传统的杜邦分解基础上,还有一些方法对杜邦分析体系进一步拓展,拓展后的分解公式进一步强调财务成本及税收效应,其框架见图10－3。

其中:

营业利润率＝息税前利润/营业收入

资产周转率＝营业收入/资产平均净值

财务结构比率＝资产净值/所有者权益

财务成本比率＝税前利润/息税前利润

税收效应比率＝税后利润/税前利润＝1－所得税率

① 《财务成本管理》,注册会计师全国统一考试辅导教材,中国财政经济出版社2007年版。

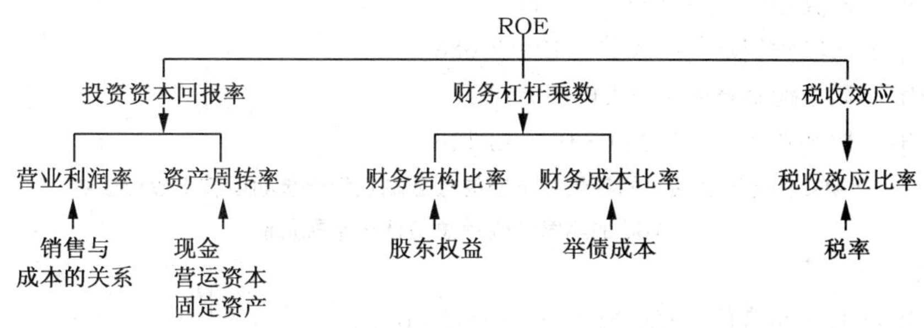

图 10－3　杜邦分析体系的拓展框架

(二)上市公司的杜邦分解公式

在不考虑优先股的前提下,由于每股收益/每股净资产＝净资产收益率,从而

$$\begin{aligned}\text{每股收益}&=\text{净资产收益率}\times\text{平均每股净资产}\\&=\text{销售净利率}\times\text{总资产周转率}\times\text{权益乘数}\times\text{平均每股净资产}\end{aligned}$$

这样就可以将每股收益作为上市公司盈利能力的核心指标加以分析,并结合因素分析法分析有关因素对每股收益的影响,也就能顺理成章地将杜邦分析体系应用于上市公司。

(三)可持续增长率的分解公式

近年来,哈佛大学商学院帕利普等教授提出了以可持续增长率为核心指标的综合财务分析体系。其实该体系也是杜邦分解基础之上的进一步拓展。即可持续增长率＝销售净利率×总资产周转率×按期初股东权益计算权益乘数×留存收益比率,由于对此公式在第八章中已有详细讲解,这里不再赘述。

五、改进后的财务分析体系

改进后的财务分析体系是依据重编以后的资产负债表和利润表来进行的,主要强调企业的经营与财务活动以及这两者之间的协调关系。在改进的分析体系中,权益净利率可以进一步分解,其分解过程和公式如下:

$$\begin{aligned}\text{权益净利率}&=\frac{\text{经营利润}}{\text{股东权益}}-\frac{\text{净利息}}{\text{股东权益}}\\&=\frac{\text{经营利润}}{\text{净经营资产}}\times\frac{\text{净经营资产}}{\text{股东权益}}-\frac{\text{净利息}}{\text{净负债}}\times\frac{\text{净负债}}{\text{股东权益}}\\&=\frac{\text{经营利润}}{\text{净经营资产}}\times\left(1+\frac{\text{净负债}}{\text{股东权益}}\right)-\frac{\text{净利息}}{\text{净负债}}\times\frac{\text{净负债}}{\text{股东权益}}\\&=\text{净经营资产利润率}+(\text{净经营资产利润率}-\text{净利息率})\times\text{净财务杠杆}\end{aligned}$$

根据该公式,权益净利率的高低取决于三个驱动因素:净经营资产净利率(可进一步分解为销售经营净利率和净经营资产周转率)、税后利息率(净经营资产净利率－税后利息率的差额又称为经营差异率)和净财务杠杆。

接上例,下面我们应用改进后的杜邦财务分析体系对 ABC 进行财务分析。

根据 ABC 的资产负债表和利润表,重编报表以后的数据调整如下:

$$\text{ABC 的金融资产}=\text{货币资金}+\text{交易性金融资产}+\text{可供出售金融资产}$$

$$\text{ABC 的经营资产}=\text{总资产}-\text{金融资产}$$

由此得:

20×6 年年末金融资产＝100＋12＝112

20×6 年年末经营资产＝4 000－112＝3 888

20×6 年年初金融资产＝50＋24＋90＝164

20×6 年年初经营资产＝3 360－164＝3 196

ABC 的金融负债＝短期借款＋交易性金融负债＋长期借款＋应付债券

ABC 的经营负债＝总负债－金融负债

由此得：

20×6 年年末金融负债＝120＋900＋480＝1 500

20×6 年年末经营负债＝2 080－1 500＝580

20×6 年年初金融负债＝90＋490＋520＝1 100

20×6 年年初经营负债＝1 600－1 100＝500

由此可得：

20×6 年年末净经营资产＝3 888－580＝3 308

20×6 年年末净金融负债＝1 500－112＝1 388

20×6 年年初净经营资产＝3 196－500＝2 696

20×6 年年初净金融负债＝1 100－164＝936

由利润表可知：

20×6 年税前经营利润＝400＋220＝620

20×6 年税前利息费用＝220

由 20×6 年经营利润所得税费用＝(128/620)×(620－220) ＝198. 4，可得

20×6 年税后经营利润＝620－198. 4＝421. 6

由 20×6 年利息费用减少所得税＝128/(620－220)×220＝70. 4，可得

20×6 年净利息(税后利息)＝220－70. 4＝149. 6

同理可得 20×5 年的相关数据。

根据杜邦分析公式，可算出 ABC 公司主要财务比率及其变动，如表 10－6 所示。

表 10－6　　改进的财务分析体系计算过程

主要财务比率	本年	上年	变动
1.经营利润率(经营利润/销售收入)	7. 027％	7. 907％	－0. 880％
2.净经营资产周转次数(销售收入/净经营资产)	1. 813 8	2. 114 2	－0. 300 4
3. 净经营资产利润率＝(1×2)＝(经营利润/净经营资产)	12. 745％	16. 718％	－3. 973％
4.净利息率(净利息/净负债)	10. 778％	13. 966％	－3. 188％
5. 经营差异率＝(3－4)＝(净经营资产利润率－净利息率)	1. 967％	2. 752％	－0. 785％
6.净财务杠杆(净负债/股东权益)	0. 722 9	0. 531 8	0. 191 1
7. 杠杆贡献率＝(5×6)＝(经营差异率×净财务杠杆)	1. 422％	1. 464％	－0. 042％
8. 权益净利率＝(3＋7)	14. 167％	18. 182％	－4. 015％

下面我们依然用连环替代法定量分析净经营资产净利率、税后利息率以及净财务杠杆对于权益变动率的影响。

(1)净经营资产净利率变动的影响。按本年净经营资产净利率计算的上年权益净利率＝12.745％＋(12.745％－13.966％)×0.531 8＝12.095％

净经营资产净利率变动的影响＝12.095％－18.182％＝－6.087％

(2)税后利息率变动的影响。按本年净经营资产净利率、本年利息率计算的上年权益净利率＝12.745％＋(12.745％－10.778％)×0.531 8＝13.791％

税后利息率变动的影响＝13.791％－12.095％＝ 1.696％

(3)净财务杠杆变动的影响。

净财务杠杆变动的影响＝14.167％－13.791％＝0.376％

根据计算结果可以看出，权益净利率比上年降低 4.015％。其主要影响因素：一是经营资产利润率的降低，使权益净利率减少 6.086％；二是净利息率降低，使权益净利率增加 1.696％；三是净财务杠杆提高，使权益净利率增加 0.376％。

由此可见，净经营资产净利率的降低是权益净利率降低的主要原因。

【案例分析】

东方航空集团公司综合分析

一、东方航空集团公司简介

略(参见发展能力分析案例的介绍部分)

二、公司盈利能力分析

盈利能力反映企业获取收益的能力，本案例主要从以下四个方面对东方航空公司的获利能力及综合能力进行分析：销售获利能力、投资盈利能力、市场表现能力和改进的综合分析体系。为了便于比较，东方航空公司的数据将与中国国际航空公司、南方航空公司的同期数据进行对比。

(一)销售获利能力

销售获利能力反映企业收入与成本的对比关系，主要包括以下指标：销售毛利率、销售净利率、成本费用利润率。

1. 销售毛利率

销售毛利率＝(营业收入－营业成本)÷营业收入

销售毛利率主要反映企业的营销方针，是一项基础性指标。充分的毛利率可以保证之后的成本、费用和税金的支付。

图 1 是东方航空公司、中国国际航空公司、南方航空公司 2008 年到 2012 年销售毛利率变动折线图。

从图中我们可以看出，东方航空公司销售毛利率从 2008 年开始上升，到 2010 年达到最高 18.06％，随后略有下降，但总体低于国航和南航。这说明东方航空公司单位销售收入为企业带来的利润相对较少，在保证刚性支付的充分性上低于国航和南航。这主要是由于东航销售

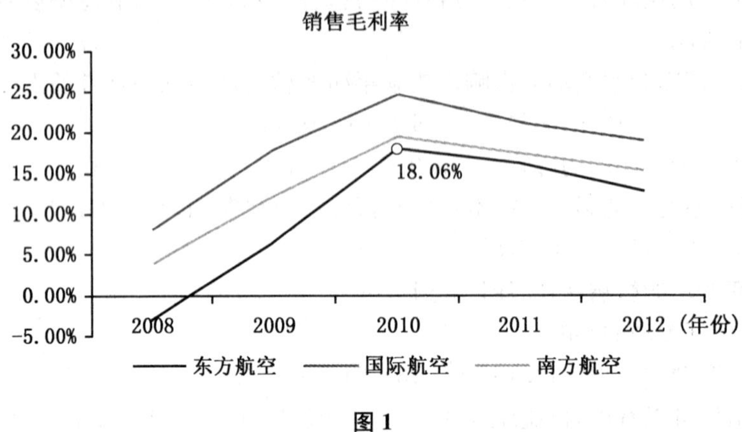

图 1

收入远小于国航和南航，虽然东航营业成本也低于国航和南航，但是无法抵消东航营业收入的影响。具体如图 2、图 3、图 4 所示。

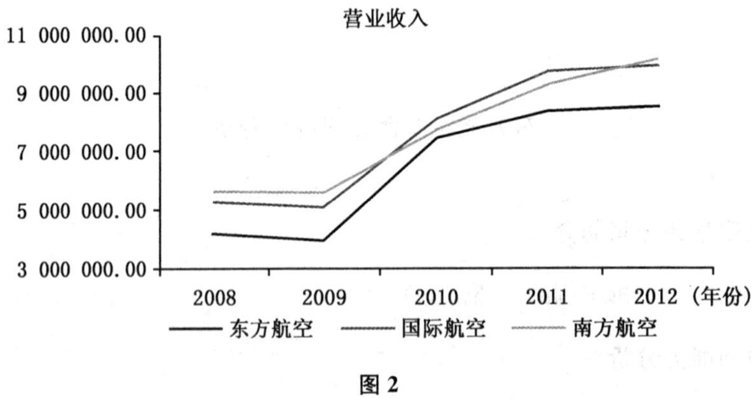

图 2

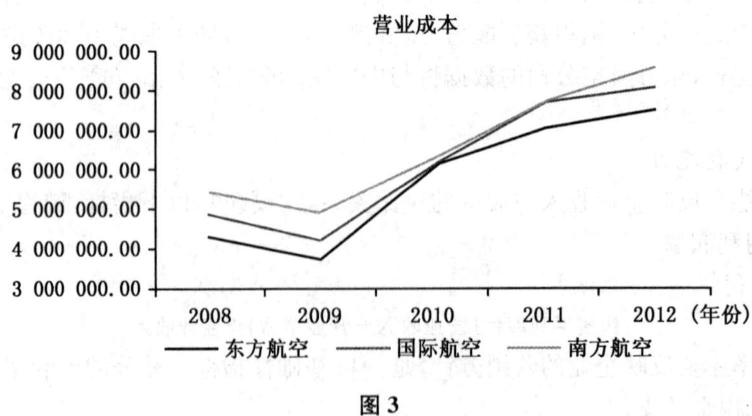

图 3

2. 销售净利率

销售净利率＝净利润÷营业收入

销售净利率作为终极成果，主要反映企业增收节支的能力。

图 5 是东方航空公司、中国国际航空公司、南方航空公司 2008 年到 2012 年销售净利率变

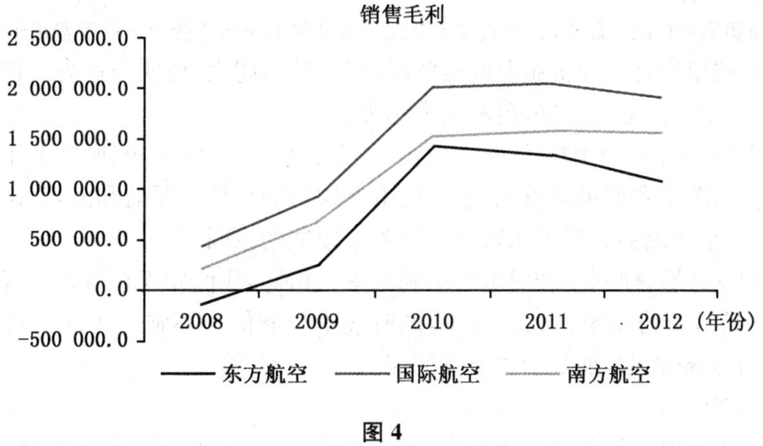

图 4

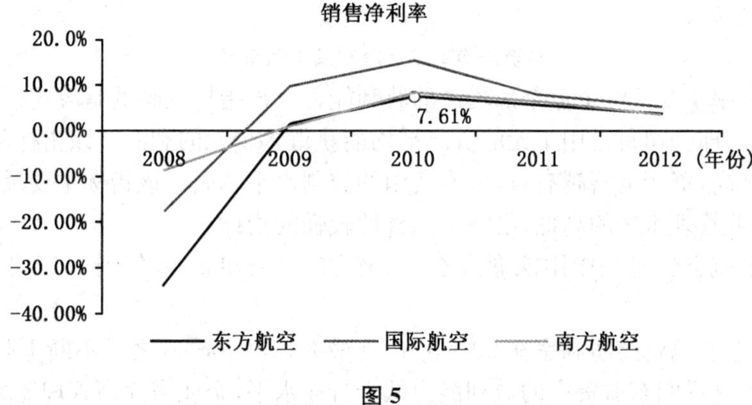

图 5

动折线图。

从图 5 中可看出，东方航空公司销售净利率在 2010 年达到最高点 7.61%，之后略有下降，并仍低于其他两家航空公司。这说明东方航空公司销售获利能力较弱，主要是由于东航销售收入比较低，而成本费用相对较高，最终导致销售净利率低于国航和南航。这也可以从成本费用利润率中看出来(见图 6)。

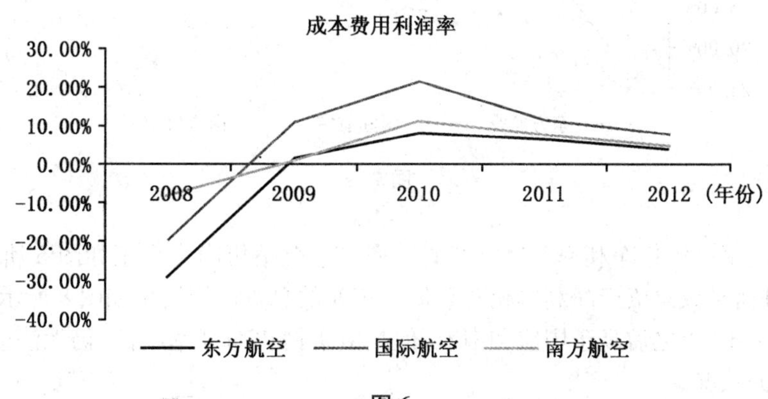

图 6

3. 成本费用利润率

成本费用利润率＝利润总额÷(营业成本＋营业税金及附加＋销售费用＋管理费用＋财务费用)

该指标从耗费角度补充评价企业收益状况，指标数值越大，说明企业为取得收益所付出的代价越小，企业成本控制能力越好，盈利能力越强。

图6是东方航空公司、中国国际航空公司、南方航空公司2008年到2012年成本费用利润率变动折线图。从图中我们可以看到，东航成本费用利润率低于国航和南航，说明东航成本控制能力较差，这也是从侧面说明了东航销售净利率较低的原因。

从销售毛利率、销售净利率和成本费用利润率三指标，我们发现东航在销售方面的盈利能力较差，这主要是由于公司销售收入较少，同时成本控制能力不强。建议公司应该增加销售额，同时注意企业内部控制，加强增收节支的能力。

(二)投资盈利能力

投资盈利能力主要通过资产与利润的对比关系，反映企业资产为企业带来收益的能力。主要指标有:总资产净利率、权益净利率。

1. 总资产净利率

总资产净利率＝净利润÷总资产

总资产净利率主要反映企业全部资产的获利能力。该指标反映的是公司运用全部资产所获得利润的水平，即公司每占用1元的资产平均能获得多少元的利润。该指标越高，表明公司投入产出水平越高，资产运营越有效，成本费用的控制水平越高。该指标主要反映企业的经营方针，体现出企业管理水平的高低，是一个综合性较强的指标。

图7是东方航空公司、中国国际航空公司、南方航空公司2008年到2012年总资产净利率变动折线图。

图7表明，东航总资产净利率在2010年达到最大，为5.66%，之后不断下降，并且一直低于国航和南航。这说明东航资产的盈利能力低于行业水平，企业需提高管理能力。

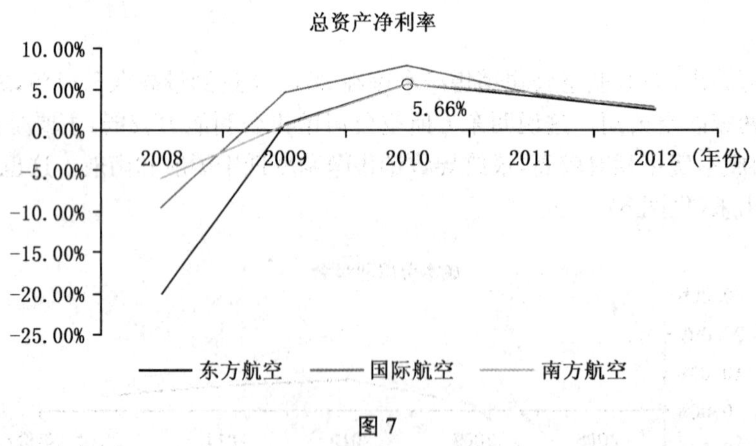

图7

总资产净利率＝销售净利率×总资产周转率。东航销售净利率正如图5所示，明显低于国航和南航，进而导致总资产净利率相对较低。东航的总资产周转率如图8所示，虽然东航总资产周转率在2010年之后高于国航和南航，但是由于销售净利率较低，仍无法改变东航总资产净利率较低的状况。

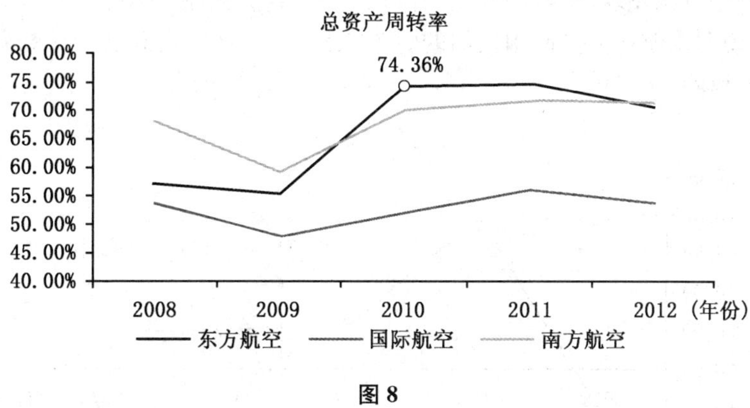

图 8

2. 权益净利率及其分解

权益净利率＝净利润÷所有者权益

权益净利率体现了投资者投入公司的自有资本获取净收益的能力，突出反映了投资与报酬的关系，是评价企业资本经营效益的核心指标。该指标越高，说明投资带来的收益越高；净资产收益率越低，说明企业所有者权益的获利能力越弱。

图 9 是东方航空公司、中国国际航空公司、南方航空公司 2008 年到 2012 年权益净利率变动折线图。由于东航在 2008 年销售净利率和所有者权益均为负，因此图中未列出 2008 年东航的权益净利率。

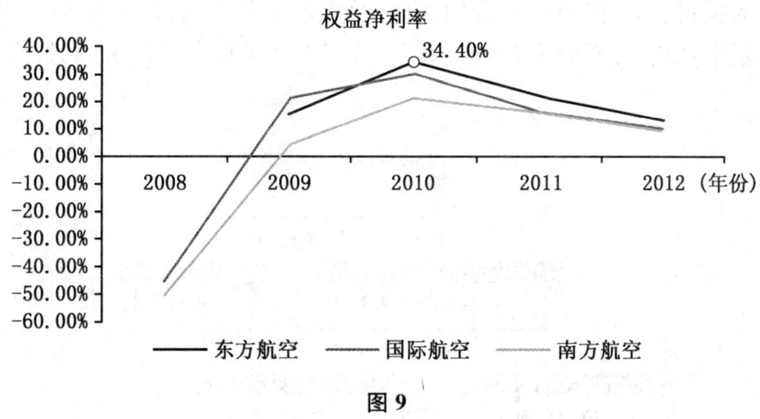

图 9

东航之所以在 2008 年出现负的所有者权益，是因为东航 2008 年所签署的燃油期权套期保值合约随航油价格大幅震荡而出现巨额亏损。东航因此在 2008 年借入短期借款和长期借款。

图 9 表明东航权益净利率虽然自 2010 年的 34.40％略有下降，但是总体上东航权益净利率要明显高于国航和南航。权益净利率主要取决于总资产净利率和权益乘数。根据图 7，东航的总资产净利率要低于国航和南航，这说明东航的权益乘数较高，最终导致东航的权益净利率高于南航和国航。

权益乘数＝总资产÷所有者权益。权益乘数越高，公司的负债程度越高，负债对总资产的杠杆作用越强，但同时财务风险也越大。

图 10 是东方航空公司、中国国际航空公司、南方航空公司 2008 年到 2012 年权益乘数变

动折线图。从图中可以发现，东航的权益乘数在2009年大幅上升，虽然之后下降，但是仍高于国航和南航，这说明东航在大量使用负债的财务杠杆作用，从而提高公司的权益净利率，但也同时带来了财务风险。

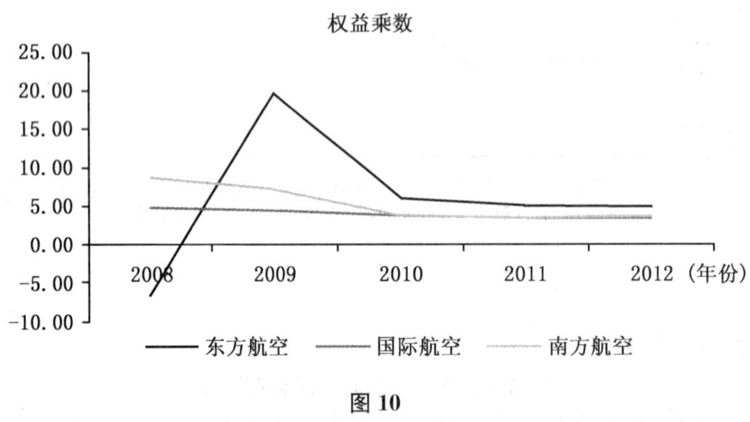

图10

为了便于对投资盈利能力进行清楚的分析，我们将采用杜邦分析体系对权益净利率进行分析，如图11所示。

权益净利率取决于总资产净利率和权益乘数，总资产净利率又取决于销售净利率和总资产周转率。虽然东航权益乘数高于国航和南航，但是由于东航总资产净利率低于国航和南航，东航权益净利率较低。而总资产净利率较低是由于东航的销售净利率低于其他两家公司。因此，东航应该扩大销售收入，降低成本费用，提高总资产净利率；合理安排资产结构，增强企业获利能力；改善资本结构，注意财务杠杆的利用，同时在增大杠杆作用的同时，注意企业的财务风险状况。

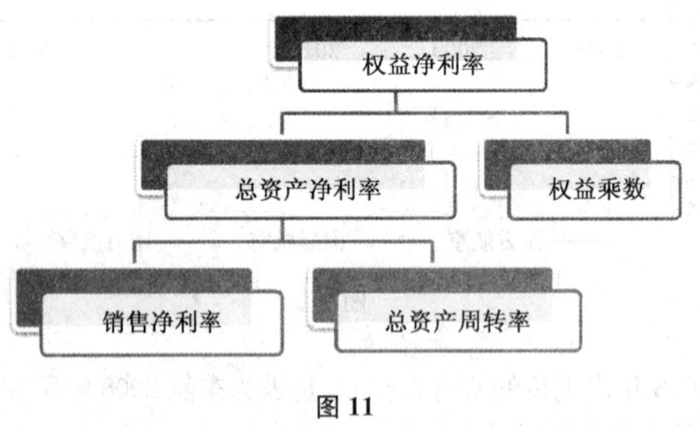

图11

（三）市场表现能力

由于上市公司自身特点，其盈利能力分析除了可以通过一般盈利能力的指标分析外，还应该进行一些特殊指标分析，特别是一些与企业股票价格或市场价值相关的指标分析，主要指标包括每股收益、每股净资产、市盈率和市净率。

1. 每股收益

每股收益＝净利润÷发行在外普通股股数。每股收益通常被用来反映企业的经营成果，衡量普通股的获利能力及投资风险，是投资者等信息使用者据以评价企业盈利能力、预测企业成长潜力,进而做出相关投资决策的重要财务指标之一。在其他因素不变的情况下,每股收益越大,企业获利能力越强。

图 12 是东方航空公司、中国国际航空公司、南方航空公司 2008 年到 2012 年每股收益变动折线图。

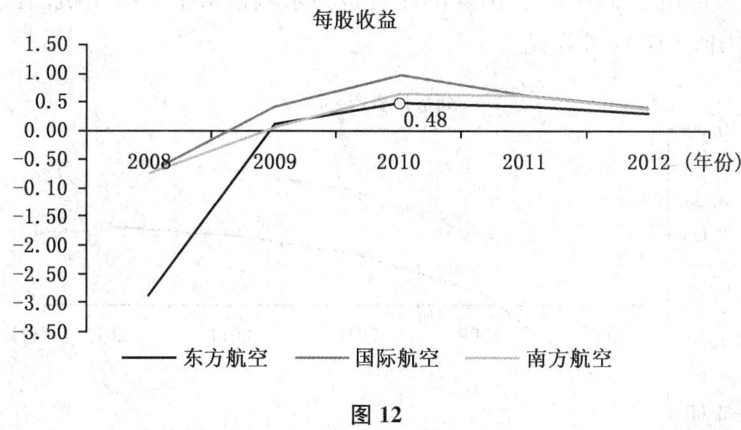

图 12

从图中可以看出,东航每股收益虽然有所增长,但仍然低于国航和南航。结合东航的销售净利率、总资产净利率和权益净利率,均反映出东航盈利能力较差。

2. 市盈率

市盈率=每股市价÷每股收益。市盈率反映投资者对该种股票每元利润所愿意支付的价格,反映公司盈利和对公司长远发展的信心。市盈率过高或过低都是风险加大的表现。

图 13 是东航、国航、南航 2008～2012 年市盈率变化折线图。

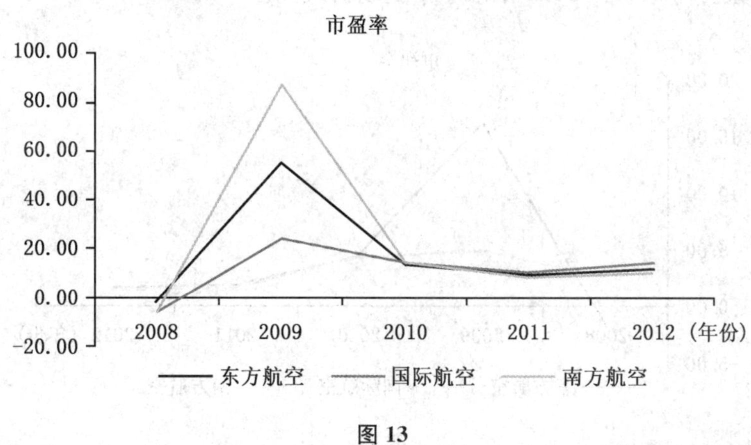

图 13

图 13 表明,东航、国航和南航市盈率相差不大,除了 2009 年由于燃油的大幅波动导致股价变动外,其余年份三家公司的市盈率基本一致。

3. 每股净资产

每股净资产=(所有者权益－优先股权益)÷发行在外普通股股数。该指标反映了发行在外的每股普通股所代表的企业股东权益的价值。在投资人看来,该指标与每股市价的差额是企业的一种潜力。股票市价高于账面价值越多,越是表明投资者认为这个企业有希望、有潜力;否则,说明市场不看好该企业。

图 14 是三家公司 2008~2012 年每股净资产变动折线图。三家公司中,东航的每股净资产远低于国航和南航。这主要是由于东航 2008 年负债增加,导致所有者权益出现负值。2009 年各盈利指标均有所回升,东航扭亏为盈。此时每股净资产也由负转正,除了自身盈利能力增强外,2009 年东航退租了 6 架飞机,国家的注资也为东航带来了一线生机。虽然之后每股净资产在增加,但仍低于国航和南航。

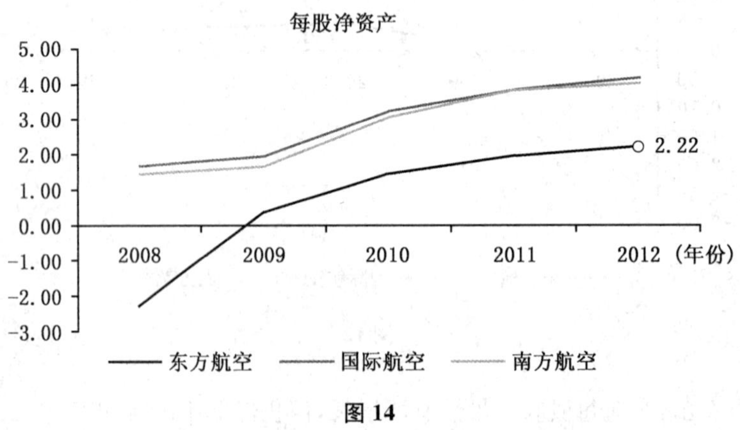

图 14

4. 市净率

市净率=每股市价÷每股净资产

市净率可用于投资分析,一般来说市净率较低的股票,投资价值较高,相反,则投资价值较低。

图 15 是三家公司 2008~2012 年市净率变动折线图。

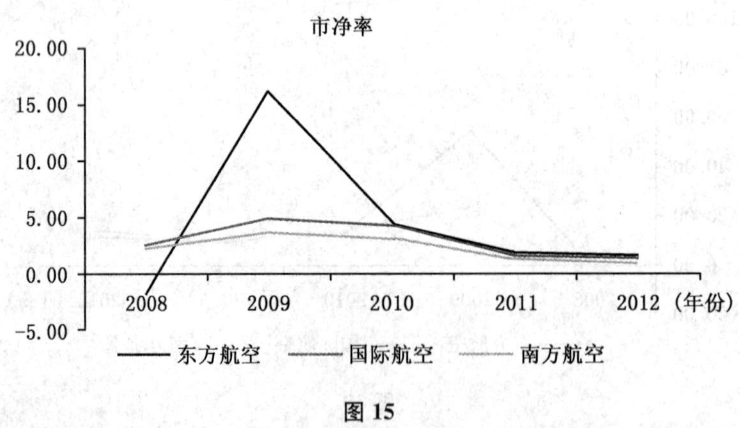

图 15

从图中可看出,东航的市净率一直高于国航和南航,说明市场仍看好东航。这主要是由于 2009 年后航油套期保值冲回和民航建设返还,预计航空业有望维持景气。此外,东航和上航合并将改善东航主战场的竞争格局,也增加了投资者对东航的信心。

总体上讲,东航盈利能力相比国航和南航仍比较弱,销售能力较差,成本控制能力较弱,经营状况不稳定,企业管理水平有待提高。此外,东航受外界环境影响较大,应加强企业的稳定性。由于航空业是高投资、高风险、低回报的行业,所以东航还面临巨大挑战。

(四)改进的综合分析体系

由于东方航空2008年套期保值业务失利,导致巨额亏损,很多盈利指标计算得出的结果没有意义,故综合分析从2009年开始。

1. 数据说明

(1)为重构管理用资产负债表和管理用利润表(参见附表),本分析中采用的数据均来自公司年报中审计报告的相关数据。

(2)管理用资产负债表中,将货币资金均归入经营资产,应收应付票据均默认带息,并归入金融资产、负债。

(3)管理用利润表中,经营利润所得税费用、利息费用减少所得税的计算,将财务费用分为利息费用和汇兑收益及其他两部分分别计算。

2. 符号说明

ROE表示权益净利率,A表示净经营资产利润率,B表示净利息率,C表示净财务杠杆,D表示经营利润率,E表示净经营资产周转率,F表示经营差异率

3. 分析过程

表1　　**改进的财务分析体系计算表**

主要财务比率		2009年	2010年	2011年	2012年
1	经营利润率(经营利润/销售收入)	5.01%	9.46%	7.32%	5.50%
2	净经营资产周转次数(销售收入/净经营资产)	1.05	1.26	1.24	1.20
3	净经营资产利润率=(1×2)	5.24%	11.90%	9.08%	6.61%
4	净利息率(净利息/净负债)	4.17%	3.23%	2.73%	3.04%
5	经营差异率=(3-4)	1.07%	8.67%	6.35%	3.56%
6	净财务杠杆(净负债/股东权益)	9.55	2.60	2.06	1.84
7	杠杆贡献率=(5×6)	10.24%	22.51%	13.06%	6.57%
8	权益净利率=3+7	15.48%	34.40%	22.14%	13.18%

(1)针对权益净利率的变化分析

核心公式:权益净利率=净经营资产利润率+(净经营资产利润率-净利息率)×净财务杠杆

利用连环替代法分析,结果如下:

表2

	2010年	2011年	2012年
净经营资产利润率变动的影响	70.23%	-10.13%	-7.56%
净利息变动的影响	8.98%	1.28%	-0.64%
净财务杠杆变动的影响	-60.28%	-3.42%	-0.76%
综合影响	18.93%	-12.27%	-8.96%

由上表可知,影响公司权益净利率的主要因素是净经营资产利润率和净财务杠杆,并且净经营资产利润率是影响权益净利率程度最大的因素。综合三者的影响,权益净利率在2010年

出现异常高速增长后逐年回落。

其中：2010 年净经营资产利润率出现了异常的高速增长，随后逐年回落；2010 年净财务杠杆出现了异常的大幅下降，随后逐年缓慢回落。

(2)针对净经营资产利润率的变化分析

核心公式：净经营资产利润率＝经营利润率×净经营资产周转率

利用差量法分析，结果如下：

表 3

	2010 年	2011 年	2012 年
经营利润率变动的影响	4.65％	－2.69％	－2.26％
净经营资产周转率变动的影响	2.01％	－0.12％	－0.22％
综合影响	6.66％	－2.82％	－2.47％

2010 年净经营资产利润率的高速增长得益于经营利润率和净经营资产周转次数的同步增长，即公司开源节流，增强了获利能力，并且加速了资产周转，提高了运营效率。

2011 年和 2012 年，公司的经营利润率均是导致净经营资产利润率下降的主要原因，即：相较于 2010 年，公司的获利能力稍显下降，而资产周转相对稳定。

根据其年报显示，具体情况如下：

2010 年，收入方面，全球民航业逐渐摆脱金融危机阴影开始稳步回升，中国航空业需求强劲，加之公司把握东上整合机遇、借助世博会商机，取得了历史上最好的经营业绩；成本费用方面，公司积极调整债务结构，控制贷款规模，加大集中采购力度，严控成本，严格预算管理，全方位、多角度地控制成本；同时，由于公司优化了生产运营所需的基础架构及通信网络，提升了公司的运营效率和管理能力。

2011 年，收入方面，受全球经济下滑、欧美消费疲软以及日本地震等因素影响，国际航空运输市场需求放缓，影响了公司的国际业务，同时，航油价格持续高位震荡、高铁分流等因素也影响了国内业务，因此收入增速放缓；成本费用方面，公司虽然采取了一系列措施，但由于刚性费用占比较大，故而使得经营利润率有所回落；虽然公司尽力调整运力布局以提高资产周转率，但需求的下降从根本上影响了运营效率。

2012 年，收入方面，延续了上一年国内外需求疲软的态势，收入增速进一步放缓；成本费用方面，虽然综合"营改增"对收入和支出两方面的影响后，为公司带来了利润，但高位运行的油价和刚性费用的存在，使得利润率继续回落；同上年情况差不多，公司的运营效率也有小幅下降。

(3)针对经营差异率的变化分析

核心公式：经营差异率＝净经营资产利润率－净利息率

利用差量法分析，结果如下：

表 4

	2010 年	2011 年	2012 年
净经营资产利润率变动的影响	6.66％	－2.82％	－2.47％
净利息率变动的影响	－0.94％	－0.49％	0.31％
综合影响	7.60％	－2.32％	－2.79％

作为连接金融活动与经营活动的桥梁，自2010年后，经营差异率均呈现下降趋势，其中：2010年利润率的上升及利息率的下降共同促使经营差异率的提高，而2011年，利润率开始下降，2011年利息率的下降仍不足以弥补利润率的下降，2012年利息率也开始上升，使得经营差异率进一步下降。

据年报显示，其具体情况如下：

2010年，金融方面，公司积极调整债务结构，争取优惠利率，并且通过对利率掉期协议等金融工具的使用，在一定程度上降低了公司的利息率；经营方面，凭借民航业复苏和世博会的良好契机，在提升公司营销能力的同时，有效控制了成本，并加强了信息化建设，使得公司经营活动利润率有所提高。

2011年，金融方面，公司除了继续调整债务结构以增加汇兑收益外，还积极拓展融资方式，通过在中国香港发行人民币债券以减少财务费用，从而降低了公司的利息率；经营方面，由于受国内外不利因素的影响，公司经营活动并不理想。

2012年，金融方面，虽然公司除了继续利用多种金融工具降低财务成本外，还发行了超短期融资券，综合融资成本低于市场基准利率，但除去金融工具的影响后，利息率还是有了小幅上涨；经营方面，本年经营水平在上年的基础上进一步下降。

(4)针对杠杆贡献率的变化分析

核心公式：杠杆贡献率＝经营差异率×净财务杠杆

利用差量法分析，结果如下：

表5

	2010年	2011年	2012年
经营差异率变动的影响	72.55%	－6.03%	－5.73%
净财务杠杆变动的影响	－60.28%	－3.42%	－0.76%
综合影响	12.27%	－9.45%	－6.48%

从上述结果可以看出，公司2010年经营活动对杠杆贡献率起主要支撑作用，甚至抵消了因调整资产结构而产生的负面影响。但2011年和2012年公司的两项活动均不理想。

(5)总述

2010年，公司经营活动情况明显好于金融活动，具体表现为：由于吸收合并上航以及受经济回暖和上海世博会的积极影响，总体销售承运上升；虽然吸收合并上航也使得成本费用有所上升，但公司仍致力于成本控制和预算管理，使得收入增长速度快于成本上升速度，最终利润率得以上升；自2008年套期保值业务导致巨额亏损后，公司一直努力调整债务结构，降低杠杆，虽然从比率上来看，金融活动对指标的贡献是负面的，但是从实质上来看，杠杆回归到合理水平，从一定程度上降低公司的财务风险，是较好的表现。

2011年和2012年，公司经营活动和金融活动均不理想，并且经营活动的不利影响更严重。具体表现为：受全球经济下滑、国际市场消费疲软、国内市场高铁分流等因素影响，销售整体疲软，增速逐年放缓；由于航油价格持续高位震荡，主要营业成本呈现刚性，最终导致利润率下降；虽然公司通过境内外市场发行中期、超短期债券试图扩大融资途径以求降低财务成本，但利息率在2012年出现了回升，并且降息并不能抵消利润的降低。

三、分析与总结

综合以上分析，我们发现东航盈利能力方面不甚理想，其销售能力较差，成本控制能力不强，导致公司盈利能力较弱。并且公司经营状况不稳定，受外界环境影响较大，企业的管理水平有待提高。基于航空业高投资、高风险、低回报的特点，东航在盈利能力方面面临巨大挑战。公司仍需在盈利能力方面有所提高，注意扩大销售和提升内部管理能力，同时加强对金融活动的监管和控制，才能具有更强大的竞争力。

附表 东方航空公司管理用资产负债表 单位：千元

	2009 年	2010 年	2011 年	2012 年
资产	72 018 681	100 810 117	112 215 152	120 962 479
金融资产	4 053	92 749	28 042	32 338
交易性金融资产	3 490	71 051	4 365	18 074
可供出售金融资产	563	5 469	2 344	1 955
应收票据(付息)	0	0	0	6 000
应收利息	0	16 229	21 333	6 309
经营资产	72 014 628	100 717 368	112 187 110	120 930 141
负债	68 405 553	84 233 940	90 069 739	95 919 837
金融负债	34 496 869	43 114 827	45 568 484	46 218 158
短期借款	8 406 606	11 193 078	11 453 880	8 880 244
交易性金融负债	1 129 631	316 407	332 984	340 149
应付票据(付息)	4 970 274	1 475 458	47 746	250 000
应付利息	133 966	157 984	179 792	237 421
一年内到期的长期负债	6 851 518	6 616 903	9 950 619	13 414 181
长期借款	13 004 874	23 354 997	21 103 463	20 596 163
应付债券	0	0	2 500 000	2 500 000
经营负债	33 908 684	41 119 113	44 501 255	49 701 679
所有者权益	3 613 128	16 576 177	22 145 413	25 042 642
净经营资产	38 105 944	59 598 255	67 685 855	71 228 462
净负债	34 492 816	43 022 078	45 540 442	46 185 820
所有者权益	3 613 128	16 576 177	22 145 413	25 042 642

数据来源：公司年报。

东方航空公司管理用利润表 单位：千元

	2009 年	2010 年	2011 年	2012 年
经营活动				
营业收入	39 831 331	74 958 108	83 974 505	85 569 250
减：营业成本	(37 248 315)	(60 726 601)	(70 447 837)	(74 700 310)
营业税及附加	(1 018 791)	(1 462 770)	(1 803 091)	(670 131)
营业费用	(2 969 537)	(5 324 601)	(5 406 103)	(5 443 022)

续表

	2009 年	2010 年	2011 年	2012 年
管理费用	(1 538 857)	(2 656 326)	(2 576 470)	(2 743 290)
主要经营利润	(2 944 169)	4 787 810	3 741 004	2 012 497
减:资产减值损失	(118 224)	(427 061)	(799 364)	20 339
加:公允价值变动收益	3 774 688	833 384	86 851	24 831
投资收益	(22 749)	119 363	128 122	234 058
汇兑收益及其他	5379	990023	1752166	32368
税前营业利润	694 925	6 303 519	4 908 779	2 324 093
加:营业外收入	1 604 096	1 093 164	1 598 522	2 711 511
减:营业外支出	(14 185)	(134 278)	(28 493)	(23 239)
税前经营利润	2 284 836	7 262 405	6 478 808	5 012 365
减:经营利润所得税	(288 670)	(171 800)	(332 517)	(306 999)
税后经营利润	1 996 166	7 090 605	6 146 291	4 705 366
金融活动				
税前利息费用	－1644715	－1421312	－1311094	－1496709
利息费用减少的所得税	(207 796)	(33 623)	(67 290)	(91 671)
税后利息	(1 436 919)	(1 387 689)	(1 243 804)	(1 405 038)
净利润	559 247	5 702 916	4 902 487	3 300 328

数据来源:公司年报。

第十一章

预算管理的基本内涵

第一节 预算及预算管理的概念及职能

一、预算及预算管理的概念

企业的整体经营目标是通过企业战略的形式表现出来的。而财务战略主要解决企业战略实现所需要的资金来源、资金投向以及资金分配等问题。一方面，在投资方向的选择上，财务管理要评价投资项目的可行性和经济效益，为决策提供依据；另一方面，在公司的日常运营过程中，应将公司战略细化为一定期间的运营计划，并从资金流的角度对经营计划进行落实，形成财务计划。预算就是在这两者的基础上，对已经选定的投资方案和日常财务计划统一以货币的形式进行综合和概括，借以总括地反映企业在一定时期内所应实现的目标和完成的任务。预算是将资本计划和运营计划进行进一步的分解，使之具体化为企业内部各管理部门、各分支机构的目标，并以此目标作为各部门、各分支机构日常工作的参照标准和事后业绩评价的依据，通常表现为货币化的计划。但是企业的预算与计划是有区别的。一般来说，计划是协调、使用企业内、外部资源的安排；而预算则是计划的正式、数量化的表述形式，它提供了一个衡量实际业绩的基准点，是阶段性、分类别的经营及财务计划，是一整套详细的经营日程和财务报表，包括有关的财务预测在内。

预算管理（又称预算控制）就是将企业的决策目标及其资源配置规划加以量化并使之得以实现的内部管理活动或过程。具体是指在企业资本计划和运营计划的指导下，为企业各项业务以及执行各项业务的责任主体确定明确的目标，并通过预算目标和实际的比较及差异分析，评定各管理者、各部门的业绩，实施激励制度，从而实现公司的战略目标、经营计划和日常业务的紧密结合。通过预算管理的约束手段，可以有效地规范投资者和管理者、管理者和各部门员工之间的关系；通过预算管理中的激励机制，明确公司内部各部门、各员工的责、权、利关系，有利于提高公司管理效率和实现公司的运营目标；通过预算管理的资源配置和控制手段，可以使企业的资源获得最佳生产率和获利率。因此，预算管理已经成为管理者不可或缺的管理手段和用于实现公司发展目标的有力工具。

二、预算管理的职能

随着公司面临的外部环境的不断变化,预算管理也在不断发展完善,预算管理的职能也随着预算理论的发展而发展。在不同的发展阶段,预算的职能也不尽相同。从我国目前的实际情况来看,预算管理大概具有以下几种职能:规划职能、沟通与协调职能、业绩考评职能。

(一)规划职能

规划是综合性的计划,包括目标、程序、规章制度、任务的分配、需要采取的步骤、人力资源和其他资源的分配及为完成任务所需要的其他因素。为了实现公司的经营目标,就必须进行综合计划,而全面预算就是编制这种综合计划。

预算管理所具有的规划职能体现在:预算编制中的总目标就是公司在未来一定时间的经营总计划,体现了公司在未来一定时间内的特定目标;而各项分预算就是各个部门的责任计划,体现了各部门在将来一定时间内需要完成的任务。

(二)沟通与协调职能

公司在实现经营目标的过程中,需要各部门之间相互的协调配合及信息的良好沟通。只有各部门的经营目标和公司总的经营目标从根本上保持一致,才能保证公司总经营目标的实现。

预算管理的沟通协调职能主要体现在:

(1)预算管理过程,是企业各层次、各部门信息相互传达的过程。预算管理为企业内部各种管理信息的沟通提供了正式和有效的途径,有助于企业上下互动、左右协调,提高企业的运营效率。

(2)协调公司内部各层次、各部门之间的关系。由于各部门的职能不同,往往会存在相互冲突的现象。而预算是综合性的计划,可以充分考虑到各部门的实际情况,因此是协调各部门工作的最佳办法。

(3)协调公司整体与各层次、各部门之间的关系。通过预算的编制,各级管理人员可以清晰地了解到公司总的经营目标和本部门具体目标之间的关系,了解本部门在公司整体中所处的地位和作用,从而协调好自身发展和公司整体发展之间的关系。

(三)业绩考评职能

预算是考核评价公司及其各层次、各部门业绩的尺度,预算中的各项数据提供了评价部门和员工实绩的客观标准。通过对实际完成情况和预算情况的比较和差异分析,可以得出对公司各部门、各员工的业绩评价,从而可以通过一定的激励措施提高各部门、各员工的工作的努力程度。

三、预算管理的作用

(一)预算管理的积极作用

预算管理是公司各级、各部门工作的奋斗目标、协调工具、控制标准、考核依据,在经营管理中发挥着重大作用,因此是一种非常有效的管理制度。在企业的经营管理中,预算的积极作用主要体现在以下几个方面:

1. 预算具有帮助决策的作用

在预算体系中,知识和信息被重新分类、总结,并通过向拥有决策权的管理人员传递这些知识和信息的方式来协助决策的制定。企业的预算建立在各种预期值的基础上，而这种预期大多数是针对公司各类战略性元素进行的。对这些战略性元素的预测必须建立在对业务的准确把握的基础上，而企业的管理人员并不一定拥有对业务进行准确预测的相关信息和知识，这就需要将位于企业较低管理级次的知识和信息向拥有决策权的管理人员进行传递。此外，在这些预期基础之上，管理人员还必须运用一些关键性的假设来编制企业预算。关键性计划假设在某种程度上反映了那些超出管理人员的控制能力的因素，并且对公司的总体活动设定了一个限制范围。预算则可以将这些关键性的计划、假设通过数据的形式进行归集并传递给管理人员，从而帮助管理人员做出相关决策。通过相关信息的传递，预算促进了公司决策工作的开展与完善，减少了公司经营风险与财务风险。预算能促使公司的各级管理者提前做出决策，避免盲目地发展，遭受不必要的经营风险和财务风险。实际上，预算的执行过程，就是公司不断使其战略决策和自身的经营环境、拥有的战略资源保持平衡的动态过程。

2. 预算具有科学管理的作用

企业财务预算主要反映资金收支情况。其中现金流量预算把每月、每周甚至每天的现金收入和支出列出明细计划，以便使管理者能确保某一时期目标的实现。利用现金预算控制方法，便于企业掌握多余现金的使用情况，避免企业可观的利润都以库存、机器或其他非现金积压下来，从而为剩余现金编制投资计划提供依据。投资预算主要反映购买新厂、新机器设备、新技术专利、地产等方面的投资计划。营业预算反映了一个企业某一时期收入和支出的内容与数量。资产负债表预算能起到衡量所有其他预算的精确度的作用，预算汇总表向最高主管部门表明公司在总体上实现其目标的进展情况，也就是说，预算反映了经营管理的方方面面，为企业实行科学管理提供了基础。

预算的科学管理主要表现在以下几个方面：

首先，预算在促进公司各级别、各部门明确各自目标的同时，促进了公司内部各部门之间的合作和交流，减少了相互之间的冲突和矛盾，使公司内部各职能部门之间的关系更加协调。

其次，预算管理通过对公司总目标的层层分解，对公司各部门、每个员工的日常活动进行了规范，使公司的日常经营活动有目标可以遵循。而各部门、各员工努力工作实现各自的目标的过程，同时也是实现公司总目标的过程。

同时，预算管理还可以从企业的角度来协调与控制企业财务和运营风险，通过完善的信用机制、付款机制及库存资金占用机制的控制，重点解决企业在经营中所碰到的应收款难以收回、存货积压和资金短缺并存等问题，有意识地将企业运营财务风险控制在合理的范围之内。

总之，根据企业经营目标而制订的企业预算，贯穿于企业经营全过程，着眼于企业全局，只要经过科学地预测，制订出最佳预算方案，合理挖掘现有资源潜力，有效控制预算的执行，即可达到科学管理、进一步提高企业综合盈利能力的目的。

3. 预算具有控制的作用

在企业预算管理的全过程中，控制始终贯穿于其中。预算目标一经确定，就应成为其执行责任主体的财务控制目标，任何部门、每个员工都必须严格遵照执行。预算的事前控制体现在企业预算目标的测算、确定和编制；预算的事中控制则体现在预算的执行过程中，各部门都要处处以预算作为各自努力的方向和工作的标准，因而无形之中预算就充当了业务控制的标准；而预算的事后控制，是企业对预算差异的评价和考核，以及寻求改进、调整企业经济活动的措施，也就是说，如果公司经营活动的实际结果与预算产生了差异，公司的管理人员应该通过分析产生差异的原因来提出改进措施，并且这些措施将成为下期公司预算的控制标准。

4. 预算具有业绩考核、激励的作用

企业通过预算管理，可将预算目标分层次、分部门地分解到企业各个职能部门，并进而细化到每个部门、每个员工。每个员工将本部门、本人的预算指标作为自己在预算（计划）期间的奋斗目标。而预算目标又与经济鼓励挂起钩来，经济鼓励也在预算体系中体现出来，使企业各个部门、每个员工都了解本部门的经济活动与企业整个预算目标之间的关系，激励各个部门、每个员工努力为实现预算目标而工作。由于企业预算是经过自上而下、自下而上的编制过程，企业预算所要达到的意图以及为之应采取的方法、激励措施在编制过程中得到充分讨论，因此，预算目标是经过一定的努力可以达到的，具有一定的激励作用。

根据企业总体预算目标分解和细化以后的各个分级、分部门的预算指标，是对部门、员工进行奖惩、人事任免的主要依据之一。企业通过将实际情况与预算进行比较，了解各个部门预算执行情况的好坏，对各个部门及每位员工的工作业绩进行评价和考核，全面、综合分析预算执行差异的原因，分析其中的历史变化趋势因素，分析其中的客观环境因素以及各部门（员工）自身的主观因素，科学合理的预算业绩评价方法促使企业在市场竞争激烈、企业环境多变的情况下努力改进管理，使每个部门能认真思考自己的功过得失，不断地改进自己的工作。

从上面的分析可以看出，预算为公司的业绩评价提供了标准，便于考核。编制预算便于对各部门实施量化的考核和激励制度，也方便了对员工的激励与控制。

（二）预算管理的消极作用

虽然预算管理制度是一项非常有效的管理制度，在企业的经营管理中发挥着其他管理制度不可替代的积极作用。但是，预算管理也存在着一些不易察觉的消极作用，主要体现在以下几个方面：

1. 预算的目标偏差

由于预算是以定量的形式反映企业的详细经营计划，事无巨细，都要安排，因此预算最明显的消极作用在于它忽视了一些重要的因素，有可能导致一些组织只关注次要项目。比如有关费用控制的预算就忽略了对一些重要项目的关注，如费用控制的效果。也就是说，费用预算能够反映出花费在服务上的财务资源，但却不能反映出这种服务为客户带来的价值。

2. 预算的效率偏差

由于资源是有限的，在对限制性资源做出选择性决策时，预算有可能失去效率，例如，如果选择销售数量的业务预算指标作为考核销售人员业绩的主要指标，并以此为基础设计销售人员的薪酬方案，那么销售人员有可能为了吸引边缘性客户，而把价格降得过低，这会影响预算管理的效率。

3. 预算管理重点的偏差

不同的预算管理的重点并不完全相同。如基础性预算的管理重心在于注重生产经营过程中的产出成本，限制预算的管理重心在于提高资源的使用效率，标杆预算的管理重点在于改进预算的绩效等。因此当同时面临不同的预算管理时，预算执行部门将会难以适从。

4. 预算管理的目标换位

从整体来说，各层次和各部门的预算执行组织的责任目标与企业的总预算目标、各层次和各部门局部利益与企业的整体利益应当是一致的。但当企业的总预算目标分解为各责任目标，并作为考核依据后，各层次、各部门预算执行组织追求局部利益最大化的问题就可能出现，这种倾向的结果将导致各层次、各部门预算执行组织以自身责任目标最优化取代企业整体目标最优化的矛盾，即可能出现管理目标换位的现象。

为解决这种问题,需要处理好企业预算总目标与责任中心之间的衔接关系,合理有效地分解企业预算总目标,使各预算执行组织的预算指标能较好地体现企业总预算目标的要求,同时要完善对各预算执行组织预算完成情况的评价标准及考核方法,使各责任中心既相对独立,又能互相协作,提高预算控制的整体效率。

四、预算观及其种类

预算观是指企业管理当局在进行预算管理和创新时所应遵循的逻辑思维方式和基本观念。通常情况下,预算观可分为两种:任务导向的预算观和结果导向的预算观。

1. 任务导向的预算观

任务导向的预算观是许多企业在预算管理实践过程中所采用的基本观念,它从企业日常经营管理工作出发,并在此基础上做出资源分配决策和评价相应责任中心的工作业绩。

(1)任务导向预算观的特点。如前所述,任务导向预算观关注的重点是预算体系所应支持的工作或任务。它从预算期企业应完成的目标出发,将之以预算指标的形式细化分解为各个下属责任中心的工作目标。从这一意义上讲,任务导向的预算体系更大程度上表现为一套预算指标,它以企业管理当局设定的企业目标为起点,在此基础上形成整个企业的预算目标,并自上而下地将之层层分解为各基层责任中心的工作任务和预算目标。总的来说,它更多体现的是行政命令式的自上而下的目标下达过程。

(2)任务导向预算管理的一般步骤。一般来说,任务导向的预算管理应大体遵照如下的流程:①了解市场状况,并以企业设想的目标来设立预算期企业经营的总目标和战略规划。②围绕企业经营目标和战略规划确定企业整体的预算目标。③确定各基层部门的任务目标和预算目标,并加以综合平衡。④对预算的完成情况进行阶段性的检查评估,评估的主要依据就是工作任务的完成情况。⑤如果阶段性评估工作比较令人满意,则按原定目标继续执行预算;如果阶段性评估结果不尽如人意,则应分析产生差异的原因,若是因为原制定的预算目标不符合企业的实际经营环境和经营情况,则应针对各部门的任务目标对预算进行调整。

2. 结果导向的预算观

结果导向的预算观从企业价值创造的根据即顾客需求的满足和顾客价值的创造出发,设定各责任中心的绩效指标,并在此基础上确定其预算目标,经企业综合平衡后即下达执行。

(1)结果导向预算观的特点。结果导向预算观关注的重点是企业最终价值的创造,它要求企业各级责任部门树立顾客价值导向的理念,在其预算目标设定和执行过程中始终以顾客价值的创造为导向。从这一意义上讲,结果导向的预算观可以有效地避免由于仅仅关注企业内部运作和工作目标而给各部门工作带来的不协调,它将顾客价值创造的理念以预算的形式纳入组织运作过程中。一般来说,结果导向的预算观较能接纳来自价值创造基层部门的意见,参与式预算和上下结合的预算制定方式较能支持此种预算观念的落实。

(2)结果导向预算管理的一般步骤。一般来说,结果导向的预算管理应大体遵照如下的流程:①从顾客的角度出发确定顾客价值创造的重点。②分析各责任中心有可能影响顾客价值创造的各类因素,并确定其预算期内的工作重点和改进目标。③制定具体的任务业绩目标,并提出支持顾客价值创造和部门任务业绩的预算草案。④企业最高管理当局综合平衡各部门的预算草案,并以顾客价值创造为标准对之进行综合平衡并下达执行。⑤对预算执行过程和结果进行定期评估,并适时进行调整。

第二节　预算管理的产生与发展

一、产生期(19世纪～20世纪20年代)

最早将预算作为管理手段应用于企业的是美国。第一次世界大战后，美国工业生产得到了急速的发展，企业规模的扩大使管理人员增加，产生了分权化管理，如何使管理分权而又不失控制成为一个突出问题。同时，企业生产规模的盲目扩大也导致一些企业出现了生产过剩、产品销路不畅等现象。这些问题和现象迫使企业管理者开始寻求对市场进行预测、计划其生产能力与销售、协调部门间经济活动的方法，于是一些企业管理者将预算引入企业管理，以此来计划、协调、控制企业的经济活动。20世纪初泰罗(F. W. Taylor)创建了"科学管理"学说，促进了美国企业管理水平的提高，对科学管理原理的探讨与研究也促使了企业预算管理理论的进一步发展，如标准成本、差异分析等方法都成为预算管理中常用的方法。1921年美国政府公布了《预算与会计法案》，该法案通过后，实施效果良好。它使预算管理的职能被人们所了解，一些私营企业均采用预算，以强化企业管理，预算管理被提升到了一种社会性的必然地位。随后，预算管理成为一种重要的企业管理工具，其他国家如英国、日本、德国的一些企业开始仿效与采用，先后将预算制度应用于企业管理，同时一些学者也开始对预算管理理论进行研究。1922年麦金西(Mckinsey)出版了《预算控制》一书，将预算管理理论及方法从控制的角度进行了详细介绍，该书的出版标志着企业预算管理理论开始形成。在预算管理的产生期，预算管理作为协调、控制企业内各职能部门经济活动的管理方法受到人们的重视，企业对预算制度的关心度也开始提高。在20世纪20年代的美国经济发展时期，预算在企业得到了快速的普及。

二、发展期(20世纪30～70年代)

在产生期，预算管理以其协调、控制职能在企业管理中起到了重要的作用。此后，采用预算制度的企业开始增多，一些经济管理学者及会计学科的研究者也开始对预算制度进行进一步的探讨和研究。自20世纪30～70年代，企业预算管理在理论上得到了一定的发展。

第二次世界大战以后，科学技术的迅速发展和大规模地应用于生产，使社会生产力水平得到大幅度提高，社会化大生产促使资本主义企业进一步集中，出现了跨国公司，同时由于国际、国内竞争的日益激烈，出现了生产经营日趋复杂、市场竞争日趋激烈、企业利润率下降等现象，这些变化使企业迫切要求实现管理现代化。为了使企业在激烈的竞争中处于有利的地位，西方会计学中吸收了自20世纪20年代发展起来的一些专门用来提高企业内部经营管理水平和经济效益的方法，建立了数量化的财务管理模式，以帮助管理当局进行预测、决策、组织和控制生产，提高企业的竞争能力，如盈亏平衡点分析、弹性预算法、变动成本计算法，用于决策的差额分析法、现金流量分析法等。这些方法的产生也促进了预算制度的发展与完善，特别是盈亏平衡点分析理论的形成，使企业对成本、营业量、利润指标的分析被逐渐利用在各因素的变化对企业利润影响的事前预测上，管理者开始对影响企业利润的各因素的变化及其对利润的影响程度进行分析并制订出计划，针对计划检查各项改进方案，通过检查达到调整的目的，使会计对经济活动的事后反映和分析逐渐转化为事前的预测和决策。发展期企业管理者根据其计划编制的预算比产生期更加合理、科学。

20世纪40年代末期，企业的经营管理者逐渐认识到强化管理对企业的重要性，西方各种新的管理思想应运而生，各种新的管理学派及新的学科不断出现。这些新的管理思想和学科对预算管理产生了一定积极影响，其中影响较大的是组织行为学。预算管理在其发展过程中吸收了组织行为理论，一些实行预算管理的企业开始提倡和实行分权式的民主参与管理，也就是使预算的编制自上而下、自下而上地反复循环，使企业所有层次的管理者和关键岗位的人员都参与预算的编制，形成了参与型的预算管理。在预算编制过程中，参与型预算管理（以日本为代表）的预算执行者直接参与编制，从而使编制的预算更加接近实际，也提高了预算执行者对预算的认识，增强了其行动和决策与企业目标的和谐性，促进了企业资源的合理配置和有效利用。

20 世纪 70 年代，零基预算在西方国家兴起，它的产生使预算管理在理论和方法上都有了新的进展。零基预算最早起源于美国。1952 年美国维恩·刘易斯发表了题为《预算编制理论新解》的文章，主张预算的编制应采取一种新型的方法，维恩·刘易斯虽然没有明确提出零基预算的概念，但他所提出新方法的内涵与后来的零基预算是完全一致的。1970 年，美国得克萨斯仪器公司的彼得·派尔（Peter A. Pyhrr）首先采用了零基预算编制法，并取得了成功。随后，其他国家的一些企业也先后开始实行零基预算，以致现在零基预算被西方工业发达国家公认为是管理间接费用的一种新的有效方法。零基预算即以零为基础的编制预算的方法，承袭了预算的计划特征，使预算管理注重了长期与整体的观念。

参与型预算管理与零基预算的形成是预算管理在企业得到普及推广应用的结果，预算管理的发展使企业在市场竞争中取得优势而得到迅速发展，由此也推动了国家经济的发展。

三、成熟期(20 世纪 80 年代以后)

进入 20 世纪 80 年代以后，企业预算管理趋于成熟，成为西方现代企业的一种管理方法。伴随科技的进步，西方工业发达国家步入了信息社会时代。通信的发达和计算机技术、网络信息的发展，使人们对信息的获取、分析、处理更加准确可靠，从而能速度更快地为预算管理的实施者提供质量更高的预测、决策信息资料；使其对企业未来的经营预测、预算目标的制定特别是中长期预算目标的制定，有了更可靠、科学的资料依据，从而增强了企业管理者在市场竞争中的预见性和应变能力，降低了企业的经营风险。由于会计电算化的发展，管理者在编制预算时只要把各种需要修改的数据输入计算机，就可以很快地得出各种不同的预算方案，并对其进行比较，制定出更为贴近实际的预算。同时，会计电算化的发展实现了会计信息上的迅速、准确传递，大大降低了信息传递成本，对费用、成本预算的控制形成了更强有力的硬性约束，对预算差异的分析也更为快捷、准确、科学，对业绩的考评也更为合理。在 20 世纪 80 年代后期，西方国家的企业中又出现了企业资源计划（ERP）系统，该系统把企业内部划分成几个相互协作、相互支持的子系统，使企业将生产制造、质量控制、售后服务等环节全部纳入资源预算系统进行管理，形成了一种面向企业供应链的预算管理。总之，此时预算管理在西方国家已经成为企业不可或缺的主要管理手段。

随着时代的变迁，作为企业预算管理的理论体系及其职能也在不断地完善，进而向前发展，以使企业管理更加适应复杂多变的内外环境。运用预算管理对企业进行规划和控制，在国外尤其是美国、日本及西欧的一些国家得到了高度重视，已成为一种科学的企业管理方法。

第三节　预算管理的组织与组织结构

一、预算管理组织

预算管理组织是企业全面预算管理的主体，是指负责整个企业预算编制、审定、监督、协调、控制与信息反馈、业绩考核的组织机构。

预算管理的组织一般包括四个部分：董事会、预算管理委员会、预算编制与执行机构、其他预算职能部门。

(一)董事会

预算事关整个公司资源配置的有效整合、战略规划的实施和控制机制的有效运行等重大管理事宜。因此，作为企业决策机构的董事会理所当然地处于整个预算组织体系的核心领导地位，不仅掌握着企业预算的终审权以及涉及资本性支出等重大资本预算的最后审批权，而且对企业预算的日常执行情况与执行结果拥有监督权。

(二)预算管理委员会

预算管理委员会是在企业董事会直接领导下的专司预算管理事务的常设权力机构，下设预算编制、预算控制、预算协调和预算信息反馈等具体执行部门。预算管理委员会是一个常设机构，确定预算管理原则、程序，审查公司的预算和财务计划，监督预算的执行与控制，批准预算的调整，并对预算的考核予以监控。

预算管理委员会通常由企业高层领导组成，主任由总公司(或母公司)总裁担任，委员由各部门和分、子公司总经理组成，企业的财务部门(或企业综合部门)作为预算管理委员会的执行机构。各级分、子公司应比照总公司设立预算管理委员会。

预算管理委员会的职责主要包括：(1)预算政策(草案)、预算目标(草案)、预算程序(草案)、考核奖罚标准(草案)的制订权；(2)将预算提交董事会审核批准的报送权；(3)已获批准的预算在执行与组织上的实施权；(4)各项责任预算的审议、监督、控制与调整的修订权；(5)预算执行业绩的考核权；(6)预算纠纷的仲裁权等。

在一般情况下，预算管理委员会的预算监控职能主要是由各级预算部门及各个员工自发、自我、自觉进行，预算管理委员会可以不设置专门的预算监控机构，如成本与现金流由财务部门负责监控，销售进度监控由销售部门、计划部门进行，生产进度由生产部门、计划部门监控。

预算管理委员会的协调职能，主要体现在对企业各层次、各部门间行为利益的协调与企业内部资源的协调配置等方面。目的是充分发挥各项经济资源的潜能，消除各部门之间的摩擦，提高企业的凝聚力和企业预算系统运行的效率。通常预算管理委员会不需要设立专门的预算协调组织，这是因为企业的组织机构、权责利关系及激励约束机制均在相关制度中有着明确规定，因此偶尔出现的纠纷、摩擦可由预算管理委员会临时组织通过协调与仲裁解决。

(三)预算编制、执行机构

一个健全的预算管理组织，除了董事会、预算管理委员会外，还应有从事预算管理的具体相关机构。通常企业需要根据自身的经营特点、业务范围等因素，来考虑设置企业的预算编制、执行和控制组织。

1. 预算编制机构

对于绝大多数企业来说，企业的预算编制机构通常由公司财务部门牵头，并依靠技术部门、生产部门的人员，按照公司的战略计划和经营目标，进行公司总预算、各项分预算的编制、分解和落实工作。财务部门通常作为总公司预算管理委员会的执行机构，并以预算管理委员会名义直接责成企业各部门按照规定的内容与时间向预算管理委员会报送编制预算的各种基础资料，这些资料应囊括企业财务、销售、生产、采购、运输、技术、信息、质检、人事等各方面的具体而综合的资料，包括历史资料、预测资料及各种非金额数量的分析资料。在汇总分析各部门提供的资料信息基础上，预算管理委员会通常会进一步组织或邀请有关专家对未来市场变动情况及趋势进行针对性的专题分析、预测，以取得最为可靠的未来市场、销售信息资料。在预算管理委员会对各种必要的信息资料进行分析、甄别后，财务部门通常会被授权负责预算的具体编制、分解与落实等工作。

2. 预算执行机构

预算执行组织可分为两类：一类是业务性质的预算执行机构，如从事采购、生产、销售、运输的总部、事业部、分公司等；另一类是管理性质的预算执行组织，如财务、人事、技术、信息、质检等部门，其中也包括专司预算管理工作的各级各部门预算管理组织。预算执行组织，即预算目标执行的责任中心或责任主体，必须相互协同运作，明确彼此之间的权责关系，努力提高预算执行的效率，使各层次、各环节的预算执行顺利进行。

（四）其他与预算管理相关的职能部门

1. 总公司企划部

总公司企划部的职责是根据总公司的经营战略和中长期发展规划，在预算工作会议进行的前期，在充分听取各部门和分、子公司意见的基础上拟定企业年度经营计划，在报请公司管理层同意并形成文件之后，尽快传递给公司各部门和分、子公司；在计划调整时，立即通知有关部门和分、子公司调整预算；协调预算编制过程中遇到的问题；编制并切实执行本部门的各类费用预算。

2. 总公司资产管理部和投资经营部

总公司资产管理部和投资经营部的职责是根据总公司既定的经营战略和中长期发展规划，编制总公司的资产购置、处置和投资的支出与收益预算；作为总公司的管理机构编制并切实执行本部门的管理费用预算。

3. 总公司人事部门

人事部门应配合各有关部门和分、子公司完成人工成本预算，并制定相应的预算执行考核办法及奖惩措施，建立切合实际的绩效考核制度；根据预算执行机构提供的预算执行结果，对各部门及各分、子公司实施考核；协调预算编制过程中遇到的问题；编制并切实执行本部门的各类费用预算。

二、预算管理责任中心

预算管理责任中心是指承担一定经济责任并有一定权力和利益的企业内部责任单位。其特征是：责、权、利相结合，有条件承担责任（即有行为能力并对后果承担责任），责任和权力皆可控，有一定经营业务和财务收支活动，能够进行责任会计核算。责任中心可划分为成本中心、利润中心和投资中心。

1. 成本中心

成本中心是指只对成本或费用负责的责任中心。其责任是控制和报告成本。成本中心的范围最广，只要有成本费用发生的地方，都可以建立成本中心，从而在企业形成逐渐控制、层层负责的成本中心体系。

成本中心的种类包括以实际产出量为基础，并按标准成本进行成本控制的标准成本（技术性成本）中心和以直接控制经营管理费用为主的费用（酌量性成本）中心。

2. 利润中心

利润中心的责任是控制收入和成本，它是指既对成本负责又对收入和利润负责的责任中心，它有独立的收入和生产经营决策权。

利润中心的类型包括直接面对市场对外销售产品而取得收入的自然利润中心与对内提供半成品劳务而取得"内部销售收入"的人为利润中心两种。前者具有全面的产品销售权、价格制定权、材料采购权、生产决策权，如企业本身和公司的事业部。由于人为利润中心必备的两个前提条件是该中心能向其他责任中心提供产品（含劳务）和具有合理的内部转移价格，因此，只要制定适当的内部转移价格，就可以将大多数生产半成品或提供劳务的成本中心改造成人为利润中心。

3. 投资中心

投资中心是指既对成本、收入和利润负责，又对投资效果负责的责任中心。其责任不仅用收益计量，还要将收益与投入资本结合起来加以考虑，即用收益与占用资本额的比率来计量。它必然也是利润中心，但利润中心并不一定都是投资中心。利润中心不但没有投资决策权，而且在考核利润时也不考虑所占用的资产。除考核利润指标外，投资中心主要考核能集中反映利润与投资额之间关系的指标，包括投资利润率和剩余收益。

4. 各责任中心的关系

成本中心、利润中心和投资中心的主要区别在于各中心控制的区域和权责范围大小不同，但它们都承担相应责任，并相互联系。最基层的成本中心应就其经营的可控成本向其上层成本中心负责，成本中心就其本身的可控成本和下层转来的责任成本一并向利润中心负责，利润中心就其本身经营的收入、成本和利润（贡献毛益）向投资中心负责，投资中心最终就其经营的投资利润率和剩余收益向总经理和董事会负责。企业各种类型和层次的责任中心形成一个连锁责任网络，这就促使每个责任中心为保证经营目标一致而协调运转，具体见图 11－1。

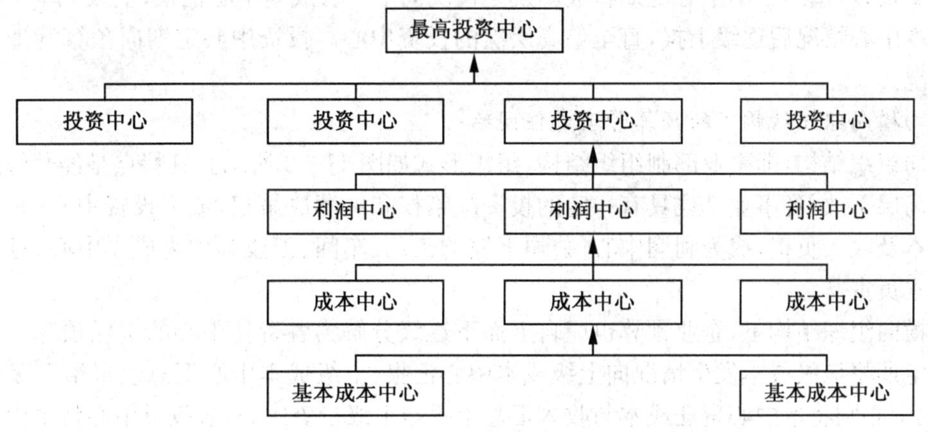

图 11－1 连锁责任网络

三、预算的组织结构

企业组织结构一般可分为纵向组织结构和横向组织结构两种。企业预算管理责任网络的结构是与其组织结构相对应的，一般也分为纵向组织结构下的责任网络和横向组织结构下的责任网络。

（一）纵向组织结构下的预算管理责任网络

纵向组织结构即直线职能制组织结构，组织形式如图 11－2 所示。其特点是以整个企业作为投资中心，总经理对企业的收入、成本、投资全面负责，下面的各部门、工厂、车间均为成本中心，只对各自的责任成本负责。在这种结构下权力较集中，下属部门自主权较小。

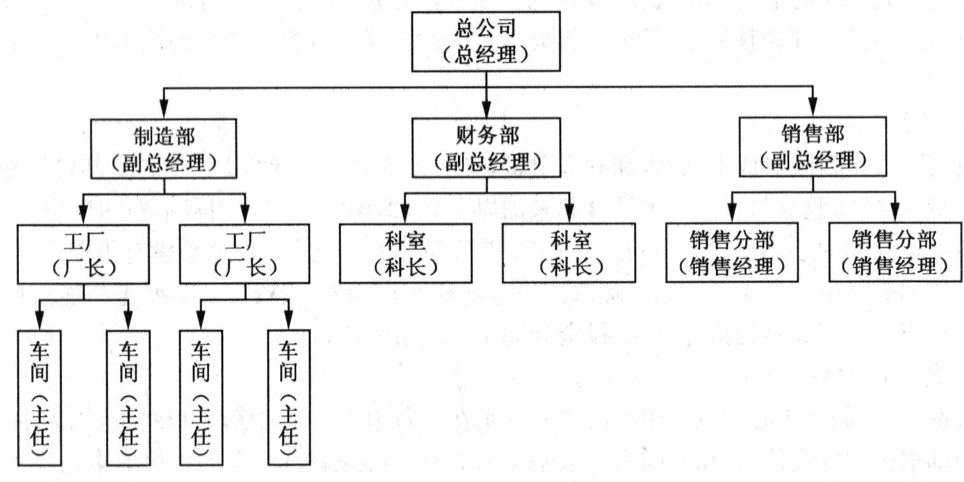

图 11－2 纵向组织结构

在纵向组织结构下，企业预算自上而下逐级分解为各成本中心的责任预算，各成本中心的责任人对其责任区域内发生的责任成本负责，基本成本中心的责任人对其责任区域内发生的责任成本负责，基本成本中心定期将成本发生情况向上一级成本中心汇报，上级成本中心汇总下属成本中心情况后逐级上报，直至最高层次的投资中心。投资中心定期向预算管理委员会汇报情况。

（二）横向组织结构下的预算管理责任网络

横向组织结构，即事业部制组织结构，组织形式如图 11－3 所示。其特点是经营管理权从企业最高层下放，各事业部也具有一定的投资决策权和经营决策权，成为投资中心；其下属公司对成本及收入负责，成为利润中心；公司下属的工厂、车间、工段等均为成本中心，对各自的责任成本负责。

在横向组织结构下，企业预算也应自上而下逐级分解为各责任中心的责任预算。基本成本中心定期将该级成本发生情况向上级成本中心汇报，上级成本中心汇总上报给上级利润中心，利润中心则将本中心责任成本与收入汇总上报至上级投资中心，各投资中心将本中心责任预算完成情况汇总报告至最高投资中心——总公司。总公司将经利润预算管理专门办事机构处理后的管理情况向预算管理委员会汇报。

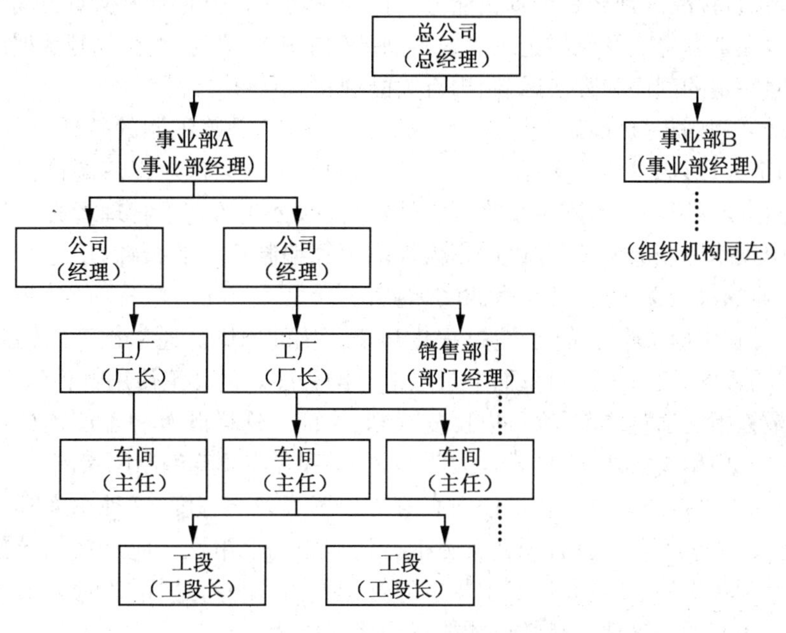

图 11—3　横向组织结构

第四节　预算的运行及其保障机制

一、预算运行的流程

总的来说，在预算运行过程中包括以下几个环节，即预算编制、预算控制、预算调整和预算分析及预算考评，见表 11—1。

表 11—1　　预算运行流程

预算程序		工作内容
预算编制	目标编制	各责任中心编制预算期预算目标
	目标下达	预算归口管理部门审核各责任中心的预算目标 预算管理委员会确认预算初步目标并下达给责任中心
	草案编制	各责任中心根据下达的预算目标编制预算草案，并逐级上报
	草案审核	预算归口管理部门和预算管理委员会审核预算草案
预算控制		对实际业务执行过程以预算为标准进行控制
预算调整		需增加或减少预算执行值的部门填写调整申请，经过预算管理委员会批准后，有关责任中心对调整进行处理
预算分析		预算归口管理部门针对本期预算实际执行情况进行差异分析
预算考评		针对不同业务按照既定的考评原则对各责任中心进行业绩评价

1. 预算编制

预算编制是预算管理的首要步骤，也是预算能否有效发挥作用的关键所在。预算编制是否科学、准确,将直接决定预算是否真正能够发挥控制功能。企业要根据对市场环境和自身战略能力的分析,在掌握定额及原始记录等资料的基础上进行预测,并在预测数据的基础上反复研究论证,按照一定的程序和方法,编制出有关的预算。

整个预算的编制应尽可能做到全面、系统和完整,在总预算编制的基础上层层分解,落实到每一班组和个人,形成具体的责任预算。预算编制质量的高低对以后的执行以及对执行者的业绩考核都会产生影响。为避免预算编制的盲目性,企业的高层管理者必须从企业的整体利益出发,确定预算编制的方针,并以此作为规范预算编制行为的指针,使各职能部门编制的预算既符合企业的总目标,也符合自身的实际。

预算编制过程中应贯彻全面化、全过程化和全员化的原则。通常预算的编制可采用自上而下层层分解的程序,也可采用自下而上层层汇总的程序。但无论使用哪种程序,都应该上下反复多次,在最终审定通过之前,都可以反复谈判、协商。这样既有利于使预算目标符合整体利益,又便于各部门组织协调,并形成人人关心、支持和参与预算编制的氛围。

预算编制的准确性还取决于各责任中心对待预算管理的态度,这种态度既与预算管理的范围和方式有关,又离不开预算管理在实际推行过程中的严肃性。应严格倡导预算和管理行为的联系,没有预算支持,就不允许发生相应的管理行为。只有这样,管理人员才会重视预算管理工作,预算编制的准确性和科学性才能得到保证。

2. 预算控制

预算控制是预算管理中的核心步骤,控制是落实预算、保障预算实现的有效措施,它的实施效果最终决定着预算管理所发挥的作用。预算编制完成以后,预算目标即成为企业、部门以及员工的行动目标,对执行过程必须以预算为标准实行严格的控制。所谓预算控制系统,是指在预算期间各经济业务采用一定的控制方法,对指定的预算责任单位的预算项目进行控制,并提供相应的预算控制报告。预算控制的具体步骤包括:制定控制标准,分解落实责任。首先,在编制预算时,就要对预算项目进行分解,制定各个责任中心的责任预算,使预算的编制和执行有据可依。其次,要实施追踪控制,及时调整误差。这是预算执行值下达后,在实际执行过程中所进行的控制。在此步骤中要求将实际发生的业务与每一项预算项目相联系,并将实际业务的发生情况与预算指标进行对比,比较绝对差异和相对差异,找出形成差异的原因,以便于进一步地执行和控制。

3. 预算调整

在预算执行过程中实际数据与预算目标之间所形成的差异,有可能是由两种原因造成的:一是实际执行有偏差,二是预算所依赖的前提发生了变化。一旦发现属于第二种情形,则应对预算做出相应的调整。预算在执行过程中遇到下列情况应予以调整:符合弹性预算范围的要按业务量调整成本;保障基本生产和安全的工作计划调整,应相应调整有关财务预算;市场因素导致的无法预期的原材料和产品价格变化,应相应调整收入和成本预算;不可抗力造成的投资计划和运营计划调整,应相应调整预算项目;预算决策机构决定或批准同意的其他调整因素。在具体调整过程中,对于重要预算项目调整的工作流程应和预算编制的工作流程相一致;对于不重要的预算项目调整来说,应本着成本—效益比较的原则,采用适当的调整流程。但是,预算调整的审批权限必须赋予企业最高管理当局或预算管理委员会。

4. 预算分析

预算期末,对于预算控制数与实际执行数的差异,应进行分析。其具体步骤主要有:首先将预算控制数与实际数据进行比较,确定差异,差异分为有利差异和不利差异两种,实际业绩优于预算目标的为有利差异，反之则为不利差异。如收益的增加和成本费用的下降均为有利差异，收益的下降和成本费用的上升均为不利差异。其次通过分析，找出差异发生的原因，确定差异产生的责任归属，并对预算执行中的差异进行处理，以作为业绩评价的依据和编制下期预算的参考。差异发生的原因有可能是内部的工作效率，也有可能是外部原因造成的。由内部工作效率所引起的预算差异，应按照可控性原则分清责任归属，以便于企业正确评价业绩，搞好考核奖惩；由外部原因所引起的预算差异，应将其作为下一期预算编制时考虑的因素。

5. 预算考评

根据预算管理制度对预算执行中的差异进行考核奖评，是管理者对执行者实行的一种有效的激励和约束形式。预算考评中的注意事项有：

(1)根据期初确定的奖惩条例进行考评，并根据实际情况对下年的考评条例进行修正。

(2)考评公式：

责任预算差额＝(预算批准值＋预算调整值)－项目的实际发生数

(3)在考评的内容方面，不同的责任中心应有不同的侧重点，不同的部门使用不同的责任指标。除考评主要责任指标的执行情况外，对其他的相关责任指标的执行情况也应进行考评。

二、预算运行的保障机制

同其他管理模式一样，预算管理机制的运行也必须有与之相应的管理制度，以使企业自上而下都能按统一的行为规则开展预算活动。完善的制度系统既是预算管理的一种标志，又是预算管理实施的重要前提和有效保障。预算管理系统运行所需要的保障制度主要包括健全的财务会计制度、科学的全员参与制度、完善的管理制度、优化的企业激励制度等。

(一)健全的财务会计制度

预算管理机制的运行，需要企业具有良好的会计系统与健全的财务会计制度，这是预算管理机制良好运行的基础。这是因为，任何管理都离不开真实准确的信息，预算管理也必须以财会信息为前提。预算管理的首要环节是预测，通过预测来确定企业的目标利润，而这种预测要以大量的准确信息为依据。这些信息主要包括企业内部信息和企业外部信息，其中内部信息与管理会计有联系，外部信息与财务会计有联系。管理会计信息为管理者的预测提供了大量的信息支持，使管理者所确定的预算目标更为合理；在预算执行控制过程中，管理会计中的责任会计信息又对预算的执行和差异分析提供了考评的依据，大大提高了预算机制的运行效率。而财务会计的资料可以作为分析企业财务预算总目标的执行情况的依据，通过这些资料，可以了解并分析总预算目标的执行情况、存在的差异及其原因，并提出相应的措施。

(二)科学的全员参与制度

要实施预算管理，首先高层管理者要对预算管理有较深刻的认识，这是预算管理机制有效运行的重要前提，预算管理机制的运行必须要有领导推动。其次预算是一个管理的载体，总预算必须分解为各级、各部门的预算目标，需要企业各部门和全体员工的参与和支持。这就要求企业在实施预算管理之前要进行预算教育，使企业自上而下都了解预算管理，认识到实施预算管理的重要性，都主动地参与、支持预算机制的运行，接受预算机制的限制和约束，为预算机制创造一个良好的运行环境。

(三)完善的管理制度

为保证预算管理的实施，应围绕预算管理的执行，建立完善的管理制度及相应的保证措施，如人事制度、奖罚制度等。这些制度可以用于预算的决策和编制，用于检查会计信息的准确性和可靠性，提高经营效率，促使有关人员遵循既定的预算管理方针。

（四）优化的企业激励制度

制订激励制度是确保预算系统长期有效运行的一个重要因素，因为人的工作努力程度往往受到业绩评价和奖励办法的影响。预算的最终效率取决于是否有切实可行的激励制度以及是否严格执行这一制度。制订明确的激励制度，让预算执行者在预算执行前就明确业绩与奖励之间的关系，知道什么样的业绩将会得到什么样的奖励。这样就可以使个人目标与企业的总目标紧密地连接在一起，并以此引导员工自觉约束自己的行为，激励他们努力工作，增强组织归属感，完成或超额完成预算目标。因此，优化激励制度也是实现企业预算总目标的一种有力手段。激励主要包括物质激励如工资、奖金、津贴及福利等，也包括精神激励如信任、表扬、晋升、培训、进修等。激励还包括正激励和负激励（惩罚）。在激励过程中应注意精神激励与物质激励手段共同运用，奖优罚劣，只有这样，预算管理才能高效、高质量地运行。

第五节 预算编制中的行为因素

预算发生在组织网络中，它实际上影响着组织中参与预算管理的每个人，具体包括预算编制者、使用预算进行决策的管理人员以及那些以预算执行作为业绩评价指标的管理人员，所以必须考虑人的行为因素对其效果的影响。实际上，预算管理就是为了影响人们的行为，它的主要目标之一就是使管理人员和业务执行人员能够表现出企业所需要的管理行为。但是，管理人员的行为是受预算制度的具体机制影响的，不同的制度会引发不同的行为，同一制度在不同的环境和背景下也会导致不同的结果，因此有必要对预算的行为进行研究并对预算行为进行引导。

一、预算行为因素

预算行为因素的一个内在主体是道德，围绕该因素会发生两类截然不同的行为：一类是积极行为，一类是消极行为。一个理想的预算体系应该具有完全的目标协同性，同时驱动管理人员以道德的方式努力实现公司的目标。虽然理想的预算体系是不存在的，但预算中的积极行为可以促使管理人员和公司目标一致。预算经常被用来作为业绩评价的依据，使得预算在业绩考评、加薪、晋升等方面显现的重要性导致了一些不良行为的产生，如松弛预算、讨价还价、歪曲信息、抵制预算等。由于预算中的不良行为会妨碍预算目标的实现，这里仅对预算中可能出现的不良行为加以阐述。

二、预算行为中可能出现的不良行为

1. 松弛预算

松弛预算是指由于管理人员故意低估收入、高估成本费用产生了预算的松弛，这是预算管理中面临的一个共同倾向。预算编制所需的信息部分来自处于中低管理层次的员工。比如，销售预算的制定不仅要依靠市场研究人员的分析结论，也需要融入销售人员的预测。如果对销售人员的业绩评价是建立在其销售责任预算超额完成程度的基础上，销售人员在预测过程中将必然倾向于做出较为保守的估计。对于成本预算来说，如果成本预测的过程和预算过程是相结合的，成本责任中心的管理人员则存在着高估成本的动机。低估收入和高估成本中的任何一种手段都提高了相关人员完成预算的可能性，并因此降低了他们面临的风险，但是这种

行为不仅会导致错误的评价，更会带来组织内部的种种矛盾。

2. 讨价还价

预算编制过程中，基层责任中心往往可以表达自己的意见。在表达意见的过程中，较为常见的现象就是提出自身的种种困难进行讨价还价，并以此为理由要求放宽预算标准。在各责任中心自主协商确定内部转移价格时讨价还价就更容易发生。此时制定出的预算更能反映各责任主体的讨价还价能力，而与业务实际情况可能会发生较大的偏离。虽然讨价还价并不必然带来消极的结果，但关键在于它是否对公司组织的整体协调性和预算指标的科学性带来较为明显的负面影响。同时讨价还价还要花费大量的人力、物力与时间，各方相持不下时，也会弱化预算中分权管理的作用。

3. 歪曲信息

预算的效率取决于预算过程所产生信息的真实性，无论是在预算制定、执行过程中，还是在预算考评中都是如此。在预算制定过程中最容易导致的松弛预算的行为影响了预算的真实性，而在预算执行和考评中最容易导致的歪曲信息行为也影响了预算的真实性。例如在成本预算执行过程中，责任中心在分项预算执行程度不均衡时，或是某些项目预算可用余额较多时，往往倾向于隐瞒经济业务的实质而使用不属于该业务应耗用的预算项目。这种行为使预算失去了提高企业每一项作业效率和效益的意义，也使得在下期预算的制定过程中的各项预算指标失去了比较基础，最终会导致编制出的责任报告信息含量较低。

4. 抵制预算

在组织的预算管理实践中，财务部门往往是预算指标的平衡、确定和考核部门。虽然企业最高管理当局授权财务部门实施预算管理程序，但各业务职能部门会对此实施抵制。一方面，业务部门不愿意接受和自己处于同一管理层级部门的监控；另一方面，任何责任中心都具有不愿接受外部施加控制的倾向。这一行为有可能直接表现为财务部门和业务部门的激烈冲突，也有可能表现为业务部门的消极抵制，虚假参与，往往表现为不配合、不沟通，敷衍了事，这种抵制预算的行为会使企业的整体协调性大为降低，在企业内部人为设置了许多障碍和鸿沟，最终会导致企业放弃实行预算管理。

三、预算行为的引导

如前所述，预算行为中的内在主体是道德问题，因此阻止不道德的行为是公司的责任，避免采取不道德的行为，是管理人员的责任。因此，我们对预算行为应设计合理的诱导机制，引导管理人员披露真实的信息，通过信息的真实披露解决高级管理层和处于较低管理层级人员之间的代理问题。可从以下几方面入手：

1. 经常的业绩反馈

经常的业绩反馈能够使管理人员了解他们的努力是否成功，同时也使他们有时间和机会采取正确的措施，在必要时调整和修正预算。

2. 设计合理的业绩评价指标

预算指标固然重要，但将预算指标作为评估的唯一指标则并不可取，过分强调经营业绩也有可能达不到预期的目标。如果业绩评价体系仅仅考虑该管理人员所在部门的获利能力，而不考虑其使用的资源的机会成本，则必然会导致虚报预算和信息歪曲。因此，在设计业绩评估指标时必须多重目标结合，综合考虑其收益和资本成本因素。

3. 设计合理的激励方案

合理的业绩评价虽然可以避免虚报预算的问题，但这一机制要发挥作用，还必须和激励方案结合起来。只有这样，评价的导向才能真正转化为管理人员的内在需要。在激励中应将物质激励（货币激励）与精神激励（非货币激励）结合，正激励（使用奖励）与负激励（使用惩罚）结合，只有这样，才能够影响管理人员的动机并引导其预算行为。

第六节 我国企业预算管理的现状

由于我国在相当的一段时间实行计划经济管理模式，预算控制的思想并没有得到有效的发展，当时企业内实施的管理方式完全不同于西方的预算管理模式。随着改革的深入，在由计划经济向市场经济的过渡过程中，越来越多的企业也在不断的探索中，逐渐认识到了预算管理的重要作用，并借鉴西方企业的做法，建立起了相应的预算管理制度。

一、我国预算管理的实际运用情况

我国企业在计划经济体制时期并没有现代意义上的独立性地位，其生产经营都纳入国家统一计划，也都成为国家财政预算的一部分。企业没有具有现代管理意义上的全面预算管理。伴随着改革开放，我国国有企业逐步建立“产权明晰、权责明确、政企分开、管理科学”的现代企业制度，引进发达国家先进的管理方法，我国才开始实施全面预算管理。同时，中国有关全面预算管理法律规范的制定也不断地被提上日程。2001 年，国家经贸委发布《国有大中型企业建立现代企业制度和加强管理规范（试行）》，明确提出了应建立全面预算管理制度；2002 年 4 月财政部发布《关于企业实行财务预算管理的指导意见》，进一步提出了企业应实行包括财务预算在内的全面预算管理。

近年来，全面预算管理很大程度上推动了企业的发展，为一些大中型企业提高企业活力、加强企业管理、扭转盈亏、摆脱困境起到了关键作用。具体来讲，宝钢通过实施以现金为核心的全面预算管理，仅 1996 年银行平均贷款减少了约 3 亿元，节约利息支出达 3 000 万元。此外，中石油、山东华乐集团、邯钢等大型企业也开始实施并取得成果。这表明全面预算管理在我国已经开始实施，同时研究它也具有实际价值。

我国大多数企业都认识到了全面预算管理的科学性，但还存在一些误区。企业在编制预算时侧重生产，甚至在编制预算时销售部门不参与，这样的预算很难在实践中有较强的执行力。其次把全面预算简单地理解为财务预算，其实全面预算是集业务预算、投资预算、资金预算、利润预算、工资性支出预算及管理费用预算于一体的综合性预算体系。尽管各种预算最终可能表现为财务预算，但预算的基础是各种业务、投资、资金、信息、人力资源、科研开发及管理，这些内容并非是财务部门所能左右和确定的。

二、我国企业实施预算管理存在的问题

1. 对预算管理存在认识上的误区

这种认识误区首先表现为企业高层对全面预算管理的战略地位认识模糊，有的企业高层认为全面预算管理就是财务部门的事，从而没有把全面预算对企业战略的全面支持功能表现出来，使企业全面预算目标缺乏权威性，全面预算执行缺乏严肃性，全面预算实施结果缺乏激励性，最终使全面预算管理陷入困境。其次，在预算观念上，仅仅将预算管理当作费用控制的

工具，而对其配置、整合资源的作用关注不明显。

2. 预算管理缺乏企业战略的明确指导

在没有企业战略的环境下做预算管理，不可避免地会重视短期行为，忽视长期目标，使短期的预算指标与长期的企业发展战略难以融合适应，各期编制的预算衔接性差，各年度、季度和月份预算的推行无助于企业长期发展目标的实现，这样的预算管理难以取得预算效果。

3. 预算编制方法单一，预算程序不科学

在预算编制方法方面，在西方国家全面预算管理根据预算不同情况需要采取不同预算编制方法，这些方法包括固定预算、弹性预算、滚动预算和零基预算等。我国多数企业均采用增量或减量预算编制方法，简单地以历史数据为基础做相应的加减；以年度为预算期，预算后期经济活动情况的预算和实际可能会有较大的差异，尤其对那些生产型企业和面临市场环境变动剧烈的企业，不确定性的事项太多，其可能会因与实际相差太远而失去其作为控制和考核业绩依据的意义。

在预算编制程序方面，绝大多数企业还是采取从上至下的方式，因缺乏民主性，容易引起会计信息失真、利润虚假等不良后果。另一方面，缺乏下级参与的预算往往容易脱离生产的实际，造成预算的准确性差。

4. 预算执行缺乏力度

在管理环节上，我国企业的着重点多放在预算编制上，不太重视预算的执行。大多数企业中的预算负责机构仅在预算编制方面发挥作用，甚至有的企业不设置预算组织机构，缺少预算管理委员会，使预算在执行过程中无法充分地发挥其控制作用。

5. 缺乏有效的预算考核激励制度

预算考评是预算管理中的一个重要环节，它是对企业内部各级责任中心预算执行结果（实际经营业绩）的考核和评价。期末的预算考评和激励不到位使相关部门和员工对执行预算积极性不够高。据实际调查，很多的企业考核的对象仅是财务指标，对非财务指标几乎没有涉及。很多大中型企业职工奖金与预算执行好坏没有明显联系，从中可以看到预算执行的奖励不够明确及约束不严，没有把预算当成考核的依据，必然导致预算管理没有效果。

第十二章

预算的种类与方法

第一节　预算的种类

一、按预算的内容划分

从预算所涵盖的内容范围来看，主要分为经营预算、资本预算和财务预算。

1. 经营预算

经营预算又称日常业务预算，是指与企业日常经营活动直接相关的经营业务的各种预算。具体包括销售预算、生产预算、直接材料消耗及采购预算、直接工资及其他直接支出预算、制造费用预算、产品生产成本预算、经营及管理费用预算等，这些预算前后衔接，相互勾稽，既有实物量指标，又有价值量和时间量指标。

2. 资本预算

资本预算又称特种决策预算，最能直接体现决策的结果，它实际是中选方案的进一步规划。如资本投资预算是长期投资计划的反映，它是为规划投资所需资金并控制其支出而编制的预算，主要包括与投资相关的现金支付进度与数量计划，综合表现为各投资年度的现金收支预计表。

3. 财务预算

财务预算作为预算体系中的最后环节，可以从价值方面总括地反映经营期资本预算与业务预算的结果，亦称为总预算，其余预算则相应称为辅助预算或分预算。财务预算在预算管理体系中占有举足轻重的地位，它主要包括现金预算、预计利润表、预计资产负债表。

(1)现金预算。现金预算一般由现金收入、现金支出、现金多余或不足及资金的筹集与运用四个部分组成。其基本关系为：

期初现金余额＋本期现金收入－本期现金支出＝现金盈余或不足＋资金的筹集与运用＝期末现金余额

现金预算的编制，以各项营业预算和资本预算为基础，它反映了各预算期的收入款项和支出款项。其目的在于资金不足时筹措资金,资金多余时及时处理现金余额,发挥现金管理的作用。

(2)利润表预算。在各项营业预算、资本预算的基础上,根据企业会计准则,可以编制相应的利润表预算。利润表预算与实际利润表的内容、格式相同,只不过数据是面向预算期的。通过编制利润表预算,可以了解企业预期的盈利水平,从而可以帮助管理层及时调整经营策略。

(3)资产负债表预算。资产负债表预算是利用本期期初资产负债表,根据各项营业预算、资本预算、利润表预算的有关数据加以调整编制的,与实际的资产负债表内容、格式相同,只不过数据是反映期末预期的财务状况。

二、按预算的主体划分

从预算编制的主体来看,主要分为部门预算和总预算。

1. 部门预算

部门预算是以企业各分支机构、部门、单位等职能部门为主体,或按不同的业务类别等编制的预算,也就是指总体预算中的各个组成部分。

2. 总预算

总预算是指将各个部门预算进行汇总所形成的企业整体预算,这种预算通常由财务预算构成,具体包括预计负债表、预计利润表等。

三、按预算的时间划分

从预算所涵盖的时间范围来看,主要分为短期预算和长期预算。

1. 短期预算

短期预算主要是指预算期间在一年以内的预算,又称年度预算。年度预算制度往往从上一年度开始,公司要对计划销售的各种产品的产量、价格以及相应的成本和需要筹集的资金情况制订详细的计划,并将这些计划以预算的形式落实为各个责任中心的经营目标。在短期预算的制定过程中,需要管理人员对未来一年中的有关要素加以预期,并注意各要素之间的衔接。一般来说,短期预算又可以分为经营业务预算、财务预算等。

2. 长期预算

长期预算是指预算期间超过一年的预算,是对超过一年的投资和运营所进行的预算。从长期预算在公司经营中的地位来看,它是制订公司战略性计划过程中的一个关键内容。战略性计划主要解决的问题是选择企业的总体目标以及实现这一目标的具体方式,其中既涉及进入哪个市场、生产何种产品的问题,也涉及应采用怎样的价格、数量组合以及如何安排研究与开发、资本性支出及财务结构等支持公司目标实现的问题。一般来说,长期预算主要包括实施公司战略应进行的研发预算、筹资预算和经营扩张所需的资本投资预算等。

长期预算和短期预算相比,不仅在编制时间的长短上有差异,而且在内容和精细的程度上也有差异。在短期预算中,关键的预算假设在于对数量和价格的预测上,组织中的每个部门都必须接受这些关键性的假设,一般来说较为精细,并可作为日常营运的控制标准;而在长期预算中,关键的预算假设主要涉及应进入哪一个市场以及应获取何种技术的问题,它是对未来公司进行的财务整体规划,因此相对来说不需要特别精细。通常情况下,短期预算和长期预算的制定可以合并为一个过程,具体操作中可以采用长期预算以滚动方式和年度预算相结合的方法。

四、按预算的编制特征划分

从预算编制的特征来看，主要分为未来状态预算、责任预算及措施预算。

1. 未来状态预算

未来状态预算是指对预算期末公司财务状况以及预算期内经营成果和现金流量状况进行的预算，具体包括预算资产负债表、预算利润表和预算现金流量表。实际上，未来状态预算是对财务报表进行的预计，它表明了如果经营按照计划进行，在预算期末，公司将获得何种财务报表。一般来说，财务报表预算建立在业务预算和财务预算的基础上，是在既定假设前提下对业务预算和财务预算结果进行的综合。

2. 责任预算

责任预算是以责任中心为主体，以其可控的指标为对象编制的预算。预算要有效地发挥控制作用，必须将业务预算、财务预算和特定的责任主体联系起来，否则预算目标的落实就很有可能落空。因此，需要将业务预算、财务预算分解至其可控主体，形成责任预算。责任预算是对业务预算和财务预算的分解，在指标分解过程中，既应按照组织的层级进行纵向分解，又应按照组织的部门及其管理权限进行横向分解，应保证事权、财权和预算责任的一致性。在各责任单位内部，应针对其负责的不同的预算项目分项进行预算的编制，在组织的层面汇总各责任主体的项目预算，即重新得到业务预算和财务预算。

3. 措施预算

措施预算又称保障预算，是对前述各项预算目标提供的具体措施，具体包括完成预算应采取的具体措施及该措施的可行性。实际上，措施预算是预算指标和责任主体日常工作相结合的一种有效方式，通过措施预算，前述各项预算指标才有实现的基础和保障。

第二节　预算编制的方法

一、固定预算与弹性预算

编制预算的方法按业务量基础的数量特征不同，可分为固定预算方法和弹性预算方法两大类。

1. 固定预算的方法

(1)固定预算的定义

固定预算的方法简称固定预算，又称静态预算，是预算的最基本方法，它是以预算期内正常的、可实现的某一业务量(如生产量、销售量)水平作为唯一基础来编制预算的方法。传统预算大多采用固定预算的方法。

(2)固定预算的缺点

第一，过于机械呆板，因为编制预算的业务量基础是事先假定的某个业务量。在此方法下，不论预算期内业务量水平可能发生哪些变动，都只按事先确定的某一个业务量水平作为编制预算的基础。

第二，可比性差，这是该方法的致命缺点。当实际的业务量与编制预算所根据的业务量发生较大差异时，有关预算指标的实际数与预算数就会因业务量基础不同而失去了可比性。因此，按照固定预算方法编制的预算不利于正确地控制、考核和评价企业预算的执行情况。

［例］ W 公司采用固定预算法编制的成本预算如表 12—1 所示。

表 12—1　　W 公司产品成本预算(预计产量 800 件)

成本项目	单位成本	总成本(元)
直接材料	5	4 000
直接人工	2	1 600
制造费用	4	3 200
合　计		8 800

该公司报告期实际产量为 1 200 件。实际成本如下:直接材料 7 500 元,实际人工为 1 200 元,制造费用为 4 000 元,总成本 12 700 元。从实际成本与预算成本的比较中我们发现成本超支 3 900 元,但由于实际产量与预计产量相差甚远,两者之间缺乏可比性,必须调整后才能增强可比性,有关数据如表 12—2 所示。

表 12—2　　W 公司成本业绩

成本项目	实际数	原预算数	差异数	按产量调整后的预算数	差异数
直接材料	7 500	4 000	3 500	6 000	1 500
直接人工	1 200	1 600	—400	2 400	—1 200
制造费用	4 000	3 200	800	4 800	—800
合　计	12 700	8 800	3 900	13 200	—500

一般情况下,对不随业务量变化的固定成本与费用多采用固定预算法进行编制,而对于变动成本,在编制预算时不宜用此法。那些业务量水平较为稳定的企业或非营利组织编制预算时可采用固定预算。

2. 弹性预算的方法

(1)弹性预算的定义。弹性预算的方法简称弹性预算,是为克服固定预算的缺点而设计的,又称变动预算或滑动预算。其原理是:在成本习性分析的基础上,以业务量、成本和利润之间的依存关系为依据,区分变动成本与固定成本,进而建立起业务量与成本和利润间的数量关系,按照预算期可预见的各种业务量水平编制出不同业务量水平下的相应预算的方法。

编制弹性预算所依据的业务量可以是产量、销售量、直接人工工时、机器工时、材料消耗量和直接人工工资等。

(2)弹性预算的优点。与固定预算相比,弹性预算具有如下两个显著的优点:

第一,预算范围宽。弹性预算能够反映预算期内与一定相关范围内的可预见的多种业务量水平相对应的不同预算额,从而扩大了预算的适用范围,便于预算指标的调整。因为弹性预算不再是只适应一个业务量水平的一个预算,而是能够随业务量水平的变动作机动调整的一组预算。

第二,可比性强。在预算期实际业务量与计划业务量不一致的情况下,可以将实际指标与实际业务量相应的预算额进行对比,从而能够使预算执行情况的评价与考核建立在更加客观和可比的基础上,便于更好地发挥预算的控制作用。

(3)弹性预算的适用范围。由于未来业务量的变动会影响成本费用、利润等各个方面，因此，弹性预算从理论上讲适用于编制全面预算中所有与业务量有关的各种预算及利润预算，在实际中，制造费用、推销及行政管理费等间接费用应用弹性预算频率较高。

(4)弹性成本预算的编制。弹性成本预算需要在事先选择适当的业务量计量单位并确定其有效变动范围的基础上，按该业务量与有关成本费用项目之间的内在关系来进行分析与编制。

①业务量的选择。编制弹性成本预算首先要选择适当的业务量。选择业务量包括选择业务量计算单位和业务量范围两部分内容。对业务量计算单位应根据企业的具体情况进行选择。一般来说，生产单一产品的部门，可以选用产品实物量；生产多品种产品的部门，可以选用人工工时、机器工时等；修理部门可以选用修理工时等。以手工操作为主的企业应选用人工工时；机械化程度较高的企业选用机器工时更为适宜。

业务量范围是弹性预算所适用的业务量区间。业务量范围的选择应根据企业的具体情况而定。一般来说，可定为正常生产能力的70%～110%，或以历史上最高业务量或最低业务量为其上下限。

②弹性成本预算的编制方法主要包括列表法、公式法和图示法。

其一，列表法，是指通过列表的方式，在相关范围内每隔一定业务量间隔计算相关数值，来编制弹性成本预算的方法。此法在一定程度上能克服公式法无法直接查到不同业务量下总成本预算的弱点。总的来说，这种方法工作量较大，但结果会比公式法更精确些。

[例] 以某企业的制造费用预算的编制为例，演示弹性预算的编制方法，如表12－3所示。

表12－3　制造费用预算(列表法)

业务量(直接人工工时) 占正常生产能力百分比	840 70%	960 80%	1 080 90%	1 200 100%	1 320 110%
变动成本：					
运输(b=0.2)	168	192	216	240	264
电力(b=1.0)	840	960	1 080	1 200	1 320
消耗材料(b=0.1)	84	96	108	120	132
合　计	1 092	1 248	1 404	1 560	1 716
混合成本：					
修理费	880	980	1 088	1 200	1 492
油料	360	440	440	440	480
合　计	1 240	1 420	1 528	1 640	1 972
固定成本：					
折旧费	600	600	600	600	600
管理人员工资	200	200	200	200	200
合　计	800	800	800	800	800
总　计	3 132	3 468	3 732	4 000	4 488

其二，公式法，是指通过确定 $y_i=a_i+b_ix_i$ 公式中的 a 和 b，来编制弹性成本预算的方法。在成本习性分析的基础上，可将任何成本近似地表示为 $y_i=a_i+b_ix_i$。在公式法下，如果事先

确定了有关业务量 x_i 的变动范围，只要根据有关成本项目的 a 和 b 参数，就可以很方便地推算出业务量在允许范围内任何水平上的各项预算成本。该法的优点是在一定范围内不受业务量波动影响，缺点是逐项甚至按细目分解成本比较麻烦，同时又不能直接查出特定业务量下的总成本预算额，并有一定误差。仍以表 12－3 的数据资料编制公式法的弹性预算，如表 12－4 所示。

表 12－4　　制造费用弹性预算(公式法)

业务量范围(人工工时)	840～1 320	
项　目	固定成本(每月)	变动成本(每月)
运输费用		0.2
电　　力		1.0
消耗材料		0.1
修理费(备注)	170	0.85
油　　料	108	0.2
折 旧 费	600	
管理人员工资	200	
合　　计	1 078	2.35
备　注	当业务量超过 1 200 时，维修费的固定部分上升为 370 元。	

通过上表的计算可以看出在一定的业务量范围内，制造费用的弹性预算公式可以写作：$y=1\ 078+2.35x$（y 为总成本，x 为人工工时数）。

其三，图示法，是指在平面直角坐标系上把各种业务量的预算成本用描绘图像的形式表示出来，以反映弹性预算水平的方法。此法不仅反映变动成本、固定成本项目，而且能在一定程度上反映混合成本，能够在坐标图直观地反映不同业务量水平下的预算成本，但精确度相对差一些。

③弹性利润预算的编制方法主要包括因素法和百分比法。

其一，因素法，是指根据受业务量变动影响的有关销量、单位变动成本、固定成本等因素与利润的关系，列表反映在销量为弹性范围时有关因素变化时相应的预算利润水平。该方法适于单一品种经营或多品种产品经营但采用分算法处理固定成本的情况下使用。

［例］　W 公司弹性利润(因素法)如表 12－5 所示。

表 12－5　　W 公司弹性利润(因素法)

销　量	7 000	8 000	9 000	10 000	11 000
单价	10	10	10	10	10
单位变动成本	6	6	6	6	6
固定成本	20 000	20 000	20 000	20 000	20 000
销售收入	70 000	80 000	90 000	100 000	110 000
变动成本	42 000	48 000	54 000	60 000	66 000
边际贡献	28 000	32 000	36 000	40 000	44 000
利　润	8 000	12 000	16 000	20 000	24 000

其二，百分比法，又称销售额百分比法，即按不同销售额的百分比编制弹性预算的方法。由于许多企业经营多种产品，不可能按照每一品种逐一编制弹性预算，这就要求按照正常销售额的一定百分比编制弹性利润预算，该方法适用于多品种经营，但固定成本又难以分解的情况。

[例] 假设 W 公司多品种经营情况下正常的销售收入为 100 000 元，变动成本率为 60%，固定成本为 20 000 元。

W 公司弹性利润（百分比法）如表 12—6 所示。

表 12—6　W 公司弹性利润（百分比法）

销售收入百分比	70%	80%	90%	100%	110%
销售收入	70 000	80 000	90 000	100 000	110 000
变动成本	42 000	48 000	54 000	60 000	66 000
边际贡献	28 000	32 000	36 000	40 000	44 000
固定成本	20 000	20 000	20 000	20 000	20 000
利　润	8 000	12 000	16 000	20 000	24 000

二、增量预算与零基预算

编制成本费用预算的方法按其出发点的特征不同，可分为增量预算的方法和零基预算的方法两大类。

1. 增量预算的方法

(1)增量预算的定义。增量预算的方法简称增量预算，是指以基期成本费用水平为基础，结合预算期业务量水平及有关降低成本的措施，通过调整有关原有费用项目而编制预算的方法。

(2)增量预算的基本假定。增量预算的方法源于以下三项假定：

第一，现有的业务活动是企业必需的。只有保留企业现有的每项业务活动，才能使企业的经营过程得到正常发展。

第二，原有的各项开支都是合理的。既然现有的业务活动是必需的，那么原有的各项费用开支都是合理的，必须予以保留。

第三，增加费用预算是值得的。

(3)增量预算的缺点。增量预算以过去的经验为基础，实际上是承认过去所发生的一切都是合理的，主张不需在预算内容上做较大改进，而是因循以前的预算项目。这种方法可能导致以下不足：

第一，受原有费用项目限制，可能导致保护落后。由于按这种方法编制预算，往往不加分析地保留或接受原有的成本项目，可能使原来不合理的费用开支继续存在，形成不必要开支合理化，造成预算上的浪费。

第二，滋长预算中的“平均主义”和“简单化”。采用此法，容易鼓励预算编制人凭主观臆断按成本项目平均削减预算或只增不减，不利于调动各部门降低费用的积极性。

第三，不利于企业未来的发展。按照这种方法编制的费用预算，可能会因没有考虑未来情况的变化而造成那些未来实际需要开支的项目预算的不足。

2. 零基预算的方法

(1)零基预算的定义

零基预算的方法全称为“以零为基础编制计划和预算的方法”，简称零基预算，是为克服增量预算的缺点而设计的方法。它是指在编制成本费用预算时，不考虑以往会计期间所发生的费用项目或费用数额，而是以所有的预算支出均为零为出发点，一切从实际需要与可能出发，逐项审议预算期内各项费用的内容及开支标准是否合理，在综合平衡的基础上编制费用预算的一种方法。

(2)零基预算编制的程序

第一，确定预算目标。动员企业内部所有部门，根据企业的总目标，在充分讨论的基础上提出本部门的具体目标，并提出本部门在预算期内应当发生的费用项目、费用金额以及未来的效果。

第二，对费用开支进行必要性分析。由预算的管理高层部门对各部门提出的费用项目进行必要性和效益分析，并进行分类，划分不可避免项目和可避免项目。对不可避免项目必须保证资金供应。

第三，对可避免项目需要逐项进行成本—效益分析，按照各项目开支必要性的大小确定各项费用预算的优先顺序。

第四，分配资金，落实责任。将预算期内可供支配的资金数额在各费用项目之间进行分配。应优先保证满足不可延缓项目的开支，然后再根据需要和可能，按照项目的轻重缓急确定可延缓项目的开支标准。

(3)零基预算的优缺点

零基预算的优点是：

①不受现有费用项目限制。这种方法可以促使企业合理有效地进行资源分配，将有限的资金用在刀刃上。

②能够调动各方面降低费用的积极性。这种方法可以充分发挥各级管理人员的积极性、主动性和创造性，促进各预算部门精打细算，量力而行，合理使用资金，提高资金的利用效果。

③有助于企业未来发展。由于这种方法以零为出发点，对一切费用一视同仁，有利于企业面向未来发展考虑预算问题。

零基预算的缺点在于这种方法一切从零出发，在编制费用预算时需要完成大量的基础工作，带来浩繁的工作量，搞不好会顾此失彼，难以突出重点，而且也需要比较长的编制时间。

该方法特别适用于产出较难辨认的服务性部门费用预算的编制。

[例]　设A公司打算用零基预算编制20×5年的管理费用预算。相关部门根据公司20×5年的经营目标和管理任务，在仔细讨论分析的基础上，提出了在预算期内要发生的部分费用项目及其预计支出的金额如下：员工培训费用100 000元，日常办公费用70 000元，外部用房租赁费用50 000元，差旅费用10 000元，律师、会计师等外部专家的聘请费用40 000元，办公用房装修费用5 000元，合计共275 000元。但是，该公司20×5年可用于上述项目的资金仅有200 000元。

根据上述的资料，按照零基预算的方法编制预算的程序如下：

第一，对各项的必要性进行分析。在行政部门提出的这些开支中，日常办公费用和差旅费是必不可少的开支；外部房屋租赁费应当可以通过公司内部资源的重新整合来解决；办公房屋装修费是可以节省的开支；员工培训费用和律师等外部专家的聘请费用是可以斟酌的费用开支;而根据行业的经验数据和公司的历史数据显示员工培训的成本和收益比为 1∶10,聘用律师等外部专家的成本收益比为 1∶8。

第二,确定各项目的优先顺序。根据以上的必要性分析,可以将管理费用中各项目按优先次序排列如下:

①日常办公费用、差旅费用(80 000 元);

②员工培训费用(100 000 元);

③律师等外部专家的聘请费用(40 000 元);

④房屋租赁费用(50 000 元);

⑤办公用房装修费用(5 000 元)。

第三,分配资金。上述①②③项费用支出的总和是 220 000 元,已经大于可以动用的资金 200 000 元,因此对于④⑤两项属于可以节省的项目就不宜在 20×6 年再安排开支。如果第一类的支出是真实可靠的,那么就应该按照预计的金额给予保证。这样,剩余的资金只有 200 000－80 000＝120 000 元,而斟酌性支出②与③项的开支总额有 140 000 元。只有用成本效益比例将 120 000 元在②与③两项费用之间进行分配:

员工培训费用＝120 000×10÷(8＋10)＝66 667(元)

律师等外部专家的聘请费用＝120 000×8÷(8＋10)＝53 333(元)

综合上述结果,采用零基预算编制的管理费用预算为:

日常办公费用、差旅费用	80 000 元
员工培训费用	66 667 元
律师等外部专家的聘请费用	53 333 元
房屋租赁费用	0 元
办公用房装修费用	0 元

三、定期预算与滚动预算

编制预算的方法按其预算期的时间特征不同,可分为定期预算的方法和滚动预算的方法两大类。

1. 定期预算的方法

(1)定期预算的定义。定期预算的方法简称定期预算,是指在编制预算时以不变的会计期间(如日历年度)作为预算期的一种编制预算的方法。

(2)定期预算的优缺点。定期预算的优点是能够使预算期间与会计年度相配合,便于考核和评价预算的执行结果。

按照定期预算方法编制的预算主要有以下缺点:

第一,盲目性。由于定期预算往往是年初甚至提前两三个月编制的,对于整个预算年度的生产经营活动很难做出准确的预算,尤其是对预算后期的预算只能进行笼统地估算,数据笼统含糊,缺乏远期指导性,给预算的执行带来很多困难,不利于对生产经营活动的考核与评价。

第二,滞后性。由于定期预算不能随情况的变化及时调整,当预算中所规划的各种经营活动在预算期内发生重大变化时(如预算期临时中途转产),就会造成预算滞后,使之成为虚假预算。

第三,间断性。由于受预算期间的限制,致使经营管理者的决策视野局限于本期规划的经营活动,通常不考虑下期的经营活动。例如,一些企业提前完成本期预算后,以为可以松一口气，其他事等来年再说，形成人为的预算间断。因此，按固定预算方法编制的预算不能适应连续不断的经营过程，从而不利于企业的长远发展。

为了克服定期预算的缺点，在实践中可采用滚动预算的方法编制预算。

2. 滚动预算的方法

(1)滚动预算的定义。滚动预算的方法简称滚动预算，又称连续预算或永续预算，是指在编制预算时，将预算期与会计年度脱离，随着预算的执行不断延伸、补充预算，逐期向后滚动，使预算期永远保持为12个月的一种方法。其具体做法是：每过一个季度(或月份)，立即根据前一个季度(或月份)的预算执行情况，对以后季度(或月份)进行修订，并增加一个季度(或月份)的预算，以逐期向后滚动、连续不断的预算形式规划企业未来的经营活动。

该方法的理论根据是：人们对未来的了解程度具有对近期的预计把握较大、对远期的预计把握较小的特征。为了做到长计划短安排、远略近详，在预算编制的过程中，可以对近期预算提出较高的精度要求，使预算的内容相对详细；对远期预算提出较低的精度要求，使预算的内容相对简单。这样可以减少预算工作量。

(2)滚动预算的优缺点。与传统的定期预算相比，按滚动预算方法编制的预算具有以下优点：

①透明度高。由于编制预算不再是预算年度开始之前几个月的事情，而是实现了日常管理的紧密衔接，可以使管理人员始终能够从动态的角度把握企业近期的规划目标和远期的战略布局，使预算具有较高的透明度。

②及时性强。由于滚动预算能根据前期预算的执行情况，结合各种因素的变动影响，及时调整和修订近期预算，从而使预算更加切合实际，能够充分发挥预算的指导和控制作用。

③连续性、完整性和稳定性突出。由于滚动预算在时间上不再受日历年度的限制，能够连续不断地规划未来的经营活动，不会造成预算的人为间断，同时可以使企业管理人员了解未来12个月内企业的总体规划与近期预算目标，能够确保企业管理工作的完整性与稳定性。

采用滚动预算的方法编制预算的缺点就是预算工作量较大。

(3)滚动预算的方式及其特征。滚动预算按其预算编制和滚动的时间单位不同可分为逐月滚动、逐季滚动和混合滚动三种方式。

①逐月滚动方式。这是指在预算编制过程中，以月份为预算的编制和滚动单位，每个月调整一次预算的方法。

②逐季滚动方式。这是指在预算编制过程中，以季度为预算的编制和滚动单位，每个季度调整一次预算的方法。逐季滚动编制的预算比逐月滚动的工作量小，但预算精度较差。

③混合滚动方式。这是指在预算编制过程中，同时以月份和季度作为预算的编制和滚动单位的方法。它是滚动预算的一种变通方式。

以季度为滚动单位的滚动预算示意如表12—7所示。

表12—7　　滚动预算示意(1)

20×5年预算					
第一季度详细预算			第二季度	第三季度	第四季度
1月	2月	3月	粗略预算	粗略预算	规划预算

滚动预算示意(2)

<table>
<tr><td colspan="5">20×5 年预算</td><td>20×6 年</td></tr>
<tr><td colspan="3">第二季度详细预算</td><td>第三季度</td><td>第四季度</td><td>第一季度</td></tr>
<tr><td>4 月</td><td>5 月</td><td>6 月</td><td>粗略预算</td><td>粗略预算</td><td>规划预算</td></tr>
</table>

［例］ 某公司甲车间采用滚动预算方法编制制造费用预算。已知 2009 年分季度的制造费用预算(其中间接材料费用忽略不计)如表 12－8 所示。

表 12－8　　某公司 20×5 年全年制造费用预算　　单位:元

<table>
<tr><td></td><td colspan="4">20×5 年度</td><td rowspan="2">合　计</td></tr>
<tr><td>项　目</td><td>第一季度</td><td>第二季度</td><td>第三季度</td><td>第四季度</td></tr>
<tr><td>直接人工预算总工时(小时)</td><td>11 400</td><td>12 060</td><td>12 360</td><td>12 600</td><td>48 420</td></tr>
<tr><td>变动制造费用</td><td></td><td></td><td></td><td></td><td></td></tr>
<tr><td>间接人工费用</td><td>50 160</td><td>53 064</td><td>54 384</td><td>55 440</td><td>213 048</td></tr>
<tr><td>水电与维修费用</td><td>41 040</td><td>43 416</td><td>44 496</td><td>45 360</td><td>174 312</td></tr>
<tr><td>小计</td><td>91 200</td><td>96 480</td><td>98 880</td><td>100 800</td><td>387 360</td></tr>
<tr><td>固定制造费用</td><td></td><td></td><td></td><td></td><td></td></tr>
<tr><td>设备租金</td><td>38 600</td><td>38 600</td><td>38 600</td><td>38 600</td><td>154 400</td></tr>
<tr><td>管理人员工资</td><td>17 400</td><td>17 400</td><td>17 400</td><td>17 400</td><td>69 600</td></tr>
<tr><td>小计</td><td>56 000</td><td>56 000</td><td>56 000</td><td>56 000</td><td>224 000</td></tr>
<tr><td>制造费用合计</td><td>147 200</td><td>152 480</td><td>154 880</td><td>156 800</td><td>611 360</td></tr>
</table>

20×5 年 3 月 31 日公司在编制 20×5 年第二季度至 20×6 年第一季度滚动预算时,发现未来的四个季度中将出现以下情况:

(1)间接人工费用预算工时分配率将上涨 50%;

(2)原设备租赁合同到期,公司新签订的租赁合同中设备年租金将降低 20%;

(3)预计直接人工总工时见“20×5 年第二季度至 20×6 年第一季度制造费用预算”表,如表 12－9 所示。

假定水电与维修费用预算工时分配率等其他条件不变,则调整后的滚动预算编制如下:

(1)以直接人工工时为分配标准,计算下一滚动期间的如下指标:

①间接人工费用预算工时分配率＝(213 048/48 420)×(1＋50%)＝6.6(元/小时)

②水电与维修费用预算工时分配率＝174 312/48 420＝3.6(元/小时)

(2)根据有关资料计算下一滚动期间的如下指标:

①间接人工费用总预算额＝48 780×6.6＝321 948(元)

②每季度设备租金预算额＝38 600×(1－20%)＝30 880(元)

表 12—9 **20×5 年第二季度至 20×6 年第一季度制造费用预算** 单位:元

项 目	20×5 年度			20×6 年度	合 计
	第二季度	第三季度	第四季度	第一季度	
直接人工预算总工时(小时)	12 100	12 360	12 600	11 720	48 780
变动制造费用:					
间接人工费用	79 860	81 576	83 160	77 352	321 948
水电与维修费用	43 560	44 496	45 360	42 192	175 608
小计	123 420	126 072	128 520	119 544	497 556
固定制造费用:					
设备租金	30 880	30 880	30 880	30 880	123 520
管理人员工资	17 400	17 400	17 400	17 400	69 600
小计	48 280	48 280	48 280	48 280	193 120
制造费用合计	171 700	174 352	176 800	167 824	690 676

四、确定性预算与概率预算

确定性预算是指在编制预算时,有关变量以稳定不变的数值表达,并据以编制预算的方法。

概率预算法是指在编制预算时,如果有关变量难以确定,就要通过估计分析其变动范围以及可能出现的概率,用一种期望值来表达,以此为依据确定预算目标,进行预算编制的方法。概率预算主要用于编制成本预算和利润预算。

[例] 某企业对预算年度影响利润的因素进行分析,预计出各因素的可能情况及其概率,如表 12—10 所示。

表 12—10 单位:元

销售数量(千件)		销售单价		单位变动成本	固定成本
数 量	概 率	金 额	概 率		
80	0.2	20	0.8	10	400
		18	0.2		
100	0.6	20	0.6	10.2	500
		18	0.4		
125	0.2	20	0.3	10.4	600
		18	0.7		

根据上述资料,计算该企业预算年度的利润期望值,如表 12—11 所示。

表 12—11 销售利润预算(概率预算) 单位:元

销售数量(千件)		销售单价		单位变动成本	固定成本	利润	联合概率	利润期望值
数量	概率	金额	概率					
80	0.2	20	0.8	10	400	400	0.16	64
		18	0.2			240	0.04	9.6
100	0.6	20	0.6	10.2	500	480	0.36	172.8
		18	0.4			280	0.24	67.2
125	0.2	20	0.3	10.4	600	600	0.06	36
		18	0.7			350	0.14	49
合计							1	398.6

表 12—11 的利润,按照本量利公式计算,联合概率为相关变量各自概率的乘积,利润期望值等于利润与联合概率的乘积,即为该企业对预算年度可实现利润的合理预期。

第十三章

预算目标的确定与分解

第一节　预算目标的确定

公司(企业)的主要目标是创造价值。但是如果片面追求利润最大化,可能导致企业短期行为,如忽视产品开发、人才开发、生产安全、技术装备水平、生活福利设施和履行社会责任等。一个公司发展前景的好坏,很大程度上取决于是否有一个可行的战略目标,因此,在实际活动中,企业更应当关注战略目标。而预算管理是一种目标管理,其目标应该与公司的战略目标保持一致,并能体现战略目标的要求。也就是说,战略目标应作为一种目标导向,引导预算目标的确定,预算目标则强调可操作性,通过具体的财务目标体现出来。

公司的战略目标与具体的财务目标以及两者之间的对应关系如表 13—1 所示。

表 13—1　　公司战略目标与具体的财务目标以及两者的对应关系

战略目标	财务目标
提高公司的市场份额	销售增长率
拥有更短的市场周期	利润增长率
公司产品的质量比竞争对手更高	ROE 较高或长期稳定的 ROE
与关键的竞争对手相比,公司的成本更低	净资产增长率
产品线比竞争对手更宽或更有吸引力	投资报酬率
在顾客心目中拥有比竞争对手更强大的形象	EVA 或 MVA
被公众认为是技术和产品革新方面的领导者	现金流增长
顾客满意度水平比竞争对手更高	股票价格上升

公司的战略目标必须转化为明确的、具体的财务指标,才能使企业有一个可以测度的标准。比较而言,上述目标中真正有效和具有综合性的战略目标是股东权益报酬率(ROE),它

既是企业战略选择的出发点和依据,又是企业战略实施要达到的结果。由于股东权益报酬率(ROE)是综合性指标,需要把目标值分解到各相关部门,例如,将销售额分解到营销部,将目标利润分解到各子公司,将产品成本和制造成本分解到生产部门等。分解时一般采用自上而下的分解方法,我们从管理职能出发将 ROE 进行如下分解,分解式如图 13—1 所示。

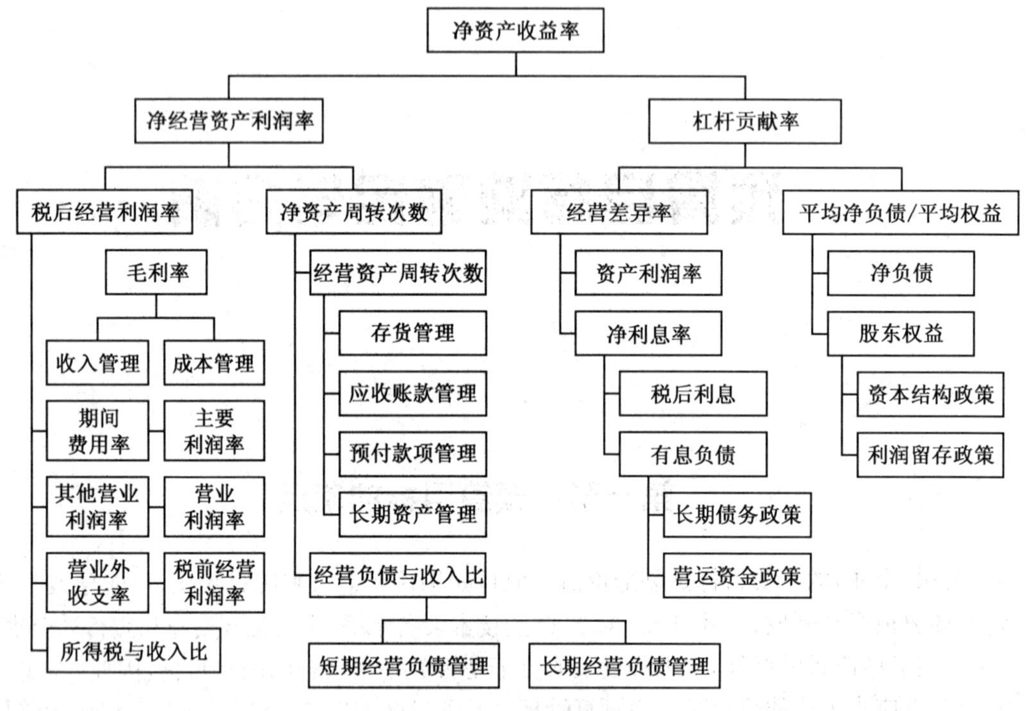

图 13—1 对 ROE 进行分解

先从净资产收益率开始,确定实现净经营资产利润率和杠杆贡献率分别有哪些主要因素,需要具体做哪些事情才能保障工资、债权人利息、员工和经理人奖金的支付和息税前利润的实现,同时确定公司的薄弱环节是什么,克服这些薄弱环节的方法和手段有哪些。企业在寻找支撑要素时,不仅要寻找显性要素,还要找出其背后的隐性支撑要素以及它们的内在关联关系。这样,我们就可以从多个关键变量分解股东权益报酬率,落实到各相关部门,进而实现公司的战略目标。

以 ROE 作为预算目标的出发点,具有以下特点:首先,公司战略的设计与实施归根到底是保持或提高公司的 ROE,在两权分离的公司,股东追求的目标与经营者的目标不一定是一致的,以 ROE 作为预算目标出发点,可以使经营者的经营决策与企业的财务目标保持一致;其次股票价格与 ROE 息息相关,因此对 ROE 及其关键指标进行分解与控制就可以控制整个企业的经营活动,同时经营管理者以预算目标作为努力方向,就会增加 ROE,进而提高股票价格;第三,以 ROE 作为预算的出发点,其编制结果最终表现在相应的预算报表中,如果以 ROE 作为出发点的预算编制是准确的,那么实际报表与预算报表之间的差异就有可能为零。

如果以 ROE 作为预算出发点,那么预算编制的起点就是进行相关指标的预测,并在预测的基础上将指标进一步分解。在确定预算目标时也要注意不同的发展时期因战略决定不同,其预算的重点也不同,在企业初创、成长、成熟及衰退阶段应分别以资本预算、销售预算、成本预算和现金流量预算为起点来进行编制。或者强调不同的层级采用不同的预算目标，如较高的集团层次采用 EVA 或 MVA 作为预算的出发点，各子公司、分公司或事业部的分部层次则可以考虑使用投资报酬率或剩余收益等指标，再到最基层的责任中心，则应该以其责任指标为依据，多采用如利润、成本等具体作业目标。

从财务的角度看，预算目标的核心应该是目标利润，但利润又不是预算目标的全部。本书将以本量利预测法作为主要方法，对目标利润等相关指标的确定及分解进行说明。

第二节　成本习性

所谓成本习性，是指成本总额与业务量之间在数量上的依存关系，按照成本习性可将全部成本划分为固定成本、变动成本和混合成本三类。

（一）固定成本

固定成本是指成本总额在一定时期和一定业务量范围内不随业务量发生任何变动的那部分成本，即成本总额不随业务量变化而变化，如折旧、管理费用等。正由于固定成本总额固定不变，意味着随着业务量的增加，固定成本将由更多数量的产品来负担，也就是说，单位固定成本将随业务量的变化反向变化。

（二）变动成本

变动成本是指成本总额在一定业务量范围内随业务量变化成正比例变化的那部分成本，即成本总额随业务量变化而变化，如直接材料、直接人工等。由于变动成本总额随着业务量的增加而增加，单位变动成本将保持不变。

（三）混合成本

混合成本是指成本总额随业务量的变动而变动但不成正比例变动的那部分成本，不能简单地归入固定成本或变动成本。混合成本按照与业务量的关系可进一步分解为固定成本与变动成本，这样总成本习性模型可表述为 $Y=a+bX$，其中 Y 为总成本，a 为固定成本，b 为单位变动成本，X 为业务量。利用该模型可进行有关的预测与决策。区分变动成本与固定成本的数学方法有下列几种：

1. 高低点法

高低点法是利用历史资料，利用某一时期高低的产销量与其对应的相关成本（费用）的资料，分解固定成本与变动成本的方法。

［例］　某企业最近 6 年的产销量和单位成本以及总成本如表 13－2 所示。

表 13－2　某企业产销量和成本

时　期	产量 X（台）	单位成本（元）	总成本 Y（元）
20×1 年	400	37.50	15 000
20×2 年	650	33.846	22 000
20×3 年	900	29.444	26 500
20×4 年	600	36.667	22 000
20×5 年	700	32.143	22 500
20×6 年	800	31.875	25 500

我们一般选最高和最低时期的产销量和成本进行对比：

20×1 年　15 000＝固定成本＋400×单位变动成本　①

20×3 年　26 500＝固定成本＋900×单位变动成本　②

解①、②联立方程式：

$$\text{固定成本}=\frac{\begin{vmatrix}15\,000 & 400\\ 26\,500 & 900\end{vmatrix}}{\begin{vmatrix}1 & 400\\ 1 & 900\end{vmatrix}}=\frac{15\,000\times900-26\,500\times400}{1\times900-400\times1}$$

$$=\frac{2\,900\,000}{500}=5\,800(\text{元})$$

$$\text{单位变动成本}=\frac{\begin{vmatrix}1 & 15\,000\\ 1 & 26\,500\end{vmatrix}}{\begin{vmatrix}1 & 400\\ 1 & 900\end{vmatrix}}=\frac{26\,500\times1-15\,000\times1}{900\times1-400\times1}$$

$$=\frac{11\,500}{500}=23(\text{元})$$

据此，20×1 年总成本 15 000 元中，固定成本总额为 5 800 元，变动成本总额为 9 200 元。20×3 年总成本 26 500 元中，固定成本总额为 5 800 元，变动成本总额为 20 700 元。

运用高低点法分解固定成本与变动成本方法简单，但正确性较差。在成本变动趋势不正常的情况下，两个时期的资料不能代表各个历史时期成本与数量关系的全局。因此有最小二乘法可以运用。

2. 最小二乘法(或回归分析法)

本方法是根据过去若干时期的产销量和成本的全部历史资料，运用最小二乘法联立回归直线方程，以分解计算固定成本和变动成本的方法。

根据 $Y=a+bX$

结合 n 期的产销量和总成本，建立一组决定回归直线的联立方程式如下：

$$\sum Y=na+b\sum X \quad ①$$

$$\sum XY=a\sum X+b\sum x^2 \quad ②$$

解上述联立方程式得：

$$a=\frac{\sum X^2\sum Y-\sum X\sum XY}{n\sum X^2-(\sum X)^2}\text{，或 }a=\frac{\sum Y-b\sum X}{n}(\text{已知 }b\text{ 时用}) \quad ③$$

$$b=\frac{n\sum XY-\sum X\ \sum Y}{n\sum X^2-(\sum X)^2}\text{，或 }b=\frac{\sum XY-a\sum X}{\sum X^2}(\text{已知 }a\text{ 时用}) \quad ④$$

循上例，将资料进行加工整理，如表 13－3 所示。

表 13－3　　将某企业的产销量与成本进行加工整理

时期	产量 X(台)	总成本 Y(元)	XY	X^2	Y^2
20×4 年	400	15 000	6 000 000	160 000	225 000 000
20×5 年	650	22 000	14 300 000	422 500	484 000 000
20×6 年	900	26 500	23 850 000	810 000	702 250 000
20×7 年	600	22 000	13 200 000	360 000	484 000 000
20×8 年	700	22 500	15 750 000	490 000	506 250 000
20×9 年	800	25 500	20 400 000	640 000	650 250 000
合　计	4 050	133 500	93 500 000	2 882 500	3 051 750 000

$$a=\frac{2\ 882\ 500\times 133\ 500-4\ 050\times 93\ 500\ 000}{6\times 2\ 882\ 500-4\ 050^2}=687\ 815(\text{元})\quad a=6\ 878.15$$

$$b=\frac{6\times 93\ 500\ 000-4\ 050\times 133\ 500}{6\times 2\ 882-4\ 050^2}=22.77(\text{元})$$

运用回归分析法，必须注意两个以上的变量之间的相关程度。只有所选择的变量之间具有相关关系，才有实用价值。为此，必须计算业务量与成本的相关系数 R。

$$R=\frac{n\sum XY-(\sum X)(\sum Y)}{\sqrt{[n\sum X^2-(\sum X)^2][n\sum Y^2-(\sum Y)^2]}}$$

$R=0$，说明该期成本费用不受业务量的影响，属于固定成本；$R=1$，表明该期成本费用完全依存于业务量的变动，属于变动成本；当 $1>R>0$ 时，表明该期成本费用的变动同业务量的变动有一定的依存性，相关系数越大，表示关系越密切。

循上例：

$$R=\frac{6\times 93\ 500\ 000-4\ 050\times 133\ 500}{\sqrt{(6\times 2\ 882\ 500-4\ 050^2)(6\times 3\ 051\ 750\ 000-133\ 500^2)}}=0.97$$

表明产量与成本的关系密切，回归方程效果显著。

第三节　本量利分析模型

在成本习性分解的基础上，在成本、业务量与利润之间建立函数关系，称为本量利分析模型，该模型是进行相关指标预测的重要方法。

一、基本的本量利方程式

目前多数企业都使用损益法来计算利润，即先确定一定期间的收入，然后再计算与这些收入相配比的成本，两者之差为利润，即：

利润＝销售收入－总成本

由于：

总成本＝变动成本＋固定成本

＝单位变动成本×产量＋固定成本

销售收入＝单价×销量

假设产量和销量相同，则有：

$$利润=单价\times销量-单位变动成本\times销量-固定成本$$

这个方程式是明确表达本量利之间数量关系的基本方程式，是一种最基本的形式，它可以根据所需计算的问题变换成其他形式，它含有5个相互联系的变量，给定其中4个，便可求出另1个变量的值。在编制预算时，通常把单价、单位变动成本和固定成本视为稳定的常量，只有销量和利润两个自由变量。给定销量时，可利用方程式直接计算出预期利润；给定目标利润时，可直接计算出应达到的销售量。

$$销量=\frac{固定成本+利润}{单价-单位变动成本}$$

二、边际贡献表示的本量利方程式

1. 边际贡献

边际贡献是指销售收入减去变动成本的差额，即：

$$边际贡献=销售收入-变动成本$$

如果用单位产品表示：

$$单位边际贡献=单价-单位变动成本$$

边际贡献是产品扣除自身变动成本后给企业所做的贡献，它首先用于收回企业的固定成本，如果还有剩余，则成为利润，如果不足以收回固定成本，则发生亏损。

2. 边际贡献率

边际贡献率是指边际贡献在销售收入中所占的百分率。

$$\begin{aligned}边际贡献率&=\frac{边际贡献}{销售收入}\times100\%\\&=\frac{单位边际贡献\times销量}{单价\times销量}\times100\%\\&=\frac{单位边际贡献}{单价}\times100\%\end{aligned}$$

边际贡献率可以理解为每1元销售收入中边际贡献所占的比重，它反映产品对企业做出贡献的能力。与边际贡献率相对应的概念是“变动成本率”。变动成本率是指变动成本在销售收入中所占的百分率。

$$\begin{aligned}变动成本率&=\frac{变动成本}{销售成本}\times100\%\\&=\frac{单位变动成本\times销量}{单价\times销量}\\&=\frac{单位变动成本}{单价}\times100\%\end{aligned}$$

由于销售收入被分为变动成本和边际贡献两部分，前者是产品自身的耗费，后者是给企业的贡献，两者百分率之和应当为1。即：

$$\begin{aligned}变动成本率+边际贡献率&=\frac{单位变动成本}{单价}+\frac{单位边际贡献}{单价}\\&=\frac{单位变动成本+(单价-单位变动成本)}{单价}\\&=1\end{aligned}$$

3. 边际贡献表示的方程式

由于创造了“边际贡献”这个新的概念，上面介绍的基本方程式可以改写成新的形式。

因为：

利润＝销售收入－变动成本－固定成本

＝边际贡献－固定成本

所以：

利润＝销量×单位边际贡献－固定成本

或

利润＝销售收入×边际贡献率－固定成本

这些方程式也可以明确表达本量利之间的数量关系。

其中

利润＝销量×单位边际贡献－固定成本

主要用于单一产品的生产企业，而利润＝销售收入×边际贡献率－固定成本。

主要运用于多品种产品生产企业。由于多种产品的销售收入可以直接相加，所以，问题的关键是计算多种产品的加权平均边际贡献率。

$$\text{加权平均边际贡献率}=\frac{\sum \text{各产品边际贡献}}{\sum \text{各产品销售收入}}\times 100\%$$

或　**加权平均边际贡献率＝ $\sum$(各产品边际贡献率×各产品销售比重)**

［例］ 某企业生产甲、乙、丙三种产品，固定成本 2 000 元，有关资料如表 13－4 所示，请计算其目标利润。

表 13－4　　**销售和成本计划资料**

产　品	单　价	单位变动成本	单位边际贡献	销　量
甲	10	8	2	100
乙	9	6	3	300
丙	8	4	4	500

根据表 13－4 的资料计算：

$$\text{加权平均边际贡献率}=\frac{2\times 100+3\times 300+4\times 500}{10\times 100+9\times 300+8\times 500}\times 100\%=\frac{3\ 100}{7\ 700}\times 100\%=40.26\%$$

或根据表 13－4 的资料，整理成表 13－5。

表 13－5　　**加权平均边际贡献率**

产品	单价	单位边际贡献	销量	边际贡献	销售收入	边际贡献率	占总销售比重
甲	10	2	100	200	1 000	20%	12.99%
乙	9	3	300	900	2 700	33.33%	35.06%
丙	8	4	500	2 000	4 000	50%	51.95%
合计				3 100	7 700		100%

加权平均边际贡献率＝20%×12.99%＋33.33%×35.06%＋50%×51.95%

=40.26%

利润=销售收入×边际贡献率-固定成本

=7 700×40.26%-2 000=1 100(元)

第四节 本量利模型的运用

本量利分析模型可运用在两种场合,一种称作是模型的特殊运用,即研究利润为零的特殊状态,也就是盈亏临界分析与敏感分析。另一种称作是模型的一般运用,即研究利润不为零的一般状态,也就是目标利润的确定及实现目标利润的有关因素分析,现介绍如下。模型的特殊运用可作为预算编制前的一项基础工作,模型的一般运用与预算目标的分解关系较为密切,因此,目标利润的确定与分解应成为学习的重点。

一、盈亏临界分析及敏感分析

(一)盈亏临界点

盈亏临界点是指企业收入和成本相等的经营状态,即边际贡献等于固定成本时企业所处的既不盈利又不亏损的状态。通常用一定的业务量来表示这种状态。

$$盈亏临界点销售量=\frac{固定成本}{单价-单位变动成本}$$

或
$$盈亏临界点销售量=\frac{固定成本}{单位边际贡献}$$

或
$$盈亏临界点销售额=\frac{固定成本}{边际贡献率}$$

在盈亏临界点计算以后就可以着手计算盈亏临界点的作业率与安全边际和安全边际率。所谓盈亏临界点的作业率是指盈亏临界点销售量占企业正常销售量的比量。这个比率表明企业保本的业务量在正常业务量中所占的比重。所谓安全边际是指正常销售额超过盈亏临界点销售额的差额,它表明销售额下降多少企业仍不致亏损。企业生产经营的安全性,还可以用安全边际率来表示,即安全边际与正常销售额(或当年实际订货额)的比值。盈亏临界点的作业率与安全边际率之和为1。盈亏临界点的销售额在扣除变动成本后只能为企业收回固定成本。只有安全边际能够为企业提供利润,安全边际部分的销售减去其自身的变动成本后成为企业的利润。例如,正常销售为100,变动成本率为60%,盈亏临界点的销售为80,则:

安全边际=100-80=20

其中:

80×60%=48(变动成本);

80-48=32(固定成本);

20×60%=12(安全边际自身的变动成本);

20×(1-60%)=8(安全边际中的边际贡献,即企业利润)。

(二)敏感分析

敏感分析主要研究与分析有关参数发生多大变化会使盈利转为亏损,各参数变化对利润变化的影响程度,单价、单位变动成本、产销量和固定成本的变化,都会影响利润的高低。这种变化达到一定程度,会使企业利润消失,使企业的经营状况发生质变。敏感分析的目的之一,就是提供能引起目标发生质变的各参数变化的界限,称作是最大最小分析。通俗的说法就是敏感分析主要研究利润为零时的所有参数，即利润为零时的最低销量、最低单价，以及利润为零时的最高单位变动成本和最高固定成本总额。

［例］　某企业只生产一种产品，单价 2 元，单位变动成本 1.20 元，预计明年固定成本 40 000元，产销量计划达 100 000 件。

预计明年利润＝100 000×(2－1.20)－40 000＝40 000(元)

敏感分析如下：

设最低单价为 SP，联立方程：

$100\ 000\times(SP-1.20)-40\ 000=0$

$SP=1.60$(元)

即单价降至 1.60 元，即降低 20%(0.4/2)时企业由盈利转入亏损。

设最高单位变动成本为 VC：

$100\ 000\times(2-VC)-40\ 000=0$

$VC=1.60$(元)

即单位变动成本由 1.20 元上升至 1.60 元时，企业利润由 40 000 元降至零。此时，单位变动成本上升了 33%(0.40/1.20)。

设最高固定成本为 FC：

$100\ 000\times(2-1.20)-FC=0$

$FC=80\ 000$(元)

即固定成本增至 80 000 元时，企业由盈利转为亏损，此时固定成本增加了 100%(40 000/40 000)。

销售量最小值是指使企业利润为零的销售量，也就是盈亏临界点的销售量，设为 SQ，则 $SQ=40\ 000/(2-1.20)=50\ 000$(件)

即销售只要降至 50 000 件，企业由盈利转为亏损，此时销量只完成了 50%(50 000/100 000)。

二、目标利润的试算平衡

目标利润一旦确定，应保持相对的稳定性，在预算的执行过程中，应通过改善管理来调整经营活动，保证目标利润的实现，这种调整过程，称为目标利润的试算平衡。现举例说明如下：

1. 采取单项措施以实现目标利润

假设某企业当前的销量为 1 000 件，单价为 10 元，单位变动成本为 6 元，固定成本与费用为 3 000 元，欲使利润增加 50%，则：

目标利润＝[1 000×(10－6)－3 000]×(1＋50%)＝1 500(元)

为保证目标利润的实现，可以从以下几个方面着手，采取相应的措施。

(1)减少固定成本。减少固定成本可使利润相应增加。现在的问题是确定需减少多少固定成本，才能使利润达到 1 500 元。

现将固定成本(FC)作为未知数，目标利润 1 500 元作为已知数，其他因素不变，代入本量利关系方程式：

$1\ 500=1\ 000\times10-1\ 000\times6-FC$

$FC=2\ 500$(元)

如其他条件不变，固定成本从 3 000 元减少到 2 500 元，降低 16.7%，可保证实现目标利润。

(2)减少变动成本。按上述同样方法,将单位变动成本(VC)作为未知数代入本量利关系方程式:

$$1\ 500=1\ 000\times10-1\ 000\times VC-3\ 000$$

$$VC=5.50(\text{元})$$

如其他条件不变,单位变动成本从6元降低到5.50元,减少8.3%,可保证实现目标利润。

(3)提高售价。按上述同样方法,将单位产品的售价(SP)作为未知数代入本量利关系方程式:

$$1\ 500=1\ 000\times SP-1\ 000\times6-3\ 000$$

$$SP=10.5(\text{元})$$

如其他条件不变,单位产品的售价从10元提高到10.50元,提高5%,可保证实现目标利润。

(4)增加产销量。按上述同样方法,将产销数量(V)作为未知数代入本量利关系方程式:

$$1\ 500=V\times10-V\times6-3\ 000$$

$$V=1\ 125(\text{件})$$

如其他条件不变,产销量从1 000件增加到1 125件,增加12.5%,可保证实现目标利润。

2. 采取综合措施以实现目标利润

在现实经济生活中,影响利润的诸因素是相互关联的。为了提高产量,往往需要增加固定成本,与此同时,为了把产品顺利地销售出去,有时又需要降低售价或增加广告费等固定成本。因此,企业很少采取单项措施来提高利润,而大多采取综合措施以实现利润目标,这就需要进行综合计算和反复平衡。

我们可按下述步骤去落实利润:

沿用上例,假定该企业有剩余的生产能力,可以进一步增加产量,但由于售价偏高,使销路受到限制。为了打开销路,企业拟降价10%,采取薄利多销的方针,争取实现利润1 500元。

(1)计算降低后实现目标利润所需的销售量。

$$\text{销售量}=\frac{\text{固定成本}+\text{目标利润}}{\text{单位边际贡献}}=\frac{(2\ 000+1\ 000)+1\ 500}{10\times(1-10\%)-6}=1\ 500(\text{件})$$

如果销售部门认为,降价10%后可使销量达到1 500件,生产部门也可以将其生产出来,则目标利润就可以落实了。否则,还需要继续分析并进一步落实。

(2)计算既定销量下实现目标利润所需要的单位变动成本。假设销售部门认为,上述1 500件的销量是达不到的,降价10%后只能使销量增至1 300件。为此,需要在降低成本上挖潜。

$$\text{单位变动成本}=\frac{\text{单价}\times\text{销量}-(\text{固定成本}+\text{目标利润})}{\text{销　量}}=\frac{10\times(1-10\%)\times1\ 300-(3\ 000+1\ 500)}{1\ 300}=5.54(\text{元})$$

为了实现目标利润,在降价10%的同时,还需使单位变动成本从6元降至5.54元。如果生产部门认为，通过降低原材料和人工成本，这个目标是可以实现的，则预定的利润目标可以落实。否则，还要在固定成本的节约方面想办法。

(3)计算既定产销量和单位变动成本下实现目标利润所需的固定成本。假设生产部门认为，通过努力单位变动成本可望降低到 5.60 元。为此，企业还需要压缩固定成本支出。

固定成本＝销量×单位边际贡献－目标利润

＝1 300×[10×(1－10%)－5.60]－1 500

＝2 920(元)

为了实现目标利润，在降价 10%、使销量增至 1 300 件、单位变动成本降至 5.60 元的同时，还需压缩固定成本 80 元(3 000－2 920)，则目标利润可以落实。否则，可以再次协商，寻找进一步的办法，重新分析计算并分别落实。

第五节 目标成本的确定与分解

除了预测目标利润以外，对预算期的目标成本也必须作进一步预测，通过成本的预测和可行性分析，可使企业的预算建立在先进又可行的基础之上。

一、目标成本的确定

目标成本的确定通常有两种方法。

1. 在先进成本水平中选择

所谓先进成本水平，是指国内外同类产品的先进成本水平，或本企业历史先进成本水平。它是接近平均先进定额制定的定额成本或标准成本，也可以是本企业上年达到的实际成本在按预期的成本降低率换算后的成本。

2. 在目标利润基础上进行计算

在销售收入不变的情况下，要实现目标利润，必须先达到目标成本。其关系表示如下：

目标成本＝销售收入(产量×价格)－税金－目标利润

在价格可确定的情况下，单位产品的目标成本可按下列公式计算：

$$\text{单位产品目标成本}=\text{预测价格}\times(1-\text{税率})-\frac{\text{目标利润}}{\text{预测产量}}$$

这里的目标利润，可根据上一节的方法加以确定。

下面，我们举例说明目标成本的确定方法。

[例] 某企业上年度报告资料所示产品销售收入、成本和利润指标的完成情况如表 13－6所示。

表 13－6 某企业上年度销售收入、成本和利润指标的完成情况

(一)销售收入	37 500 元	
(二)销售产品总成本	30 000 元	占总成本比重 100%
其中：直接材料	9 510 元	31.70%
燃料动力	2 174 元	7.25%
直接人工及其他支出	7 986 元	26.62%
制造费用	7 430 元	24.77%

续表

废品损失	271 元	0.90%
管理费用	2 629 元	8.76%
(三)销售税金(税率 5%)	1 875 元	
(四)利润	5 625 元	
(五)销售利润率	15%	

在预算年度该企业根据市场需要，经预测，销售量在原来 1 000 件的基础上可增加 20%，利润额应增加 50.7%，税率不变。

据此应控制的目标成本为：

目标成本＝上年销售收入×[1±计划销售收入增减率－上年利润×(1±计划利润增减率)]

＝37 500×(1＋20%)－5 625×(1＋50.7%)－1 875×(1＋20%)

＝34 273(元)

或：

目标成本＝上年销售收入×(1±计划销售收入增减率)×(1－计划销售利润率－计划税率)

＝37 500×(1＋20%)×(1－18.84%－5%)

＝34 272 元(尾差 1 元)

$$单位产品目标成本=\frac{34\ 272}{1\ 200}=28.56(元)$$

$$其中，计划销售利润率=\frac{5\ 625\times(1+50.7\%)}{37\ 500\times(1+20\%)}\times100\%$$

$$=18.84\%$$

根据上述计算，计划期应控制的目标成本比上年实际成本降低率为：

$$\frac{30\ 000\times(1+20\%)-34\ 272}{30\ 000\times(1+20\%)}\times100=4.80\%$$

二、目标成本的可行性分析

目标成本的提出为计划年度企业生产产品的成本提出了预期的要求，但是能不能实现，还必须进一步对其进行可行性分析和验证。通过可行性分析和计算，肯定了实现的可能性，才能最后把目标成本确定下来，据以编制预算。

影响产品成本升降的因素有两个方面：一是料工费各个成本要素的耗费变动幅度，二是各成本要素占产品成本比重的大小。因此对目标成本的可行性进行预测与分析，就是考虑成本的结构，分析各个成本要素占产品单位成本的比重和耗费水平的变动，通过预测期(计划期)与基准期(报告期)的比较，以测算产品成本可能的降低额和降低率。其具体步骤如下：

(1)由于材料物资消耗定额降低形成的节约，导致总成本的降低。

成本降低率＝材料物资费用占成本总额的比重×材料物资消耗定额降低率

(2)由于劳动生产率提高而降低成本，工人平均工资增加而使成本升高，由前者提高速度大于后者增长速度而形成的节约，导致总成本的降低。

$$\text{成本降低}=\text{工人工资占成本总额的比重}\times\left(1-\frac{1+\text{平均工资增长率}}{1+\text{劳动生产增长率}}\right)$$

式中，$\left(1-\frac{1+\text{平均工资增长率}}{1+\text{劳动生产增长率}}\right)$表明在劳动生产率提高速度大于平均工资增长速度的条件下，工资在单位成本中的比重下降程度。

(3)由于产量增长形成制造费用相对节约而导致成本降低。有两种可能：

①某些期间费用总额不随产量的增加而增加，则：

成本降低率＝期间费用中的固定费用占总成本的比重×[1－1/(1＋产量增长率)]

式中，[1－1/(1＋产量增长率)]表明因产量增长使费用相应下降的程度。

②某些期间费用虽随产量增长而增加，但其增长幅度低于产量增长幅度，则：

成本降低率＝制造费用中的变动部分占总成本的比重×[1－(1＋费用增长率)/(1＋产量增长率)]

①＋②为因产量增长、固定费用的相对节约而形成的成本降低率。

(4)由于废品损失率的降低，形成节约而导致的成本降低。

成本降低率＝废品损失占成本总额的比重×废品损失降低率

综合以上各项成本项目的测算结果，可得产品成本总降低率和总降低额如下：

预测总成本降低率＝∑(各项目降低率×各项目占总成本的比重)

或：

$$\text{预期成本总降低率 } R=Ma_1+\left(\frac{L-W}{1+L}\right)a_2+\left(\frac{P-E_1}{1+P}\right)a_3+\left(\frac{P-E_2}{1+P}\right)a_4+\left(\frac{P-E_3}{1+P}\right)a_5+Za_6$$

式中：

R 表示预测成本总降低率；

M 表示预计计划期各种材料物资的降低；

L 表示预计计划期劳动生产率的增长；

W 表示预计计划期平均工资增长；

P 表示预计计划期产量增长；

Z 表示预计废品降低幅度。

E_1、E_2、E_3 表示制造费用、管理费用、销售费用的增减。

a_1、a_2、a_3、a_4、a_5、a_6 分别为各有关成本项目占单位成本的比重。

预测可比产品成本降低额＝产品成本总降低率×计划产量×上年预计平均单位成本

循上例，某企业计划年度采取的技术与组织措施如下：

(1)主要材料消耗定额下降5％，报告期直接材料占成本的比重为31.7％。

则：成本降低＝5％×31.7％＝1.59％

(2)计划期预测劳动生产率能提高10％；平均工资增长8％，报告期平均工资占成本的比重为26.62％。

则：成本降低＝0.9％×100％＝0.9％

(3)计划期产销量增加20％，报告期制造费用和管理费用中的固定部分占总成本的比重分别为6.19％和2.19％，则：

成本降低＝[1－1/(1＋20％)](6.19％＋2.19％)＝1.40％

(4)计划期制造费用增加17.8％，管理费用增加17.6％，两项费用中的变动部分占总成本的比重分别为18.58％和6.57％，则：

成本降低＝[1－(1＋17.8％)/(1＋20％)]×18.58％＋[1－(1＋17.6％)/(1＋20％)]×

6.57%=0.47%

(5)计划期废品损失可降低100%,报告期废品损失占总成本的比重为0.9%,则:

成本降低=0.9%×100%=0.9%

综上可得,产品成本总降低率=1.59%+0.48%+1.40%+0.47%+0.9%

=4.84%

即成本降低达到了目标成本的要求,而这些措施为以后预算的编制提供了依据。

第十四章

短期经营预算

企业的目标是获利，这就离不开顺畅的日常生产经营管理活动。其中产品的生产、销售作为日常经营活动的重要环节，是每时每刻都在发生变化的。所以，在一个企业的预算管理体系中，包括销售、生产、成本、费用、存货等项目的经营预算有较强的操作性和时效性，是最基本的预算，在企业战略计划和具体生产经营之间起着承上启下的作用。

生产经营预算也称业务预算，是为规划和控制未来时期的生产销售等日常业务以及与此相关的成本费用和收入而编制的预算。它是企业总预算的基础，对企业日常生产经营活动的安排有重要的指导意义；有利于企业经营活动的开展，充分明确各级工作人员的权责关系，调动全体职工的工作积极性，也有利于企业内外和上下级之间的沟通协调。主要内容包括销售预算、生产预算、成本预算、各种费用预算和存货预算等。

短期经营预算就是在目标利润和销售预测的基础上，首先对企业的产品销售进行预算，然后再按“以销定产”的方法，逐步对生产、材料采购、存货、费用等方面进行预算。

第一节 销售预算

一、销售预算的地位和作用

在现代市场经济条件下，企业是根据“以销定产”进行生产与经营的。因此，以销售预测为基础的销售预算是其他预算的起点，只有把销售预算搞好了，此后的生产预算才有可靠的基础，从而进一步影响成本、费用及存货的预算，而且销售收入是企业现金收入的最主要的来源，所以，销售预测的准确程度对整个全面预算的科学合理性起着至关重要的作用。

二、销售预算的编制

销售或营业预算是预算期内预算执行单位销售各种产品或者提供各种劳务可能实现的销售量或者业务量及其收入的预算，主要依据年度目标利润、预测的市场销量或劳务需求及提供的产品结构以及市场价格编制。

销售预算是关于预算期的销售量和销售收入的规划，它是以销售为核心的预算管理模式下预算体系的起点。它需要全体员工的参与，高层管理人员、市场分析人员及财务人员在其中起着更为重要的作用。他们的专业知识和判断能力对销售预测的合理性有极大的影响。

销售预算的主要内容是销售量、销售单价和销售收入。销售量主要是根据市场预测或销货合同并结合企业生产经营能力来确定的，单价是通过价格决策确定的，销售收入是两者的乘积，在销售预算中计算得出。

销售预算编制的一个关键环节是预算期销售情况的预测。只有得出了比较合理的销售量，再辅以企业经过市场供需情况及竞争状态的分析并结合长期战略确定的价格，才能得出一定期间的销售收入。

销售预测的基本方法按其性质划分，有定性预测法和定量预测法。

(一)定性预测法

定性预测法是在预测人员具有丰富的实践经验和广泛的专业知识的基础上，根据其对事物的分析和主观判断能力对预测对象的性质和发展趋势做出推断的预测方法。如判断分析法和调查关联法。这种方法主要是在企业所掌握的数据资料不完备、不准确的情况下使用，通过对经济形势、国内外科学技术发展水平、市场动态、产品特点和竞争对手等情况资料的分析与研究，对本企业产品的未来销售情况做出质的判断。

1. 判断分析法

主要是依据熟悉市场未来变化的专家的丰富实践经验和综合判断能力，在对预测期的销售情况进行综合分析研究以后所做出的产品销售趋势的判断。参加预测的专家既可以是企业内部人员，如销售部门经理和销售人员，也可以是企业外部人员，如有关推销商和经济分析家。它有三种具体方式。

(1)意见汇集法。也称主观判断法，它是由企业内部熟悉销售业务、对市场发展变化趋势比较敏感的领导人、主管人员和业务人员根据其多年的实践经验集思广益，分析各种不同意见并对之进行综合分析后所做的判断与预测。这是因为企业内部由于业务范围和分工的不同，有关人员对职责范围内的业务及市场环境比较熟悉，但对问题理解的广度和深度却受一定的限制，因此，需要内部各专业人员的交流与互补才能得出全面客观的销售判断。

(2)德尔菲法。又称专家调查法，它是一种客观判断法。由美国兰德公司在20世纪40年代首先倡导使用。它主要是采用通信的方式，向熟悉市场并有专业知识的有关专家发出预测问题调查问卷，以收集和征询专家们的意见，然后经过多次反复、综合、整理、归纳专家的意见以后，再做出判断与预测。采用这种方法要注意，各专家之间尽量不要互相交流，以使个人能根据自己的经验、观点和方法进行预测，以避免相互干扰影响。同时要注意不能忽视少数人的意见。

(3)专家小组法。这也是一种客观判断法，它是由企业组织各有关专家组成预测小组，通过召开座谈会的形式，进行充分广泛的调查研究和讨论，然后运用专家小组的集体研究成果做出最后的预测与判断。与德尔菲法“背靠背”预测形式不同的是，这一方法是由专家小组面对面地进行集体讨论和研究。这样可以相互启发与补充，但仍要注意的是，专家要畅所欲言，不要受干扰而改变自己的意见。

2. 调查关联法

它是通过对某种产品在市场上的供需情况的调查，了解各因素对该产品市场销售的影响情况，并据以推测这种产品市场销售量的一种分析方法。在这种方法下，预测的基础是市场调查所得资料情况，然后再根据产品销售的具体特点和调查所得资料情况，采用具体的方法进行预测。通常市场调查的内容包括对产品本身的调查、对消费者情况的调查、对经济发展情况的调查、对市场竞争情况的调查。有了这些调查资料后，可采取关联指标预测法和抽样预测法进行预测。

(1)关联指标预测法。它是根据市场上两种或两种以上产品的正相关或者负相关的密切关联关系，即产品之间是替代品还是互补品，通过一种产品的需求量来推断另一种产品的需求量，以此做出的预测。

比如眼镜片和镜框这是一对互补品，对一种的需求增加会引起另一种需求的上升。假设根据市场调查显示，2009 年某地区镜片需求量是镜框的两倍，2009 年该地区镜框产量是200 000副，计划 2010 年增产 40%，而某镜片生产企业在该地区的市场占有率是 60%，试对该企业在该地区的镜片销量做出预测。计算如下：200 000×(1+40%)×2×60%=336 000。

(2)抽样预测法。它是根据随机原则，从市场上抽取一定的样本，并根据样本情况来推断整个市场对某种产品需求量的一种预测方法。

(二)定量预测法

定量预测法主要是根据有关的历史资料，运用现代数学方法对历史资料进行分析与整理，并通过建立预测模型来对产品的市场销售趋势进行研究并做出推测的预测方法。如历史资料引申法和回归分析法。这类方法是在拥有尽可能多的数据资料的前提下运用，以便能通过对数据类型的分析，确定具体适用的预测方法，对产品的市场需求做出量的估计。

1. 历史资料引申法

也称趋势分析法，它是根据企业历年的销售资料，按照事件发生的先后顺序进行排列的一系列销售数据，应用一定的数学方法进行加工处理并建立相应的数学模型，充分解释有关变量之间的规律性联系并做出相应的预测结论。根据所采用的计算方法的不同，分为简单平均法、移动平均法等。

(1)简单平均法是计算以往若干期的销售量或者销售额的简单算术平均数，作为预测期的销售预测值。其计算公式是：

$$Y=\frac{\sum X}{N}$$

其中，Y 是预测期的销售预测值，N 是观察期的个数，X 表示观察期内各期的实际销售值。例如，某企业今年 1～6 月份各期的实际销售额如表 14－1 所示。

表 14－1　　某企业今年 1～6 月份的实际销售额　　单位：万元

月份	1	2	3	4	5	6	合计
实际销售额	360	420	390	360	360	420	2 310

根据上述资料预测该企业 7 月份的销售额，计算如下：

预计 7 月份销售额$=\sum X\div 6=2\ 310\div 6=385$(万元)

简单平均法在计算上十分简便，但它却使历史资料的差异平均化，未考虑其变动趋势，因而可能使预测结果产生较大的误差。因此，只有当被预测产品的市场销售比较稳定时，才可以运用这种方法。

(2)移动平均法是计算以往若干时期销售值的移动平均数，作为对未来的销售预测数。这里所谓的“移动”就是指预测所用的历史资料要随预测期的推移而递延。分为简单移动平均法和加权移动平均法及指数平滑法。

①简单移动平均法。这是一种采用简单的不加权的移动平均数进行预测的方法。其计算公式是：

$$Y=\frac{\sum X_t}{N}\quad (t=1,2,3,\cdots,n)$$

其中，N 代表确定的移动期数，X_t 代表每期的历史销售值。其含义与算术平均法是不一样的，尽管我们用的表示方法一样。

仍沿用上例，我们设定移动平均期数为 3 期。则可分别预测出 4～7 月份的销售额：

$X_4=(360+420+390)\div 3=390$

$X_5=(420+390+360)\div 3=390$

$X_6=(390+360+360)\div 3=370$

$X_7=(360+360+420)\div 3=380$

简单移动平均法在计算上也比较简单，只需确定合理的预算间隔期数，然后利用历史资料数据平均即可求出每一预测期的销售值。它同样可以使历史资料的差异平均化。与简单平均法不同的是，它在历史资料的选择上尽量选择接近预测期的数据，从而使预测数据更接近实际。这种方法适用于销售略有波动的产品。

②加权移动平均法。这是一种在简单移动平均法的基础上对所用历史资料分别确定不同的权数进行加权以后，计算出加权平均数，作为预计销售数的一种预测方法。一般来说，越是近期的数据资料，其权重越大；越是远期的数据资料，其权重越小。当各期销售情况变动幅度较大时，权重之间由近及远的级差也要大一些；反之则可以小一些。其计算公式可简单表示如下：

$$Y=\frac{\sum kX_t}{\sum k}\quad (t=1,2,3,\cdots,n)$$

其中，k 代表各期的权数(它可以取小数以使 $\sum k=1$，从而简化运算，也可以取其他任意数)，X_t 仍然代表各历史数据，Y 是预测期的预测值。

我们仍然沿用前例。设预测间隔期为三期，从近及远的权数依次为 0.6、0.3、0.1。因此可分别求出 4～7 月份的预计销售额。

$X_4=360\times 0.1+420\times 0.3+390\times 0.6=396$

$X_5=420\times 0.1+390\times 0.3+360\times 0.6=375$

$X_6=390\times 0.1+360\times 0.3+360\times 0.6=363$

$X_7=360\times 0.1+360\times 0.3+420\times 0.6=396$

加权平均法既考虑了近期销售的发展趋势，又对之采用不同的权数进行加权，因而消除了差异的平均化，从而使预测数据与实际更为相符。

③指数平滑法。这是加权移动平均法的一种特殊形式。它是通过导入平滑系数，对本期的实际销售数和本期的预计销售数进行加权平均计算以后，作为下期销售预计数的一种预测方法。

其计算公式如下：$S_t=\lambda X_{t-1}+(1-\lambda)S_{t-1}$。其中，$\lambda$ 表示指数平滑系数($0\leqslant\lambda\leqslant 1$)；$X_{t-1}$ 表示第 $t-1$ 期实际销售量(额)；S_{t-1} 表示第 $t-1$ 期销售量(额)的预测值；S_t 表示第 t 期销售

量(额)的预测值。这样,λ 为对本期实际销售值的权数,$1-\lambda$ 为对本期销售预测值的权数。λ 值越小,则下期的预测数就越接近于本期的预测数;λ 值越大,则下期预测数就越接近于本期实际数。可见 λ 的取值至关重要。在运用时,一般可选用不同的权数值分别进行试算,然后通过与实际数的比较确定最为恰当的权数值,从而提高预测精度。

2. 回归分析法

这里所指的回归分析法是将回归方程的原理运用于销售预测,即通过对影响销售变动的各个因素的分析,确定影响销售变动的最主要因素,然后根据所确定的主要因素与销售数之间的因果关系建立回归方程,并据以推测未来的销售变动趋势。目前较常用的是直线回归法。在此前的相关章节中对直线回归方程的应用公式已有介绍,这里就不详细推导了。

$$a=\frac{\sum y-b\sum x}{n}$$

$$b=\frac{\sum xy-\sum x\sum y/n}{\sum x^2-(\sum x)^2/n}$$

将该公式应用于销售预测时,用 y 表示销售数,x 表示影响销售变动的主要因素(如销售年份等),a 表示基本销售数,b 表示随影响销售的主要因素变动而变动的销售数。如果我们经过分析确定 x 为销售年份等时间因素时,则由于时间序列间隔相等,就可以采用简化的方法,即令 $\sum x=0$。具体处理方法为:若 n 为奇数,则将 0 置于预测基础期最中间的一期,并将 x 的间隔期定为 1(即 …,-3,-2,-1,0,1,2,3,…);若 n 为偶数,则将 -1 和 1 置于预测基础期的最中间两期。同时将 x 的间隔期定为 2(即 …,-5,-3,-1,1,3,5,…)。经过这样的处理后,回归方程式可简化为:

$$a=\sum y/n;b=\sum xy/\sum x^2$$

[例] 某企业资料如下,我们计算有关数据,如表 14-2 所示。

表 14-2 根据某企业资料计算相关数据

月 份	x	y	xy	x^2
1	-5	360	-1 800	25
2	-3	420	-1 260	9
3	-1	390	-390	1
4	1	360	360	1
5	3	360	1 080	9
6	5	420	2 100	25
合 计	0	2 310	90	70

计算出这些结果就不难求出 a 和 b 了。

$a=2\ 310\div 6=385$

$b=90\div 70=1.29$

所以我们也就可以预测该企业 7 月份的销售额为

$y=a+bx=385+1.29\times 7=394$

回归分析法计算比较麻烦,但是由于建立在回归模型的基础上,因此结果相对准确。

(三)定性预测法与定量预测法的关系

在实际中,定性预测法和定量预测法不是决然分开的,往往是相辅相成的。由于经济生活的复杂性,并非所有的影响因素都可以通过定量法进行分析,某些因素只有定性的特征(例如政治经济形势变化、政策法规的制定、消费倾向的变化等);同时,定量分析也有其自身的局限性,任何数学方法都不能概括所有复杂的经济情况变化,如果不结合预测期间的政治、经济、市场及政策法规的变化情况进行分析,必然会使预测结果脱离客观实际。因此,我们必须根据具体情况,把定量分析和定性分析结合起来运用,才能做出正确的预测,收到良好的效果。

三、销售预算

在企业根据自身具体情况进行销售预测后,就可以编制销售预算情况表了。如果企业仅能根据历史资料做出销售量的预测,则还需从自身战略及市场的竞争供需等方面制定合理的价格,从而做出销售额的预测。完成了销售预算(见表14—3)后,就可以进行下一步生产预算的编制了。

表14—3　　销售预算

季　度	一	二	三	四	全　年
预计销售量(件)	500	750	1 000	900	3 150
预计销售单价(元)	100	100	100	100	100
销售收入(元)	50 000	75 000	100 000	90 000	315 000
预计现金收入					
上年应收账款	15 000				15 000
第一季度(销货50 000)	30 000	20 000			50 000
第二季度(销货75 000)		45 000	30 000		75 000
第三季度(销货100 000)			60 000	40 000	100 000
第四季度(销货54 000)				54 000	54 000
现金收入合计	45 000	65 000	90 000	94 000	294 000

我们知道销售预算的主要内容是销售量、销售单价、销售收入。销售量是我们根据市场销售预测或者销售合同并结合企业自身的生产能力确定的,单价是通过企业的价格政策制定的,销售收入是两者的乘积,是在销售预算中得出来的。

销售预算通常还包括预计现金收入的计算,以便为编制现金预算提供必要的资料。每一季度的现金收入都包括两部分,即上一季度的应收账款在本季度的回收额和本季度的销售收现额。在本例中我们假设,每季度的销售收入中的收现比率是60%,另外的40%在下一季度收到。

销售预算通常要分品种、分月份、分销售区域、分推销人员进行编制。销售预算中通常还要包括预计现金收入的计算,以便为现金预算提供资料。

第二节　生产预算

生产预算是从事工业生产的预算执行单位在预算期内所要达到的生产规模及其品种结构的预算，主要是在销售预算的基础上，依据各种产品的生产能力、各项材料及人工的消耗定额及其物价水平和期末存货状况编制。为了实现有效管理，还应当进一步编制直接人工预算、直接材料预算、制造费用预算。

生产预算是在销售预算的基础上，考虑期初、期末产品存货的需要而编制的生产量预算。如果是多环节生产的产品，往往还需要编制每一环节的半成品预算。

如果产品没有市场，即使生产出来，也只能是永远的“存货”。所以，在现代竞争激烈的市场经济条件下，企业要保持其竞争优势和获利能力，一般必须以销定产，根据多方面考察，分析可能的销售量来组织生产，也就是根据销售预算来编制生产预算和其他预算。

生产预算可以揭示企业生产与销售和存货间的协调关系，明确企业生产活动的总进程。但是单纯的生产预算还不能充分揭示具体的生产活动内容，还必须进一步确定相关的直接材料、直接人工和制造费用预算，但在编制这些预算之前，必须编制生产预算，然后根据生产预算编制相应的成本费用预算。

一、生产预算

生产预算是在销售预算的基础上编制的，其主要内容包括销售量、期初期末存货和生产量。生产预算在编制时是比较复杂的，产量受到生产能力的限制，存货数量受到仓库容量的限制，只能在此范围内安排企业的各期生产量和库存量。另外，季节性产品受到发展周期的影响，在有的季度产品的销量会很大，可以用赶工的方法来增加产量，为此还要多付加班费。但是如果企业预计未来有较大的销量，提前在淡季生产，会由于增加存货而多付资金利息及其他相关成本。因此，遇到这种情况时，企业应权衡利弊，选择成本最低的方案。

企业生产产品，需要一定的资源投入，在生产出来之后还要卖向市场，因此，产量预算的编制需要企业生产部门会同储运、财务部门共同完成。

企业必须努力生产足够的产品，以满足销售预算中预计的销售量，并提供年末预期正常的存货数量，当然还需要考虑本年末的期末存货，也就是预算年度的期初存货量。所以预算期的生产量可以表示如下：

预期生产量＝预期期末存货量＋预期销售量－预算期间的期初存货量

表 14－4　　**预算期间产品生产数量的计算方法**

项　目	数　量
销售预算中的销售数量	×××××
＋预算期间的预期期末存货量	×××××
－预算期间的期初存货量	×××××
预算期间产品生产数量	×××××

预期期末存货量将在第三节存货预算中讲解，这里我们暂且进行简化式估计，以便了解产量预算的编制。

在前例中，各季度的期末存货按下一季度销售量的10%计算。该企业当年的生产预算如表14－5所示。

表14－5 生产预算

季　度	一	二	三	四	全　年
预计销售量	500	750	1 000	900	3 150
＋期末存货	75	100	90	80	80
合计	575	850	1 090	980	3 230
－期初存货	70	75	100	90	70
预计生产量	505	775	990	890	3 160

说明：第四季度期末存货80件是估计数，每一季度的期初存货是上一季度的期末存货。年初存货是根据上年的年末存货得来的。

二、直接材料预算

直接材料在产品生产过程和最终的成本核算中占据重要的地位，直接材料的预算就是以产量预算为基础，关于企业生产产品所需直接材料的使用、购买情况的预算，是在生产预算的基础上考虑原材料存货水平后编制的。

在实际工作中，经常把直接材料预算分为使用预算和采购预算两部分。这是因为，直接材料的采购和使用是由不同部门进行的，因此其预算编制也应该由各自负责部门进行。直接材料的使用预算通常由生产部门编制，采购预算通常由采购部门根据生产部门的需要进行编制。因此，如果两种预算联合编制的话，提供的信息会很混乱，而且企业需要的原材料不止一种，每种产品生产也需要不同的原料投入，如果联合编制预算，庞大杂乱的信息量很可能使具体的操作人员的使用非常困难。因此还是应该分开编制预算。

（一）直接材料耗用预算

当产品产量确定以后，就可以根据工艺流程和产品设计确定产品消耗定额，估算需要的直接材料；当产品是由多种原料共同生产时，应该先确定主要原料的使用量，再根据主料和辅料的搭配投入比例计算出辅助材料的使用数量。直接材料的耗用预算一般由生产部门编制。预计材料耗用量＝预计生产量×单位产品材料耗用量。公式中的单位产品材料耗用量可根据标准材料耗用量或定额耗用量来确定。

接上例，该企业单位产品材料耗用量为10，则可编制预算，如表14－6所示。

表14－6 直接材料耗用预算

季　度	一	二	三	四	全　年
预计生产量(件)	505	775	990	890	3 160
单位产品耗用量	10	10	10	10	10
生产需用量	5 050	7 750	9 900	8 900	31 600

其中，预计生产量是根据产量预算得来的，单位产品耗用量是根据标准成本资料或者消耗定额资料得来的，生产需用量是两项的乘积。

在这些材料投入中，除了正常的消耗转化为产品之外，还会有预算内的材料损失，比如生产中的损失浪费等，这些损失在一定范围内是合理的，也是不可避免的。因此应将正常的材料损失包括在预算内，使管理人员可以监控实际的材料损耗，当材料损耗超出正常的尺度时，管理人员需要进行实地调查分析，找出材料损耗超常的原因，并尽快采取措施予以修正，以提高材料利用率，减少损失。

（二）直接材料采购预算

生产部门对直接材料耗用预算编制完成之后，采购部门就可以进行直接材料的采购预算了。材料的采购量必须能满足预计的使用量，并且在预算期末有合适的材料库存，以保证今后的生产也能够顺利进行，防止超储积压和供应不足的问题，两种情况的出现对企业来说都是不利的。超储积压会严重占用企业资金，造成资金浪费；供应不足也会影响企业生产的正常进行，甚至失去优先抢占市场的大好时机。

在直接材料采购预算中存在以下等价关系：

预计采购量＝预计生产需用量＋预计期末材料存货－预算期初的材料存货

预计采购总成本＝预计采购量×预计采购单价

设前例中，各季度材料期末库存量按下一季度材料耗用量的20％计算。年初预计库存材料 1 600 千克，年末预计库存材料 1 600 千克，采购单价 2 元，则可编制采购预算，如表 14－7 所示。

表 14－7　　直接材料采购预算

季　度	一	二	三	四	全　年
预算直接材料需用量	5 050	7 750	9 900	8 900	31 600
＋预算期期末材料库存	1 550	1 980	1 780	1 600	1 600
合计	6 600	9 730	11 680	10 500	33 200
－预算期期初材料库存	1 600	1 550	1 980	1 780	1 600
直接材料采购量	5 000	8 180	9 700	8 720	31 600
直接材料采购单价	2	2	2	2	2
直接材料采购总成本	10 000	16 360	19 400	17 440	63 200
预计现金支出					
上年应付账款	4 500				4 500
第一季度（采购 10 000）	5 000	5 000			10 000
第二季度（采购 16 360）		8 180	8 180		16 360
第三季度（采购 19 400）			9 700	9 700	19 400
第四季度（采购 8 720）				8 720	8 720
合　计	9 500	13 180	17 880	18 420	58 980

年初和年末的材料存货量是根据当前情况和长期销售预测估计的。各季度的期末材料存货量是根据下一季度生产量的一定百分比确定的，各季度的期初材料存量就是上一季度的期末材料存量。

为了便于以后编制现金预算，通常也需要预计材料采购各季度的现金支出。同样，每季度的现金支出既包括本季度应支现的采购价款，也包括上季度应付账款在本季度的支现额。本例中我们假设材料采购的货款中有50%是在本季度内付清,另外50%在下季度付清。

需要强调的是,采购部门在编制直接采购预算的时候,要在满足生产部门的生产需要、协调企业整体利益的前提下,必须考虑部门的具体情况,尽量缩减成本,这就涉及以尽量少的成本保证一定数量的原料供应而必须进行材料购买和储存的规划与控制问题。

三、直接人工预算

直接人工预算也是由生产预算推导出来的,通常由生产部门编制。它是用来确定预算期生产车间人工工时消耗水平、人工成本水平及相关因素的预算。它与直接材料预算相同,都是从产品产量预算开始,以必需的产量倒推出达到这些产量所需要的直接人工工时,确定小时工资率和直接人工成本。

仍然沿用前例,该企业直接人工预算如表14—8所示。

表14—8 直接人工成本预算

季 度	一	二	三	四	全 年
预计生产量(件)	505	775	990	890	3 160
单位产品直接人工小时	10	10	10	10	10
预计总工时	5 050	7 750	9 900	8 900	31 600
小时工资率	2	2	2	2	2
直接人工成本	10 100	15 500	19 800	17 800	63 200

预计产量数据来自产量预算,单位产品人工成本和每小时人工成本来自标准成本资料。人工总工时和人工总成本是在直接人工预算中计算出来的。

由于直接人工工资都需要用现金支付,所以不需另外预计现金支出,可直接参加现金预算的编制。

与直接材料预算中考虑材料的正常损耗相同的是,直接人工预算中也要考虑工人劳动时间里的一些不构成最终产品的时间,比如工人工作时间内正常的休息、吃饭、检修机器等。正如价值链管理中所说的非增值作业耗费的时间一样,企业要根据实际生产情况确定适当的非增值时间比例,对这些非增值时间进行控制,在预算中体现,并且要在预算执行过程中监督调整,以充分合理高效地利用人力资源。

四、制造费用预算

制造费用预算是从事工业生产的预算执行单位在预算期内为完成生产预算所需各种间接费用的预算,主要在生产预算基础上,按照费用项目及其上年预算执行情况,根据预算期降低成本、费用的要求编制。

制造费用预算是指除直接材料和直接人工预算以外的其他一切生产费用的预算,大部分都不是直接用于产品生产的费用,而是间接用于产品生产的费用,比如车间辅助人员的工资以及车间厂房的折旧费、修理费、水电费等。所以制造费用预算就是除了直接材料和直接人工以外的产品成本的计划,主要由生产部门编制。制造费用也可以根据成本习性分为变动制造费用和固定制造费用。因此其预算也要分成两部分来编制(见表14—9)。

变动制造费用的预算是以生产预算为基础来编制的。如果有完善的标准成本资料,用单位产品的标准成本与预算产量相乘，即可以得到相应的预算金额；如果没有标准成本资料，就需要逐项预计完成计划产量需要的各项制造费用。同时也可以根据以前年度预算资料合理预计本年度的制造费用总额，然后除以一定的标准总额（如生产总工时、工人工资总额等），就可以得出预计的变动制造费用分配率，再与预计某产品分配标准数额相乘，就可以求出预计变动制造费用数额了。

变动制造费用＝预计生产量× 单位工时× 标准变动费用率

固定制造费用的预算，需要逐项进行预计，它通常与本年产量无关，按每季度实际需要支付额进行预计，然后求出全年数。

表 14－9　　制造费用预算

季度 项目	一	二	三	四	全年
变动费用					
间接人工	505	775	990	890	3 160
间接材料	505	775	990	890	3 160
修理费	1 010	1 550	1 980	1 780	6 320
水电费	505	775	990	890	3 160
小计	2 525	3 875	4 950	4 450	15 800
固定费用					
修理费	1 000	1 000	1 000	1 200	4 200
折旧	4 000	4 000	4 000	4 000	16 000
管理人员工资	3 000	3 000	3 000	3 000	12 000
保险费	150	150	180	140	620
财产税	300	300	300	300	1 200
小计	8 450	8 450	8 480	8 640	34 020
合　计	10 975	12 325	13 430	13 090	49 820
折旧	4 000	4 000	4 000	4 000	16 000
现金支出	6 975	8 325	9 430	9 090	33 820

说明：变动制造费用分配率＝15 800/31 600＝0.5，固定制造费用分配率＝34 020/31 600＝1.1

为了编制以后的现金预算，需要预计现金支出，制造费用中，除折旧费用外都必须支付现金，所以每一季度在制造费用数额扣除折旧费用后就可以求出“现金支付的费用”。

第三节　存货预算

一、存货概述及编制意义

存货是指企业在生产经营过程中为销售或耗用储备的物资。它在企业流动资产中占有较大的比重，包括各种原材料、燃料、包装物、低值易耗品、在产品、外购商品、协作件、自制半成品、产成品等。因此一般来说，存货预算应该既包括产成品库存预算，也包括除产成品之外的其他各种存货的预算。我们在生产预算中的材料预算里，对直接材料预算以及在材料存货总量一定的情况下成本控制的问题，已有较详细的介绍，在这里我们就不再探讨了。但我们要明确，存货预算与生产预算存在交叉关系，编制生产预算，要根据销售量和预计存货量确定生产量，而确定生产量也必须考虑到预计材料量，因为生产如果不能及时得到原料供应，是难以进行的。

这里所讲的存货预算其实就是期末产成品存货预算，在生产预算里已经用到这个数据。关于材料存货，在直接材料预算里也已经涉及。

其实存货预算和直接材料、直接人工等预算一样都是属于生产预算的内容，我们在这里单独作为一节介绍存货预算，就是让大家明白存货预算对整个预算环节至关重要，是一个重要的纽带，在预算编制中不能忽略企业存货的预算。

二、存货的规划

现代市场经济是瞬息万变的，总会存在许多不确定因素和突发事件，企业的生产和销售不可能做到“同步同量”，需要设置一定的存货，以保证能在发生意外需求时按时供货，并可均衡生产，节省赶工的额外支出。但期末存货量也不是越多越好，过多的存货说明企业产品销路不畅或者生产部门的生产预算没有根据销售预算盲目制定，不管哪种情况，都会影响企业资金流动和周转，给企业带来损失。因此应对存货进行合理的规划。

存货的规划工作包括两项基本因素：购买数量和购买时间。这两个因素关系到四种成本：采购成本、订货成本、储存成本和缺货成本。

表 14－10　　四种成本的描述及说明

成本项目	相关说明
采购成本	由购买存货而发生的买价（购买价格或发票价格）和运杂费（运输费用和装卸费用）构成的成本，一般属于与决策无关的成本
订货成本	固定订货成本，是指为了维持一定的采购能力而发生的各期金额比较稳定的成本，如采购部门的一般性费用
	变动订货成本，是指随订货次数的变动而正比例变动的成本，如采购业务费等
储存成本	固定储存成本，是指总额稳定，与存货数量的多少及储存时间长短无关的成本，如仓库保管人员的工资
	变动储存成本，是指总额大小取决于存货数量的多少及储存时间长短的成本，如仓库租金等
缺货成本	由于存货数量不能及时满足生产和销售的需要而给企业带来的损失，缺货成本大多属于机会成本

进行存货规划和控制就是要找到一个经济订货批量，主要协调储存成本和订货成本的数额，使最终成本最小，如图 14－1 所示。

经济订货批量的公式如下：

$$Q=\sqrt{\frac{2AP}{C}}$$

式中：

A 表示某种存货全年需要量；

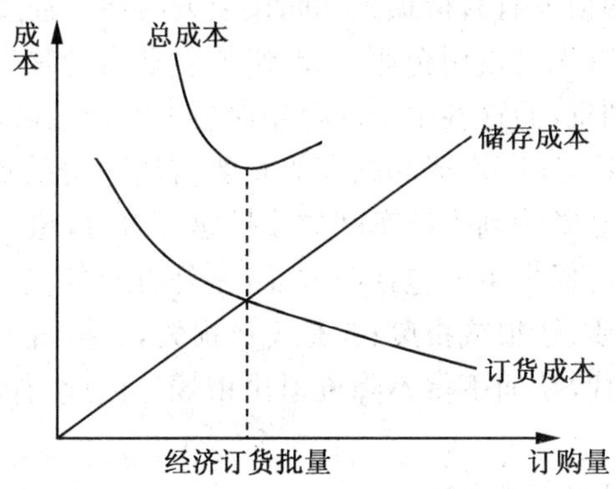

图 14—1　存货规划和控制

P 表示每批订货成本；

Q 表示经济订货批量；

C 表示单位存货年储存成本。

［例］　某企业每年耗用某种材料 7 200 千克，该材料单位成本 20 元，单位储存成本 2 元，每批订货成本 50 元，则

$$经济订货批量 Q^*=\sqrt{\frac{2AP}{C}}=\sqrt{\frac{2\times7\ 200\times50}{2}}=600(千克)$$

$$最佳订货次数 N^*=\frac{A}{Q^*}=\frac{7\ 200}{600}=12(次)$$

也就是说，该企业为了保证直接材料的及时供应，又为了最大程度地节约成本，应分 12 批进行采购，每次采购数量为 600 千克。

三、存货的预算管理

（一）存货预算管理的意义

在现代瞬息万变的市场经济环境中，企业必须有一定的库存产品，才能迅速有效地应对市场变化和满足顾客对本企业产品的需求。因此企业必须对自身各种产品的需求情况和生产什么、在何时何地生产、生产多少以及以多大的成本来规划库存量等做出合理的预计。实施库存产品预算管理的意义表现在：

（1）可以把库存产品和库存产品占用资金额控制在恰当的范围内；

（2）可以降低或者节省由于库存过多而引起的储存费用的增加；

（3）可以减少库存产品受损、被盗的风险；

（4）可以及时为顾客提供产品和服务；

（5）可以减少占地，从而节省为建设仓库而进行的投资。

企业储备必要合理的产成品，有利于企业产品的销售，但一定数量的库存肯定是要占用一部分资金的，使这部分资金不能投资于别处，从而形成机会成本，严重的超储积压更会严重影响企业资金的流动性；但是为了保证生产的顺利进行，还必须保持一定的存货，以避免缺货造成的损失，失去市场和良好的信誉。通过存货预算管理，就是要使企业既保持一定的库存，又要使存货成本降至最低，从而使财务资金占用控制在一个合理的水平，这也是企业财务管理一个重要的内容。

超储积压给企业带来的损失有直接损失和间接损失两种。直接经济损失包括以下三个方面。企业库存产成品过多,首先是占用企业资金,影响企业资金周转速度,同时企业必须为占用的资金向银行支付贷款利息,而这种由于库存超储损失的资金被转嫁到产成品中,导致产品成本上升、竞争力下降。其次,库存产成品的存放是要占用一定的场地的,如果一个企业大量的场地用于仓库的建设,势必影响到生产车间的改扩建。再次,超额库存也会增大报关维修费用,增加企业成本。间接经济损失主要包括两方面:一是有形的经济损失,是指由于产品储存时间过长或管理不善,而变质、毁损或报废;二是无形损失,是指由于技术进步而使某些库存产品落后于时代,被新产品替代,从而不得不降价退出市场。因此,加强企业存货的管理非常重要。

(二)产品存货预算编制的一般方法

企业产品存货预算的编制应当根据销售预算来进行,根据销售预算的详略程度的不同来编制。其编制方法一般有以下几种:

1. 库存宽裕度编制法

这种方法主要应用于企业能够根据历史资料按月设定各种产品的销售计划的情况,在这种情况下能对各种产品预算应保持多大程度的库存宽裕度进行衡量,并以此为依据确定库存方案;但是对于随季节性而变动的产品,则要进一步权衡为维持产品生产应有多大程度的库存平均数。

库存宽裕度的大小,是由企业特征、市场情况、生产经营情况、产品特征等决定的,因此必须进行综合考虑才能得出科学合理的预算,不能泛泛而论。而管理人员的职业素质及专业判断能力同样也是很重要的。

Welsch 曾列举了库存宽裕度的五种具体编制法,可供参考:

(1)以每月应该供应的数量来确定。例如,某种产品的各月月初库存量可依靠销售计划的3个月移动平均数来确定。

(2)以最高限度来确定。例如,某种产品的库存量以不超过3 000单位为限。

(3)以最高限度和最低限度来确定。同上面一样,只不过是在规定最高限量的同时又规定了最低限量。

(4)以特定数量来确定。按与历史销量的一定数量关系来确定。

(5)以盘存资产的周转率来确定。根据历史情况了解某种存货的周转率,就可以此确定合理的库存,保证存货正常流转。

2. 库存总额编制法

这种方法主要应用于生产与销售多种产品,营业额变动幅度较大,企业生产的多种产品之间营业额差异也较大的企业。

这种方法主要根据库存产品与营业额之间应维持的基本关系,确定库存预算编制的基础。例如,某种产品应维持每年5次的资产周转率,编制这种产品的库存预算时,应把它们视为一个整体,以上述资产周转率作为库存预算编制的基础,据以测算出该类型各种产品的库存总额。产品库存预算要与该产品的营业额联系起来确定,并使用销售管理控制各种产品的库存量,以便整个库存与标准资产周转率保持一致。存货管理者要定期检查各种库存产品,并要关注市场需求变化、竞争情况的变化、经济生产量的变化等等,以便在控制预算执行时对其进行及时修正,从而保证生产过程和销售过程的有效衔接。

因此,我们可以看出,无论存货预算还是其他的预算,方法都不是统一的。往往需要定性和定量相结合，不断反复、综合、归纳，还需预算人员的专业判断能力和经验，这样一个合理科学的预算才能出炉。

第四节　成本、费用预算

一、成本预算

成本预算根据行业的不同，分为产品成本预算和营业成本预算。我们主要以工业生产部门为模型，强调产品成本预算。

产品成本预算是从事工业生产的预算执行单位在预算期内生产产品所需的生产成本、单位成本和销售成本的预算，主要依据生产预算、直接材料预算、直接人工预算、制造费用预算等汇总编制。因此，成本预算是对生产预算中的直接材料预算、直接人工预算、制造费用预算的汇总，得出产品的总成本和单位成本。

生产预算编制完成之后，企业产品成本的各要素项目都清楚明了。但是还不能全面清楚地了解企业各种产品的总成本情况和单位成本数额，无法从整个企业的供、产、销的链条上把握企业的生产经营状况，因此，成本预算是非常重要的。一般来说，成本预算需要由财务部门根据汇总的采购部门、生产部门、管理部门等企业相关部门各自的预算数据整理而成。

表 14—11　　产品成本预算

	单位成本			生产成本（3 160 件）	期末存货（80 件）	销售成本（3 150 件）
	每千克或每小时	投入量	成本（元）			
直接材料	2	10 千克	20	63 200	1 600	63 000
直接人工	2	10 小时	20	63 200	1 600	63 000
变动制造费用	0.5	10 小时	5	15 800	400	15 750
固定制造费用	1.1	10 小时	11	34 760	880	34 650
合　计			56	176 960	4 480	176 400

说明：单位成本有关数据来自前面三个预算，生产量、期末存货量来自生产预算和存货预算，销售量来自销售预算。生产成本、存货成本和销售成本等数据，根据单位成本和有关数据计算得出。

营业成本预算是非生产型预算执行单位对预算期内为了实现营业预算而在人力、物力、财力方面必要的直接成本预算，主要依据企业有关定额、费用标准、物价水平、上年实际执行情况等资料编制。

二、费用预算

期间费用预算是预算期内预算执行单位组织经营活动必要的管理费用、财务费用、销售（营业）费用等预算，应当区分变动费用与固定费用、可控费用与不可控费用的性质，根据上年实际费用水平和预算期内的变化因素，结合费用开支标准和企业降低成本、费用的要求，分项目、分责任单位进行编制。其中，科技开发费用以及业务招待费、会议费、宣传广告费等重要项目，应当重点列示。

这里所讲的还主要是与企业日常生产经营有关的销售管理费用，不包括企业从事财务活动所发生的一切费用。所以费用预算也主要包括销售费用和管理费用的预算。

(一)销售费用预算

销售费用预算是指为了实现销售预算所需支付的费用预算。它以销售预算为基础,分析销售收入、销售利润和销售费用的关系,力求实现销售费用的最有效利用。在安排销售费用时,要利用本量利分析法,使费用的支出能获取更多的收益。在草拟销售费用预算时,要对过去的销售费用进行分析,考察过去销售费用支出的必要性和效果。销售费用预算应和销售预算相配合,应按品种、按地区、按用途进行编制。同时,销售预算不仅要反映预算期间预计的销售量所需要的相应费用支出,而且还要考虑企业进行的市场营销活动,比如广告、促销等推广手段。需要管理层注意的是,广告、促销等产品推广活动是与企业的战略目标相关联的,为了在较长的时间内保持并增加企业的市场份额,相关市场推广的支出在企业的日常经营中也是必不可少的。因此,预算人员在编制销售费用预算时,需要综合考虑所有会影响销售费用的因素,以合理的方式确定销售费用预算额。

(二)管理费用预算

管理费用是搞好一般管理业务所必需的费用,随着企业规模的扩大,企业的管理职能对其正常运营有着更为重要的作用,因此用于经营管理企业的费用开支也必定会不断加大。在编制管理费用预算时,要分析企业的业务状况、经营业绩及经济形势,要做到费用合理化,同时在对以往费用开支的分析中,要清楚哪些是必要的、会给企业带来增值的费用,而又有哪些是不能使企业增值的支出,从而在预算中减少不必要的开支,提高费用利用率。

在销售费用和管理费用的预算中,由于大多不是变动费用,而是半变动费用或固定费用,因此,预算管理人员的职业判断和经验就更为重要。

表 14—12　　销售及管理费用预算

项目	金额
销售费用:	
销售人员工资	6 000
广告费	8 000
包装运输费	4 000
保管费	2 000
管理费用:	
管理人员工资	5 000
福利费	2 000
保险费	3 000
办公费	1 000
合计	31 000
每季度支付现金(31 000/4)	7 750

三、成本、费用预算编制主要方法总结

前面介绍了成本费用预算编制的一般方法。在编制企业成本和费用预算的时候,企业应根据所在的行业特点、企业规模及具体生产经营情况等因素,同时更要考虑企业成本核算的方法,据此确定成本、费用预算编制时的具体方法。比如,直接成本中的单位成本可选用标准成

本法、变动成本法、定额成本法等,间接成本可选用作业成本法。

(一)标准成本法

标准成本法的应用是比较广泛的。标准成本法并不是一种单纯的成本计算方法,而是成本计算和成本控制相结合,包括制定标准成本、计算和分析成本差异以及处理成本差异三个环节,它是一个完整的成本系统。根据标准成本所基于环境的不同,可以有三种不同状态的标准成本:理想标准成本、正常标准成本和现实标准成本。

(1)理想标准成本是以现有的生产经营条件处于最优状态为基础确定的最低水平的成本。它的确定通常是依据理论上的生产要素耗用量、最理想的生产要素价格和可能实现的最高生产经营能力的利用程度。但是,由于这种成本的制定太过于理想化,因此在实际中很难实现。

(2)正常标准成本是根据正常的生产要素耗用水平、正常的价格水平和正常情况下的生产经营能力的利用程度来制定的。其具体制定方法是,根据过去较长时期实际成本的平均值,剔除其中存在的生产经营活动的异常情况,并考虑未来的变动趋势。因此,这种标准成本可以经过努力来达到,而且只要生产技术和经营管理条件无较大变化,就不必修订,因此,在经济形势比较稳定的条件下适合使用。

(3)现实标准成本也被称为可达到的标准成本,是在现有的生产技术条件下进行有效经营的基础上,根据下一期最可能发生的生产要素耗用量、预计价格和预计的生产经营能力的利用程度而制定的标准成本。这种标准成本可以包含管理当局认为在短期内仍不能完全避免的某些不应有的低效率、失误和超量消耗,最适合在经济形势变化多端的情况下应用。

在上面的预算编制过程中,基本上遵循的是以现实标准成本为基础的标准成本法,但考虑的条件是比较简化的,无明确的需要,没有必要进行复杂的分析。

(二)作业成本法

作业成本预算是基于作业成本法的出现和逐渐成熟而产生的,目前作业成本预算还处于探索发展阶段。

作业基础预算是确定企业在每一个部门的作业所发生的成本,明确作业之间的关系,并运用该信息在预算中规定每一项作业所允许的资源耗费量。作业基础预算也试图判断预算中各部分的执行状况,并说明预算差异的原因。作业基础预算与传统预算不同,作业基础预算是完成各种作业的成本预算。而传统预算是每一个职能部门或支出类别的成本预算。传统预算的重点在于成本的构成要素,如材料、人工、制造费用等,而作业基础预算强调完成各种作业的预计成本。把作业管理纳入预算过程可以大大提高作业成本(ABC)的应用程度,把作业成本纳入预算是一种趋势。运用作业成本法可以明确驱动价值的要素,当企业试图创造价值时,它必须了解使其达到这一目标的要素。

(1)作业成本法。作业成本法简单地说就是作业消耗资源、产品消耗作业。具体地说,是以作业为基础,建立作业中心进行资源归集,然后将各类成本汇总到制造中心,再根据成本动因将成本分配至成本对象的方法。

(2)作业成本预算法。作业成本预算法是把作业成本法用于预算和控制,基本原则和作业成本法是相似的,是作业成本法的扩展和延伸。当企业生产经营的主要作业已经确定下来,预算中的成本也分派给了每项作业之后,那么与成本相关的成本动因也就可以决定了。在这个前提下,预算就可以在每个成本动因的预算总成本和预算单位成本动因消耗的成本的基础上编制出来。

第十五章

长期决策预算

企业在短期经营预算之外，还会经常出现一些重大的需要特别决策的项目。比如资本性投资预算、研究开发预算及筹资预算等，它们与短期性的生产经营预算不同，涉及的是企业长期资产的购建和无形资产的研究开发以及满足企业长期发展的筹资等内容，即属于长期性资本预算和长期筹资预算。

第一节　资本支出预算

企业除了要进行日常生产经营之外，还要进行一些投资，以便获取更高的报酬，提高企业的运营能力，扩大企业规模，从而获得未来更好的发展空间。这里所说的投资是指狭义概念上的投资，即长期性的生产资产投资。企业的专门决策预算，主要是指固定资产的投资决策，还有为研发支出资金的决策预算。这些现金支出发生在当期，而在以后若干期受益，为了保证决策正确，即能够使现在的现金支出换回未来期间的现金流入，作为企业管理层应该做出相应的预算，从而不至于决策失误，给企业带来巨大的损失。

资本支出是和收益性支出相对的，它的受益期涉及未来多个会计期间，一般情况下分为两类：一是指固定资产增加、扩建、更新、改造或新产品研究开发等生产性长期资产的投资；二是指购买其他公司股票、政府公债、公司债券和金融债券等金融性资产投资，在通常情况下专指前者。本章所述也是指生产性的长期资产。

一、资本预算的概念及步骤

资本预算是企业规划和控制的重点之一，也是全面预算系统中的重要组成部分。资本预算决策就是生产性资产上长期投资方案的选择，即通常所指的长期投资决策。由于其涉及的时间长、风险大，需要通过预算进行管理，又称资本预算，俗称项目的可行性研究。考虑到这部分内容既是财务管理的重点内容，也是预算管理的主要内容，因此本章提纲挈领地对资本预算的内容进行讲解。资本预算是一个综合性的工程，一般由以下几个步骤组成：

(1)确定决策目标；

(2)提出各种可选择的方案；

(3)估算各种投资方案预期的现金流量；

(4)估计预期现金流量的风险程度；

(5)根据择优标准，对各种投资方案进行比较选优；

(6)项目实施后，要不断进行评估和控制及事后审计。

所以，资本支出预算就是对上述步骤在未来期间做一个全面考虑，并把相应指标量化，供管理人员进行决策。在资本支出预算的编制中，一个有效的决策程序对企业是非常重要的，而大多数企业都会对资本支出预算进行层层考核，以保证决策的准确无误。而且资本支出预算编制时的评价和专业水平需要到什么层次，是由企业的规模及资本支出的规模和甄选标准决定的；资本支出量越大，需要甄选的层次越多，越需要更专业、更标准的程序。

二、资本预算的特点

企业每年都要进行一定的固定资产投资，这些资金的投入将影响企业的将来。良好的资本预算可以促进企业的发展，增强企业的活力和竞争能力，但是不恰当的资本预算，会使企业面临困境，甚至导致破产。因此资本预算是非常重要的，企业要把握资本预算的以下特点，充分发挥其有利优势，把资本预算做好。资本预算一般具有以下特点：

1. 资金量大

由于资本预算涉及固定资产、新产品投产和研发等项目，投入的资金量一般很大，如果企业在固定资产上投资太大，会造成投资过剩，从而导致资产收益率下降，获利能力下降；如果在固定资产上投资不足，则可能导致企业设备陈旧，失去竞争能力，生产量不足，失去市场份额。

2. 周期长

资本支出，其支出的受益期涉及未来的几个会计期间。如果决策一旦失误，将使企业蒙受巨大损失，不但使企业浪费了大量的资金，更重要的是影响企业的战略目标。

3. 风险大

时间长和投资多这两个特点，自然决定了资本支出的风险大。编制资本预算时要充分考虑各种不确定因素。

4. 时效性强

资本预算的支出及其所产生的报酬发生在不同的时期，投资时需要一次性地投入大量资金，收益却分布在以后的较长时间内，因此就要考虑货币的时间价值。

三、资本预算的作用

由于资本支出涉及的都是比较大的投资项目或者大量固定资产的购买，因此对当期的财务状况和未来期间的经营收益都有比较大的影响，同时也会存在很大的风险，所以资本预算的编制目的就是对这些项目进行事前、事中、事后的评价和控制。

1. 对重大资本支出进行事前评价和甄选

资本支出项目在投入执行之前，必须对其可能产生的现金流入和现金流出进行评价，要充分考虑各投资项目的获利情况和风险程度，在企业可使用的资金总量一定的前提下，在企业可以承受的风险程度一定的基础上，选择未来收益和风险程度相称的一个或几个项目。资本支出预算可以概括总结这些评价和甄选情况，为管理人员提供资料。

2. 在预算执行过程中进行跟踪和控制

有些资本支出的资金投入很可能不是一次性的，同时在项目执行过程中也会出现许多意外情况，所以在资本支出预算的执行过程中，必须依照预算中制定的标准，同时考虑情况的变化，对项目进行控制，以保证项目的最终完成。

3. 资本支出项目完成后进行评价与对比

资本支出项目完成后需要对其成功与否进行评价与对比，这样资本支出预算中的数据就成为对比的基础，即通过实际实现的各指标和预算中指标的比较，可以为该项目的最后评定提供依据，同时为以后进行相关或类似的资本支出积累资料。

四、资本支出预算的相关要素

资本预算的关键环节是投资项目评价，评估所使用的方法就是折现现金流量法。主要涉及现金流量、时间价值、投资风险报酬和资本成本等决策要素。现分述如下：

（一）资本预算中现金流量的估算

资本预算编制的基础就是预测投资项目的现金流量，这也是资本预算决策最重要和最困难的环节。所谓现金流量，在投资项目决策中是指一个项目引起的企业现金支出和现金收入增加的数额，这里的“现金”是广义上的现金，它不仅包括各种货币资金，而且包括项目需要投入企业拥有的各种非货币资源的变现价值。项目现金流量的确定必须遵循实际现金流原则和相关原则；根据第一个原则，现金流必须按它们实际发生的时间测量，即在此期间内实际收到或支出的现金，根据第二个原则，必须是与决策相关的现金流，是指由于企业采纳投资项目而引起的现金流入和现金流出的变化，因此投资项目的现金流量是增量现金流量。同时要注意，资本预算中的现金流量与财务会计现金流量表中的现金流量是不同的，在此，现金流量仅指由于某一项因长期投资方案而引起的在未来一定时期内预计发生的现金流入量与现金流出量。

1. 现金流量的构成

现金流量的构成包括现金流入量、现金流出量、现金净流量。

（1）现金流入量。现金流入量（cash inflows）是指某项目在投资与具体实施过程中所能获得的全部现金流入。通常包括项目投产后每年的经营现金收入、固定资产出售、报废或转让的收入及项目结束时垫支流动资金的回收额等。

（2）现金流出量。现金流出量（cash outflows）是指投资项目实施过程中的全部现金支出，包括初始固定资产投资额、项目运营期间内除折旧以外的全部运营成本费用与税金。

（3）现金净流量。现金净流量（net cash flows，NCF）是指在相应的一定期间内的现金流入量与现金流出量的差额，通常以年为单位，称为“年净现金流量”。即 $NCF_t = CI_t - CO_t$。现金净流量有助于把同一时点上的现金流量统一折算，既容易理解，计算也简便。

2. 现金净流量按照项目时间顺序的分类

按照项目的时间顺序，投资的现金净流量又可分为初始现金净流量、经营现金净流量、终结现金净流量。

（1）初始现金净流量。初始现金净流量即项目投资建设时引起的现金流量，又称初始投资。

一般在对原有项目进行更新改造时，原有固定资产的变价收入是作为原始投资的减项的，因为投资期发生的现金净流量多为负值。原始投资一般也是发生在项目前期，较大的项目分几年投资，这样根据时间价值的财务原则，对分期投资的现金净流量也应该考虑时间价值，进行统一折现。

(2)经营现金净流量。这是指项目建成投入使用后的整个生命期内，由于生产经营活动而发生的现金流入和现金流出量，在进行资本预算时，一般是按年计算经营现金净流量的，这里的现金流入一般是指营业现金收入，现金流出是指营业现金支出和缴纳的税金。经营现金净流量与会计利润有一定的关系，但又不完全等同。

每年现金净流量(NCF)＝每年营业收入－每年付现成本－所得税
＝每年营业收入－(每年营业成本－折旧费用)－所得税
＝每年营业收入－每年营业成本＋折旧费用－所得税
＝(每年营业收入－每年营业成本－所得税)＋折旧费用
＝税后营业净利＋折旧费用
＝每年营业收入$(1-t)$＋每年付现成本$(1-t)$＋折旧费用$\times t$

应注意的是，税后营业净利应该是不包括利息费用在内的税后净利，与财务报表分析中税后经营净利是同一项目，以税后经营净利加上折旧费用所计算的现金流量通常称为实体现金流。

(3)终结现金净流量。这是指投资项目完结时所发生的现金流量。项目生命期末，除了最后一年的经营现金净流量外，还要计算期末回收现金流量。期末回收现金流量是指项目生命期结束时发生的各项现金回收，主要包括：固定资产的残值收入或变价收入、初始营运资本的回收额、停止使用的土地的变价收入、与资产出售和处理有关的税收变化等。

(二)现金流量估算中应注意的问题

第一，为了具有统一的比较基础，现金流量应该建立在税后的基础上，因此所有预期的现金流量都应该换算成税后现金流量。

第二，资本预算的现金流量应该是增量现金流量(incremental cash flows)。在评估一个投资项目时，我们所关心的仅仅是由于这个投资项目引起的现金流入流出量，即接受或拒绝该项目时企业总现金流量所发生的变动，也即增量现金流量。只有那些由于采纳某个项目引起的现金收入和现金支出的增加额才是该项目的相关现金流入和现金流出。

为了正确估算投资方案的增量现金流量，应该注意以下问题：

(1)沉没成本。沉没成本是指在过去已经发生而现在无法收回或不能得到补偿的成本，这种成本不是增量现金流量，不影响将来的成本，与投资项目无关，属于决策无关成本。

(2)机会成本。在投资方案的选择中，如果资源有限，那么选择了一种方案，必然就要放弃选择其他方案的机会，其他机会可能获得的收益就成为执行中选方案的一种代价或者说成本。因此，所谓机会成本，是指在若干被选方案中由于选取某一方案而放弃其他方案所失去的其他投资方案所能带来的经济利益。机会成本不是企业的实际支出，在会计账簿上也没有反映，但它属于决策相关成本，应在资本预算时予以考虑。因为它关系到企业所作决策从经济学角度是否真正地合理有效，是否充分地利用了企业现有资源。例如，如果某企业有一栋闲置的厂房，现在成为马上投资的项目的一部分，而原来打算出售可得税后净收益400万元，那么这400万元就成为新的投资项目的机会成本，是要作为现金支出减少该项目的现金流量的。

(3)对企业原有产品或部门的影响。企业投资项目的选择不能脱离企业全局规划单独考虑，必须对项目投入运营后可能对其他部门产生的影响予以充分考虑，是会抢占其他部门产品的原有市场呢，还是会与其他部门相得益彰从而使企业整体效应得到较以前更大程度的发挥。因此在决策时，需要考虑的是，对企业来说，进行某项目会对现金流量带来什么影响，也就是说要考虑增量现金流量。比如说，如果一个企业准备推广的一种新产品会对企业现有产品形成竞争，那么在对是否推广该产品作决策时，仅仅考虑该产品的预计销售额产生的现金流量是不够的，必须把新产品推广可能引起现有产品销量的减少也作为相关成本予以考虑，这样的话就会减少新产品的预计销售额或者现金流量。比较合理的方法就是把两种产品看作一个整体，采用增量分析法，分析整体的增量现金净流量。

(4)净营运资本变化的影响。所谓净营运资本的变化，是指流动资产增量与流动负债增量之间的差额。一般情况下，企业通过投资能够扩大生产规模，而生产的扩大则会引起存货的增加，相应地企业的销售额也会增加，从而使应收账款也增加，为了满足存货和应收账款的增加，企业必须筹措新的资金；另一方面，由于企业业务量的增加，应付账款和其他应计负债也会随之增加，这就会降低企业从外部筹集资金的实际需要量。如果企业投入的新的投资项目的建立，会使流动资产的增量大于流动负债的增量时，就意味着企业需要追加对流动资产的投资，需要筹集更多的资金，也就意味着净营运资本的增加。

(5)要区分相关成本和不相关成本。这是指与特定决策有关的、在分析评价时必须加以考虑的成本，如机会成本、未来成本等，与此相反的是，与特定决策无关的、在分析评价时不需要加以考虑的成本是非相关成本，比如沉没成本等。

第三，现金流量估算中应充分考虑通货膨胀因素。当通货膨胀比较严重时，在进行资本预算决策时，必须要考虑通货膨胀对投资项目的影响。一般简单又实用的方法是，在对投资项目估算现金流量时，要对产品销售价格和成本费用项目估计一个通货膨胀率，从而在现金流量的估计中反映出通货膨胀的影响，以保证资本预算决策的正确性。

(三)贴现率的选择

资本预算通常以资本成本作为贴现率。所谓资本成本，就是企业取得并运用资本所负担的成本。如果资本是企业借入的资金，资本成本就是借款的税后利率，如果资本是企业自有的资金，则资本成本就是投资者期望的报酬率，企业的资本既有权益资本也有借入资本，即在企业的资本结构中这两种资金来源兼而有之，因此企业的资本成本实际上就是其融资成本的加权平均数，即加权平均的资本。资本成本是投资项目的取舍率，资本成本成为评价项目能否为股东创造价值的标准。当投资项目的收益率超过资本成本时，企业价值将增加，当投资项目的收益率小于资本成本时，企业价值将减少。与实体现金流对称的资本成本应该是加权平均的资本成本。

五、资本预算的评估方法

资本预算的评估方法有很多，按照是否考虑货币的时间价值可分为静态指标和动态指标。静态指标主要有静态投资回收期、会计平均报酬率，动态指标有动态投资回收期、净现值法、现值指数法、内含报酬率法等。

(一)静态指标

1. 投资回收期

投资回收期(payback period，PP)是指投资引起的现金流入累计到与投资额相等时所需要的时间，通俗地说就是投资还本时间，一般以年为单位，回收期越短，收回投资的速度越快，投资方案所承担的风险就越小，方案就越有利；反之，投资回收期越长，收回投资的速度越慢，投资方案所承担的风险越大。因此可以根据投资回收期的长短评估有关方案的优劣。

投资回收期法计算简单，并且容易理解，但是它也有很大的缺点：一是没有考虑货币的时间价值，二是忽略了投资回收期后的项目现金流量情况。如果企业是站在战略角度考虑，则会显得投资回收期指标急功近利，有可能损失企业的长远利益。所以投资回收期指标主要用来测定项目的流动性而不是盈利性。

2. 平均报酬率

平均报酬率(average accounting return，AAR)是指投资项目生命期内平均的年投资报酬率，也称为平均投资报酬率，其计算公式为：

$$平均报酬率=\frac{预期年平均利润}{年平均投资额}\times 100\%$$

采用平均报酬率这一指标时，应事先确定一个企业要求达到的年平均报酬率。在进行决策时，只有高于这一年平均报酬率目标的方案才能入选。而在多个互斥项目的选择中，则要选择报酬率最高的项目。

平均报酬率这一指标，计算简便，数据易得，容易理解，在实务中使用频率也较高，其缺点同样是忽略了货币的时间价值，忽略了风险因素，投资收益中没有包括折旧，不能完整反映现金流量情况，可能会导致错误决策。所以一般只用它作为投资项目评价的辅助参考指标。因此静态指标一般只用于项目的初选或者投资后项目间经济利益的比较。

(二)动态指标

1. 净现值法

(1)含义。所谓净现值(net present value，NPV)，就是项目所产生的所有现金流入量和现金流出量按照目标利润率或者资本成本贴现后的现值的代数和，也就是指投资项目投入后预期所产生的现金净流量的现值的总和，或者说是投资方案在项目有效期内其未来的期望现金净流量按一定的折现率折算的总现值与初始投资额之间的差额。净现值的计算公式是：

$$NPV=\frac{\sum NCF_t}{(1+i)^t}-I(t=1,2,\cdots,n)=预期未来时期的总现值-初始投资额$$

式中：NPV 表示净现值；

NCF_t 表示第 t 年的净现金流量；

i 表示折现率(资金成本或者企业要求的报酬率)；

n 表示预计使用年限；

I 表示初始投资额。

(2)利用净现值指标进行评价的标准。使用净现值法评估项目的准则是：对于独立项目，若净现值为正数，说明该投资方案在经济上有利，方案是可行的；若净现值是负数，说明有关方案在经济上是不利的，该投资方案不可行。若净现值为零，则说明接受该项目，获取的投资报酬与融资成本相当。对于互斥项目则应接受净现值较大的项目。

(3)净现值法的优缺点。从上面的计算可知，使用净现值法得到的评估预测结果与使用投资回收期法得到的结果是不一致的。究竟以哪种结果为准，就取决于投资决策者的具体要求了，若投资者偏爱尽快收回投资，减少风险，则可以选择A方案，若投资者偏爱利润最大化，则可以选择B方案。但在一般情况下，使用净现值法来评估项目更科学准确一些。

净现值法考虑了货币的时间价值，对方案的评价更合理。但是净现值法在使用时需要企业事先确定一个折现率，因此确定过程中不免有人为因素的影响，在一定程度上不能客观反映未来报酬的总现值，而且也无法揭示各个方案自身的报酬率到底是多少。另外，净现值法是对两个或多个方案净现值绝对数的比较，没有考虑初始投资的大小、回收期间的长短等因素，因此不能用于独立方案的排序。

2. 现值指数法

(1)含义。现值指数(profitability index,PI)是投资项目未来报酬的总现值与初始投资额的现值之比,表明该项目单位投资的获利能力,记为 PI。其计算公式为:

$$现值指数=\frac{未来报酬的总现值}{初始投资额}$$

(2)利用现值指数指标进行评价的标准。使用现值指数评估项目的准则是:对于独立项目,若现值大于 1,说明该投资方案在经济上有利,方案是可行的;若现值指数小于 1,说明有关方案在经济上是不利的,该投资方案不可行。

(3)优缺点。现值指数考虑了货币的时间价值,并且是相对数,反映了单位投资额的效益,与净现值指标相比,对方案的评价更客观,更便于投资总额不相等时不同投资方案之间的比较和排序。但是在对两个互斥方案进行选择时,用现值指数法与净现值法得到的结论可能会不一致,因为净现值法得到的是绝对值,而现值指数法得到的是一个相对的比值,如果两个投资项目规模相差很大时,现值指数法会忽略互斥方案规模上的差异,往往选取投资规模较小的方案,因为它衡量的是单位投资的收益,这和总收益往往会产生矛盾。鉴于企业价值最大化的财务原则,净现值法在此可能更有利于做出正确的决策。另外,现值指数法同样不能揭示项目本身的报酬率到底是多少,其含义也不容易被理解。

3. 内含报酬率法

(1)含义。内含报酬率(internal rate of return,IRR)又称内部报酬率,是指在投资项目的有效期内使投资项目的净现值等于零的贴现率。用公式表示就是:

若存在 r 使得上式成立,则 r 即为 $\sum_{t=1}^{t=n}\frac{NCF_t}{(1+r)^t}-I=0$,实质为项目的预期报酬率。

(2)利用内含报酬率指标进行评价的标准。在只有一个备选方案时,决定方案是否可行时,如果计算出来的内含报酬率大于或等于企业的资本成本或者必要报酬率,则方案可行,反之则方案不可行;在有多个备选方案需择优采纳时,应选择内含报酬率超过资本成本或必要报酬率最多的项目。

(3)优缺点。内含报酬率考虑了货币的时间价值,而且揭示了各个投资项目的真实报酬率,克服了净现值和现值指数的一些缺点,其概念也较容易理解。但是这种方法计算起来比较麻烦,特别是年经营现金净流量不相等时,要经过多次测算才能得出结果。内含报酬率应用中使用内含报酬率法进行互斥方案决策时,有时评价结果与净现值法得到的结果不一致等。应以净现值为主,因此内含报酬率适用于独立项目的排序但不适用互斥项目的选择。

(三)资本预算方法应用的变化趋势

回收期法曾在 20 世纪 50 年代作为企业资本预算决策的主要方法流行于全世界,但是后来人们发现了回收期法的局限性,就纷纷改用考虑货币时间价值的各种资本预算方法:净现值法、现值指数法、内含报酬率法。随着人们认识的深化,使用这些动态指标进行项目预算的公司越来越多,它们已经在资本预算决策体系中占据主要地位,而原来的静态指标仅作为辅助的资本预算方法使用。

六、资本预算中的风险调整

在进行资本预算决策时,现金流量均为假定的或者已知的,但事实上,由于经济生活中存在许多不确定因素,任何一个投资项目所产生的现金流量并不是固定不变的,而是具有某种程度的不确定性或者风险，当然这种风险的大小也是因项目而异的。当某项目面临的风险较小，以至于可以忽略这种风险的影响时，这时候可以把资本预算决策当成确定性决策；若某一项目预计的风险很大不容忽视时，这时就必须考虑风险因素的影响，进行相应的调整。调整的方法主要有贴现率风险调整和现金流量风险调整。

（一）贴现率风险调整

贴现率风险调整是根据投资项目所承担的风险程度，确定相应的风险报酬率，加入到先前确定的资本成本中，构成所要求达到的投资报酬率，作为风险程度调整后的贴现率，并据以进行投资决策分析。因此，按风险程度调整的贴现率 R^* 就等于无风险利率 R 加上与项目相适应的风险报酬率 K，即 $R^*=R+K$。可见，项目的风险越大，则相应的风险贴现率就越大。

按风险调整贴现率有两种方法：一是用资本资产定价模型进行调整，二是按投资类别分别进行调整。

（二）现金流量风险调整

由于不确定性因素的存在，会使预计的每年现金流量发生相应的变化，因此也就需要根据风险程度对每年的现金流量进行风险调整。具体的调整方法也有很多，最常用的是确定性等价法(certainty equivalent method)。这种方法就是把确定的各年预计现金流量，按一定的约当系数折算为大体相当于确定的现金流量的数量，然后利用无风险贴现率进行净现值计算和投资决策评价。约当系数又称确定等价因子，是第 t 年确定的现金流量 NCF_t^* 同与之相当的不确定的现金流量的期望值 NCF_t 的比值，通常用 d_t 来表示。即 $NCF_t^*=d_t\times NCF_t$。

在进行评估时，可根据各年现金流量风险的大小，选择不同的约当系数。约当系数的选择范围大体是这样的：现金流量为确定值时，$d_t=1.00$，现金流量的风险很大时，$0\leqslant d_t<0.4$，现金流量风险很小时，$0.8\leqslant d_t\leqslant 1$，现金流量风险一般时，$0.4\leqslant d_t<0.8$。

约当系数的选择因决策者的风险态度不同而不同，那些敢于承担风险的决策者会选用较大的约当系数，而不愿冒险的保守投资者则会选择较小的约当系数。因此为了避免过多的主观人为因素的影响，有些企业也采用现金流量的标准离差率来确定约当系数。

七、资本预算的事后审计

用贴现现金流量方法评价投资方案需要对现金流量进行预测，投资方案的接受与否很大程度上依赖于这些预测。如果这些预测非常不准确，将会导致决策者接受本不该接受的方案或拒绝那些本应该接受的方案。鉴于资本预算程序如此重要，绝大多数组织都会对项目进行系统的跟踪，观察它们如何实现。这个程序也被称为事后审计(或重新评价)。

在事后审计中，管理人员首先要给予项目相关的实际现金流量信息，然后计算该项目的实际净现值或内部收益率，最后将该项目的预测值与实际结果进行比较。如果该项目未实现其预期目标，就要进行调查以确定错误出在何处。有时，事后审计会揭示现金流量预测程序的缺陷。在这种情况下，就应该采取措施以提高未来现金流量分析的准确程度。在贴现现金流量分析中经常发生两种错误：误拒和误受。事后审计是仅对接受的方案进行跟踪的工具，因此，事后审计仅对防范第二种错误有效，而对第一种错误无效。

在进行项目评价时，事后审计不是应用于惩罚性目的的。事后审计的目标应是为资本预算人员、项目经理和管理团队提供有用的信息。

第二节 研究与开发预算

一、研究与开发预算的内容及特点

(一)研究与开发费用

国际会计准则第09号《研究与开发费用》中规定:研究活动是指"为预期获得新的科学技术知识和认识而进行的具有创造性和有计划的调查"。其性质是因特定研究支出而形成的,未来经济效益能否实现,不具备足够确定性。开发活动是指"在开始商业生产或使用前,把研究成果或其他知识应用于新的或具有实质性改进的材料装置、产品、工艺系统或服务"。其性质是在某些情况下,企业能够确定获得未来经济利益可能性。由此可见,研究是一个技术可行性的探索阶段,能否给企业带来经济效益,是不具有确定性的,风险性大,而开发活动是将研究成果应用于实践,将技术转化为产品的阶段,因而带来经济效益的确定性高。研究与开发费用应包括可直接计入研究与开发活动或以一个合理的基础分配计入这些活动的所有费用。具体包括:(1)从事研究与开发活动的人员的薪金、工资和其他与聘用人员有关的费用;(2)用于研究和开发活动中的消耗材料和劳务费用;(3)用于研究和开发的固定资产折旧费用;(4)与研究开发有关的间接费用;(5)其他费用。

(二)研究与开发费用的特点

(1)费用支出的未来经济效益具有不确定性。这体现在以下两方面:一是研究与开发活动存在成功与失败的可能性。支出的费用,能否取得预定成果是事先无法确定的。二是即使能取得预想的研究成果,但在未来能创造多少经济效益,也是事先难以确定的。

(2)费用支出具有资本性支出性质。这类费用在研究期间是一种预支的费用,数额一般比较大,研究时间也比较长,研究成功后发挥作用的时间也较长。研究与开发费用在本期支出,但其研究成果一般主要在以后各期发挥作用,与以后各期的收益有关。即使研究失败,所支出费用的本来目的也是为了以后各期,因此同样具有资本性支出的特点。

(3)费用支出的预期结果将形成企业的无形资产。研究与开发费用支出的目的是为了预期的研究成果,并使其在企业的生产经营活动中为企业带来经济效益。研究成果形成一般是以专利权或非专利技术的形式存在,形成了企业的无形资产。

正因为研究与开发费用具有这些特征,它对企业当期的收益性支出和资本性支出都有很大的影响,并且很可能影响企业战略方针的确定与执行,因此,企业管理当局越来越重视研究开发费用的预算,以确保企业的研究开发正常运行。

(三)研究开发预算的特点

(1)研究与开发决策一般是由生产部门、企业发展战略部门、生产技术部门和科研部门在企业最高管理者的组织下制定出来的,研究开发费的金额是由企业最高管理者依据科研规划决策来确定的。

(2)研究开发费总金额确定之后,每个科研项目如何进行,其费用预算及各个时期的科研应取得什么样的成果都应由项目主要负责人在综合科研规划内予以确定。这也是研究与开发预算的核心内容,即在各个科研、开发项目之间分配总的预算额。从这个角度来说,研究开发预算事实上是一种分摊预算,它与一般的固定预算是不同的,其核心的内容是对预算金额的分配,而不仅仅是对支出金额的固定预算。

(3)研究开发预算与实际支出之间的差异,只是意味着规划政策的遵守程度,并不能说明研究开发费用支出得有效与否。企业进行研究开发的目的是用一定的研究开发费用来尽力实现最大程度的研究开发的成果,而不仅仅是为了控制科研支出规模。

二、研究与开发预算的编制方法

(一)研究与开发预算总额的编制

既然我们确定研究开发预算是分摊预算,就要首先确定研究开发费用预算总额。对于研究开发预算总额的确定,企业高层管理者应充分听取研发部门的建议,因为他们对研发情况最熟悉,如果管理者不顾研发实际情况,就会做出错误的预算,从而也影响预算的实现,对企业整体发展是极其不利的。

不同的企业根据其具体情况会有不同的研究开发费用总额的确定方法,最常见的是总额分摊法,它是企业管理阶层依据企业的战略决策决定预算总额,再将其细分到各个研究开发项目的一种预算编制方法。也有的企业采取个别分摊法,即由各项目中心分别决定各研究开发项目,然后加总算出预算总额,最后由管理者调整后进行分摊。下面介绍几种主要的研发预算编制方法。

1. 销售百分比法

在研究开发费用预算总额的编制方法中,销售百分比法用得最多。所谓销售百分比法,就是以销售额乘以一定的百分率计算出研究开发费用预算总额的一种方法。其中销售额一般是指企业的销售总额,而不是销售净额(在销售总额的基础上扣除一定的折扣和折让);对于采用哪一年度的销售额作为计算基础,一般认为采用将来预定年度的销售额要好于当年及次年的销售额计划,原因在于支出研究开发费的年度和开发成功的产品并实现销售的年度有一定的时间差距,所以应以将来预定年度的销售额为基础来计算当年研究开发费用总额,能够更好地体现企业的长期经营计划;研究开发费用比率应选择变动比率,采取固定比率,研发费用就有僵化的危险,单纯的递增或递减比率也不能反映研发的具体情况,因此企业应每年都要根据长期研究开发计划经由管理阶层充分讨论决定研究开发费用比率,即每一预算年度确定一次。

销售额与研究开发比率确定下来之后,研究开发费用总额也就基本确定下来了,经过认真研究与讨论并广泛征求意见后,研究开发费用总预算额也就最终确定下来了。

2. 以预计利润的一定比率编制①

以预计利润作为计提基准将研发项目的投入额度直接与研发项目的盈利能力挂钩,有助于提高研发资金投入的效率。但是,这种依据同样也存在一定的问题,即可能与实际研发项目投入需求有偏差,尤其是当利润较小时,可能无法满足研发需求。比如,对于引入期的产品,需要研发部门的大力配合以提高其产品性能,但是此时企业的利润较低,如果按预计利润编制研发预算,可能很难满足现实的研发需要。另外,预计利润还需要考虑成本因素,因此,该方法使用难度相对较大,准确性也较前者差。

3. 零基预算并根据实际业绩对预算金额加以修正

这一方法可以使研发人员参与预算过程,并通过重点对待那些最重要的研发活动来达到节约财务资源的目的。这种方法不依历史数据来量化所需投资的规模,可以很好地起到风险控制的效果,但对预算人员的素质要求较高,受较强的主观判断和未来不可预见因素的影响,

① 梁莱歆、黄予云:《企业研发预算编制依据的选择》,《企业技术进步》,2008年第7期。

实施起来非常复杂，最佳等级结构和预算的确定无规律可循。这就要求预算人员对研发的未来支出有较大的把握。

4. 参考竞争对手的水平

这一方式可保证企业在研发资源的投入上不弱于竞争对手，从而有利于企业保持可持续竞争能力，维持企业的市场地位。但是，这种方法的缺陷也很明显，竞争对手与企业自行的研发目标并不总能保持一致，所以参考竞争对手的水平并不意味着研发预算能适合企业的研发活动，这种不适应性也可能导致预算编制效果大大降低。

（二）研发预算编制方法的选择

选择研发预算的具体编制方法时，企业应结合内外各方面的因素，综合考虑，选择适合自己研发项目的预算依据，并随时根据环境的变化加以适当调整，以便充分发挥研发预算在研发管理中的重要作用。

1. 企业生命周期

就企业发展的生命周期而言，创业期、成长期、成熟期是企业通常要经过的几个阶段。企业在不同的生命周期具有不同的财务指标和研发需求，因此，企业在选择研发预算方法时，要结合企业生命周期予以考虑。

（1）创业期。处在创业期的企业往往销售额很少，净现金流量为负，新产品开发的成败及未来现金流量的大小也具有较大的不确定性，经营风险和财务风险都很大，企业的主要目标是扩大市场份额，主要战略途径是投资于研究开发和技术改进，这使得企业此时的研发需要很大。所以，创业期的企业宜采用零基预算并根据收益状况对预算加以调整，而不宜根据销售额和利润进行研发预算编制。

（2）成长期。成长期的企业销售收入会大幅增长，但由于对流动资金的需求量增大，企业现金净流量仍然处于入不敷出的状态，财务和经营风险较大。在这种情况下，选择企业预计营业额的一定比率为研发预算编制依据更为合理，因为这样处理不仅符合企业的实际盈利情况，难度较小，而且考虑了市场的需求，同时也能更好地体现企业的长期经营计划，为企业持续提高其竞争力提供全方位的技术支持。

（3）成熟期。成熟期的企业销售量较大，但是增长速度开始变慢，利润较高，净现金流量很大。企业财务和经营风险大大降低。一般而言，在这种宽松的状况下对不同预算编制依据的选择具有很大的灵活性，但比较而言以企业预计利润的一定比率为编制依据更合适。鉴于这种状况，为了保证研发资金的足额提取，使研发活动顺利开展，企业应当选择以经营活动现金流为研发预算依据。

2. 企业研发活动的类型

（1）基础研究。基础研究一般没有特定的商业目的，其研究成果通常是广泛的真理、普遍的原则、理论或定律。其显著成果大多是知识产权，与企业的未来收入没有很明显的直接联系，所以采用预计销售收入百分比法或者是预计利润百分比法都不合适，此时最好采用零基预算方法。编制零基预算时要充分考虑下一预算年度对资金的需求，在执行过程中，一般不再追加新的支出，这样就使年初确定的预算指标真正成为有约束力的刚性指标。

（2）应用研究。这一类型的研发活动主要包括技术创新的应用研发和可行性实证，在工业企业中一般是与新产品、新技术有关的研究。根据应用研究的特点，我们在进行研发预算时可以依据预计营业额的一定比率编制研发预算，以促进其长期经营计划的实施。

（3）改进研究。改进研发项目即为市场提供更好的新产品、新工艺和新服务的开发与生产过程，它导致投资在最短的时间内创造利润。正是因为这个特点，在确定其研发预算的编制依据时，我们倾向于预计销售收入的一定百分比或预计利润的一定百分比。前者可以结合企业销售收入的成长，后者则能更好地考虑到企业盈利能力的强弱，并且重视成本的控制。

另外，在进行研发预算编制时，还要考虑行业因素、产品特点、研发预算的难度和创新性以及历史经验等。企业通过各种因素的综合考虑，可以选择适宜的研发预算编制方法，进一步提高研发管理水平。

（三）研究与开发预算总额的分摊

研究开发费用预算总额的分摊既可以按研究开发项目进行，也可以按各研究开发部门进行。

按研究开发项目进行分类，可大体划分为新产品研究项目、产品改良研究项目和工程研究项目，然后再采用一定的分摊标准将预算总金额分配到各个具体研究项目上。

按研究开发部门分类，可以划分为研究开发管理部门预算、研究开发辅助经营预算和研究开发实施部门预算。

无论是哪种分类方法，最后都将预算金额分配到直接人工、直接材料及相关的费用科目中。为了使研究开发预算更有弹性，在分摊预算总额之前先留出一定的预备经费预算作为预算外支出，由部门或者项目负责人根据需要进行调控。在实务中经常采用这种方法。

关于研究开发预算的编制方法一般采用定性分析，因为它更多地涉及管理人员的主观预测、分析、决策等过程，即使有定量的计算，也只是主观决策的辅助措施，需要结合各个企业的实际情况来确定，没有绝对一致的方法。

三、研究与开发预算管理过程中应注意的问题

（1）研究开发预算活动周期长，项目从开始到最终成功需要很长的一段时间。为了保证实现预期的研究开发目标，研究开发活动通常要在长期的规划指导下持续进行；研究开发费用预算反映的是预算期内的研究开发支出，所以研究开发费用预算的编制要考虑长期规划的要求，以此为基础编制的各期的研究开发预算才能体现企业的长期战略规划思想。

（2）研究开发活动的技术性很强，因此其预算编制要最大限度地考虑研究开发部门的意见，若有必要，还应该请求有关专家或专门机构的援助，为企业提供有用信息和建议。同时，预算的编制有研究开发部门的参加，可以提高相关管理人员和工作人员的预算管理意识，有利于预算目标的有效实现。

（3）研究开发费用的支出，应以项目在一定时期内产生的经济效益与支出的比率进行分析、评价和考核。而不能仅仅看支出金额是超支还是节支，要结合效果来考虑。

（4）研究开发预算的金额一般来说是相对稳定的，而研发活动的进行具有很大的不确定性，因此在进行研究开发预算时，设定相当的预算经费是必要的，可以在总额预算之外安排，也可以考虑在总额预算中，但必须经过严格的审批程序。这样一种有弹性的预算设计，能够使研究开发活动有一定的灵活性，不会因为出现意外特殊情况使资金无法到位而受阻。

四、研究与开发预算的实施

随着研究开发项目的进行，每个项目的实际费用都要与预算数额进行比较，对于预算差异要查明原因，明确相关责任人的责任。但对于研发项目的预算差异要具体分析，差异也并不能作为考察科研开发效果的标准。研究开发人员在预算实施中要按科研进行程度定期编制预算

执行情况报告，对于差异大的项目应及时报告给负责领导，以便做出迅速反应。

企业管理者在研究开发预算的具体实施过程中，应对以下几个方面予以关注：

(1)在实施研究开发项目时，不应让研究开发人员承担与研发无关的管理事务。研究开发的最终目的是提高研究开发的效果，如果让研发人员在研发工作之外还从事其他繁重的事务，势必会耗费其体力和精力，从而使研发活动效率低下，很难保证研究开发活动的成功。对企业来说也是得不偿失。

(2)研究开发预算执行过程中不仅要进行金额管理，也要重视数量管理。研发预算通常是以金额形式进行编制的，但在预算执行过程中，为了推动成本管理，也要重视数量方面的管理。对于数量标准与实际用量标准进行比较，由于剔除了价格因素，所以能够更明确地发现产生差异的原因，从而进行相应的控制。

(3)研究开发费用预算差异分析是有一定的弹性的，需要认真考察、仔细研究，才能得出正确的结论，起到好的作用。研究开发项目费用高、持续时间长、风险大，在实际支出超过研究开发费预算时，项目负责人和预算管理者应仔细讨论预算差异的产生原因，如果是因为研究开发项目的效果增强等合理因素造成的，分析时要有一定的弹性，不能仅仅维持原来的预算标准而否决现在，必要时要对原来的预算进行修正。因此需要管理者具有较高的审批水平，否则研究开发项目就会受到影响。

第三节　筹资预算

筹资是指通过增量的方式筹措权益资本与债务资金，它表现为表内资金来源总量的增加。现在，企业的筹资活动主要体现在可运用的“活性”资金的增加。这种活性具体表现在：表内可运用的资金来源总量的增加；存在着相当数量的表外融资来源；“筹资预算是企业在预算期内需要新借入的长短期借款、经批准发行的债券以及对原有借款、债券还本付息的预算，主要依据企业有关资金需求决策资料、发行债券审批文件、期初借款余额及利率等编制。企业经批准发行股票、配股和增发股票，应当根据股票发行计划、配股计划和增发股票计划等资料单独编制预算。股票发行费用，也应当在筹资预算中分项做出安排。”[①]但应注意，筹资预算具有一定的被动属性，对于非金融企业而言，生产经营活动和投资活动决定了筹资活动，很少或不存在单纯的为筹资而筹资的行为。

一、筹资预算的意义和目的

筹资预算是指估计企业未来的融资需求。它是建立在财务预测的基础上的。

财务预测是企业筹资计划的前提，财务预测是为筹资决策服务的，而筹资预算则是财务预测的具体化。企业要对外提供产品和服务，必须要有一定的资产为基础。销售增加时就要相应地增加流动资产，有时为了扩大生产能力还要增加固定资产。为取得扩大销售所需的增加的资金，企业就要筹措资金。这些资金一部分来自保留盈余，即内部积累，一部分通过外部筹资取得。一般情况下，销售增长率较高时即使是获利良好的企业，保留盈余也不能满足资金的需要，也必须要对外融资。而要进行对外融资，企业必须预先对自身的财务情况有深入的了解，预先知道自己的财务需求，进行筹资预算，否则就可能发生资金周转的问题。财务预测有

---

① 财政部：《关于企业实行财务预算管理的指导意见》。

助于改善投资决策，根据销售发展前景估计出的筹资需求不一定总能得到满足，这时就要根据筹资量来安排企业的生产和销售以及有关的投资活动，从而使企业的财务活动建立在可行的基础上。

二、筹资预算的步骤

筹资预算的基本步骤如下：

1. 销售预测

财务预测的起点是销售预测。销售预测不是财务管理的职能，但它是财务预测的基础。在短期经营预算体系中销售预测是起点，资本预算以销售预测为基础，那么筹资预算也是以销售预测为基础的。因此，销售预测的质量对企业的筹资预算有很大的影响。如果实际销售情况超出预算很多，企业根据先前的销售预测制定的筹资预算所筹集的资金量就不会满足企业生产经营和投资的需要，不仅会失去盈利机会和市场份额，而且很可能失去良好的投资机会。相反，销售预测过高，企业据此筹集了过多的资金，会造成企业资产积压和资金闲置，带来很高的机会成本，资产周转率下降，导致权益收益率下降，股价下跌。结合前述的以 ROE 为导向的预算目标，我们认为长期筹资预算中的销售收入必须结合 ROE 的预测来完成，并将 ROE 目标利用传统的本量利模型拓展为预计的销售收入，其公式为：

预计销售收入＝{[固定成本率＋*ROE*/(1－*t*)]/(单价－单位变动成本)}×净资产×单价

其中，固定成本率＝固定成本/净资产。

现举例说明：某公司只生产和销售一种产品，产品单价 400 元，单位变动成本 320 元，固定成本总额为 800 万元，净资产为 5 000 万元，所得税率为 25%，预计当年拟实现的 ROE 为 9%，则预计销售收入为多少？

解：固定成本率＝800/5 000×100%＝16%

则预计单位资产所需要的销量＝[16%＋9%/(1－25%)]/(400－320)＝0.35%

预计销售收入＝0.35%×5 000×400＝7 000(万元)

2. 估计所需要的资产

资产是销售量的函数，可以根据历史数据得出该函数关系。然后根据销售预测结果的预计销售量就可以预测所需的资产总量。同时某些流动负债也是销售量的函数，也就可以预测销售增长带来的负债的自发增长，负债的这种自发增长可以减少外部筹资的数额。

3. 估计收入、费用和保留盈余

假设收入和费用是销售的函数，可以根据销售预测值估计收入和费用，并确定净收益。净收益和企业股利支付率共同决定了企业保留盈余所能提供的内部筹资额。

4. 估计所需外部筹资额

根据预计资产总量减去已有的资金来源、负债的自发增长和内部提供的资金来源，便可得出外部筹资额的需求量。

三、筹资预算的方法

科学合理地预测企业的资金需要量是筹资预算的基础。因此，企业在编制筹资预算时，要根据销售预测的结果，进一步对需要筹集资金的数额进行预测。资金需要量的预测有很多方法，如定性预测法、趋势预测法、资金习性法、销售百分比法等，也可以利用计算机进行预测。我们这里只介绍两种最常用的方法：销售百分比法和资金习性法(也称回归分析法)。

无论使用哪种方法，资金需要量的预测确定是基于下面两个恒等式进行的。

(1)资产＝负债＋所有者权益

(2)资产增量＝负债增量＋所有者权益增量

(一)销售百分比法

销售百分比法是根据销售与资产负债表和利润表项目之间的比例关系，预测各项目短期资金需要量的方法。筹资预测销售百分比法首先是假设收入、费用、资产、负债等资产负债表项目和利润表项目与销售收入之间存在稳定的百分比关系，然后根据销售预算的结果——预计销售额，和相应的百分比关系预计资产、负债和所有者权益，最后利用会计等式确定融资需求，是一种简单适用的预测财务报表科目的方法。

销售百分比法的具体计算方法有三种：一是根据预计销售总额来预计资产、负债、所有者权益的总额，据此确定融资需求，称为总额法；二是根据预计销售的增加额来预测资产、负债、所有者权益的增加额，然后确定融资需求，称为增量法；三是建立资金需要量与销售增长之间的函数关系式，称为函数法。

方法一：根据销售总额确定融资需求

(1)计算预计资产负债表中敏感性项目分别占销售收入的比重。

所谓敏感性项目，是指随销售额的变动也在不断变动的项目。其中敏感性资产包括现金、应收账款、应收票据、存货、固定资产净值等经营资产，使用固定资产净值指标是假定折旧产生的现金直接用于更新资产。敏感性负债包括应付账款、应付费用等经营负债。而短期借款、长期借款等金融负债以及实收资本和留存收益等所有者权益项目均为非敏感性项目。资产负债项目占销售额的百分比也可以根据以前若干年度的平均数确定。注意，这里假定销售百分比法中预测年度非敏感性项目、敏感项目及其与销售的百分比均与基年基本保持不变，在实际中，非敏感项目、敏感项目及其与销售的百分比很有可能会变动，具体表现为：非敏感资产、非敏感负债项目的构成及其数量的增减变动；敏感性资产、敏感性负债项目的构成及其与销售百分比的增减变动。这些变动对资金需要总量和追加外部筹资额都会产生一定的影响，必须相应地进行调整。

(2)根据上面计算出来的比重计算预计销售额下的资产和负债。

预计敏感资产(负债)＝预计销售额×各项目销售百分比

(3)预计留存收益增加额及内部可动用的金融资产。

留存收益是企业内部筹资来源，只要公司有盈利并且没有全部用来支付股利，留存收益就会使股东权益自然增长。留存收益可以满足或部分满足企业的融资需求，从而减少外部筹资额度，而留存收益的多少取决于企业净利润的多少和股利支付率的高低。留存收益增加＝预计销售额×销售净利率×(1－股利支付率)。可动用的金融资产也是内部可动用的资金，可根据企业的实际状况加以确定，本教材通常设可动用的金融资产为零。

(4)计算外部融资需求：

外部融资需求＝预计敏感总资产－预计敏感总负债－预计股东权益

方法二：根据销售增加量确定融资需求

这种方法本质上与总量法是一样的，只不过计算方式不同。

(1)同上述第一步。计算资产负债表中敏感性项目分别占销售收入的比重。

(2)根据产品销售收入预计增量计算各敏感性项目预计增量。

(3)根据资金平衡原理确定资金需求量

资金需求总量＝资金占用增量－资金来源增量＝敏感资产增量－敏感负债增量

(4)确定企业留存收益增加额。

内部融资额＝留存收益增加额＝预计销售收入额×销售净利率×(1－股利支付率)

(5)确定外部融资需求量。

企业外部融资需求量等于销售增加引起的资金需求总量减去内部积累资金。

即：

外部融资需求＝敏感性资产增量－敏感性负债增量－留存收益增加额

通常用公式表示如下：

融资需求＝资产增加－负债自然增加－留存收益增加＝(资产销售百分比×新增销售额－负债销售百分比×新增销售额)－预计销售净利率×预计销售额×(1－股利支付率)

$$=\frac{A}{S_0}\times \Delta S-\frac{L}{S_0}\times \Delta S-S_1\times P\times (1-d)$$

其中，A/S_0 代表敏感资产销售百分比，L/S_0 代表敏感负债销售百分比，ΔS 代表预计销售收入的增量，P 代表销售净利率，d 代表预计股利支付率。

方法三：根据销售增长与融资需求之间的函数关系确定融资需求量

在方法二的公式的基础上，进行整理化简，首先令

g＝(预计销售收入－实际销售收入)/实际销售收入

即：

$$g=(S_1-S_0)/S_0$$

那么：

$$S_1=S_0\times (1+g)\quad \Delta S=S_0\times g$$

然后在方法二的公式的基础上，等式两边同时除以 ΔS，得：

$$\text{融资需求}/\Delta S=\frac{A}{S_0}-\frac{L}{S_0}-S_1/\Delta S\times P\times (1-d)$$

$$\text{融资需求}/\Delta S=\frac{A}{S_0}-\frac{L}{S_0}-(1+g)/g\times P\times (1-d)$$

其中，融资需求/ΔS 称为外部融资销售增长比，此公式就成为销售百分比法的函数法，利用此函数关系式可以直接确定公司的外部融资额。

现将销售百分比法举例，如表15－1所示。

表15－1　　A公司资产负债表　　单位：元

资　产		负债与所有者权益	
现金	5 000	应付费用	5 000
银行存款	15 000	应付账款	10 000
存货	30 000	短期借款	25 000
固定资产	30 000	公司债券	10 000
		普通股	20 000
		保留盈余	10 000
资产合计	80 000	负债与股东权益合计	80 000

假设已知公司本年度的销售收入为 100 000 元，目前还有剩余生产能力。该公司税后销售利润率为 10%，公司股利支付率为 60%，如果下年度销售收入提高到 120 000 元，那么需要筹集多少资金呢？

首先，将资产负债表中预计随销售量变动而变动的项目分离出来。在本公司中，除了固定资产因为还有剩余生产能力不随销售量变动而变动之外，其他项目都将随着销售的增加而增加，而负债股东权益方，应付账款和应付费用也将随着销售的增加而增加，但是普通股、公司债券、短期借款等不会相应增加，公司的盈余如果不是全部分配给股东，那么保留盈余也会增加。预计随销售增加而自动增加的项目如表 15—2 所示。

表 15—2　　A 公司销售百分比

资　产	占销售的百分比(%)	负债与权益	销售百分比(%)
现金	5	应付费用	5
应收账款	15	应付账款	10
存货	30	短期借款	不变
固定资产	不变	公司债券	不变
		普通股	不变
		保留盈余	不变
合　计	50	合　计	15
应筹资金占销售收入的百分比＝50%－15%＝35%			

该表显示了与销售收入同比例变化的项目与销售收入之间存在着固定的比例，销售每增加 100 元的数量，资产就增加 50%的资金占用，也会自动产生 15%的资金来源。因此，必须要再筹集 35%的资金，而销售收入增加到 120 000 元，则 ΔS＝120 000－100 000＝20 000，因此增加的销售需要增加的资金筹集需要量＝20 000×35%＝7 000(元)。

销售增加会使留存收益也增加，即内部筹资来源也增加，根据公式 $S_1 \times P \times (1-d)$，得 120 000 ×10%×(1－60%)＝4 800(元)。

计算需要从外部筹集资金的数额：

总的增加的资金筹资量－内部筹资来源＝7 000－4 800＝2 200(元)

也可以这样计算：g＝(120 000－100 000)/100 000＝20%

则外部融资销售增长比＝(50%－15%)－(1＋20%)/20%×10%×(1－60%)

＝11%

该计算结果意味着销售每增加 100 元，需要对外筹资 11 元，那么该公司销售增加了 20 000元，需要增加对外筹资 2 200 元。

如果该公司的销售收入预计为 110 000 元，则外部资金筹集量＝(110 000－100 000)×(50%－15%)－110 000×10%×(1－60%)＝10 000×35%－110 000×10%×40%＝3 500－4 400＝－900(元)。

这说明，企业销售在仅增加 10%时，公司不仅不需要对外筹集资金，而且还会有 900 元的资金剩余，在这种情况下，公司就不是打算如何筹资了，而是要计划增加股利、偿还债务或者寻找投资机会。因此，正确预测资金需要量，对于企业合理筹资有着举足轻重的作用。

另外在观察了这个实例的演算结果后我们发现，销售增长 20%时，公司需要对外筹措资金，而当销售增长10%时，公司的资金还有剩余，那么一定存在一个销售增长率为10%～20%，该增长率使得公司既不需要对外筹资，也不会有资金剩余，那么该销售增长率就成为内含增长率，其计算方法通常是令外部融资销售增长比为零去解方程中的g，本例解得的内含增长率为12.9%。

（二）线性回归分析法——资金习性预测法

线性回归分析法是根据变量的大量实际观察数据，寻求隐藏在偶然性后面的统计规律以确定和分析变量之间相关关系的一种数理统计方法。线性回归分析法在企业财务管理中应用时假定资金需要量与业务量之间存在线性关系，以此建立数学模型，然后根据历史有关资料，用回归直线方程确定参数，预测资金需要量。在此，按资金需要量与业务量之间的关系对资金进行分类，然后据以进行相关预测，因此又常称为资金习性法。

所谓资金习性，是指资金的变动同产品产销数量变动之间的依存关系。按照资金与产销量之间的变动依存关系，可以把资金分为固定资金、变动资金和半变动资金三种。在管理会计中有成本习性这一概念，根据成本习性，可以将成本分为固定成本、变动成本、混合成本。将二者联系起来考虑，其本质是一致的，有助于我们对资金习性的理解。

所谓不变资金，是指在一定的产销范围内，不随产销量变动而变动的资金，一般包括：为维持营业而占用的最低数额的现金，原材料的保险储备，必要的产成品或商品储备及企业的厂房、机器设备等固定资产占用的资金。

所谓变动资金，是指随着产销量变动而成正比例变动的资金，一般包括直接构成产成品实体的原材料、外购部件等，最低储备以外的现金、存货、应收账款等占用的资金。

所谓半变动资金，是指虽然受产量变化影响但不成比例变动的资金，比如一些辅助材料占用的资金。通过一定的方法可以把半变动资金分解为变动资金和固定资金。

资金习性预测法，就是对资金习性进行分析，将其分为变动资金和不变资金，然后根据资金与产销量之间的数量关系建立数学模型，采用高低点法和回归分析法，根据历史资料预测资金需要量。

预测的基本模型是：$Y=a+bX$

式中：Y——资金需要量；

a——不变资金；

b——单位产销量所需要的变动资金；

X——产销量。

采用这种方法的关键是计算出a和b，求解a、b的方法包括高低点法和建立回归分析方程求解的方法，然后据此预测资金需要量。

我们首先介绍高低点法。这种方法通过分别观察相关范围内产销量的最高点和最低点与资金的最高点和最低点之差，来推算出不变资金和单位产销量所需变动资金的数值。其基本原理是：在产销量与资金变动的历史数据中，找出产销量最高和最低的两点及其所对应的资金占用，根据这两对历史数据求出直线方程，作为预测资金需要量的模型。

由于收集的历史数据处在一个相关范围内，因而可以假定资产与产销量之间存在线性联系，即可用方程$Y=a+bX$表示。其中，X为产销量，Y为资金占用额。

高点的资金性态：$Y_h=a+bX_h$

低点的资金性态：$Y_l=a+bX_l$

所以，$a=Y_h-bX_h$，$b=(Y_h-Y_l)/(X_h-X_l)$

这里 a 和 b 已知，X 是已经预测的产销量，因此可以计算出预测资金量。

下面我们通过一个实例看一下高低点法的应用。

表 15－3 是某企业的产销量与资金需要量表，假设明年企业产品产销量是 150，求明年预计资金需要量。

表 15－3　某企业的产销量和资金需要量

年　度	产销量（X）	资金需要量（Y）
20×1	120	100
20×2	110	95
20×3	100	90
20×4	120	100
20×5	130	105
20×6	140	110

由表 15－9 可知，最低点产销量是 100，最高点产销量是 140，代入公式，可得

$a=110-140\times0.5=40 \quad b=(110-90)/(140-100)=0.5$

$Y=40+0.5X$

将 $X=150$ 代入上式，可得 $Y=115$。

运用该方法分解的 a、b 精确度不高。

接着，我们介绍回归分析法，就是通过建立回归方程求解的方法，回归方程如下：

$$\begin{cases}\sum Y=na+b\sum X\\ \sum XY=a\sum x+b\sum X^2\end{cases}$$

$$\text{解得：}\begin{cases}a=(\sum Y-b\sum X)/n\\ b=(n\sum XY-\sum X\sum Y)/(n\sum X^2-(\sum X)^2)\end{cases}$$

在资金习性分解的基础上，资金习性法又包括总额法和分项预测法。

1. 总额法

总额法就是按照企业历史上占用资金总额与产销量的关系，把资金分为变动资金和不变资金两部分，然后结合预测期的产量来预测资金需要量。其具体步骤如下：

(1)根据“企业产销量与资金需要量表”中所示的相关数据资料，计算整理出“回归直线方程数据计算表”。这两张表具体格式如表 15－4 和表 15－5 所示。

表 15－4　某企业产销量与资金需要量

年　度	产销量（X）	资金需要量（Y）
20×1	120	100
20×2	110	95
20×3	100	90
20×4	120	100
20×5	130	105
20×6	140	110

表 15—5　　回归直线方程数据计算

年度	年销量(X)	资金需要量(Y)	XY	X^2
20×1	120	100	12 000	14 400
20×2	110	95	10 450	12 100
20×3	100	90	9 000	10 000
20×4	120	100	12 000	14 400
20×5	130	105	13 650	16 900
20×6	140	110	15 400	19 600
$n=6$	$\sum X=720$	$\sum Y=600$	$\sum XY=72\,500$	$\sum X^2=87\,400$

(2)将表中数据代入下列联合方程组计算出 a 和 b。

$$\begin{cases} a=(\sum Y-b\sum X)/n \\ b=(n\sum XY-\sum X\sum Y)/(n\sum X^2-(\sum X)^2) \end{cases}$$

或 $$\begin{cases} \sum Y=na+b\sum X \\ \sum XY=a\sum x+b\sum X^2 \end{cases}$$

计算得

$$\begin{cases} a=40\text{ 万元} \\ b=0.5 \end{cases}$$

(3)将上一步骤中求得的 a、b 的数值,代入方程 $Y=a+bX$ 中,得出关于 X 和 Y 的方程:$Y=40$ 万元$+0.5X$。然后,将下一年的预计销售量 150 代入方程 $Y=40$ 万元$+0.5X$,求出 $Y=115$ 万元,即为企业筹资的资金需要量。

2. 分项预测法

分项预测法就是根据各资金占用项目(如现金、存货、应收账款、固定资产)同销售收入之间的关系(一般用高低点法),把各项目的资金分为变动资金和固定资金两部分,然后汇总求出企业变动资金总额和不变资金总额,再据此预计资金需要量。

某企业历史上现金占用与销售收入之间的关系如表 15—6 所示。

表 15—6　　某企业历史上现金占用与销售收入之间的关系

年　度	销售收入(X)	现金占用(Y)
1	2 000 000	110 000
2	2 400 000	130 000
3	2 600 000	140 000
4	2 800 000	150 000
5	3 000 000	160 000

根据这些数据资料,我们采用高低点法求出 a、b 的值。

b =(最高资金占用量一最低资金占用量)/(最高销售收入一最低销售收入)

=(160 000—110 000)/(3 000 000—2 000 000)=0.05

由 $Y=a+bx$ 得:$a=Y-bx$,选择高低点中任一年的数据代入公式,解出 a=10 000(元)。

同理,存货、应收账款、流动负债和固定资产等敏感性项目也可根据历史资料求出资金占用量与销售收入之间的线性关系(当然,也可以用线性回归法求解)。综合结果资料如表 15—7所示。

表 15—7 综合结果资料

	年度不变资金 a	1 元销售收入需要的变动资金 b
流动资产		
现金	10 000	0.05
应收账款	60 000	0.14
存货	100 000	0.22
小计	170 000	0.41
减:应付账款和应付费用	80 000	0.11
净资金占用	90 000	0.3
固定资产	510 000	0
所需资金合计	600 000	0.3

最终得出预测模型为:$Y=600\ 000+0.3X$。假设未来年度的销售额预计为 3 500 000 元,代入上式得:$Y_6=600\ 000+0.3\times 3\ 500\ 000=1\ 650\ 000$(元)。

3. 使用资金习性法必须注意的问题

资金习性预测法利用资金需要对量与产销量之间的数学关系进行预测,是一种比较科学合理的预测方法。使用资金习性法必须注意以下问题:

(1)资金需要量与产销量之间存在线性关系的假设应该符合实际情况;

(2)确定 a、b 的数值,回归分析模型应该利用预测年度前连续若干年的历史资料,至少要有三年以上的资料;

(3)在模型分析时应该考虑价格等因素的变化。

第十六章

财务预算

第一节 财务预算概述

一、财务预算的概念

在完成了短期经营预算、长期决策预算的编制之后，就可以进入预算体系的财务预算的编制，也即总预算的编制。企业财务预算是在预测和决策的基础上，围绕企业战略目标，对一定时期内企业资金取得和投放、各项收入和支出、企业经营成果及其分配等资金运动所做的具体安排。

财务预算与经营预算、资本预算、筹资预算共同构成企业的全面预算。企业财务预算应当围绕企业的战略要求和发展规划，以经营预算、资本预算为基础，以实现 ROE 为目标，以现金流控制为核心进行编制，并主要以预计财务报表的形式予以充分反映。企业财务预算一般按年度编制，并根据经营预算、资本预算、筹资预算分季度、月份加以落实。

二、财务预算的编制原则

(1)坚持效益优先原则，实行总量平衡，进行全面预算管理；

(2)坚持积极稳健原则，确保以收定支，加强财务风险控制；

(3)坚持权责对等原则，确保切实可行，围绕经营战略实施。

三、财务预算的依据和内容

(一)财务预算的编制依据

企业编制财务预算应当按照先经营预算、资本预算、筹资预算，后财务预算的流程进行，并按照各预算执行单位所承担经济业务的类型及其责任权限，编制不同形式的财务预算。经营预算是反映预算期内企业可能形成现金收付的生产经营活动(或营业活动)的预算，一般包括销售或营业预算、生产预算、制造费用预算、产品成本预算、营业成本预算、采购预算、期间费用预算等,企业可根据实际情况具体编制。资本预算是企业在预算期内进行资本性投资活动的预算,主要包括固定资产投资预算、权益性资本投资预算和债券投资预算。筹资预算是企业在预算期内需要新借入的长短期借款、经批准发行的债券以及对原有借款、债券还本付息的预算,企业经批准发行股票、配股和增发股票,应当根据股票发行计划、配股计划和增发股票计划等资料单独编制预算。

(二)财务预算的内容

财务预算是企业在预算期内为规划资金的筹集和分配而编制的有关反映预计现金收支、经营成果和财务状况的预算,主要包括现金预算、预计利润表和预计资产负债表。财务预算是把经营预算、资本预算及筹资预算中的数据进行分析汇总编制的。

现金预算是所有有关现金收支预算的汇总,通常包括现金收入、现金支出、现金多余和不足,以及现金的筹集和运用四个方面的内容。它可以分开编成现金收支预算和信贷预算两种预算。现金预算实质上是其他预算有关现金收支部分的汇总,以及现金收支差额金平衡措施的具体计划。现金预算的编制要以其他各项预算为基础。现金预算是企业现金管理的重要工具,有助于企业合理安排和调度资金,降低资金的使用成本。

预计财务报表是财务管理的重要工具,主要包括预计利润表、预计资产负债表等。

预计财务报表的作用与历史报表是不同的。根据企业会计制度的规定,所有企业都要在年终编制当年的财务报表,其主要目的就是向有关报表使用人提供财务信息,而且主要是为外部报表使用人提供财务信息。而预计财务报表主要是为企业内部财务管理服务,是控制企业资金、成本和利润总量的重要手段和方法。

预计利润表是在经营预算的基础上按照权责发生制的原则进行编制的,其编制方法与编制一般财务报表中的利润表相同。它揭示的是企业未来的盈利状况,企业管理当局可以据此了解企业的发展趋势,并适时调整其经营战略。

预计资产负债表反映的是企业预算期末各账户的预计余额,管理当局可以据此了解企业在预算期末的财务状况,以便采取积极有效的措施,防止不良财务状况的出现。预计资产负债表的编制是在预算期初资产负债表的基础上,根据经营预算、资本支出预算和现金预算的有关数据进行相应调整编制的。

财务预算主要是由财务部门利用各职能部门传递来的各项经营预算和资本支出预算资料来编制完成的。各种经营预算和资本支出预算最终都是在财务预算中反映出来,即财务预算是各项经营预算、资本支出预算和筹资预算的汇总,主要以现金预算、预计资产负债表和预计利润表等形式反映,这也是它被称为“总预算”的原因。与其相对应,其他的预算也就被称为“分预算”。“总预算”对企业有着非常重要的作用,它可以将企业生产、销售、采购等部门的预算归为一个整体,为企业最高层管理者的决策提供依据,同时也可以用作企业总体经营业绩的评价标准。

第二节 现金预算

一、现金预算的概述

(一)现金预算的概念

现金预算是按照现金流量表主要项目内容编制的反映企业预算期内一切现金收支及其结

果的预算。这里所说的现金包括库存现金、银行存款和其他货币资金。现金预算是企业财务预算体系的核心。

现金预算是以生产经营预算、资本预算和筹资预算为基础，是所有有关现金收支的预算的汇总，综合反映了企业在预算期内现金流转的预计情况，主要作为企业资金头寸调控管理的依据。现金预算通常包括现金收入、现金支出、现金多余和不足、资金的筹集和使用四部分。现金流量状况如何，不仅直接关系到企业的获利和竞争能力，而且对企业财务风险状况的大小具有决定性的影响。所以，企业财务部门编制现金预算的目的主要是合理处理企业现金收支业务，保证有足够的现金可以满足企业的经营需要，并且要适时合理地调度资金，对多余现金加以有效利用，以保证企业财务的正常流转。

(1)现金收入。现金收入包括期初的现金结余数和预算期内预计发生的现金收入。比如说，企业预算期内预计的现销收入、应收款项回收额、应收票据到期兑现额和票据贴现净额等。

(2)现金支出。是指预算期内预计发生的现金支出。例如采购原材料支付货款、支付工资、支付部分制造费用、支付销售管理费用及财务费用、偿付应付款项、缴纳税金、购买设备和支付股利等。

(3)现金多余和不足。企业预算期间内，现金收支相抵后的余额，若为收大于支，则现金多余，除了可以用来偿还银行借款之外，还可以用来进行投资，如各种有价证券；若为收小于支，则现金不足，需要设法筹集资金。

(4)现金融通。反映企业预算期内因为资金不足，而向银行借款或发放债券以筹集资金，以及还本付息等。

(二)现金预算的作用

(1)现金预算的编制可以使管理当局预计在预算期内现金的多余或不足情况。这样就可以根据现金多余或不足预计出现的时间和金额，采取相应的应对措施，防患于未然。现金不足，即现金周转出现困难，付现难给企业带来的不利可想而知；现金多余闲置在企业，容易被管理者浪费在奢侈品的购置上，而不进行高收益的投资，从而会给企业带来很高的机会成本。而且，从企业并购理论来看，大量的现金多余还可能引起被并购的危险。这种并购的目的都是为了获得企业的现金，而不是出于改善企业经营的目的，如果企业想对付这种恶意收购，成本是很高的。因此，加强现金预算的管理是很重要的。

(2)现金预算的编制可以预计在未来时期企业对到期债务的直接偿付能力。企业的负债需要用现金来偿还，如果不能够合理了解未来时期企业的现金短缺情况，就很可能出现无法清偿到期债务的危机，很可能引起债权人的诉讼甚至导致企业破产，对企业的信誉也有很不良的影响。现金预算的编制能在一定程度上解决这个问题。

(3)现金预算的编制也可以对其他预算提出改进建议。现金预算是有关预算的总结，可以发现整个企业的现金流动情况，据此可以给相关部门提出改进意见。例如，在编制现金预算过程中，如果发现现金短缺，可以建议销售部门重新安排销售计划或者建议采购部门推迟采购材料计划，以增加现金收入，减少现金支出。

二、现金预算的编制

我们知道现金对企业的正常经营运转是非常重要的，利润虽然能够表明企业的经营成果，但由于其确认原则是权责发生制，因此有些成果是不能为企业很快利用的，仅代表了一个数字而已。所以在了解利润表情况的同时，还必须掌握企业的现金流转状况，才能够保证企业不会出现虽有较高利润但现金流转出现严重困难的情况。而为了了解一定期间的现金流转,就必须在生产经营预算及资本预算的基础上编制现金预算。

(一)编制现金预算需要注意的问题

(1)权责发生制与收付实现制。会计在确认和计量时应遵循权责发生制,但现金预算的编制应遵循收付实现制,即以实际收到现金的时间确认现金收入,以实际支付现金的时间确认现金支出。

(2)现金预算提供的是一种预测值,现金预算编制表中提供的所有数据也都是预测值,因此,要保证现金预算的准确合理,前面的基础预算也必须合理。如果前面某一项目的实际发生额与预算出现差异,那么,预计的现金结余或不足也就不会准确,从而无法做出正确的投资或筹资决策。因此,整个预算管理工作都要在企业相关领导的负责与带领下,科学合理地进行。

(3)利润表与资产负债表。在编制现金预算的时候,不需要考虑某项目是利润表项目还是资产负债表项目,不需考虑其经济性质,只要与现金流量有关的项目都应该包括在现金预算中。

(4)如果在一个预算期内的现金流入和现金流出发生的时间不一致,就有可能高估或者低估融资需求量。这时,一般以期中为基准编制现金流量表更为合适。

(5)企业之所以会根据现金溢余或者短缺进行投资或者融资,是为了保持一个合理的现金持有量。当企业预计的现金余额与最佳目标现金持有量之间不一致时,采用融资策略或归还借款或投资于有价证券等策略来实现目标现金持有状况。每个企业都应该有一个目标现金余额,这样既能保证企业生产经营的需要,又能使企业获得最大收益。这也是现金管理的另一项内容——目标现金余额的确定。无论企业采用什么方式确定最佳现金持有量,都必须根据自身经营的季节性特点和经营规模的变动,及时地进行调整。

(二)现金预算的编制

1. 编制现金预算应遵循的原则

编制现金预算应遵循的基本原则可用下面的等式来表示:

期初现金余额+现金收入-现金支出=期末现金余额

现金预算中一般都要显示每一季度的期初期末现金余额,企业在编制现金预算时对期初期末余额的处理可能会有两种情况。

(1)企业对每一季度的期末余额没有具体要求,以预算中计算出来的数额为标准,将每一季度的期末余额结转成为下一季度的期初余额,这样预算就需要根据季度依次编制,并且第四季度的期末余额也就是预算年度的期末余额。

(2)有些企业为了保证生产经营的安全,会对每一季度的期末余额也就是下一季度的期初余额有一定的要求,这样四个季度的预算就可以同时编制。如果预算中某一个季度的期末现金余额没有达到要求,就需要通过上述等式把企业要求的期末余额与实际期末余额的差额补齐。

2. 现金预算编制过程举例

企业现金预算的编制是以经营预算和资本预算为基础的,前面我们已经进行了销售预算、生产预算及专门决策预算等的编制。这里我们只需把有关现金收支的部分再单独计算列表即可。

(1)销售预算。销售或营业预算是预算期内预算执行单位销售各种产品或者提供各种劳务可能实现的销售量或者业务量及其收入的预算,主要依据年度目标利润、预测的市场销量或劳务需求及提供的产品结构以及市场价格编制。

销售预算中为编制现金预算提供的资料就是预计现金收入的计算。在企业进行日常销售预算时，通常还要包括预计现金收入的计算，以便为编制现金预算提供必要的资料。企业每一季度的现金收入都包括两部分，即上一季度的应收账款在本季度的回收额和本季度的销售收现额。销售预算如表16－1所示。

表16－1　销售预算

季　度	一	二	三	四	全　年
预计销售量(件)	500	750	1 000	9 000	3 150
预计销售单价	100	100	100	100	100
销售收入	50 000	75 000	100 000	900 000	315 000
预计现金收入					
上年应收账款	15 000				15 000
第一季度(销货 50 000)	30 000	20 000			50 000
第二季度(销货 75 000)		45 000	30 000		75 000
第三季度(销货 100 000)			60 000	40 000	100 000
第四季度(销货 54 000)				54 000	54 000
现金收入合计	45 000	65 000	90 000	94 000	294 000

(2)直接材料预算。直接材料预算中为编制现金预算提供的资料就是预计现金支出的计算。通过直接材料采购预算，我们能预计在材料采购过程中，将会发生的实际现金流出是多少。直接材料预算如表16－2所示。

表16－2　直接材料采购预算

季　度	一	二	三	四	全　年
预算直接材料需用量	5 050	7 750	9 900	8 900	31 600
＋预算期期末材料库存	1 550	1 980	1 780	1 600	1 600
合计	6 600	9 730	11 680	10 500	33 200
－预算期期初材料库存	1 600	1 550	1 980	1 780	1 600
直接材料采购量	5 000	8 180	9 700	8 720	31 600
直接材料采购单价	2	2	2	2	2
直接材料采购总成本	10 000	16 360	19 400	17 440	63 200
预计现金支出					
上年应付账款	4 500				4 500
第一季度(采购 5 300)	5 000	5 000			10 000
第二季度(采购 8 180)		8 180	8 180		16 360
第三季度(采购 9 740)			9 700	9 700	19 400
第四季度(采购 9 280)				8 720	8 720
合　计	9 500	13 180	17 880	18 420	58 980

(3)直接人工预算。直接人工预算也是由生产预算推导出来的，通常由生产部门编制。它是用来确定预算期生产车间人工工时消耗水平、人工成本水平及相关因素的预算。由于直接人工工资都需要用现金支付，所以不许另外预计现金支出，可直接参加现金预算的编制。直接人工预算如表16－3所示。

表 16－3 直接人工成本预算

季　度	一	二	三	四	全　年
预计生产量(件)	505	775	990	890	3 160
单位产品直接人工小时	10	10	10	10	10
预计总工时	5 050	7 750	9 900	8 900	31 600
小时工资率	2	2	2	2	2
直接人工成本	10 100	15 500	19 800	17 800	63 200

(4)制造费用预算。制造费用预算是指除直接材料和直接人工预算以外的其他一切生产费用的预算,大部分都不是直接用于产品生产的费用,而是间接用于产品生产的费用。

制造费用预算为企业现金预算提供的也是预计产生的现金流出额。制造费用中,除折旧费用外都必须支付现金,所以每一季度在制造费用数额扣除折旧费用后就可以求出现金支付的费用。续前例,制造费用预算如表 16－4 所示。

表 16－4 制造费用预算

项目＼季度	一	二	三	四	全　年
变动费用					
间接人工	505	775	990	890	3 160
间接材料	505	775	990	890	3 160
修理费	1 010	1 550	1 980	1 780	6 320
水电费	505	775	990	890	3 160
小　计	2 525	3 875	4 950	4 450	15 800
固定费用					
修理费	1 000	1 000	1 000	1 200	4 200
折旧	4 000	4 000	4 000	4 000	16 000
管理人员工资	3 000	3 000	3 000	3 000	12 000
保险费	150	150	180	140	620
财产税	300	300	300	300	1 200
小　计	8 450	8 450	8 480	8 640	34 020
合　计	10 975	12 325	13 430	13 090	49 820
折旧	4 000	4 000	4 000	4 000	16 000
现金支出	6 975	8 325	9 430	9 090	33 820

(5)销售管理费用预算。销售管理费用预算,是指为实现销售预算所必须支付的费用预算和搞好一般管理业务所必需的费用预算。一般是以过去实际费用开支为基础,进行分析与考察,按预算期的可以预见的变化来调整。编制这项预算时需按各种费用逐项进行预计,力求合理,以提高费用的利用效率,获取更多的收益。

为简便起见,我们在对预算年度的销售管理费用进行逐项预计后,假定在年内是均匀发生的,由于这两种期间费用都是要实际支付现金的(我们假定其中没有折旧),因此,我们可以得出每一季度的现金支出额。销售管理费用预算如表 16－5 所示。

表 16－5　销售管理费用预算

项目	金额
销售费用：	
销售人员工资	6 000
广告费	8 000
包装运输费	4 000
保管费	2 000
管理费用：	
管理人员工资	5 000
福利费	2 000
保险费	3 000
办公费	1 000
合计	31 000
每季度支付现金(31 000/4)	7 750

(6)其他现金收支预算。除了正常生产经营过程中会发生现金收支外，企业还有一些其他业务也要发生现金收入和支出，如出售固定资产收入，报废清理固定资产变价收入，购置固定资产的支出，企业对自办医院、学校及离退休人员费用支出，解除劳动关系补偿支出，缴纳税金，政策性补贴、对外捐赠支出及其他营业外支出等，应当根据实际情况和国家有关政策规定，编制营业外支出等相关经营预算，以便为编制现金预算提供相应的现金收入和现金支出情况的资料。在这里我们就不举例了。这里面的原理很简单，但需要管理者有较强的预测能力，充分合理地估计各种可能发生的情况，但是也要避免过于武断与主观。否则，会做出极其荒谬的预算，而这种预算是毫无意义的。

(7)资本预算和研究开发预算。我们已知企业除了要进行日常的生产经营之外，不可避免地要进行一些非经常性的投资或者研究开发，进行这些活动大多是企业出于战略目标的考虑，或者为了扩大企业规模，增强企业实力，或者为了改进产品性能和质量以便提高企业的竞争能力等。作为企业管理者，应根据企业具体情况和资金使用情况，进行相应的长期规划。

而企业如果有进行长期性资本投资或者研究开发的打算，就要引起预计现金支出情况的变化，因此，专门决策预算也能为企业现金预算的编制提供相应的资料。预计在预算期的哪一季度进行投资或者研究开发，就会有相应的现金支出安排，以保证项目的顺利开展。这样，企业在编制资本预算和研究开发预算时也就可以编制出资金安排的预算，以便为现金预算提供相应的资料。假设已知该企业在二季度和四季度分别进行了固定资产的购建活动，支出额分别为 40 000 元和 22 000 元。

(8)筹资预算。这也是现金流量收支预算的一个组成部分。筹资预算一方面要反映筹资额度，另外也要反映筹资过程中的费用，有关数据都要纳入现金预算的编制中。

(9)现金预算。在做好前面的准备工作后，现金预算的编制就可以着手进行了，有关现金预算如表 16－6 所示。

现金预算由四部分组成：现金收入、现金支出、现金净损益、资金的筹集和运用。现金收入包括期初现金余额和预算期的现金收入，本例假定，现金收入全都是由销售活动产生的，可供使用的现金就是期初余额和本期现金收入的合计；现金支出包括预算期内的各项现金支出，无论是现金收入还是现金支出，其数据都是来自前面有关预算。当月现金净损益或现金溢余和不足列示的是现金收入合计与现金支出合计的差额。差额为正，说明现金有溢余，可以用来偿还过去向银行取得的借款或者进行新的投资；差额为负，说明现金短缺，要向银行取得新的借款。在本例中，该企业需要保留的现金余额为 18 000 元（期末应保持的现金余额可参照财务管理中的理想现金持有量加以确定），不足此额时要向银行借款。假设银行借款的金额要求是 1 000 元的倍数，那么第二季度借款额为：借款额＝最低现金余额＋现金短缺额＝5 080＋18 000＝23 080≈24 000（元），而在第三季度企业现金溢余，可用来偿还借款。一般按"每期期初借入，每期期末归还"来预计利息，还款后企业仍应保持最低现金余额，否则只能归还部分借款。因此，在第三季度产生现金积余只能归还 18 000 元的借款，以保证现金余额在设定的最佳范围内，因此应付出的本息为 18 000＋18 000×10％÷12×6＝18 900（元），第四季度还款 6 000元，本息合计为 6 000＋6 000×10％÷12×9＝6 000＋450＝6 450（元）。

表 16－6　　　　现金预算

季　度	一	二	三	四	全　年
期初现金余额	18 000	19 675	18 920	18 160	18 000
加：预计本期收入（表 16－1）	45 000	65 000	90 000	94 000	294 000
其他预计现金收入	0	0	0	0	
可供使用现金合计	63 000	84 675	108 920	112 160	312 000
减：各项支出					
直接材料采购预计支出（表 16－2）	9 500	13 180	17 880	18 420	58 980
直接人工预计支出（表 16－3）	10 100	15 500	19 800	17 800	63 200
制造费用预计支出（表 16－4）	6 975	8 325	9 430	9 090	33 820
销售及管理费用预计支出（表 16－5）	7 750	7 750	7 750	7 750	31 000
所得税	5 000	5 000	5 000	5 000	20 000
其他现金预计支出	4 000	0	12 000	7 000	23 000
专门决策预算预计支出	0	40 000	0	22 000	62 000
本期预计现金支出合计	43 325	89 755	71 860	87 060	292 000
现金净损益（现金多余或不足）	19 675	－5 080	37 060	25 100	20 000
银行借款（＋）		24 000			24 000
偿还借款（－）			18 000	6 000	24 000
借款利息（－）			900	450	1 350
合计		24 000	18 900	6 450	1 350
预计期末现金余额	19 675	18 920	18 160	18 650	18 650

现金预算是对前面所有预算中有关现金收入和支出的一个汇总，以及现金收支差额平衡措施的具体计划。现金预算的编制要以其他各项营业预算和资本预算等为基础，它反映企业各预算期的收入款项和支出款项，并作对比说明。其目的就在于资金不足时筹措资金，资金多余时处理现金余额，并且提供现金收支的控制限额，因此，现金预算是企业现金管理的重要工具，有助于企业合理安排和调度资金，降低资金的使用成本。

第三节　预计利润表

一、预计利润表的概念

在上述几项预算编制完成之后，就可以编制预计利润表了，这是财务总预算中继现金预算之后的又一内容。预计利润表与实际利润表在内容和格式上都是相同的，只不过数字是面向预算期的。

预算利润表是按照利润表的内容和格式编制的反映预算执行单位在预算期内利润目标的预算报表。一般根据销售预算、生产预算、产品成本预算或者营业成本预算、期间费用预算以及其他专项预算等有关资料分析编制。

预计利润表是用于综合反映企业整个预算期间内经营管理活动的财务成果以及必须履行的有关义务，如纳税，以及利用留存收益可解决的融资来源。预计利润表是财务预算中的一个重要环节，也是编制预计资产负债表的基础。

预计利润表的构成主要有两方面：其一是企业生产经营管理活动的收支，其二是企业财务活动的收支。编制利润表时，有关企业生产经营活动的项目可以从前面的生产经营预算中直接取得，有关财务活动的数据可以从生产经营预算中取得，也可以从资本支出预算和研究开发预算中取得。如果企业在进行生产经营活动的同时，还专门从事金融投资活动，进行证券投资等，则企业会产生相应的投资收益或者损失。因此，有关的财务活动在形成现金收入和现金支出的同时，必然会带来财务费用的增加或者减少，包括利息支出及各种财务管理费用。

我们在现金预算的编制中已经强调了现金流量与利润的不同了，二者不同的本质在于确认的原则不同，现金流量的确认是根据“收付实现制”，而会计利润的确认依据的是“权责发生制”，即依据企业在经济实质上已经获得了收取现金的权利或承担了支付现金的义务的时点上对现金收入和支出予以确认。因此这个时点与实际收到现金或支付现金的时间是有一定的差异的，正是这个时间差导致了现金流量和会计利润确认原则不同的出现，从而也就使现金流量和会计利润出现差异。还需要注意的是，利润表中也有许多非付现的费用，如折旧、各种摊销费用和坏账准备。

二、预计利润表的编制

续前例，预计利润表见表16—7。

表16—7　预计利润表

期间项目	数据来源	全　年
营业收入	表16—1	294 000
减：折扣与折让		0
营业收入净额		294 000
减：营业成本		176 400
营业税金及附加		0
营业费用(销售费用)和管理费用	表16—5	31 000
财务费用	表16—6	1 350

续表

期间项目	数据来源	全　年
利润总额		85 250
减:所得税	表 16－6	20 000
净利润		65 250

预计利润表中,“营业收入”项目的数据来自销售收入预算;“营业成本”的数据来自产品成本预算,利息项目来自现金预算。所得税项目,是在利润规划时估计的,并已列入现金预算。它通常不是根据“利润”和所得税税率计算出来的,因为有诸多纳税调整事项的存在。另外,从编制程序上来看,如果根据“本年利润”和税率重新计算所得税,就需要修改现金预算,引起信贷计划的修订,从而要改变利息,最终又要修改“本年利润”,最终陷入数据的循环修改。

通过编制预计利润表,可以了解企业预期的盈利水平。如果预算利润与最初编制方针中的目标利润有很大的不同,就需要调整部门预算,设法达到目标,或者经企业领导人的同意后修改目标利润。同时,预计利润表的编制,可作为编制预计现金流量表的依据。

第四节　预计资产负债表

预计资产负债表的格式与内容也是和实际资产负债表相同的,只是表中数据是面向预算期的,反映的是预算期末的财务状况。

预算资产负债表是按照资产负债表的内容和格式编制的综合反映预算执行单位期末财务状况的预算报表。预计资产负债表反映了企业在预算期末,各有关资产、负债及所有者权益的执行情况,是为反映企业在预算期末预计的财务状况编制的预算。一般根据预算期初实际的资产负债表和销售预算、生产预算、采购预算、资本预算、筹资预算等有关资料分析编制。

预计资产负债表是财务总预算中的最后一个组成部分,在编制之前不仅需要编制各职能预算,即生产经营预算和专门决策预算,而且还要编制现金预算和预计利润表。资本预算的数据会在预计资产负债表中直接体现出来,比如固定资产数会增加。如果企业还出于战略目的进行了特定项目的预算,也会予以反映在预计资产负债表中。同时,利用会计恒等式资产＝负债＋所有者权益,也可以通过预计资产负债表检查各项分项预算的相互关系是否对应,分预算的数据是否衔接,有无误差等。如果企业为了进行对比分析,在编制预计资产负债表时,也可以将期初实际数与期末预计数一并列示。续前例,预计资产负债表见表 16－8。

表 16－8　　**预计资产负债表**

资　产			负债及所有者权益		
项　目	年　初	年　末	项　目	年　初	年　末
现金(表 16－6)	18 000	18 650	应付账款(表 16－2)	4 500	8 720
应收账款(表 16－1)	15 000	36 000	长期借款	9 000	13 000
直接材料(表 16－2)	3 200	3 200	股本	28 000	28 000
产成品(表 16－2 和表 16－5)	3 920	4 480	未分配利润	14 620	78 610
房屋及设备(表 16－6)	20 000	82 000			
累计折旧(表 16－6)	4 000	16 000			
资产总额	56 120	128 330	权益总额	56 120	128 330

编制预计资产负债表的目的是判断预算反映的财务状况的稳定性和流动性。通过预计资产负债表的分析，发现不良的财务比率，必要时要修改有关预算，以改善财务状况。

第五节　责任预算体系

在全面介绍了财务预算（总预算）体系之后，为保证预算目标的控制和考核，有必要将总预算按照责任网络进一步分解的责任预算体系加以介绍。

一、责任预算的含义及编制程序

预算责任的主体是指各级预算责任的执行主体，是一系列拥有一定的权、责、利的企业内部单位所构成的责任网络，每一责任网络的组成成员就是前述的责任中心，根据各责任中心的权责范围，预算责任网络的层次及关系如图 16－1 所示。

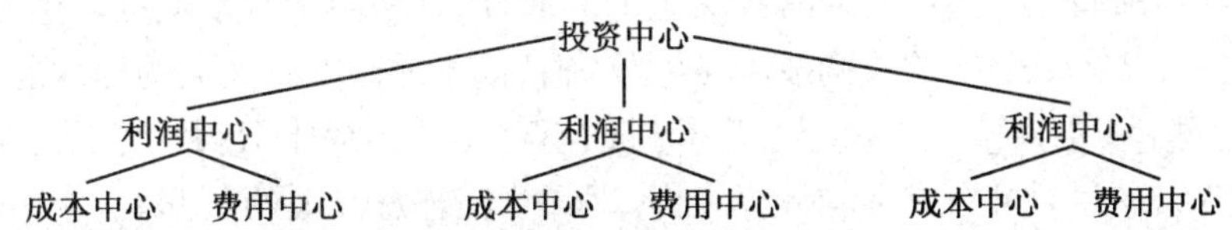

图 16－1　预算责任网络的层次及关系

责任预算是指以责任中心为主体，以其可控成本、收入、利润和投资等为对象编制的预算。这种预算明确了各责任中心所应完成的预算任务和应控制的内容。它可与企业总预算并存，是企业总预算的补充和具体化。责任预算由于只是对各自责任范围内的经营活动收支所作的预计，因此它必须以同时实施责任会计为条件。只有通过责任会计，才能考核责任预算的实施效果，促使各责任中心尽职尽责，达到控制生产经营、完成企业预期经营目标的目的。

责任预算的编制程序有两种：一是以责任中心为主体，自上而下地将企业总预算在各责任中心之间层层分解，这样编制有利于企业统一指挥和调度，但不利于调动责任中心的积极性。二是各责任中心自行编制各自的预算指标，由下而上、层层汇总，最后由企业专门机构或人员进行汇总和调整，这样编制有利于发挥各责任中心的积极性，但影响预算质量和编制时效。

在集权组织结构形式下，通常采用第一种程序；在分权组织结构形式下，采用后一种程序较多。无论哪种程序下，都应该按照责任中心的层次，将公司的总预算从最高层向最底层逐级分解，形成各责任中心的责任预算。

二、责任预算的具体编制

企业实施责任预算管理，关键在于确定预算目标。预算目标反映了责任单位各自应承担的责任和相应具有的权利，使企业的努力方向具体化、数量化，变成各部门、各层次职工的行动准则，这不仅明确了企业的工作重点，而且提供了评价工作绩效的标准。

（一）收入中心的财务预算目标

收入中心是指只对销售收入负责的责任单位，其目的是为了强化销售功能，加强收入管理，及时收回账款、控制坏账。对应于收入中心的推销产品的主要职能，我们可以将销售收入作为其预算目标。在考核时，用销售增长率作为考核指标，其计算公式如下：

销售增长率＝（实际销售收入－预算销售收入）/预算销售收入×100%

(二)成本中心的财务预算目标

成本中心是对成本或费用承担责任的责任单位。企业内部凡是有成本发生,需要对成本负责,并实施成本控制的单位,都可以成为成本中心。成本中心只对可控成本承担责任,一个成本中心的各项可控成本之和即构成了该成本中心的责任成本。与此相适应,我们可以将责任成本作为成本中心的预算目标。在考核时,以成本降低率作为考核指标,其计算公式如下:

成本降低率=(实际责任成本-预算责任成本)/预算责任成本×100%

上述公式如果在预算产量和实际产量不一致的情况下,应按弹性预算的方法用实际产量调整预算责任成本项目,使实际责任成本和预算责任成本两者可比。

(三)利润中心的财务预算目标

利润中心是指对利润负责的责任单位,因此最好将利润作为它的预算目标。

在各个利润中心的共同成本难以合理分摊或无须进行分摊的情况下,确定利润目标时可以只计算可控成本而不分摊不可控成本。在一般情况下,利润中心的可控成本是变动成本。所以,此时确定的利润目标并不是通常意义上的利润,而是相当于贡献毛益。企业各利润中心的贡献毛益之和,减去未分配的共同成本,经过调整后,才是通常意义上的利润总额。

在各个利润中心的共同成本易于合理分摊或不存在共同成本分摊的情况下,确定利润目标时,应将可控成本和不可控成本均计算在内,即计算完整意义上的利润。

为了便于对利润中心负责人进行经营业绩的考核,有必要将各利润中心的固定成本区分为可控成本和不可控成本,在此基础上进一步确定利润中心负责人可控利润的目标。考虑到有些成本费用如广告费、保险费等,可以分摊到利润中心,却不能为利润中心负责人所控制,所以,在确定利润中心负责人可控利润的目标时,应该剔除不可控固定成本。其计算公式如下:

可控利润=该利润中心贡献毛益总和-该利润中心负责人可控固定成本

(四)投资中心的财务预算目标

投资中心是既对收入、成本和利润负责,又对投资效果负责的责任单位,它具有投资决策权,承担最大的责任。投资中心同时也是利润中心,但投资中心除了寻求利润方面的目标以外,更需要寻求投资效果方面的目标。因此,投资中心的预算目标应该能够体现利润与投资额之间的关系。投资利润率、剩余收益和经济增加值能够满足这个要求,可以用来确定投资中心的预算目标。

1. 投资利润率

投资利润率是指投资中心所获得的利润与投资额之间的比率,它反映投入资产的使用效率。其计算公式如下:

投资利润率=利润/投资额×100%

=销售利润率×资产周转率

投资利润率能反映投资中心的综合盈利能力。从投资利润率的分解公式可以看出,投资利润率的高低与收入、成本、投资额和周转能力有关,提高投资利润率应通过增收节支、加速周转、减少投入来实现。该指标综合性强、可比性好,是投资中心的主要预算指标。使用投资利润率作为投资中心预算目标也会带来一些问题,它常常使投资中心过分关注部门利益而忽视整体利益。剩余收益指标是对该指标较好的补充。

2. 剩余收益

剩余收益是指投资中心获得的利润减去其预期的最低投资收益后的余额,其计算公式如下:

剩余收益=利润-投资额×预期最低投资利润率

使用剩余收益来确定投资中心的预算目标时，要注意该公式中项目的口径应保持一致。利润可以用息税前利润，也可以用税后净利。与息税前利润相对应的投资额是总资产，投资利润率是指总资产利润率。与税后净利相对应的投资额是指净资产，投资利润率是指净资产利润率。总资产利润率是为了强化总资产的运用管理，净资产利润率是为了强化净资产的运用管理，两者目标不尽一致。至于具体采用哪种形式，应该与投资中心自身的特点相结合加以选择。公式中的预期最低投资利润率通常是指企业为保证其生产经营正常、持续进行所必须达到的最低报酬水平，一般可以用公司的平均资本成本来代替。

以剩余收益作为投资中心预算目标，要求各投资中心的投资利润率大于预期最低投资利润率，从而避免了投资中心的狭隘本位倾向，即单纯追求投资利润率而放弃一些有利可图的投资项目。因此，可以保证各投资中心获利目标与公司总的获利目标达成一致。

3. 经济增加值

经济增加值(economic value added，EVA)，是指企业利润减去资本成本总额之后的余额，若不考虑所得税，其计算公式如下：

经济增加值＝息税前利润－投资额×加权平均资本成本

经济增加值评价指标有较大的灵活性。该指标不仅用于报表分析，也可以用于责任预算的编制及业绩的考核。对于风险不同的投资项目，管理者可以设定选用不同的风险调整资本成本。不仅企业内不同业务单位的资本成本可能不同，而且同一部门内不同风险水平的资产其资本成本也有可能不同(如现金或应收账款与长期固定资产的风险显然是不同的)，经济增加值的计算考虑了实际存在的这些差异。

下面是A公司及其各部门的预算目标的分解落实简化形式，如表16－9至表16－12所示。

表16－9　　**A公司预算目标**　　单位：万元

责任单位	项　目	预算目标
收入中心	销售部收入	500
成本中心	制造部可控成本 行政管理部可控成本 销售部可控成本 合计	300 60 40 400
利润中心	营业利润	100

表16－10　　**A公司销售部预算目标**　　单位：万元

责任单位	项　目	预算目标
收入中心	B地区收入 C地区收入 D地区收入 合计	200 180 120 500
成本中心	工资 折旧 办公费 其他 合计	20 12 5 3 40

表 16－11 **A公司制造部预算目标** 单位:万元

责任单位	项　目	预算目标
甲车间	直接材料 直接人工 变动制造费用 固定制造费用 小计	54 72 23 31 180
乙车间	直接材料 直接人工 变动制造费用 固定制造费用 小计	36 48 16 20 120
制造部	合计	300

表 16－12 **A公司行政管理部预算目标** 单位:万元

责任单位	项　目	预算目标
行政管理部	工资 折旧 办公费 其他 合计	30 20 6 4 60

第十七章

预算控制、分析及业绩考评

第一节　业绩报告与业绩考核

预算控制是预算管理过程中最核心的环节，它的实施效果最终决定着预算管理作用的发挥。而预算分析则是实现预算控制的具体方式，通过对预算完成情况的分析来对各责任中心的业绩进行评价。本章将以不同的责任中心为主线，对责任预算的控制分析及评价展开论述。

一、业绩报告(责任报告、绩效报告)

业绩报告是指根据责任会计记录编制的反映责任预算实际执行情况，或者揭示责任预算与实际执行差异的内部会计报告。通过编制责任报告，可完成责任中心的业绩评价和考核。

业绩报告的编制是自下而上逐级实现的，随着责任中心的层次由低到高，其报告的详略程度也从详细到简略(总括)。这与责任预算的编制(从简略到具体)不同。

业绩报告的编制方法有单轨制与双轨制两种。其中单轨制是指将责任会计的核算体系纳入财务会计核算体系，两者合二为一，仅需设立一套账簿，同时进行财务会计与责任会计的核算，只不过在财务会计的账户下可以为每一责任中心再多设几个明细账户而已。这种做法可以免去大量的重复工作，更容易在企业推广。而双轨制是指责任会计核算体系独立于财务会计核算体系之外，两者自成体系，其中财务会计核算体系按照会计准则去设立，以满足外部报表使用人的需要。而责任会计体系则按照预算管理的要求设立，不受会计制度的约束，以满足内部预算管理的信息需求。该方法虽然能及时、详细地反映预算管理的信息，但核算工作量会明显加大，同时因所提供的两种数据缺乏相关性，难免引起信息冲突，在推广时有一定的难度。

责任报告分为基本报告和特别报告。其中基本报告是按照报告频度(如月度、季度或年度)安排、定期编报，以责任预算执行情况为内容所编制的报告。责任报告的形式主要有报表、数据分析和文字说明等。将实际数、预算数以及执行差异数通过报表予以列示是责任报告的常见形式，同时责任报告还应依据重要性原则对差异额和差异率较大的项目进行重点分析，并写出相应的文字说明，对重大差异进行定性和定量分析。定量分析旨在确定差异发生的程度，定性分析旨在分析差异产生的原因,并提出相应的改进意见。责任报告的具体内容应根据不同的责任中心分别确定。

二、业绩考核

业绩考核是指以责任报告为依据,分析、评价各责任中心责任预算的实际执行情况,并找出差距、查明原因,借以考核各责任中心的工作成果,实施奖罚,促使各责任中心积极纠正行为偏差,完成责任预算的过程。

从考核的指标口径看,业绩考核包括狭义和广义两种。前者仅考核责任中心的价值指标(如成本、收入、利润以及资产占用额等责任指标)的完成情况,后者还包括非价值责任指标的完成情况。

从考核的时间看,业绩考核可分为年终考核与日常考核。应根据不同责任中心的特点进行业绩考核。现分述如下。

第二节 成本中心的预算控制、分析与考核

一、责任成本

成本中心的责任成本核算与传统的产品成本核算相比有很大的不同,分清产品成本与责任成本,是成本中心控制考核的一个基本前提。其主要区别是:

(1)成本核算的对象不同。产品成本是以一定种类或批次的产品为计算对象;而责任成本是以责任中心为对象归集生产或经营管理费用。

(2)成本核算的原则不同。产品成本的核算原则是谁受益,谁承担;而责任成本的核算原则是谁负责,谁承担。

(3)成本核算的内容不同。产品成本既包括可控成本,又包括不可控成本,只要应归属于产品的,都是产品成本;而责任成本的核算只包括可控成本,不可控成本只作为参考指标。

(4)成本核算的目的不同。产品成本核算能为考核成本计划完成情况及计算利润、制定产品价格提供依据,是实施经济核算制的重要手段;而责任成本核算则是为了评价和考核责任预算的执行情况,是进行成本控制和考核成本责任的重要手段。

责任成本与产品成本虽有区别,但两者又有密切的联系。首先,两者核算的原始成本信息是相同的,只是加工整理的主体不同;其次,两者归集的成本都是企业在生产经营过程中实际发生的耗费,在狭义的成本中心范围内,一定时期的责任成本总额和一定时期的产品成本总额是相等的。

二、成本中心的考核指标

由于成本中心只对责任成本负责,职责比较单一,因而,对其业绩进行分析的重点是责任成本差异。成本中心的考核指标主要包括目标成本降低额和目标成本降低率,其计算公式如下:

$$\text{目标成本降低额}=\text{目标(或预算)成本}-\text{实际成本}$$

$$\text{目标成本降低率}=\frac{\text{目标成本降低额}}{\text{目标成本}}\times 100\%$$

在对成本中心进行考核时，应注意区分可控成本和不可控成本，不可控成本不应计入其责任成本。还需注意的是，如果预算产量与实际产量不一致，应先按弹性预算的方法调整预算指标，然后再进行考核。

[例]　某企业一车间生产A产品，预算产量为6 000件，其成本预算资料如表17－1所示。

表17－1　　**A产品成本预算**

成本项目	预算单价	预算用量	预算成本
直接材料	10元/千克	6千克/件	60元
直接人工	10元/小时	4小时/件	40元
合　计			100元

当年实际生产A产品7 000件，实际发生的成本资料如表17－2所示。

表17－2　　**A产品实际成本**

成本项目	实际单价	实际用量	实际单位成本	实际总成本
直接材料	10元/千克	5.6千克/件	56元/件	392 000元
直接人工	10元/千克	3.9小时/件	39元/件	273 000元
合　计			95元/件	665 000元

从上述资料可知，一车间A产品的预算总成本为600 000元（100元×6 000件），实际总成本为665 000元，实际成本超支了65 000元。然而，对一车间来说，由于材料单价和人工单价是不可控的成本，因此，应该按预算单价和实际用量计算确定一车间的责任成本，作为其考核业绩的依据。在评价该成本中心的业绩时，还应按弹性预算的方法，根据实际产量对预算成本进行调整，从而做出合理的评价。

调整后的预算成本＝60×7 000＋40×7 000＝700 000（元）

目标成本降低额＝700 000－665 000＝35 000（元）

目标成本降低率＝35 000/700 000×100％＝5％

三、成本费用预算差异分析

成本预算差异分析的主要内容是对预算期内的成本总额和单位成本的差异进行分析，单位成本预算是建立在技术测定的基础上的，也称为预算成本。现分述如下：

（一）总成本差异分析

实际成本大于预算成本的原因主要有两个：一是由于产量不同所导致的差异，二是由于单位成本不同所导致的差异。故总成本差异可分为产量差异和成本差异两部分。产量差异是指由于实际产量偏离预计产量而造成的总成本差异，可通过弹性预算予以调整。成本差异是指由于实际单位成本偏离预算单位而造成的总成本差异。其计算公式为：

产量差异＝（实际产量－预计产量）×预计单位成本

成本差异＝（实际单位成本－预计单位成本）×实际产量

（二）预算成本差异分析

单位成本差异即预算成本差异，是由用量（单耗）变动或价格（单价）变动所引起的，因此，预算成本差异的一般模式如图 17—1 所示。

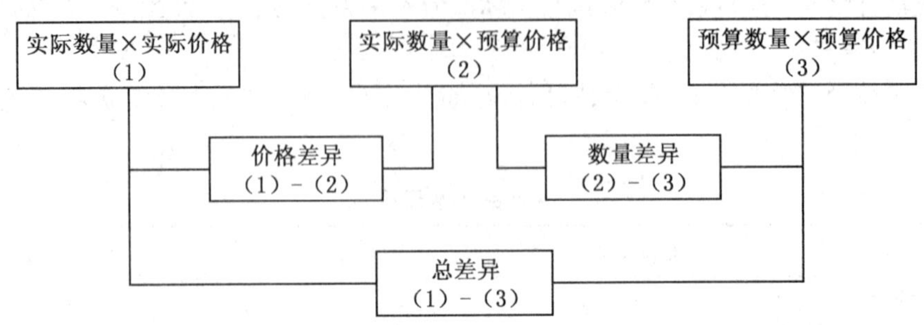

图 17—1 成本差异计算的一般模式

由于预算成本是分别按直接材料、直接人工和变动制造费用以及固定制造费用制定的，所以，预算成本差异分析也应从这四个方面进行。

1. 直接材料成本差异

直接材料成本差异是产品直接材料的实际成本与预算成本之间的差异，它包括材料价格差异和材料用量差异两个部分。前者由材料实际价格与预算价格不同引起，后者由材料实际耗用量与预算耗用量不同引起。材料价格差异和材料用量差异的计算公式如下：

材料价格差异＝实际单价×实际用量－预算单价×实际用量

＝(实际单价－预算单价)×实际用量

材料用量差异＝实际用量×预算单价－预算用量×预算单价

＝(实际用量－预算用量)×预算单价

计算结果正数为超支，负数为节约。

[例] 蓝天服装厂生产男式衬衫每件的耗用定额为 4 米，每米预算价格为 2.1 元。如某年 5 月生产衬衫 4 800 件，实际消耗布料 4.4 米/件，实际单价为 2.00 元/米，则材料数量差异和材料价格差异计算如下：

材料价格差异＝(2－2.1)×4 800×4.4＝－2 112(元)(节约)

材料用量差异＝2.1×(4.4×4 800－4×4 800)＝4 032(元)(超支)

材料成本总差异＝4 800×4.4×2－4 800×4×2.1＝1 920(元)(超支)

影响材料数量差异的因素是多方面的，包括材料耗用中的浪费、节约和由于产品结构的变化、材料加工方法改变、材料质量改变及材料代用等原因所造成的超支、节约数，因此，材料数量差异控制的重点是材料领用环节。影响材料价格差异的原因除了价格调整所造成的以外，大多数是由于采购工作的质量所造成的，如采购地点和数量是否恰当、运输方法和途径是否合理等，材料价格差异控制的重点是材料采购环节。

2. 直接人工差异

直接人工差异是指生产工人工资的实际发生额与按实际产量和预算工资率计算的工资额之间的差额。它包括工资率差异和人工效率差异两个部分。前者由生产工人的实际工资率与预算工资率之间的差异引起，后者由产品实际耗用工时与预算耗用工时之间的差异引起。工资率差异和人工效率差异的计算公式如下：

工资率差异＝实际工时×实际工资率－实际工时×预算工资率

＝(实际工资率－预算工资率)×实际工时

人工效率差异＝实际工时×预算工资率－预算工时×预算工资率

$$=(\text{实际工时}-\text{预算工时})\times\text{预算工资率}$$

计算结果正数为超支，负数为节约。

［例］　上例中衬衫的直接人工预算工时为每件 1.6 小时，每小时预算工资率为 4.5 元。实际耗用 1.4 小时/件，实际工资率为 4.85 元/工时。则人工效率差异和工资率差异计算如下：

工资率差异＝4 800×1.4×(4.85－4.5)＝2 352(元)(超支)

人工效率差异＝4.5×(1.4×4 800－1.6×4 800)＝－4 320(元)(节约)

人工成本总差异＝4 800×1.4×4.85－4 800×1.6×4.5＝－1 968(元)(节约)

影响人工效率差异的原因有多方面，可能是工人方面的，也可能是管理当局计划不周造成的，如工厂流水线的安排、生产设备或控制预算的变动等。影响工资率差异的原因主要有生产人员的人数变动，非生产工时损失如开会、停工待料的时间等。因为实际工资率是实际总工资除以实际有效总工时求得的，因此，在计件工资形式下，直接人工差异的控制点主要是各种津贴和补加工资；在计时工资形式下，人工效率差异的控制点是每项加工任务的完成时间。工资率差异的控制点是职工的人数和劳动生产率等。

3. 变动制造费用差异

变动制造费用是指与直接成本正比例增减变动的制造费用。变动制造费用差异包括变动制造费用耗用差异和变动制造费用效率差异两个部分。前者是指变动制造费用实际分配率与预算分配率之间的差异，后者是指实际耗用工时与按实际产量计算的预算工时之间的差异。变动制造费用耗用差异和变动制造费用效率差异的计算公式如下：

$$\text{变动制造费用耗用差异}=\left(\text{实际工时}\times\text{变动制造费用实际分配率}\right)-\left(\text{实际工时}\times\text{变动制造费用标准分配率}\right)$$

$$=\left(\text{变动制造费用实际分配率}-\text{变动制造费用标准分配率}\right)\times\text{实际工时}$$

$$\text{变动制造费用效率差异}=\left(\text{实际耗用工时}\times\text{变动制造费用标准分配率}\right)-\left(\text{按实际产量计算的标准工时}\times\text{变动制造费用标准分配率}\right)$$

$$=\left(\text{实际耗用工时}-\text{按实际产量计算的标准工时}\right)\times\text{变动制造费用标准分配率}$$

［例］　上例中衬衫的预算工时为 1.6 小时，预算变动制造费用分配率为 1.8 元/工时。实际耗用 1.4 小时/件，实际分配率为 2.15 元/工时。则变动制造费用效率差异和变动制造费用耗用差异可计算如下：

变动制造费用耗用差异＝1.4×4 800×(2.15－1.8)＝2 352(元)(超支)

变动制造费用效率差异＝1.8×(1.4×4 800－1.6×4 800)＝－1 728(元)(节约)

变动制造费用总差异＝4 800×1.4×2.15－4 800×1.6×1.8＝624(元)(超支)

由于预算变动制造费用是按照预算工时(或定额工时)分配的，因此，如果人工成本发生效率差异，变动制造费用也相应地发生效率差异。变动制造费用的耗用差异是指预算费用分配率与实际费用分配率之间的差异，它既受到这些费用耗用的节约或超支的影响，也受到非生产工时多少的影响。由于企业的生产类型不同，因此，对于变动制造费用控制点的选择也不尽相同，不能强求一致。

4. 固定制造费用差异

固定制造费用是指在较长时期内在产量的相关范围内保持不变的费用。固定制造费用差异是实际固定制造费用与实际产量预算固定制造费用的差异。其计算公式为：

固定制造费用差异＝实际固定制造费用－实际产量标准固定制造费用

＝实际固定制造费用－实际产量×工时标准×标准费用分配率

＝实际固定制造费用－实际产量标准工时×固定制造费用标准分配率

式中的固定制造费用差异是在实际产量基础上计算出的。由于固定制造费用相对固定，一般不受产量的影响，因此，产量变动会对单位产品成本中的固定制造费用产生影响：产量增加时，单位产品应负担的固定制造费用会减少；产量减少时，单位产品应负担的固定制造费用会增加。这就是说，实际产量与计划产量的差异会对产品应负担的固定制造费用发生影响。正因为如此，固定制造费用差异的分析方法与其他费用差异的分析方法有所不同，通常有两种方法：一种是两差异分析法，另一种是三差异分析法。

(1)两差异分析法

两差异分析法是将固定制造费用差异分为固定制造费用预算差异和固定制造费用产量差异两个部分。前者是指固定制造费用实际发生数和预算数之间的差异；后者是指在固定制造费用预算不变的情况下，由实际产量不同引起的差异。固定制造费用预算差异和固定制造费用产量差异的计算公式如下：

固定制造费用预算差异＝固定制造费用实际数－固定制造费用预算

固定制造费用产量差异＝固定制造费用预算－实际产量标准工时×固定制造费用标准分配率

计算结果正数为超支，负数为节约。

[例] 某企业生产D产品的固定制造费用预算为600元，预算产量为120台，实际产量为150台，实际固定制造费用为675元。单位预算工时10小时，则固定制造费用产量差异和固定制造费用预算差异可计算如下：

固定制造费用预算分配率＝600/(120×10)＝0.5(元)

固定制造费用差异＝675－150×10×0.5＝－75(元)(节约)

其中：

固定制造费用预算差异＝675－600＝75(元)(超支)

固定制造费用产量差异＝600－(150×10×0.5)

＝－150(元)(节约)

固定制造费用的预算差异同材料的价格差异、人工的工资率差异和变动费用的耗用差异相类似，由其实际分配率与预算数或预计数偏离引起，因此，这个差异常常被称为耗用差异。而固定制造费用产量差异仅仅是为成本计算之用，并不意味着真正的节约或浪费。

两差异分析法比较简单，但其分析结果并没有反映和分析生产效率对固定制造费用差异的影响。在计算产量差异时，使用的都是预算工时，如果实际产量预算工时与计划产量预算工时一致，则产量差异为零。但是，实际产量的实际工时可能与其预算工时存在差异，而生产能力的实际利用情况更取决于实际工时而非预算工时。实际工时与预算工时之间的差异属于效率高低的问题，因此，固定制造费用差异分析更多地采用将产量差异划分为能力差异和效率差异的三差异分析法。

(2)三差异分析法

三差异分析法是将固定制造费用差异分为固定制造费用预算差异、固定制造费用能力差异和固定制造费用效率差异三个部分。其中，固定制造费用预算差异与两差异分析法相同，固定制造费用能力差异是指实际产量的实际工时脱离计划产量的预算工时而引起的生产能量利用程度差异而导致的成本差异，固定制造费用效率差异是指生产效率差异导致的实际工时脱离预算工时而产生的成本差异。固定制造费用能力差异与固定制造费用效率差异的计算公式如下：

$$固定制造费用预算差异=固定制造费用实际数-固定制造费用预算$$

$$\begin{matrix}固定制造费用\\能力差异\end{matrix}=\left(\begin{matrix}计划产量\\标准工时\end{matrix}-\begin{matrix}实际产量\\实际工时\end{matrix}\right)\times\begin{matrix}固定制造费用\\标准分配率\end{matrix}$$

$$\begin{matrix}固定制造费用\\效率差异\end{matrix}=\left(\begin{matrix}实际产量\\实际工时\end{matrix}-\begin{matrix}实际产量\\标准工时\end{matrix}\right)\times\begin{matrix}固定制造费用\\标准分配率\end{matrix}$$

计算结果正数为超支，负数为节约。

［例］ 根据前例中D产品的有关资料，可知固定制造费用预算分配率为0.5元，实际总工时1 550小时。采用三差异分析法计算固定制造费用差异如下：

固定制造费用预算差异＝675－600＝75(元)(超支)

固定制造费用能力差异＝(120×10－1 550)×0.5

＝－175(元)(节约)

固定制造费用效率差异＝(1 550－150×10)×0.5

＝25(元)(超支)

三差异分析法的能力差异与效率差异之和，等于两差异分析法的产量差异。采用三差异分析法，能够更好地说明生产能力利用程度和生产效率高低所导致的成本差异情况，并且有利于分清责任：能力差异的责任一般在于管理部门，效率差异的责任则往往在于生产部门。

上述成本差异计算完成后应进行汇总，先分别编制直接材料差异汇总表、直接人工差异汇总表、变动制造费用差异汇总表及固定制造费用差异汇总表，然后汇总成为差异汇总表，并据以进行核算。以下是根据上述的数据编制的各差异汇总表。

为编制汇总表，补充以下资料：设原预算产量为5 000件，设固定制造费用的预算为2 500元，实际固定制造费用为2 400元，如表17－3至表17－7所示。

表17－3　直接材料差异汇总

项　目	单位消耗(米)	单位价格(元)	单位成本(元)	产量(件)	总成本(元)
预算标准	4	2.1	8.4	5 000	42 000
实际生产	4.4	2	8.8	4 800	42 240
差异	0.4	－0.1	0.4	－200	240

表17－4　直接人工差异汇总

项　目	单位(小时)	单位工资(元)	单位成本(元)	产量(件)	总成本(元)
预算标准	1.6	4.5	7.2	5 000	36 000
实际生产	1.4	4.85	6.79	4 800	32 592
差异	－0.2	0.35	－0.41	－200	－3 408

表17－5　变动制造费用汇总

项　目	单位(小时)	分配率(元)	单位成本(元)	产量(件)	总成本(元)
预算标准	1.6	1.8	2.88	5 000	14 400
实际生产	1.4	2.15	3.01	4 800	14 448
差异	－0.2	0.35	0.13	－200	48

表 17－6 固定制造费用汇总

项　目	单位(小时)	分配率(元)	单位成本(元)	产量(件)	总成本(元)
预算标准	1.6	0.312 5	0.5	5 000	2 500
实际生产	1.4	0.357	0.5	4 800	2 400
差异	－0.2	0.045	0	－200	－100

表 17－7 差异汇总

项　目	预算标准	实际生产	差异	差异率(%)
直接材料成本	8.4	8.8	0.4	4.76
直接人工成本	7.2	6.79	－0.41	－5.69
变动制造费用	2.88	3.01	0.13	4.51
固定制造费用	0.5	0.5	0	0
单位成本合计	18.98	19.1	0.12	0.63
数量	2 500	2 400	－100	－4
总成本	47 450	45 840	－1 610	－3.39

按照计算出的差异，要进行差异分析。差异分析一般限于重大差异。差异的重要性取决于差异的数额和差异出现的频率。与预算成本相比，差异的数额越大，或者差异重复出现的次数越多，则该差异就越重要。管理部门应采用“例外管理”的原则，即突出重要差异，略去微不足道的差异。通过分析那些特殊的差异产生的原因，做出对将来有影响的各种改进性的决策。

第三节　收入中心的预算控制、分析与评价

收入中心是只对产品或劳务的营业收入负责的责任中心。各营业收入中心的汇总收入实际上构成了整个企业的收入，因此，各收入中心的目标营业额是否能够实现，直接影响企业整体经营目标，尤其是利润目标的实现。所以，加强对各收入中心营业收入目标的控制非常重要。

收入中心的主要职能是实现营业收入，所以，其业绩评价以营业收入的实现为主。然而，收入中心的职能不仅包括将产品或劳务推向市场，而且还包括及时地收回货币资金和控制坏账。因此，收入中心的分析评价指标包括营业收入目标完成百分比、营业货款回收平均天数和坏账发生率等。

一、营业收入目标完成百分比

营业收入目标完成百分比是将实际实现的营业收入与目标营业收入相比较，以考核营业收入的目标完成情况。其计算公式如下：

$$营业收入目标完成百分比=\frac{实际实现的营业收入}{目标营业收入}\times 100\%$$

对收入中心来说，这个指标是最主要的业绩评价指标。

二、营业货款回收平均天数

营业货款回收平均天数是评价收入中心回收营业款项是否及时的指标。销售过程是企业

的成品资金向货币资金转化的过程，在这个过程中，营业收入的资金能否及时收回，对企业资金的正常周转将产生重要影响。在市场经济条件下，一个企业的经营能否顺利进行和发展，资金是一个重要的因素。因此，确保营业货款的及时回收是收入中心的又一个重要职责。营业货款回收平均天数这一评价指标能促进收入中心加速资金回收，提高资金使用效率。其计算公式如下：

$$营业货款回收平均天数=\frac{\sum(营业收入\times 回收天数)}{全部营业收入}$$

将实际营业货款回收平均天数与计划天数相比较，能反映该收入中心营业款项的及时收回情况。

三、坏账发生率

坏账发生率这一指标主要是用来评价收入中心在履行其职责过程中因工作失误而导致应收账款发生损失的情况。销售成品或提供劳务的企业发生坏账的情况是不可避免的。但是，各收入中心仍然有责任来控制坏账的发生，以使企业尽量避免损失。对收入中心来说，正确判断客户的付款能力是其经营业务中的基本职责，控制坏账的发生自然是收入中心的重要职责。坏账发生率的计算公式如下：

$$坏账发生率=\frac{某年坏账发生数}{某年全部营业收入}\times 100\%$$

以坏账发生率来评价收入中心的业绩，能够促进收入中心在经营过程中保持认真谨慎的作风。

第四节 利润中心的预算控制、分析与评价

对于利润中心的预算控制、分析与考评，首先要将一定期间该中心实现的利润与“责任预算”所确定的预计利润数进行比较，并进而对差异形成的原因和责任进行具体剖析，并在此基础上对其经营上的得失和有关人员的功过做出全面而正确的评价。

利润中心分析考评的主要指标是责任利润，而责任利润又有多种含义或多种选择，具体评价指标包括可控边际贡献、部门边际贡献和税前部门利润等，见表17－8。

表17－8 某利润中心的利润 单位：万元

项目	金额
营业收入	3 000
减：变动成本	1 450
边际成本	1 550
减：可控固定成本	950
可控边际贡献	600
减：不可控固定成本	132
部门边际贡献	468
减：分配的企业共同费用	250
税前部门利润	218

1. 可控边际贡献

可控边际贡献也称部门经理可控边际，是部门经理在其权责范围内有能力控制，因而应对其负责的全部边际贡献，是最符合责任利润概念的指标。可控边际贡献通常是考核利润中心业绩最主要的指标。其计算公式如下：

可控边际贡献＝营业收入总额－变动成本总额－部门经理可控的可追溯固定成本

＝边际贡献－部门经理可控的可追溯固定成本

上述公式可以看作是严格意义上的边际贡献在利润中心业绩评价中的自然延伸，是可控性原则的具体体现。

可控边际贡献指标主要用于评价利润中心（分部）负责人的经营业绩，因而必须就经理人员的可控成本进行评价、考核。为此，必须在各部门追溯性固定成本基础上，进一步将之区分为部门经理可控成本和不可控成本，并就经理人员的可控成本进行业绩评价、考核。这是因为有些成本尽管可追溯到部门，却不为部门经理所控制，如广告费、保险费等。

2. 部门边际贡献

部门边际贡献又称部门毛利，该指标反映利润中心为整个企业实际做出的贡献，对评价其在企业中所具有的重要性，确定其应有的客观地位具有重要意义。其计算公式如下：

部门边际贡献＝营业收入总额－变动成本总额－部门经理可控的可追溯固定成本

－部门经理不可控但高层管理部门可控的可追溯固定成本

＝部门经理毛益－部门经理不可控但高层管理部门可控的可追溯固定成本

部门边际贡献指标主要用于对利润中心（分部）的业绩评价和考核，因而仅将为分部所控制的可追溯固定成本从边际贡献中扣除，其反映的是部门为补偿共同性固定成本及提供企业利润所做的贡献。但由于该指标中包含了部门不可控的因素，与责任利润的概念不完全相符，因此，只能作为利润中心业绩评价的参考指标。

3. 税前部门利润

税前部门利润是将部门边际贡献调整到与整个企业税前利润相一致的指标，其意义在于提醒部门经理企业中还有共同成本存在，只有当各个利润中心都产生了足够的边际贡献来弥补这些共同成本时，整个企业才有可能获利。以税前部门利润指标评价利润中心的业绩，能够促使各个利润中心自觉地为实现企业整体目标而努力。其计算公式如下：

税前部门利润＝部门边际贡献－分摊的企业共同费用

应该注意的是，以税前部门利润指标评价利润中心的业绩具有其局限性。其一，企业共同费用的分摊具有主观性，这一分配数会因共同费用的实际发生数的改变而改变，也会因共同费用分配方法的改变而改变。其二，企业发生的共同费用对于部门管理人员来说往往是不可控的。如果企业管理当局希望各个利润中心的获利能力足以弥补他们自己的费用，包括企业的共同费用，那么，最好建立一个能够补偿企业发生共同费用的部门贡献预算。这样，利润中心的管理人员可以集中精力来提高收入，减少其所能控制的成本支出，而无需关心其不能控制的主观分配的成本。

总之，采用责任利润评价利润中心的业绩有两个缺陷：一是利润只是一个概括性的指标，它只能概括地反映该利润中心对企业所做的贡献，但无法直接地让员工了解如何才能提高本部门的业绩；二是利润是一个短期指标，而且容易被操纵，从而导致部门管理人员注重部门的眼前利润而牺牲企业的长期利益，如不注重员工的培训、不注重质量管理等。

企业可以通过编制利润中心的预算反馈报告（见表 17－9）了解利润中心的销售、成本等情况，分析影响利润中心目标利润完成的主要原因，并据以对利润中心的工作业绩进行考评。

表 17－9　利润中心预算执行反馈

项　目	本期预算	本期实际	差异额	预算完成率
销售收入				
一变动成本				
一变动费用				
边际贡献				
一可控性固定成本				
部门边际贡献				
一不可控固定成本				
税前部门利润				

第五节　投资中心的预算控制、分析与评价

投资中心的预算控制、分析和考评除了使用利润指标外，还通常以前述的投资利润率和剩余收益作为评价和考核其业绩的主要指标。

一、投资利润率

投资利润率(ROI)是一个常用的投资中心业绩评价指标，它对外、对内都有较高的价值。从外部来说，投资利润率是股东用来衡量公司是否健康运转的指示器，因为投资利润率的提高会使公司的股票价格升高；从内部来说，投资利润率被用来评价各分部的相对业绩。

投资利润率是投资中心所获得的利润与其经营资产之间的比率，其计算公式如下：

$$\text{投资利润率}=\frac{\text{营业利润}}{\text{经营资产(或投资额)}}\times 100\%$$

上述公式中的营业利润是指扣减利息费用和所得税之前的利润。这是因为投资利润率所要反映的是企业如何有效运用其资产，以获得利润，而利息和所得税与资产的使用无关，故需将这两者排除在外。另外，由于营业利润是期间性指标，即利润是在整个预算执行期内获得的，故上述公式分母的“经营资产”应按平均占用额或投资额计算，通常采用期初数加期末数除以 2。

［例］　某投资中心报告期全部资产年初数为 250 000 元，年末数为 150 000 元。报告期的税后净利润为 33 500 元，发生的利息费用为 8 000 元，所得税率为 33%。根据资料，可计算投资利润率如下：

$$ROI=\frac{33\ 500\div(1-33\%)+8\ 000}{(250\ 000+150\ 000)\div 2}\times 100\%=\frac{50\ 000+8\ 000}{200\ 000}\times 100\%=29\%$$

从上述公式中可以看出，有两种方法可以提高投资利润率：增加收入或减少成本(增加分子)，或者减少投资(减少分母)。

根据杜邦分析的方法，投资利润率还可按其构成因素分解为如下计算公式：

$$\text{投资利润率}=\frac{\text{销售收入}}{\text{经营资产}}\times\frac{\text{营业利润}}{\text{销售收入}}\times 100\%$$

=经营资产周转率×销售利润率

从上述公式中，我们还可以了解到，有两个基本方法可以提高企业的投资利润率：提高经营资产周转率或提高销售利润率。

[例] 某投资中心报告期的有关资料如下：

销售收入	300 000 元
营业利润(税前)	36 000 元
经营资产(期初)	140 000 元
经营资产(期末)	160 000 元

假定报告期没有发生利息费用。

该投资中心的投资利润率可计算如下：

$$ROI=\frac{300\ 000}{(140\ 000+160\ 000)\div 2}\times\frac{36\ 000}{300\ 000}=2\times 12\%=24\%$$

从上述投资利润率的计算过程中可以看出，提高投资利润率的途径有以下三条：

(1)扩大销售量。若该投资中心计划期的销售收入可增加 20%，营业利润可由原来的 36 000元增加 30%，其他因素不变，则该投资中心的投资利润率可计算如下：

$$ROI=\frac{300\ 000\times(1+20\%)}{(140\ 000+160\ 000)\div 2}\times\frac{36\ 000\times(1+30\%)}{300\ 000\times(1+20\%)}$$
$$=2.4\times 13\%=31.2\%$$

上述计算结果表明，销售收入增加 20%，使该投资中心的资产周转率由原来的 2 次提高到 2.4 次，销售利润率由原来的 12%提高到 13%，从而使投资利润率由原来的 24%提高到 31.2%。

(2)降低成本。若该投资中心在计划期将降低成本 6 000 元，其他因素不变，则该投资利润率可计算如下：

$$ROI=\frac{300\ 000}{(140\ 000+160\ 000)\div 2}\times\frac{36\ 000+6\ 000}{300\ 000}$$
$$=2\times 14\%=28\%$$

上述计算结果表明，由于成本降低 6 000 元，使投资中心的销售利润率由原来的 12%提高到 14%，从而使投资利润率从原来的 24%提高到 28%。

(3)减少营业资产。若该投资中心营业资产的平均余额从原来的 150 000 元降为 120 000 元，其他因素不变，则该投资中心的投资利润率可计算如下：

$$ROI=\frac{300\ 000}{120\ 000}\times\frac{36\ 000}{300\ 000}=2.5\times 12\%=30\%$$

上述计算结果表明，由于营业资产的平均余额从原来的 150 000 元降低为 120 000 元，使该投资中心的资产周转率由原来的 2 次提高到 2.5 次，从而使投资利润率从原来的 24%提高到 30%。

投资利润率是全面评价投资中心各项经营活动的综合性质量指标，它既能揭示投资中心的销售利润水平，又能反映资产的使用效果。利用投资利润率指标不仅能够使不同经营规模的责任中心的业绩具有可比性，从而对各利润中心的业绩做出客观公正的评价和考核，而且为企业合理调整资金布局和进行新的投资提供了决策依据。

然而，使用投资利润率评价投资中心业绩也有其局限性。首先，由于投资利润率重视投资中心短期业绩，因而容易导致投资中心短期行为的发生，即投资中心管理者常常以牺牲长远发展为代价来获取短期利益。投资中心的管理者为了提高投资利润率，常常通过直接削减可选择的成本来达到降低或节约费用的目的，如解雇较高工资的雇员、故意延迟雇员的提升和员工的培训等。虽然这些举措在短期内提高了利润和投资利润率，但由于这些措施可能会挫伤员工的积极性，反过来有可能降低生产率、降低顾客满意度，因而它们有着长远的不利影响，也导致将来的投资利润率下降。

其次，它不利于投资中心开发新项目。由于项目开发初期的投资利润率相对较低，尽管会提高公司整体的利润率，但可能会降低投资中心的投资利润率，产生本位主义。

［例］ 某公司下的一个投资中心，目前拥有资产 5 000 万元，所产生的经营利润为 750 万元，投资利润率为 15％。假定该投资中心的资金成本为 10％，该投资中心有机会再投资一个新项目，投资所需的支出 1 000 万元，预计可得经营利润 130 万元，则该项目的投资利润率为 13％。

如果投资这个项目，该投资中心的投资利润率将降为：

投资利润率＝(750＋130)/(5 000＋1 000)×100％＝14.67％

尽管新项目产生的投资利润率高于资金成本，但由于该投资降低了部门的投资利润率，投资中心的管理者显然不会进行此项投资。由此可见，尽管有许多项目有利于公司整体发展，且有利可图，但由于其投资利润率低于投资中心目前的投资利润率，造成投资中心管理人员放弃了许多有利可图的投资机会，从而导致投资中心的局部目标偏离企业的整体目标。

［例］ 设上述公司的另一个投资中心，目前拥有的资产也为 5 000 万元，但所产生的经营利润为 300 万元，投资利润率只为 6％。该投资中心的资金成本为 10％，该投资中心有机会投资一个新项目，投资所需支出为 1 000 万元，预计可得经营利润为 80 万元，则该项目的投资利润率为 8％。

如果投资这个项目，该投资中心的投资利润率将上升为：

投资利润率＝(300＋80)/(5 000＋1 000)×100％＝6.33％

由于投资该项目可使该投资中心的投资利润率上升，投资中心将会对该项目进行投资。但是从企业的角度来看，由于新项目的投资利润率小于企业的资金成本，显然投资该项目是不合算的。从这也可以看出，使用投资利润率指标，可能会导致投资中心因为追求局部目标而偏离了企业的整体目标。

为弥补投资利润率的这一缺陷，对投资中心还应考核剩余收益指标。

二、剩余收益

对于一些为整个企业集团的利益，如为占领某一地区的市场或为扩大企业在某一地区的影响而设立的投资中心，由于环境较差或竞争较激烈，投资利润率可能较低，因此，如果与其他投资中心一样用统一的投资利润率来考核其业绩，就可能会掩盖某些投资中心的实际业绩。对于这样的投资中心，可用剩余收益指标来考核。

剩余收益是指投资中心的营业利润减去经营资产按规定的最低报酬率计算的投资报酬后的余额。这里规定的最低报酬率一般是指各种投资中心的平均报酬率、企业预算的报酬率或资金成本率。这一指标的含义是只要投资收益超过平均或期望的报酬额，对企业和投资中心都是有利的。

剩余收益的计算公式如下：

剩余收益＝营业利润－(经营资产×规定的最低报酬率)

为表明剩余收益指标的优点，我们再次使用前例中投资中心的数据，比较该投资中心新项目前后的剩余收益，见表 17—10。

表 17—10 剩余收益的计算 单位：万元

项　目	投资前	投资后
投入资本	5 000	6 000
营业利润	750	880
按 10%的资金成本计算的期望报酬额	500	600
剩余收益	250	280

从上述计算中可以看出，如果以投资利润率评价该投资中心的业绩，这个投资项目可能不会被接受。但如果用剩余收益这个指标来评价该投资中心的业绩，由于其剩余收益从原来的 150 万元增加到了 280 万元，则该投资中心会接受这个投资方案。

同样，也可以使用后例中的投资中心的数据，按剩余收益法重新评价新增投资的可行性，见表 17—11。

表 17—11 剩余收益的计算 单位：万元

项　目	投资前	投资后
投资资本	5 000	6 000
营业利润	300	380
按 10%的资金成本计算的期望报酬额	500	600
剩余收益	—200	—220

从上面对投资收益率的分析可以看出，投资中心会投资该项目。但如果用剩余收益指标来评价该投资中心的业绩，由于其剩余收益从原来的—200 万元下降到—220 万元，则投资中心不会接受该方案。

以剩余收益来评价和考核投资中心的业绩有两个优点：一是可以消除利用投资利润率进行业绩评价所产生的缺陷，促使管理当局重视对投资中心业绩绝对金额的评价；二是可以鼓励投资中心乐于接受比较有利的投资，使部门目标和企业整体目标趋于一致。

但是，剩余收益指标也有其缺点：首先，与投资利润率一样，使用剩余收益指标也会导致短期行为的发生。其次，剩余收益是一个绝对数指标，使用该指标很难直接比较各个责任中心的业绩。

同理，企业也可以通过编制投资中心的预算反馈报告（见表 17—12）了解投资中心的销售、成本、利润及投资等情况，分析影响投资中心指标完成的主要原因，并据以对投资中心的工作业绩进行考评。

表 17—12 投资中心预算执行反馈

项　目	本期预算	本期实际	差异额	预算完成率
销售收入				
—变动成本				

续表

项　目	本期预算	本期实际	差异额	预算完成率
一变动费用				
边际贡献				
一可控性固定成本				
部门边际贡献				
一不可控固定成本				
税前部门利润				
资产平均占用额				
资产周转率				
营业利润率				
投资报酬率				
剩余收益				

【案例分析】

中石化集团全面预算管理

一、公司全面预算管理概况

中国石化于 2001 年 4、5 月下发通知，在中石化系统内实行全面预算系统管理。经过十几年的发展，逐步形成了一套较为有序的企业集团全面预算管理体系。中国石化全面预算管理的具体发展历程，如表 1 所示：

表 1　　中国石化全面预算管理发展历程

时间	重大事件	解决的关键问题
2001 年 4 月	中石化颁布《全面预算管理办法》	明确中石化全面预算工作组织及责任、编制原则和程序、预算部门及分工、执行控制与分析、考评及奖惩方法等内容
2002 年 5 月	中石化制定实施了《月度预算管理办法》	结合石油行业波动较大的特点，按月编制预算，推进年度预算责任的落实，努力做到"以月保季，以季保年"
2003 年 12 月	中石化利用 Hyperion Planning，开发并应用《中国石化年度预算管理信息子系统》	基于 Internet 的年度预算编制、上报、审核、调整、批复等工作在线集成，节约预算工作时间，促成预算责任落实
2004 年 12 月	中石化利用 Hyperion Planning，开发并应用《中国石化月度预算管理信息子系统》	基于 Internet 的月度预编制、上报、审核、调整、批复等工作在线集成，提高月度预算的实效性

续表

时间	重大事件	解决的关键问题
2005 年 2 月	中石化利用 Hyperion Analyzer，开发并应用《预算与报表数据的对比分析模块》	实现预算和实际数据之间的对比分析，缩短数据整理等基础工作，提高了分析工作效率和挖掘分析深度
2005 年 4 月	中石化利用 Hyperion Planning，建立资金预算系统与月度损益预算系统的链接	消除资金和损益预算“两张皮”的现状，结合 ERP TR 模块的应用，试点以控制资金流作为控制成本费用的预算控制手段
2006 年 6 月	中石化颁布总部、事业部月度预算管理办法(征求意见稿)	进一步规范公司月度预算管理，提高月度预算的准确性
2008 年 1 月	中石化颁布《中国石油化工股份有限公司预算管理委员会议事规则》	明确全面预算管理委员会的组织结构、职责、工作规则等
2010 年 1 月	中石化修订印发《中国石油化工股份有限公司全面预算管理方法(2009)》	解决暴露的预算管理在职能责任不清、编制不细不全、执行控制力弱化、考核引导不够等问题，适应全面预算管理面临的新要求

二、中石化全面预算管理组织机构及职责

预算管理机制能否顺畅运行，取决于全面预算管理组织机构设置的合理性以及运作的有效性。全面预算管理组织机构由总部、事业部和各分(子)公司分别设定预算管理委员会、预算管理办公室和预算执行责任主体，具体见图 1。

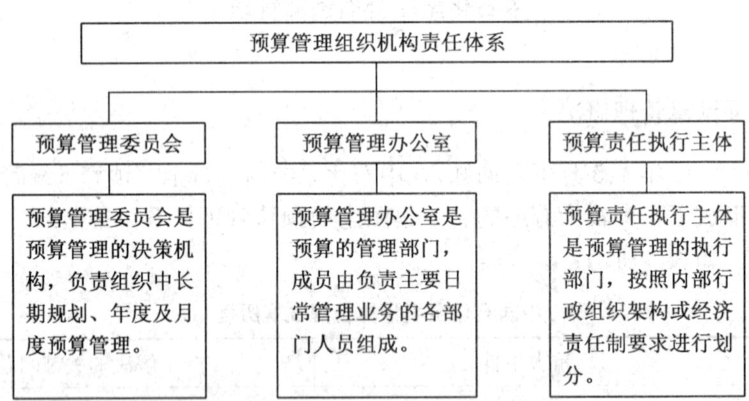

图 1　全面预算管理组织职责结构体系

1. 预算管理委员会

中石化各单位成立预算管理委员会，负责组织中长期规划、年度及月度预算管理。依据国家有关财经法规和股份公司有关规定，履行以下职责：

(1)确定和调整公司在实施全面预算管理过程中内部各相关业务部门的分工和职责；

(2)拟订年度及月度预算的原则和主要目标，审议业务预算、资本预算和财务预算方案，规划预算管理信息化建设的总体目标；

(3)审议及批准预算考核办法和具体考核情况；

(4)调配各类资源并推动全面预算管理工作，协调解决预算编制和执行中的重大问题。

2. 预算管理办公室

预算管理委员会下设预算管理办公室，在预算管理委员会的组织和领导下履行下列职责：

(1)结合中长期规划发展目标，具体组织年度及月度预算目标的制定和分解，并上报预算管理委员会审定；

(2)按照各业务部门的分工和职责，具体找几个有关部门参与年度及月度预算的安排，具体协调各业务部门预算工作的分工和协作，落实业务预算、财务预算和资本预算；

(3)制定预算管理的具体工作流程，协调解决日常预算管理工作中的具体问题，研究重大问题并提交预算管理委员会审定；

(4)具体组织年度及月度预算的编制、调整、审批、分析、监控、考核，还有预算管理信息化建设的实施和推广应用；

(5)完成预算管理委员会安排的其他工作。

3. 预算责任执行主体

企业全面预算管理的执行主体主要是指预算责任网络，是预算的执行机构，也是预算目标执行的责任主体或责任中心。预算责任网络以企业的组织结构为基础，遵循经济高效和权责分明的原则来建立，根据不同责任中心的控制范围和责任对象的特点，可将其分为三种：投资中心、利润中心和成本中心。如图 2 所示：

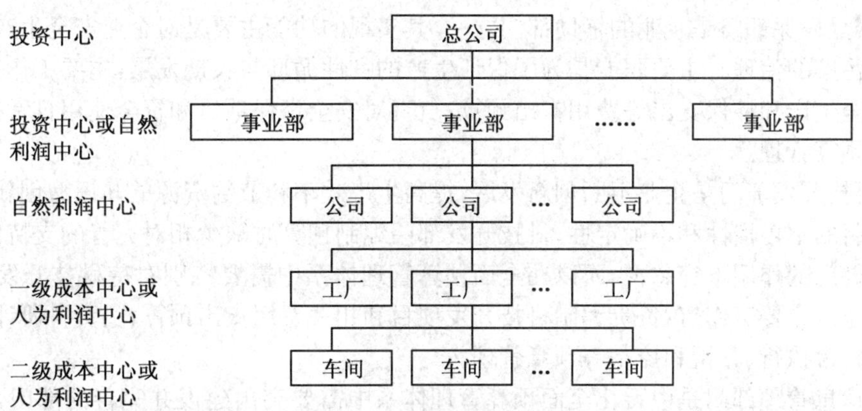

图 2　预算责任体系

下面将阐述依照内部行政组织架构确立的主要预算责任执行主体及职责：

(1)生产计划部门是公司经营主体的主要部门，也是企业价值增值的重要部门，在全面预算管理体系中确保生产经营部门顺利生产是最基本的要求。生产计划部门负责生产经营计划的安排，组织编制原油、天然气、炼油化工产品生产、进出口、产品品种与结构、原料互供和资源平衡等经营计划；负责对生产经营计划日常执行、分析和控制等预算管理。

(2)物资采购部门是企业顺利生产中的一环，由于其每天庞大的物资采购活动，资金流与物流的交互使得其在预算控制中需要严格控制与监督。主要职能是：负责结合生产经营和资本支出计划等，编制物资采购和存货预算；负责对物资采购计划日常执行、分析和控制等预算管理。

(3)生产运作管理部门是对实际的生产运行进行管理监督和控制的部门。主要职责有：负责根据生产计划安排，组织编制各类原材料和辅助材料的投入、各项能耗物耗和生产作业其他投入计划，并据此参与有关制造费用预算的编制；负责对生产运行计划日常执行、分析和控制等预算管理;负责设备检/维修预算管理等。

(4)销售部门是整个企业价值创造的实现回报环节,也是一个自我价值创造波动性较大的部门,且预算支出相对于其他部门更加难以确定,预算的可控性需要重点关注。主要职责有:负责产品对外销售计划编制,负责产品销售贷款回收、催收及客户信用管理;负责对销售计划日常执行、分析、控制等日常预算管理。

(5)财务部门是一个主要起监督和控制作用的财务核算部门。主要职责有:负责在各业务部门业务预算的基础上,编制包括损益资金在内的财务预算;负责对财务预算有关经营成果和财务状况的主要财务指标进行日常执行分析和控制等预算管理;负责财务费用预算的编制、分析和控制;负责提交纳入绩效考核的预算财务指标目标和实际完成结果。

(6)人事(劳资)部门在全面预算管理体系中主要的功能就是对人力资源的预算进行控制。主要职责有:负责编制人工成本预算,负责对用工总量和形式、人工成本日常执行、分析和控制等预算管理,负责绩效考核结果的兑现实施。

(7)企业管理(改革)部门是企业进行重大兼并重组的执行部门,在企业长远发展和战略管理中地位十分重要。所以在预算的编制过程中应受到重点监控,主要职责有:负责制定企业改革、重大收购和重组项目预算;提出对有关预算考核指标纳入年度绩效考核的具体方案;负责对有关收购重组项目计划日常执行、分析和控制等预算管理。

(8)安全环保部门是企业的辅助部门之一,其实现的功能主要是对企业安全生产提供保证和对环境污染的治理。主要职能是为了保证生产的良性循环与长期发展,主要工作有:负责编制有关安全生产和环保支出等费用支出预算;负责对安全环保项目和资金使用日常执行、分析及控制等预算管理。

(9)科技开发部门是企业不断创新发展、提高生产效率和节约资源的知识型创新部门。由于科技创新的不可控性和不确定性,科技开发部门编制预算时缺少相对完善的支持依据,而且科技开发部门的作用不容忽视,所以在全面预算管理体系中需要特别对待科技开发部门的业务预算工作。主要工作有:负责编制科技开发项目和相关费用支出预算;负责科研计划项目和费用支出日常执行、分析和控制等预算管理。

(10)信息管理部门是中石化全面预算管理体系中需要突出建设并完善的部门,在体系中起重要作用,尤其在资源整合、数据处理和指标计算等方面,对建立能覆盖整个中石化的信息化管理建设平台有举足轻重的作用。主要职责有:负责按项目编制信息系统的运行维护和开发等费用支出预算,并实施日常执行、分析和控制等预算管理;配合预算牵头部门做好预算信息系统的规划建设和维护工作。

三、中石化全面预算编制程序

中石化的预算编制是三层级关系,中石化总部作为预算编制目标的制定者,以预算管理的形式将企业发展战略分解到各期间的预算目标中,引导企业实现长期战略,统领预算管理全局。中石化各事业部作为不同板块的集成管理部门,将总部下达的预算目标结合板块特色有效地分解,对下属分(子)公司提出明确的预算目标和要求。在事业部下达的分解目标的前提下,各分(子)公司进一步细化执行预算目标,中石化全面预算目标顺利地与实际执行相结合。

1. 中石化年度预算编制程序

年度预算编制按照“上下结合、分级编制、逐级汇总”的程序进行,预算编制时间如表 2 所示:

表 2 **中石化年度预算编制时间节点**

	…	九月	十月	十一月	十二月	一月
预算启动及初步测算						
确定初步目标并下发条件						
预算对接						
审议批准						
下达执行						

年度预算编制具体包括以下 5 个程序：

(1)预算启动及初步测算。根据中石化中长期发展规划和对下一年度的经济形势预测，9 月份总部各职能部门、事业部及各单位同时启动下一年度预算编制工作，开始编制业务、资本和财务预算。

(2)确定初步目标并下发条件。事业部在汇总、分析和调整企业有关下年度业务和成本费用预算的基础上，于十月份向财务部提交下年度预算有关建议。总部在 10 月份完成下一年度的预算初稿，并与事业部对接，确定初步目标、预算编制价格条件及其他政策，然后下达各单位财务预算编制基础条件。

(3)预算对接。11 月份各单位完成预算编制工作，分别上报所属各事业部，专业公司和研究院上报财务部。11 月底前事业部完成和各单位主要预算指标的对接(财务部组织有关部门完成与专家公司和研究院对接)，将审查意见、汇总结果和调整建议上报公司财务部。

(4)审议批准。在事业部对接完成后，财务部提出综合平衡的意见，编制调整后预算方案，报公司总裁班子审议。经审议调整后，提交董事会审议批准。

(5)下达执行。年度预算经董事会审议批准后，各部门于年底前分解为各业务预算指标或财务指标，正式下达到各单位执行。下一年度一月底前各单位以最终下达的各业务和财务预算指标为准，完成预算指标内部分解和落实工作，并完成预算信息系统的填报。

2.中石化月度预算编制程序

月度预算是在年度控制预算基础上编制的月度运行预算，是对年度预算工作的细化和分解。具体的编制流程如下：

(1)下达月度预算条件。总部事业部将公司下达的预算条件发给各分(子)公司，各分(子)公司积极组织相关人员做好月度预算的准备，包括相关支持性资料的整理和对月度目标的分析整理。

(2)月度预算对接。各单位应不晚于规定日期，将当月预算上报事业部，事业部审核汇总后报财务部，

(3)月度预算审查。财务部结合总部测算和事业部经审核上报的分(子)公司月度预算，将当月预算主要指标在指定日期前报公司主要领导审批。

(4)月度预算批复。根据审批结果，各事业部将月度目标分解下达到各单位执行，如需要调整，则反馈至分(子)公司进行修正。

(5)月度预算执行。各单位在事业部下达月度指标的基础上，完成内部各预算指标分解落实工作。根据总部事业部批复的月度计划组织生产经营活动，并确保控制在年度预算之内。

四、中石化全面预算编制内容

中石化财务预算站在企业战略要求和发展规划的角度上，以业务预算和资本预算为根基，以企业经营利润为目标，围绕现金流来进行编制并主要通过财务报表的形式予以反映。图 3[①]是一具体的预算内容体系。

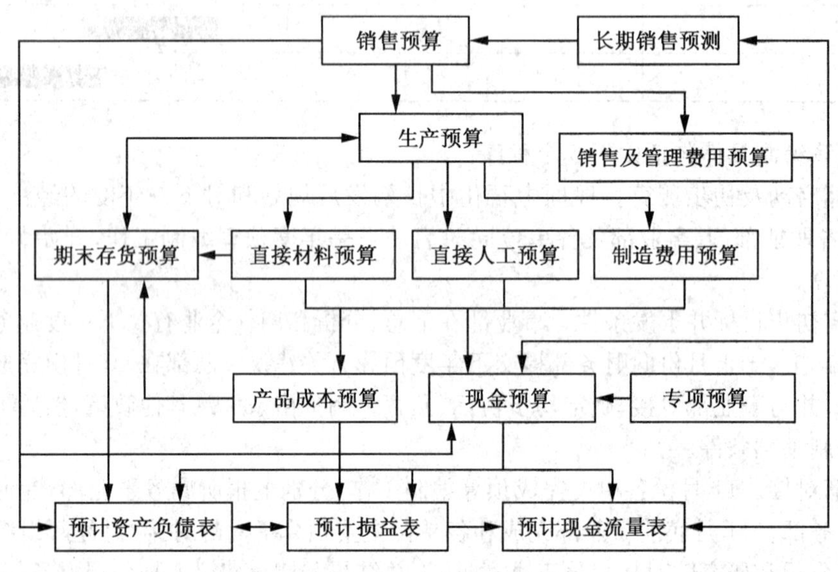

图 3　预算内容体系

1. 业务预算

业务预算是指与各单位日常经营活动直接相关的各种经营业务预算，包括产业预算、成本税收预算、收入预算和各项期间费用预算。产量预算反映预算期内各种产品的产量，包括天然气、原油和各种炼油化工产品的作业产量、商品量、销售量以及各种作业数量。收入预算反映预算期内油气、管道、炼油化工产品及其他产品的价格和收入安排。成本税收预算反映预算期内为完成收入所必须发生的与管输和油气生产业务等直接相关的成本支出安排，包括物资采购领用，设备的维修和租赁，物料消耗、勘探费用、折旧消耗、直接人工和各类税费支出等。期间费用预算反映公司在预算期内发生的管理费用、财务费用和销售费用的支出安排。

2.资本预算

资本预算包括投资和筹资预算，投资预算反映公司在预算期内形成的与投资资本有关的业务安排，包括由各个具体项目构成的固定资产投资和资本运作，如油气田的勘探开发、炼油化工、油库及加油站、管道及贮运库建设、股权投资资本预算以及科研、软硬件购置预算等。投资预算以当年的投资计划为主要依据，以降低投资成本和增加投资收益为目标，并考察上一年度未完工的投资项目是否能延续，最后分项目和投资用途分别编制。筹资预算是反映公司为了保证生产经营业务和资本需求的预算，包括发行股票、配股和增发股票等。筹资预算主要依据中石化有关资金需求决策资料、初级借款余额及利率和发行债券审批文件等编制。

3.财务预算

① 魏丽珍：《让全面预算管理帮助企业实现战略远景》，《管理天地》，2004 年第 7 期。

财务预算是在业务预算和资本预算的基础上，通过价值量的计算、汇总、调整和平衡，按照和财务会计核算一致的原则方法等合并编制，以财务报告形式反映的现金流预算（反映预算期内公司经营、投资和融资现金流预计及安排、分红安排等）、资产负债预算（反映预算期末公司流动资产、流动负债、非流动资产、非流动负债和所有者权益的变化预期）和损益预算（反映公司的期末盈利状况）等。财务预算是整个全面预算内容编制的最后环节，从价值方面概括地反映业务和资本预算的结果。

五、中石化全面预算执行

预算下达到各单位后，需要各单位将预算目标进行分解并落实执行，根据各自实际情况制定相应措施以确保预算顺利完成。预算执行属于“事中控制”，公司建立了预算分析及报告制度以便掌握预算执行情况，各预算执行单位在执行过程中，要对执行情况进行及时检查及追踪，形成预算差异报告。公司预算委员会建立月度预算执行例会制度，定期分析预算执行情况，督促检查预算实施情况。财务处对月度预算执行情况进行简单汇报后，指出执行过程中存在的问题，各职能和二级单位分析所存在的问题，找出问题原因，并提出解决方案，由公司做出决定，来对症下药，并让归口部门进行检查和督促。预算执行循环过程如图 4 所示。

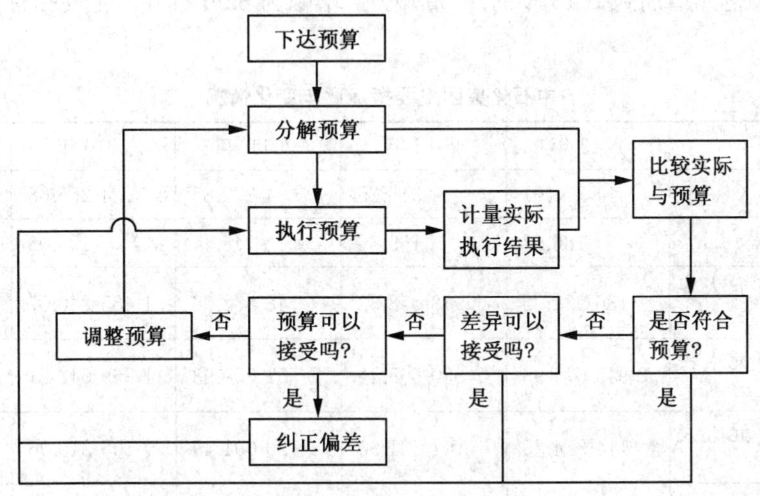

图 4　预算执行循环过程

六、中石化全面预算的考核与分析

为了保证预算能有效实施及完成，中石化建立了完整的预算考评体系，将价值化管理思路引入预算考核，改善了以往考核力度弱及考核激励机制复杂的弊端。公司以价值贡献为主要标准来进行主体生产单元的考核，包括三个内容：一是产品成本完成情况，二是产品边际贡献完成情况，三是部门占用的资本成本。而预算分析在全面预算管理循环中也具有很大作用，通过各类分析来反馈预算的执行结果，进而找出预算管理运行中的问题，以便提出并实施下一步的解决措施。基本的预算分析方法为因素分析法，分析对象除资产负债和损益外，也侧重于对作业的分析，以便挖掘和提升价值，预算考核与分析都属于预算管理的“事后控制”。

七、中石化全面预算的调整

为引导长期化管理行为，实现公司战略目标，中石化建立了预算调整制度。通过预算调整，一方面满足了上市公司季度财务信息披露的硬性要求；另一方面也更好地发挥了全面预算的管理职能，系统并周期性地调整预算能使企业适应不断变化的经营环境。中石化通过编制月度滚动预算来实现预算调整，月度滚动预算不仅可以调整年度损益，也是公司各部门经营控制和考评的基础。

分析要求：讨论中石化的全面预算管理的过程，自行查找资料说明公司在预算管理中还存在什么问题，如何解决？

八、中石化开展全面预算管理取得的成绩

自 2001 年以来，中石化各直属单位依据自身实际情况开展了一系列全面预算管理工作，实施预算管理的单位达到 100%。中石化在预算管理工作方面已取得了一定成绩，从产量规模和经济效益的具体数据来看，原油生产由 2001 年的3 637.28万吨增加到 2013 年的4 378.01万吨，天然气由 2001 年的 46.10 亿立方米增加到 2013 年的 186.97 亿立方米，营业收入由 2001 年的3 185亿元增加到 2013 年的29 500亿元，增幅为 826.21%。主要指标逐年变化情况如表 3 所示。

表 3　　中石化集团主要指标逐年变化情况

	2013 年	2012 年	2011 年	2010 年	2009 年
原油(万吨)	4 378.01	4 318.25	4 272.85	4 256.08	4 241.55
天然气(亿立方米)	186.97	169.36	146.44	125.00	84.68
资产总计(百万元人民币)	2 136 922.92	1 948 078.32	1 748 682.06	1 485 240.57	1 291 337.04
营业收入(百万元人民币)	2 945 074.98	2 830 609.46	2 551 950.93	1 969 042.21	1 391 951.96
利润总额(百万元人民币)	114 814.75	104 661.90	120 091.49	105 215.96	81 436.32
资产负债率(%)	54.93	55.54	54.62	54.7	55.0
净资产收益率(%)	11.63	12.5	15.5	17.11	16.63

总的来说，实施全面预算管理收到了良好的效果：一是企业管理水平有了很大提升，企业整体效益得到提高；二是使高层能围绕效益这一中心目标，明确各部门责任，有效协调各部门及分厂之间的关系，实施无边界管理，实现整体经营目标和系统效益最大化；三是财务部门通过会计核算和财务管理系统强化了企业成本费用核算，改善了资金的筹集和使用状况，加强了会计基础工作，给执行和监督部门提供了大量决策支持；四是通过制定与全面预算管理相关的配套管理制度，明确了经营活动目标，为评价与考核企业部门和员工业绩提供了标准，便于实施量化的业绩考核和奖惩制度。

九、中石化全面预算管理中仍存在的问题

1.预算与实际有脱节

目前中石化采取先自下而上、后自上而下的预算编制方法，实际制定时，由于向下缺乏可靠的信息来源，在制定预算时又会迷信偏重上一年的数据，可能会出现一种将过去预算期内的费用、消耗或利润水平作为当期预算编制依据的倾向，而往往忽略了两个预算期所处的环境条件可能存在较大差异。另外在预算编制过程中，预算责任者往往会“留有余地”，将预算指标有意扩大或缩小。

2.对预算执行的跟踪不够

预算管理办公室虽在预算编制中发挥着较大作用，在执行过程中却起不到什么作用，尤其是预算的执行差异分析和控制很少顾及预算执行过程中出现的问题，往往只是对预算执行结果进行分析。这种分析无法做到事中控制，最多只能起事后评价的作用，更是无法真正做到实时控制预算执行。而且以财务部为主体的预算分析报告，由于专业分工不同，在缺乏相关专业部门积极参与的情况下，会显得有些不足，会更多地在财务预算和财务指标之间进行对比分析，而没有深入分析业务预算尤其是影响预算过程控制的因素或是影响指标提高的深层次原因。因此就不知该如何选择正确的措施，来调整实际预算执行过程中的偏差或纠正预算中不合理的部分。

3.预算指标调整滞后

预算在实际执行过程中经常会有一些重大的调整，如国际原油价格的大幅波动、指令性生产计划调整和生产装置出现紧急停工检修等。由于从得到反馈到做出调整所需要的时间过长，预算指标无法及时调整，就会导致预算和实际情况不符，影响预算的执行，对企业整体收益造成影响。

4.过度重视小目标而忽视了总目标

在预算执行过程中易出现目标置换的倾向，即责任部门忽视企业生产经营总目标，以本部门或者本工序的预算目标为一切准则。在这种情况下，各部门往往只注重如何完成本部门的预算，而忽视了部门的最大的责任应该是保证公司目标的实现。出现这种情况的原因主要有两个：第一，预算控制的度没有把握好，如对各个工序利润增加有对应的奖励政策，这样上一道工序就不愿意为之后的工序提供更便利的条件，放弃了协同效应而只顾本工序的利润；第二，企业生产经营目标和预算指标之间的联系不明确，使得各责任部门并没有深刻认识到自身行为对企业目标的影响和作用，从而过度遵循预算要求，忽视了企业的总体目标。

5.部门间的协作不够到位

中石化集团目前的预算编制工作涉及十二个部门和各二级生产单位等多个部门。在制定预算具体目标的过程中，部门之间各个指标不可能都达到最佳，所以在实现系统价值最大化过程中，由于计量标准难以统一，应该偏向哪个部门实属众口难调，各部门在编制预算过程中仍缺乏有效的协调机制。在此情况下，在预算编制中要向谁索要哪些数据，又要向谁提交哪些数据，以及在什么时间需要提交或使用相关数据，都是在预算编制过程中需要思考的问题。

6.如何正确发挥预算考核的导向作用

目前一方面是有些下级单位没有完善准确的考核制度，只是简单地对总费用率和费用总额进行粗线条的考核，而且考核的力度也不够大，预算指标与实际执行存在较大差距。另一方面是实际执行过程中，预算考核也有一些负面效应，主要表现在：为保证完成部门目标，不因超

预算而被考核，各部门在编制预算过程中会留有余地，人为导致预算不准确，进而直接影响公司总预算的精度。

问题一：从该案例中体会全面预算管理的框架与体系。

问题二：如何改善中石化的全面预算管理？

附表

附表 1

资产负债表

（××××年 12 月 31 日）

流动资产：
货币资金
交易性金融资产
应收票据
应收账款
预付账款
应收股利
应收利息
其他应收款
存货
待摊费用
一年内到期的非流动资产
其他流动资产
流动资产合计
非流动资产：
可供出售的金融资产
持有至到期投资
长期股权投资
长期应收款
固定资产
在建工程
固定资产清理
无形资产及其他资产：
无形资产
开发支出

续表

商誉
长期待摊费用
递延所得税资产
其他非流动资产
非流动资产合计
资产总计
流动负债：
短期借款
交易性金融负债
应付票据
应付账款
预收账款
应付职工薪酬
应交税费
应付利息
应付股利
其他应付款
预提费用
预计负债
一年内到期的非流动负债
其他流动负债
流动负债合计
非流动负债：
长期借款
应付债券
长期应付款
专项应付款
递延所得税负债
其他非流动负债
非流动负债合计
负债合计
股东权益：
股本

续表

资本公积
盈余公积
未分配利润
减：库存股
股东权益合计
负债及股东权益合计

附表 2

利润及利润分配表

（××××年度）

项　目
一、营业收入
减：营业成本
营业税金及附加
减：销售费用
管理费用
财务费用
资产减值损失
加：公允价值变动收益
投资收益
二、营业利润
加：营业外收入
减：营业外支出
三、利润总额
减：所得税费用
四、净利润
加：年初未分配利润
五、可供分配的利润
减：提取法定盈余公积
六、可供股东分配的利润
减：提取任意盈余公积
应付普通股股利
七、未分配利润

附表 3 **股东权益变动表**

（××××年度）

项 目	股本	资本公积	盈余公积	未分配利润	合 计
一、上年末余额					
加：会计政策变更					
前期差错调整					
二、本年年初余额					
三、本年增减变动金额					
（一）净利润					
（二）直接计入股东权益的利得与损失					
（三）所有者投入和减少资本					
（四）利润分配					
1.提取盈余公积					
2.对股东支付					
3.其他					
（五）股东权益的内部结转					
1.资本公积转增股本					
2.盈余公积转增股本					
3.盈余公积弥补亏损					
4.其他					
四、本年年末余额					

附表 4 **现金流量表**

（××××年度）

项 目
一、经营活动产生的现金流量
销售商品、提供劳务收到的现金
收到的税费返还
收到的其他与经营活动有关的现金
现金流入小计
购买商品、接受劳务支付的现金
支付给职工以及为职工支付的现金
支付的各项税费
支付的其他与经营活动有关的现金
现金流出小计

续表

项　目
经营活动产生的现金流量净额
二、投资活动产生的现金流量
收回投资所收到的现金
取得投资收益所收到的现金
处置固定资产、无形资产和其他长期资产而收回的现金净额
收到的与其他投资活动有关的现金
现金流入小计
购建固定资产、无形资产和其他长期资产而支付的现金
投资所支付的现金
支付的其他与投资活动有关的现金
现金流出小计
投资活动产生的现金流量净额
三、筹资活动产生的现金流量
吸收投资所收到的现金
借款所收到的现金
收到的其他与筹资活动有关的现金
现金流入小计
偿还债务所支付的现金
分配股利、利润或偿付利息所支付的现金
支付的其他与筹资活动有关的现金
现金流出小计
筹资活动产生的现金流量净额
四、汇率变动对现金的影响
五、现金及现金等价物净增加额
补充资料
1.将净利润调节为经营活动的现金流量
净利润
加：
资产减值准备
固定资产折旧
无形资产摊销
长期待摊费用摊销

续表

项　目
处置固定资产、无形资产和其他长期资产的损失(减:收益)
固定资产报废损失
公允价值变动损失
财务费用
投资损失(减:收益)
递延所得税资产减少(减:增加)
递延所得税负债增加(减:减少)
存货的减少(减:增加)
经营性应收项目的减少(减:增加)
经营性应付项目的增加(减:减少)
其他
经营活动产生的现金流量净额
2.不涉及现金收支的投资和筹资活动
债务转为资本
一年内到期的可转债
融资租入固定资产
3.现金及现金等价物净增加情况
现金的期末金额
减:现金的期初余额
现金等价物的期末余额
减:现金等价物的期初余额
现金及现金等价物净增金额

参考文献

1. 陈国庆等:《全面预算管理》,经济科学出版社 2011 年版。
2. 史习民:《全面预算管理》,立信会计出版社 2004 年版。
3. 潘爱香、高晨:《全面预算管理》,浙江人民出版社 2002 年版。
4. 陈锡坤:《中国石化全面预算管理》,中国石化出版社 2013 年版。
5. 陈少华:《财务报表分析方法》,厦门大学出版社 2011 年版。
6. 姜国华:《财务报表分析与证券投资》,北京大学出版社 2009 年版。
7. 张先治:《财务分析》,东北财经大学出版社 2013 年版。
8. 郭复初:《财务分析学》,首都经济贸易大学出版社 2008 年版。
9. 中华人民共和国财政部:《企业会计准则(2006)》。
10.《财务成本管理》,2015 年中国注册会计师考试教材,经济科学出版社 2015 年版。
11. 中华人民共和国财政部:《企业绩效评价操作细则(修订)2002 年》。
12. 中华人民共和国财政部:《关于企业实行财务预算管理的指导意见》。
13. 盛军科:《我国企业预算管理现状分析》,《新西部:下半月》,2008 年第 1 期。
14. 梁莱歆、黄予云:《企业研发预算编制依据的选择》,《企业技术进步》,2008 年第 7 期。
15. 刘姝威:《信用分析案例》,《新金融》,1997 年第 2 期。
16. 中国证券网,www. cnstock. com。

普通高等教育"十一五"国家级规划教材
新世纪高校财务管理专业系列教材

财务预算与分析
学习指导用书

（第三版）

吴井红　主　编
张　纯　副主编

上海财经大学出版社

目　录

第一章

绪论

一、本章知识要点

（一）影响财务分析的因素

战略决策、信息技术的发展、竞争与风险以及可持续发展。

（二）战略管理的步骤

战略制定、战略计划与预算、战略实施与战略评价。

（三）公司战略和财务预算与分析的关系

分析可以帮助我们识别公司现在乃至将来所处的经济状态或经济实情，并在此基础上制定相应的措施以实现公司的战略。“相应措施”的内涵包含在财务预算中，可以说预算是公司战略与日常经营的有效链接，公司的预算目标应以战略作为出发点，预算的内容应能够体现公司战略管理的重点，预算应能够合理配置资源，并作为考评的依据。

二、关键概念

公司战略　　经济附加值　　战略管理

三、复习思考题

1. 传统的财务分析有什么局限性？
2. 影响财务分析的因素有哪些？如何影响？
3. 基于战略管理的预算与分析框架的建立有何意义？
4. 如何建立分析与预算的框架？
5. 你认为该课程设置过程中还有哪些值得改进的地方？

第二章

基本原理及基本报表

一、本章知识要点

(一)财务活动

包括筹资活动、投资活动、营运活动(包括资金的耗用与资金收回)及分配活动。

(二)财务管理的目标

以增加公司的市场价值、增加股东财富为目标来经营公司的资源。

(三)财务报告与财务报表

财务报告包括主表、附表、会计报表附注等内容。

1. 财务报表包括资产负债表、利润表、现金流量表和股东权益变动表。

2. 附表即附送报表,资产负债表的附表主要包括存货明细表、应收账款账龄分析表、固定资产及累计折旧明细表等。利润表的附表主要包括营业收支明细表、制造费用明细表、管理费用明细表、销售费用明细表、主要产品单位成本表、营业外收支明细表和投资收益明细表等。

3. 会计报表附注包括所采用的主要会计处理方法及其变更情况、变更原因以及对财务状况和经营成果的影响,非经常性项目的说明,会计报表中有关重要项目的明细资料,其他有助于解释和分析会计报表而需要说明的事项。

4. 财务情况说明书。财务情况说明书是对企业在一定会计期间内生产经营、资金周转、利润实现及分配等情况的综合性分析报告,主要包括以下内容:企业生产经营的基本情况,利润实现、分配及企业亏损情况,资金增减和周转情况,对企业财务状况、经营成果和现金流量有重大影响的其他事项等。

二、关键概念

财务活动　资产负债表　利润表　会计报表附注　股东权益变动表
现金流量表

三、复习思考题

1. 说明财务活动与财务报表之间的关系。

2. 说明财务活动与资产负债表的关系。
3. 说明财务报告的体系与结构。
4. 说明利润分配的程序。
5. 说明现金流量表对财务管理的重要性。

四、练习题

(一)单项选择题

1. 财务报表提供了(　　)。
A. 自然信息　　B. 政治信息
C. 科技信息　　D. 经济信息
2. 财务信息生成的基础是(　　)。
A. 会计监督　　B. 会计分析
C. 会计核算　　D. 会计控制
3. 基于战略与分析的财务分析立足点主要是(　　)。
A. 资本市场　　B. 政府主管部门
C. 企业　　D. 相关利益者
4. 资产负债表所提供的财务信息主要有(　　)。
A. 财务状况　　B. 经营成果
C. 现金流量状况　　D. 获利状况
5. 实务中,资产负债表的结构主要采用(　　)。
A. 报告式　　B. 账户式或报告式
C. 列举式　　D. 账户式
6. 资产负债表中资产排列的先后顺序的依据是(　　)。
A. 重要性　　B. 流动性
C. 相关性　　D. 一贯性
7. 下列有关各项资产的流动性由高到低排序正确的是(　　)。
A. 货币资金、存货、交易性金融资产、固定资产、无形资产
B. 货币资金、交易性金融资产、存货、固定资产、无形资产
C. 货币资金、交易性金融资产、存货、无形资产、固定资产
D. 货币资金、存货、交易性金融资产、无形资产、固定资产
8. 多步式结构利润表体现了收益的(　　)。
A. 收支结构　　B. 总额结构
C. 业务结构　　D. 项目结构
9. 利润分配表原是对(　　)的补充。
A. 资产负债表　　B. 成本报表
C. 利润表　　D. 现金流量表
10. 下列只在企业内部编制,不对外报送的报表是(　　)。
A. 成本报表　　B. 资产负债表
C. 利润表　　D. 现金流量表
11. 下列选项中,不属于报表附注内容的是(　　)。

A. 会计政策变更情况　　B. 关联方关系及交易
C. 企业的合并、分立　　D. 财务总监的撤换

12. 所有者权益变动表中，变化较大的项目一般是(　　)。
A. 盈余公积和未分配利润　　B. 实收资本和盈余公积
C. 实收资本和资本公积　　D. 实收资本和未分配利润

13. 利润分配表被(　　)取代。
A. 资产负债表　　B. 利润表
C. 现金流量表　　D. 股东权益变动表

14. 分配股利或利润的现金流量属于(　　)。
A. 营业活动现金流量　　B. 融资活动现金流量
C. 投资活动现金流量　　D. 分配活动现金流量

15. 筹资活动现金流不包括(　　)。
A. 股本及股本溢价的变化　　B. 分配股利
C. 偿还应付账款　　D. 偿付利息

(二)多项选择题

1. 财务报表分析的特征有(　　)。
A. 以财务报表为主要依据　　B. 分析过程实质是一个计算过程
C. 分析过程实质是一个判断过程　　D. 评价标准和分析方法是分析的重要手段
E. 评价标准和分析方法具有唯一性

2. 我国企业需定期编制并对外报送的财务报表主要有(　　)。
A. 资产负债表　　B. 利润表
C. 股东权益变动表　　D. 现金流量表
E. 财务状况变动表

3. 财务分析报告一般应包括的内容有(　　)。
A. 分析目的　　B. 分析结论(评价)
C. 分析内容　　D. 主要分析方法
E. 改进措施或建议

4. 以下关于资产特征的说法中，正确的是(　　)。
A. 企业必须对其拥有所有权或者控制权
B. 必须能为现在或者将来带来经济利益
C. 必须能够用货币计量
D. 必须是企业已经完成了的经济业务所形成或者取得的经济资源
E. 必须具有实物形态

5. 资产负债表所能提供的信息有(　　)。
A. 筹资活动的现状　　B. 投资活动的现状
C. 营运活动的成果　　D. 分配活动的结果
E. 盈利能力的现状

6. 利润表所能提供的财务信息主要有(　　)。
A. 资产构成状况　　B. 收入状况
C. 资金来源状况　　D. 成本费用状况

E. 损益状况

7. 调整后的管理用报表主要包括(　　)。

A. 管理用资产负债表　　B. 管理用利润表

C. 管理用现金流量表　　D. 管理用股东权益变动表

E. 管理用财务状况变动表

8. 下列影响收益质量的事项包括(　　)。

A. 大量销售商品,但货款没有及时收回

B. 净利润增加的同时现金短缺

C. 实际收到的现金小于应收到的现金

D. 过度扩大企业的经营规模

E. 处置和变卖固定资产

(三)简答题

1. 如何编制管理用财务报表?管理用财务报表有何用途?

2. 资产负债表的有关科目是如何反映财务状况的?

3. 利润表的有关科目是如何反映财务成果的?

4. 说明股东权益变动表与利润分配表的联系与区别。

5. 说明现金流量表的分析思路。

(四)计算分析题

某公司20×5年度简化的资产负债表如下:

资　产		负债及所有者权益	
货币资金	50	应付账款	100
应收账款		长期负债	
存货		实收资本	100
固定资产		留存收益	100
资产合计		负债及所有者权益合计	

其他有关财务指标如下:

(1)长期负债与所有者权益之比:0.5

(2)销售毛利率:10%

(3)存货周转率(存货按年末数计算):9次

(4)平均收现期(应收账款按年末数计算,一年按360天计算):18天

(5)总资产周转率(总资产按年末数计算):2.5次

要求:利用上述资料,填充该公司资产负债表的空白部分,并列示所填数据的计算过程。

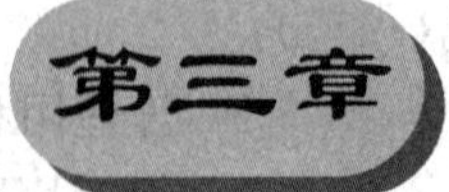

第三章

财务分析的基本内涵

一、本章知识要点

(一)财务分析的依据

1. 财务分析是对企业的财务状况和经营成果所做的评价,通过分析来预测企业未来的发展趋势,从而有利于企业做出合适的经济决策。

2. 财务分析依据的内部信息资料主要是企业内部的会计核算资料,最终以财务报告出现。

3. 企业内部的其他各种财务信息主要有:日常核算资料,如会计凭证、会计账簿、财产清查、成本计算等;标准、计划、定额等资料;上市公司公开披露的信息等。非财务资料包括无法用货币计量的信息,如企业的人员素质、产品质量、市场份额、研发状况等。

4. 进行财务分析时还应注意结合外部信息资料,如国民经济宏观运行信息、行业发展信息、竞争对手或同类企业的各种财务、非财务信息等。

(二)财务分析的主体与目标

1. 财务分析的主体是指为了某种特定的目的而对企业进行财务分析的单位、团体和个人。其与企业存在一定的现时或潜在的利益关系。

2. 一般来说,财务分析的主体主要包括企业经营管理者、债权人、投资者、政府部门、社会中介机构等。

3. 财务分析的总目标是要评价与研究企业的财务能力,包括对企业盈利能力、偿债能力、营运能力和发展能力的评估。然而,不同的主体对财务分析的具体目标不尽相同。

4. 经营管理者为经营决策进行财务分析。

5. 债权人为信贷决策进行财务分析。

6. 投资者为投资决策和监督经营者进行财务分析。

7. 政府部门为评价和监察进行财务分析。

8. 社会中介机构为各项经济业务提供独立、客观、公正的服务进行财务分析。

（三）财务分析的内容

财务分析的内容总体上说就是分析企业的财务状况和经营成果，主要包括：企业偿债能力分析，获利能力分析，资产营运能力分析，发展能力分析，综合分析。

（四）财务分析的一般程序和财务分析的局限性

1. 财务分析的一般程序包括：明确分析目标；制订分析计划；收集分析所需的相关资料；核实分析资料，得出分析结论；评价分析结论，提出管理建议。

2. 财务分析的局限性表现在以下方面：(1)财务报表本身的局限性；(2)财务报表的真实性容易受人为操纵活动的影响。

二、关键概念

财务分析　　财务分析的主体　　财务分析的目标　　财务分析的内容

三、复习思考题

1. 财务分析的主体有哪些？各自进行财务分析的目的是什么？

2. 社会中介有哪些？哪些经济业务需要进行财务分析？

3. 财务分析的内容主要有哪些方面？

4. 财务分析的一般程序是什么？

四、练习题

（一）单项选择题

1. 财务分析的依据主要是(　　)。

A. 企业内部的会计核算资料　　B. 财务报告

C. 企业外部的信息资料　　D. 行业研究资料

2. 从全方位进行财务分析的分析主体是(　　)。

A. 股东　　B. 债权人

C. 国家　　D. 经理人

3. 企业的债权人为(　　)进行财务分析。

A. 经营决策　　B. 信贷决策

C. 投资决策　　D. 监督经营者

4. 短期债权人在进行企业财务分析时，最为关心的是(　　)。

A. 企业获利能力　　B. 企业资产流动状况

C. 企业发展能力　　D. 企业资产营运能力

5. 利润表是反映一定时期内企业的收入、费用和利润的会计报表，它有助于了解企业的生产经营成果。通过对其分析，不可以分析(　　)。

A. 企业的获利能力　　B. 企业未来的发展潜力、发展趋势

C. 企业利润计划的完成情况　　D. 企业的偿债能力

6. 招股说明书是公司在公开发行股票时，由公司(　　)向证券管理机构呈报，并在指定报刊上刊登的书面文件。

A. 董事会　　B. 监事会

C. 股东会　　D. 管理者

(二)多项选择题

1. 企业的财务报告包括(　　)。

A. 主表　　B. 附表

C. 会计报表附注　　D. 权益变动表

2. 企业的内部信息资料中,主表包括(　　)。

A. 资产负债表　　B. 利润表

C. 现金流量表　　D. 报表附注

3. 资产负债表的附表主要包括(　　)。

A. 存货明细表　　B. 应收账款账龄分析表

C. 固定资产及累计折旧明细表　　D. 长期投资明细表

4. 利润表的附表主要包括(　　)。

A. 制造费用明细表、管理费用明细表和销售费用明细表

B. 营业收支明细表

C. 主要产品单位成本表

D. 营业外收支明细表和投资收益明细表

5. 会计报表附注包括(　　)。

A. 采用的主要会计处理方法及变更情况、变更原因,以及对财务状况和经营成果的影响

B. 非经常性项目的说明

C. 会计报表中有关重要项目的明细资料

D. 其他有助于解释和分析会计报表而需要说明的事项

6. 反映企业日常经营情况的日常核算资料有(　　)。

A. 会计凭证　　B. 会计账簿

C. 财产清查　　D. 成本计算

7. 上市公司公开披露的信息包括(　　)。

A. 招股说明书　　B. 上市公告

C. 定期报告　　D. 临时公告

8. 企业财务分析的基本内容包括(　　)。

A. 偿债能力分析　　B. 营运能力分析

C. 发展能力分析　　D. 盈利能力分析

9. 获利能力分析是财务分析的重点,包括(　　)。

A. 盈利能力分析　　B. 影响盈利的因素分析

C. 收益与成本费用结构分析　　D. 资本结构分析

10. 财务报表是财务分析的主要依据,财务报表数据的局限性决定了财务分析与评价的局限性,具体表现为(　　)。

A. 缺乏独立性　　B. 存在滞后性

C. 缺乏可靠性　　D. 缺乏可比性

(三)判断题

1. 除了企业会计核算资料外,财务分析还要以企业的一些非财务资料为依据。(　　)

2. 财务分析主要依据的是企业内部的会计核算资料,其中会计凭证、会计账簿等日常核算资料是最主要的。(　　)

3. 由于企业有些经济业务是不能用货币反映的，不能对其直接进行量化的分析，因此我们在分析财务报表时可以不用考虑这些因素。（　）

4. 获利能力分析应从整体、部门、不同业务项目等各个方面对企业的成本耗用和盈利情况做全面分析和评价。（　）

5. 资产营运能力分析包括人力资源营运能力分析、流动资产管理能力分析、固定资产管理能力分析、获利能力分析等。（　）

6. 综合分析是将企业的偿债能力、资产营运能力、盈利能力等各方面的分析纳入一个有机的整体中，全面准确地评价企业财务状况。（　）

7. 投资者为了经营决策必须对企业进行财务分析。（　）

8. 财务分析的局限性是由财务分析所依据的财务报表的局限性造成的。（　）

（四）简答题

1. 财务分析的外部信息资料有哪些？

2. 财务分析的内部资料有哪些？

3. 不同主体对企业进行财务分析时的侧重点有何不同？

4. 试分析财务分析的局限性。

第四章 财务分析的方法

一、本章知识要点

（一）财务分析方法理论概述

财务分析方法多种多样。财务分析主体的具体目的不同，资料的实际特征不同，所选择的财务分析方法也不同。在财务分析实务中，这些方法可以概括地分为定性和定量两种。

1. 所谓定量分析方法，是运用数学原理和方法对经营过程中的财务活动和财务关系进行数量分析，剖析计算财务事件的数量差异以及对企业经营过程的影响程度。

2. 定性分析方法是在定量分析的前提下，对财务分析的各项数据加入非计量因素和非经济因素来对财务事件和财务指标进行综合分析，找出影响分析对象变动诸多因素中的关键性因素及分析对象变化规律的一种方法。

定性和定量的划分并没有绝对的界限。在进行企业财务分析时，我们通常结合运用定性与定量的方法。

（二）比率分析法

1. 常见的比率指标

(1)构成比率分析

构成比率＝某组成部分数额/总体数额×100％。

(2)常用的构成比率

资产结构、债务结构、销售结构、费用结构、成本结构、利润结构。

(3)相关比率分析

(4)动态比率分析

定基比率、环比比率。

2. 采用比率分析法的注意事项

(1)应注意正确地计算和使用财务比率，找到主要的分析比率。

(2)应剔除偶发性特殊项目的影响，尤其是基期数据的选择必须要有代表性。

(3)不能把计算比率当作目的，应结合比较分析法等更好地分析和评价企业状况。

(三)比较分析法

1. 比较标准的种类

比较标准有绝对标准、行业标准、计划标准、历史标准。

2. 比较的内容

比较财务报表、比较财务报表的构成、比较重要的财务比率

3. 采用比较分析法的注意事项

(1)指标之间的可比性,即指标的计算口径、时间宽容度、计算方法等各方面应一致。

(2)绝对数指标比较与相对数指标比较必须同时进行。

(3)分析时需要剔除物价变动因素后再作分析并突出经营管理上的重大特殊问题。

(4)注意一些重大事项和环境因素对各期财务数据的影响。

(四)因素分析法

1. 连环替代法

(1)连环替代法是指将经济指标分解成各个可以计量的因素,根据各因素之间的依存关系,依次测定这些因素对财务指标的影响方面和影响程度的一种方法。

(2)连环替代法的程序。

(3)连环替代法应注意的问题。

2. 差额计算法

其他因素不变,用各因素的实际数与基准数的差额来计算各因素对分析指标的影响程度。

二、关键概念

定量分析方法　定性分析方法　比较分析法　比率分析法　因素分析法　趋势分析法　结构分析法

三、复习思考题

1. 解释定性分析方法与定量分析方法。
2. 比较分析法中,比较标准的种类有哪些?如何应用这些标准?
3. 采用比较分析法进行财务分析时,应注意哪些问题?
4. 采用因素分析法应注意哪些问题?

四、练习题

(一)单项选择题

1. 根据各因素的相互关系,顺次测算各因素对某一财务指标影响程度的方法是(　　)。

A. 比较分析法　B. 比率分析法
C. 差额分析法　D. 连环替代法

2. 在财务报表分析方法中,最基本、最主要的方法是(　　)。

A. 趋势分析法　B. 因素分析法
C. 比率分析法　D. 比较分析法

3. 在利润表中,能够反映全部经营活动利润的项目是(　　)。

A. 利润总额　B. 息税前利润
C. 营业利润　D. 净利润

4. 企业持有较多的货币资金，最有利于企业的(　　)。

A. 投资人　　B. 经营者

C. 长期债权人　　D. 短期债权人

5. 资产负债表中，资产项目的排序依据是(　　)。

A. 项目的重要性　　B. 项目的收益性

C. 项目的流动性　　D. 项目的时间性

6. 资产负债表中，所有者权益内部各个项目的排序依据是(　　)。

A. 稳定程度　　B. 流动性

C. 权益顺序　　D. 紧迫性

7. 已贴现的商业承兑汇票如占资产总额的比重较大，会严重影响企业的(　　)。

A. 偿债能力　　B. 盈利能力

C. 资产管理能力　　D. 市价

(二)多项选择题

1. 财务分析的方法主要包括(　　)。

A. 比较分析法　　B. 比率分析法

C. 因素分析法　　D. 结构分析法

2. 用比较法进行财务分析时，可以(　　)。

A. 本期与上期比　　B. 本期与某个历史水平比

C. 本期实际发生额与计划发生额比　　D. 本期与其他企业比

3. 在运用比率分析法时，应选择科学合理的对比标准，常用的有(　　)。

A. 经验标准　　B. 历史标准

C. 行业标准　　D. 目标标准

4. 因素分析法的形式包括(　　)。

A. 连环替代法　　B. 主观分析法

C. 差额分析法　　D. 综合分析法

(三)判断题

1. 不同地方的价格水平不同，财务数据的可比性差；价格水平的波动也会削弱同一企业不同时期数据的可比性。(　　)

2. 同一经济业务，不同的会计处理、计价方法会导致数据的不可比。(　　)

3. 比率分析法适用于对多种因素构成的综合性指标的分析，如成本、利润等。(　　)

4. 连环替代法中各个因素替代顺序可能不同，但各因素对指标的影响程度是相同的。(　　)

5. 进行财务分析时，指标之间的可比性，即指标间的计算口径、时间宽容度、计算方法等各方面应保持一致。(　　)

6. 财务分析的方法只有比较分析法、比率分析法和因素分析法三种。(　　)

7. 在采用因素分析法时，既可以按照各因素的依存关系排列成一定的顺序并依次替代，也可以任意颠倒顺序，其结果是相同的。(　　)

8. 因素分析法是依据分析指标与其影响因素的关系，从数量上确定各因素对分析指标影响方向和影响程度的一种方法，也称为水平分析法。(　　)

（四）简答题

1. 常用的构成比率分析包括哪些？
2. 简述连环替代法的程序。
3. 运用连环替代法应注意的问题有哪些？
4. 采用比率分析法进行财务分析时，应注意哪些问题？
5. 采用趋势分析法进行财务分析时，应注意哪些问题？
6. 采用结构分析法进行财务分析时，应注意哪些问题？

（五）计算分析题

以下是 A 公司 20×5 年及 20×6 年度的利润表。

利润表

编制单位：A 公司 单位：万元

项　目	2006 年	2007 年
一、主营业务收入	40 938	48 201
减：主营业务成本	26 801	32 187
主营业务税金及附加	164	267
二、主营业务利润	13 973	15 747
加：其他业务利润	310	57
减：存货跌价损失		51
营业费用	1 380	1 537
管理费用	2 867	4 279
财务费用	1 615	1 855
三、营业利润	8 421	8 082
加：投资收益	990	1 250
补贴收入	350	1
营业外收入	344	364
减：营业外支出	59	33
四、利润总额	10 046	9 664
减：所得税	3 315	3 255
五、净利润	6 713	6 409

A 公司的董事长认为，20×6 年销售收入上升而利润下降不是正常情况，同时管理费用大幅度增加也属异常，需要有关人士进行解释。要求：

（1）编制结构百分比财务报表，计算百分比至小数点后两位。

（2）简要评述两年的各项变动，并分析其原因。

第五章

流动性及风险性评价

一、本章知识要点

企业要健康发展，就得防止企业“财务失败”现象的发生，即企业无力偿还到期债务会引起诉讼或直接破产。在财务分析中体现企业理财安全性状况的主要方面就是分析企业的偿债能力，即企业按时足额支付到期债务的能力。因此，重视并有效地提高企业的偿债能力，既是维护企业债权人权益的重要保证，也是企业在瞬息万变的市场竞争中求得生存与持续发展的客观要求。具体分析企业的偿债能力可从以下四个方面入手：

（一）短期偿债能力分析

短期偿债能力是企业用流动资产偿还流动负债的现金保证程度，一般又称支付能力，它既是反映企业财务状况的指标，也是反映企业经营能力的重要指标。如果企业缺乏短期偿债能力，不但无法获得有利的采购机会，而且由于不能支付短期债务可能导致破产；对于股份制企业，如果短期偿债能力不够，会影响股东对该企业股票的信心，导致股价动荡，对企业不利。所涉及的财务指标主要包括绝对数指标（如营运资本）和相对数指标（如流动比率、速动比率等）。

（二）长期偿债能力分析

企业的长期债务是指偿还期在一年或者超过一年的一个营业周期以上的负债，包括长期借款、长期应付款、应付债券等。由于长期债务的期限长，长期偿债能力主要取决于企业的资本结构和获利能力。长期偿债能力分析是个复杂的过程，主要包括：(1)比率定量分析，最常用的有资产负债率、产权比率、有形净值债务率、已获利息保障倍数和到期债务本息偿付比率。(2)因素定性分析，包括长期资产、获利能力、债务结构、承诺和或有事项。另外，匹配原则在偿债能力分析中也有应用，主要包括金额匹配和期限匹配两个方面。

（三）资本结构分析

资本结构是指企业各种长期筹资来源的构成和比例关系，长期资本来源主要是权益资本和长期债务。它是一个涉及因素多、影响时间长、综合性强的企业决策问题，即企业如何以最小的资本成本代价、最低的财务风险来筹集所需要的资金，其研究的重点在于确立最佳资本结构。当企业现有资本结构不合理时，通过筹资活动进行调整，使其达到最佳结构，并在以后追加筹资中继续保持最佳结构。其中，我们要了解什么是资本结构、资本成本，影响资本结构选择的因素以及确定最佳资本结构的方法。

(四)破产风险分析

所谓破产，在法律意义上是指债务人丧失清偿能力时，在法院监督下被强制清算其全部财产，清偿全体债权人的法律制度。而风险是指能够影响一个或多个目标的不确定性。二者结合起来的破产风险即为企业可能因经营管理不善造成严重损失，不能清偿到期债务而被宣告破产清算的可能性，包括经营风险和财务风险两大类。破产风险的分析与衡量，也是分析风险的重点所在。

二、关键概念

营运资本　流动比率　速动比率　资产负债率　产权比率
已获利息保障倍数　资本成本　财务杠杆系数　每股收益分析法
破产风险　多变量分析方法

三、复习思考题

1. 分析流动比率和速动比率的异同点。

2. 你对资产负债率是怎么看的？请分别站在企业、投资者和债权人的角度谈谈你对资产负债率指标高低的认识。

3. 试建立破产风险的预警系统。

4. 简述短期偿债能力与长期偿债能力的联系与区别。

四、练习题

(一)单项选择题

1. 速动比率指标中的速动资产指的是(　　)。

A. 流动资产
B. 流动资产－存货
C. 流动资产－存货－预付账款
D. 流动资产－存货－预付账款－待摊费用等

2. 下列关系人中，对企业财务状况进行分析涉及内容最广泛的是(　　)。

A. 债权人　　B. 经理人员
C. 政府　　D. 股东

3. 影响速动比率可信性的最主要因素是(　　)。

A. 产品的变现能力　　B. 短期证券的变现能力
C. 应收账款的变现能力　　D. 存货的变现能力

4. 关于流动比率，下列说法不正确的有(　　)。

A. 流动比率过低，说明企业可能有清偿到期债务的困难
B. 流动比率过高，说明企业有较多不能盈利的闲置流动资产
C. 是衡量短期偿债能力的唯一指标
D. 流动比率以 2∶1 比较合适

5. 有时速动比率小于 1 也是正常的，例如(　　)。

A. 大量采用现金销售
B. 存货过多导致速动资产减少
C. 流动负债大于速动资产
D. 应收账款不能实现

6. 下列说法中，不正确的是(　　)。
A. 资产负债率表明了企业在清算时债权人利益受总资产保障的程度
B. 公式中负债总额就是长期负债总额
C. 资产负债率=(负债总额/资产总额)×100%
D. 这个指标是衡量企业负债水平和风险程度的重要指标

7. 与产权比率比较，资产负债率评价企业偿债能力的侧重点是(　　)。
A. 揭示财务结构的稳健程度
B. 揭示主权资本对偿债风险的承受能力
C. 揭示负债与资本的对应关系
D. 揭示债务偿付安全性的物质保障程度

8. 某企业的营运资本配置比率为0.42，则该企业的流动比率为(　　)。
A. 1.72
B. 1.70
C. 2.38
D. 0.58

9. 下列财务比率中，最能谨慎反映企业举债能力的是(　　)。
A. 资产负债率
B. 经营现金净流量与流动负债比
C. 经营现金净流量与债务总额比
D. 经营现金净流量与利息比

10. 财务杠杆系数是指(　　)。
A. 普通股每股税后利润变动率相当于息税前利润变动率的倍数
B. 息税前利润与利息费用的比值
C. 负债总额与股东权益的比值
D. 企业使用资本所负担的费用与筹集资金净额之比

(二)多项选择题

1. 短期偿债能力因素定性分析有(　　)。
A. 可动用的银行贷款指标
B. 准备很快变现的长期资产
C. 或有负债
D. 关联方交易

2. 以下属于企业清算时清偿的债务的是(　　)。
A. 一般债务
B. 应付未付的职工工资、应付福利费、劳动保险费等
C. 销售成本
D. 应缴未缴的国家税金

3. 衡量偿债能力的方法主要有(　　)。
A. 比较偿债所需现金和筹资活动产生现金流量
B. 比较营业收入与所占用的资产
C. 比较偿债所需现金和经营活动产生现金流量
D. 比较债务和可供偿债资产的存量

4. 利息保障倍数指标所反映的企业财务层面包括(　　)。
A. 短期偿债能力
B. 长期偿债能力
C. 获利能力
D. 发展能力

5. 当流动资产大于流动负债时，下列表述正确的是(　　)。
A. 长期资本的数额大于长期资产

B. 流动比率大于 1

C. 速动比率大于 1

D. 全部流动资产都由营运资本提供资金来源，则企业没有任何偿债压力

6. 以下选项中，影响资本结构选择的因素包括(　　)。

A. 企业所处的经营周期　　B. 经营风险

C. 金融市场发达程度　　D. 贷款机构和信用评级机构的态度

7. 影响速动比率的因素有(　　)。

A. 应收账款　　B. 存货

C. 待摊费用　　D. 预付账款

8. 影响企业长期偿债能力的表外因素有(　　)。

A. 准备近期内变现的固定资产　　B. 为他人提供的经济担保

C. 未决诉讼案件　　D. 经营租入长期使用的固定资产

9. 下列选项中，有关现金比率描述错误的是(　　)。

A. 现金比率＝现金/流动负债

B. 现金比率在西方财务理论中要求保持在 8%左右

C. 现金比率指标计算中包括现金等价物

D. 现金比率是速动比率的进一步优化

10. 资产负债率也称负债经营率，下列对其有利的措施有(　　)。

A. 提高总资产周转率　　B. 提高技术投入比率

C. 提高销售净利率　　D. 提高流动比率

(三)判断题

1. 流动比率越大越好。(　　)

2. 现金等价物是指具有与现金几乎相同的变现能力的各种活期存款和短期有价证券、可贴现和转让票据等。(　　)

3. 长期资本负债率是指负债总额与长期资本的百分比。(　　)

4. 非速动资产的变现时间和数量具有较大的不确定性，主要包括存货、待摊费用、一年内到期的非流动资产及其他流动资产。(　　)

5. 在其他条件不变的情况下，权益乘数越大，则财务杠杆系数越大。(　　)

6. 已获利息倍数指标计算公式中分子为税后利润。(　　)

7. 权益资本的资金占用费是向股东分配的股利，可以抵减所得税。(　　)

8. 破产风险是企业风险的重要方面，是其他风险产生的原因。(　　)

9. 现金利息保障倍数＝(经营活动现金净流量－折旧及摊销额)/利息费用。(　　)

10. 偿债能力分析中涉及的资本结构是指长期债务资本和权益资本的比例关系。(　　)

(四)简答题

1. 评价短期偿债能力应注意哪些问题?

2. 评价长期偿债能力时是否应对企业盈利能力进行分析? 长期偿债能力与盈利能力之间有何矛盾? 如何解决这一矛盾?

3. 怎样帮助企业做出合理的融资决策?

4. 简述产权比率与资产负债率的区别。

（五）计算分析题

1. A公司和B公司资料见下表：

单位：万元

项　目	A公司	B公司
流动资产	400	1 200
流动负债	200	1 000
营运资金		

请计算两公司的营运资金和流动比率，并分析其短期偿债能力。

2. 某公司的有关资料如下表所示。

单位：万元

项目 \ 年份	20×9年	20×8年
净利润	2 600	2 000
利息费用	800	650
所得税款	750	600

试计算两个年度的利息保障倍数，并分析所得结果。

3. 某企业20×5年末负债总额为900 000元，全部资产总额为1 700 000元；20×6年末负债总额为1 100 000元，资产总额为1 800 000元。

试计算：(1)两年的资产负债率，并简要谈谈你对资产负债率的理解。

(2)两年的产权比率，并简要谈谈你对产权比率的理解。

4. 美美公司20×5年初存货为60 000元，应收账款为50 800元。年末计算的流动比率为200%，速动比率为130%，存货周转率为4次，流动资产为168 000元，其中，现金类资产40 000元，本期销售成本率为80%。（题中未给出的流动资产项目可忽略不计）

试计算：(1)该公司本年的销售收入。

(2)该公司本年应收账款的平均收账期。

5. 某公司资产负债表（简表）如下：

单位：元

资　产	期初数	期末数	负债及所有者权益	期初数	期末数
流动资产	12 200 000	10 000 000	流动负债	4 400 000	6 000 000
长期投资	900 000	600 000	长期负债	11 600 000	15 200 000
固定资产	19 800 000	24 960 000			
无形资产	160 000	120 000			
长期待摊费用	300 000	100 000			
其他长期资产		3 460 000			
			所有者权益	16 260 000	18 040 000
资产总计	32 260 000	39 240 000	负债及所有者权益合计	32 260 000	39 240 000

根据以上资料，计算该公司有形净值债务率，并谈谈对它的理解。

（六）综合计算分析题

ABC公司是一家行业内领先的制造公司，其20×5年年初负债总额为4 000万元，所有者权益是负债的1.5倍，该年的所有者权益增长率为150%，年末资产负债率为0.25，负债的年均利率为10% ，全年固定成本总额为975万元，净利润为1 005万元，使用的企业所得税税率为25%。

请根据上述材料，结合你所学的知识，计算或分析：

(1)20×5年年初的所有者权益总额、资产负债率。

(2)20×5年年末的所有者权益总额、负债总额和产权比率。

(3)20×5年的所有者权益平均余额、负债平均余额、息税前利润、权益净利率和已获利息倍数。

(4)公司的经营杠杆系数、财务杠杆系数和复合杠杆系数。

(5)结合上述计算结果和已有的资料，分析该公司的偿债能力。

第六章

经营效率评价

一、本章知识要点

营运能力是指企业各项经济资源通过配置组合与相互作用而生成的推动企业运行的物质能量。它表现为企业占用或消耗的经济资源与其提供产品数量的对比关系。在财务上，它是通过企业生产经营资金周转速度的相关指标反映出来的企业资金利用的效率，体现企业的经营管理水平。

一般来说，影响企业营运能力的因素包括：企业所处行业及其经营背景、企业经营周期的长短、企业的资产构成及其质量、企业资金筹措和运用的力度以及企业所采用的财务政策等。

1. 短期资产营运能力分析。反映企业短期资产营运能力的财务指标主要有：存货周转率、应收账款周转率、营业周期、流动资产周转率。通过分析这些指标可以了解和掌握企业短期资产营运能力。

2. 长期资产营运能力的分析。反映长期资产营运能力的财务比率主要包括：固定资产周转率、固定资产更新率以及无形资产利用效率。

3. 资产结构分析。资产负债表左边的结构就是资产结构，反映了企业实际控制经济资源的数量及其构成。而企业的资产结构揭示了企业的经营能力能否被充分利用，可从定性与定量两个方面进行分析。

二、关键概念

存货周转率　应收账款周转率　营业周期　流动资产周转率
固定资产更新率　固定资产淘汰率　固定资产周转率
固定资产产值率　流动资产与固定资产比率

三、复习思考题

1. 什么是经济订货量？具体阐述其模型。

2. 如何进行应收账款的管理？

3. 影响企业营运能力的因素有哪些?

4. 如何评价无形资产的营运能力?

四、练习题

(一)单项选择题

1. 在进行应收账款周转率分析时,应注意应收款项既包括应收账款、应收票据,也包括(　　)。

A. 存货　　B. 其他应收款

C. 固定资产　　D. 预付账款

2. 企业对于存货的管理,一般来说有以下两方面的要求:(1)保持最优存货数量;(2)(　　)。

A. 加快存货周转速度　　B. 缩短存货时间

C. 注重储备存货　　D. 控制订货量

3. 一般而言,应收账款周转率(　　),平均应收账款回收期就越短。

A. 不变　　B. 越低

C. 越高　　D. 波动越大

4. 营业周期=(　　)+应收账款周转天数。

A. 存货周转天数　　B. 存货订购天数

C. 存货储存天数　　D. 存货运输天数

5. 在一般情况下,营业周期越短,说明资金周转速度(　　),企业占用资金就(　　)。

A. 越快 越多　　B. 越慢 越多

C. 越慢 越少　　D. 越快 越少

6. 流动资产周转率计算中的流动资产平均余额为(　　)。

A. 期初流动资产+期末流动资产　　B. 期初流动资产-期末流动资产

C.(期初流动资产+期末流动资产)/2　　D.(期初流动资产-期末流动资产)/2

7.(　　)是一个企业长期盈利能力的保障。

A. 短期负债　　B. 应收账款

C. 存货　　D. 固定资产

8. 固定资产周转率(　　),说明企业闲置设备越多,管理水平越高。

A. 越高　　B. 越低

C. 不变　　D. 波动幅度大

9. 虽然用财务指标来衡量有一定的难度,但(　　)在长期资产营运能力分析中也占有很重要的一席。

A. 固定资产　　B. 存货

C. 无形资产　　D. 或有收益

10. 资产结构实际上反映了企业资产的(　　),它不仅关系企业的偿债能力,也会影响企业的获利能力。

A. 多少　　B. 流动性

C. 风险性　　D. 投入比重

(二)多项选择题

1. 企业的资金在经过(　　)的循环之后达到增值,从而使得企业不断发展,价值也不断增长。

A. 货币资金　　B. 存货资金
C. 生产资金　　D. 成品资金

2. 属于对企业资产营运能力的分析的有(　　)。

A. 速动比率　　B. 存货周转率
C. 成本利润率　　D. 流动资产构成比率

3. 与储备存货有关的成本包括存货的(　　)。

A. 取得成本　　B. 缺货成本
C. 机会成本　　D. 储存成本

4. 影响应收账款回收期的因素有(　　)。

A. 企业规模和经营特点　　B. 客户特点
C. 行业和产品　　D. 资金利率情况

5. 不属于短期资产营运能力分析的有(　　)。

A. 固定资产淘汰率　　B. 营业周期
C. 存货周转率　　D. 流动资产与固定资产比率

6. 计算固定资产更新率时使用的固定资产价格不是(　　)。

A. 固定资产现值之和　　B. 固定资产公允价值之和
C. 固定资产期末价值之和　　D. 期初固定资产原价之和

7. 固定资产产值率可以用(　　)来计算。

A. 总产值/生产设备平均总值
B. 生产设备资金产值率×生产设备构成率
C. 工业总产值/全部固定资产平均总值
D. 生产设备资金产值率×生产用固定资产构成率×生产设备构成率

8. 影响企业资产结构的因素有(　　)。

A. 风险和报酬　　B. 利率的变化
C. 经营规模　　D. 负债金额

9. 某公司当年的经营利润很多,却不能偿还到期债务。为查明其原因,应检查的财务比率包括(　　)。

A. 应收账款周转率　　B. 资产负债率
C. 流动比率　　D. 存货周转率

10. 对企业营运能力进行分析的意义在于(　　)。

A. 确立合理的资产存量规模　　B. 促进各项资产的合理配置
C. 促进企业资产利用效率的提高　　D. 衡量企业的盈利水平

(三)判断题

1. 总资产营运能力分析包括总资产周转率分析和不良资产比率分析。　(　　)

2. 应收账款周转天数越短越好。　(　　)

3. 某企业流动资产周转天数比上年增加了 5 天,非流动资产周转天数比上年增加了 13 天,则表明该企业总资产周转天数比上年增加了 18 天。　(　　)

4. 存货周转率越高越好。（　　）

5. 要使得存货总成本最低，只需合理策划进货批量即可。（　　）

6. 长期资产营运能力分析只需对固定资产进行分析。（　　）

7. 销售收入＝流动资产周转率×流动资产平均占用额。（　　）

8. 流动资金绝对节约是指在企业加快流动资产周转且企业所有者没有新投入资金的情况下，扩大了企业规模。（　　）

9. 红星公司 20×5 年销售收入为 8 000 万元，年初固定资产净值为 1 300 万元，年末为 2 700万元，则公司当年固定资产周转率为 4 次。（　　）

10. 一般来说，随着企业规模的不断扩大，流动资产的比重会相对降低。（　　）

（四）简答题

1. 简要阐述营运能力分析的作用。

2. 影响存货周转率的因素有哪些？

3. 总资产周转率在实际应用中有哪些缺陷？

4. 应收账款周转率是不是越高越好，为什么？

5. 试分析影响企业资产周转率的表外因素。

（五）计算分析题

1. 假设某企业 20×5 年初的应收账款余额为 18 000 元，当年的赊销额为 7 000 元，20×5 年中应收账款的回收情况及其相应的年末应收账款余额分别为：当年没有收回应收账款，则年末应收账款余额为 25 000 元；当年收回了部分应收账款 16 000 元，则年末应收账款余额为 9 000元；当年收回了全部应收账款 25 000 元，则年末应收账款余额为 0 元。请分别计算这三种情况下的应收账款周转率。

2. 璀璨公司 20×4 年主营业务成本为 900 万元，存货平均余额为 200 万元，20×5 年主营业务成本为 1 210 万元，存货为 220 万元，一年按 360 天计算。计算存货周转率和周转天数，并分析你所得到的结果。

3. 光明公司的存货主要由材料存货、在产品存货、产成品存货组成。为了加强存货管理和存货周转，公司决定从存货组成项目的流动性方面进行更深入的分析。如果你是分析人员，请根据以下资料给出结论。

光明公司 20×4 年 200 万元存货中，材料存货 80 万元，在产品存货 70 万元，产成品存货 50 万元；同时材料耗用成本 480 万元，制造成本 720 万元，主营业务成本为 1 000 万元。20×5 年存货 240 万元中，材料存货为 100 万元，在产品存货为 84 万元，产成品存货为 56 万元；同时材料耗用成本为 720 万元，制造成本为 1 120 万元，主营业务成本为 1 440 万元。

4. 某企业 20×5 年有关资料如下表所示：

单位：万元

项　目	年初数	年末数	本年数或平均数
存　货	3 600	4 800	
流动负债	3 000	4 000	
总资产	7 500	8 500	
流动比率		1.5	

续表

项 目	年初数	年末数	本年数或平均数
速动比率	0.8		
流动资产周转次数			4

(1)假设流动资产由速动资产与存货构成,请计算流动资产的年初余额、年末余额和平均余额。

(2)计算本年产品销售收入净额与总资产周转率。

5. 某企业去年的经营利润率为5.73%,净经营资产周转次数为2.17;今年的经营利润率为4.88%,净经营资产周转次数为2.88;今年的净利息率为7%,去年的净利息率为6.5%。若两年的净财务杠杆相同,试分析今年的权益净利率相比去年的变化趋势。

(六)综合计算分析题

小王是红星公司财务部新进员工,某天办公室主管和同事们都外出办事了,而恰好这时总经理秘书小张来拿简要的上年资产负债表,以供下午总经理和公司高层开会时使用。但是简报被主管锁在了抽屉里,小王手头有的只是一份内容不全的简报,如下表所示。

红星公司20×5年资产负债表 单位:元

资 产		负债及所有者权益	
货币资金	5 000	应付账款	?
应收账款净额	?	应交税金	7 500
存货	?	长期负债	?
固定资产净额	50 000	实收资本	60 000
		未分配利润	?
合 计	85 000	合 计	?

正当小王一筹莫展时,小张想起自己有昨天从主管处得到的一些上年的财务比率的数据,也许可以帮助小王。内容如下:红星公司上年年末流动比率为2,产权比率为0.7,以销售额和年末存货计算的存货周转率为14次,以销售成本和年末存货计算的存货周转率为10次,本年销售毛利额为40 000元。

假设你处在小王的位置,请你根据已有材料尽快完成这张简报,交给小张。

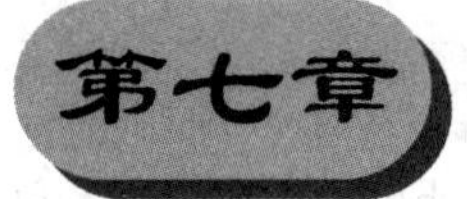

第七章 盈利性评价

一、本章知识要点

企业获利能力的分析是财务分析的核心。获利能力其实就是企业在一定时期内赚取利润的能力,最大限度地赚取利润是企业持续、稳定发展的目标所在。

(一)获利能力的衡量

可以分别从营业收入盈利水平、营业支出盈利水平、投资盈利水平和股本收益情况来衡量。其中股本收益情况是特别针对股份制企业来设定的。这些盈利水平的不同,从各个不同的视角体现了企业的获利能力。

(二)收益与成本费用结构分析

主要是分析各项成本费用占营业收入的百分比,分析费用结构是否合理,对于不合理的费用要查明原因。同时也要对费用的各个项目进行分析,观察各个项目的增减变动趋势。并可以据此确定对企业盈利能力产生深远影响的重要因素,以便进一步分析盈利能力的高低,还可以据此判定公司的管理水平和财务状况,预测公司的发展前景。其中利润构成分析,我们可从营业利润、投资净收益和营业外收支净额着手进行细分;而成本费用分析则从销售成本率、成本产值率、成本变动率、成本构成及成本费用利润率五个方面分别进行。

(三)影响获利能力的因素分析

对影响企业获利能力的因素如销量、单价、品种结构、成本费用、税金等进行分析,可以促使企业合理经营、减少耗费,降低成本,为实现更多的利润创造条件。

(四)上市公司的获利能力分析

与投资者最直接相关的获利能力指标有每股收益、普通股权益报酬率、股利支付率和市盈率等指标。

(五)EVA 绩效分析

EVA(经济增加值,economic value added),是指公司经过调整的营业净利润减去该公司现有资产经济价值的机会成本后的余额,在扣除了全部债务资本成本和权益资本成本的基础上来衡量企业价值。EVA 弥补了传统财务指标的部分缺陷,对企业决策、激励与分配机制等诸多方面将产生深远影响。我国现在在中央企业实施 EVA 绩效考核。

二、关键概念

销售利润率　销售净利率　成本利润率　总资产报酬率　净资产收益率
资本收益率　市盈率　股利发放率　每股收益　经济增加值

三、复习思考题

1. 试说明获利能力分析的意义。
2. 如何进行销售毛利的变动分析?
3. 每股收益对投资者有何意义,如何计算?

四、练习题

(一)单项选择题

1. 销售毛利是(　　)与主营业务成本之差。

A. 收入　　B. 销售利润
C. 主营业务收入　　D. 营业收入

2. 营业利润率指标计算公式中,分子是指(　　)。

A. 息税前利润　　B. 销售利润
C. 税前利润　　D. 营业利润

3. 一般情况下,销售利润率越大,企业销售的盈利能力(　　)。

A. 越强　　B. 越弱
C. 不变　　D. 波动越大

4. 营业支出盈利水平是站在(　　)角度上评价单位成本费用支出为企业创造利润的能力。

A. 经济资源耗费　　B. 资产报酬
C. 偿债能力　　D. 资产营运能力

5. 驱动权益净利率的基本动力是(　　)。

A. 销售利润率　　B. 财务杠杆
C. 资产利润率　　D. 资产周转率

6. 总资产报酬率指标中的分子是(　　)。

A. 净利润　　B. 利润总额+利息支出
C. 利润总额　　D. 销售利润

7. 市盈率较高,说明投资的收益率(　　),风险(　　)。

A. 较高 较小　　B. 较高 较大
C. 较低 较大　　D. 较低 较小

8. 成本费用利润率通过(　　)得出。

A. 利润总额/产品成本总额　　B. 利润总额/费用总额
C. 净利润/产品成本总额　　D. 净利润/成本费用总额

9. 在其他条件不变的情况下,可能导致总资产报酬率下降的经济业务是(　　)。

A. 用银行存款归还银行借款　　B. 用银行存款支付一笔销售费用

C. 用银行存款购入一台设备　　D. 将可转换债券转换为普通股

10. 某股份有限公司20×5年决定支付的普通股股利总额为200 000元，发行在外的普通股加权平均数为42 530股，普通股每股收益为11.82元。则该企业每股股利和股利支付率分别为(　　)。

A. 4.70元，40%　　B. 3.58元，30%

C. 4.75元，40%　　D. 5.02元，42.5%

(二)多项选择题

1. 净资产收益率计算中提到的净资产由(　　)组成。

A. 实收资本　　B. 资本公积

C. 盈余公积　　D. 未分配利润

2. 以下各项中，不属于股本收益衡量指标的是(　　)。

A. 市盈率　　B. 股利发放率

C. 财务杠杆　　D. 成本产值率

3. 下列各项中，可能直接影响企业权益净利率指标的措施有(　　)。

A. 提高流动比率　　B. 提高资产负债率

C. 提高销售净利率　　D. 提高总资产周转率

4. 以下各项中，(　　)是利润的构成成分。

A. 营业利润　　B. 收入

C. 营业外收支净额　　D. 投资收益

5. 影响净经营资产利润率高低的主要因素有(　　)。

A. 销售量　　B. 单位成本高低

C. 产品的价格　　D. 净经营资产周转率

6. 要提高产品销售利润率，则可以在其他因素保持不变的情况下，(　　)。

A. 提高单位成本　　B. 提高单位价格

C. 提高单位税金　　D. 降低单位费用

7. 每股收益具有连接(　　)报表的功能。

A. 现金流量表　　B. 销售情况表

C. 资产负债表　　D. 利润表

8. 对股东来说，收益分为(　　)。

A. 赚取的定期现金股利　　B. 期望股票市价上涨而赚取的资本利得

C. 销售利润　　D. 出售固定资产的所得

9. 下列各项中，有关成本产值率说法正确的是(　　)。

A. 成本产值率＝总产值额/经营成本

B. 分析该指标时，其总产值额应采用变动价格计算

C. 该指标反映了企业经营成本创造产值的能力

D. 从生产角度看，该指标大比较好，说明企业能以最低的消耗来创造最大的产出

10. 以下各项中，属于成本构成分析步骤的是(　　)。

A. 计算速动比率　　B. 计算原料单耗节约(超支)额

C. 计算成本项目结构比例　　D. 计算制造费用效率节约(超支)额

(三)判断题

1. 考察企业经营业绩,分析企业利润额就行。 ( )

2. 提高财务杠杆与提高资产利润率都是企业盈利能力的关键,都会增加企业价值。 ( )

3. 营业利润与销售利润是同一概念的不同表述。 ( )

4. 成本费用利润率越高,表明企业为取得收益所付出的代价越小,企业成本费用控制得越好,企业的获利能力越强。 ( )

5. 资产与利润的对比关系能够反映企业投资的盈利水平。 ( )

6. 普通股每股收益额可通过净利润与已发行在外的普通股平均股数的比值得出。 ( )

7. 资产利润率的驱动因素分析,通常可以使用资产周转次数指标,便于分析各项目变动对总资产周转率的影响。 ( )

8. 影响销售利润率变动的因素主要有销售品种结构、销售价格、销售成本、销售费用和税率。 ( )

9. 在其他各项保持不变时,销售量变动会影响销售利润率的高低。 ( )

10. 每股收益是衍生市盈率、股利支付率指标的依据。 ( )

(四)简答题

1. 影响企业获利能力的财务因素有哪些?

2. 试分析总资产报酬率与偿债能力的关系。

3. 企业收益质量恶化的预警信号有哪些?请列举三到四个。

4. 如何计算分析净资产收益率?

5. 简述如何进行销售利润率的因素分析。

6. 简述 EVA 与传统指标相比有哪些优势。

7. EVA 财务管理系统的应用主要包含哪些方面?

(五)计算分析题

1. 根据某企业 20×5 年销售情况表,计算实际及计划的销售毛利率并加以分析。

单位:万元

指　标	本年实际	计划目标	行业平均水平	行业先进水平
销售收入净额	4 800	3 520		
销售毛利	2 850	2 080		
销售毛利率(%)			55	65

2. 假设 A 公司 20×5 年资本化的利息支出为 10 000 元,计入财务费用的利息支出为 200 500元,年初资产总额为 1 559 208.99 元,年末资产总额为 10 718 322.08 元,当年利润总额为 245 305.6 元,销售收入净额为 2 317 000 元。试求该公司 20×5 年总资产报酬率,并对其进行分解分析。

3. 某公司 20×5 年底流通在外的普通股共计 12 000 股,20×5 年无变动。该公司另外发行 10%可转换债券 200 000 元,可转换普通股 2 000 股,12%可转换优先股 500 000 元,可转换普通股 5 000 股。20×5 年度净利润为 80 000 元,所得税税率为 35%。试计算基本每股盈余。

4. 某股份有限公司本年的净收益为 6 000 万元，年初发行在外的普通股为 3 200 万股；7 月 1 日增发普通股 300 万股；优先股股利为每股 2 元，其股数为 40 万股。如果同业的每股收益额为 1.5 元，试计算该公司的每股收益，并对该公司的每股收益水平进行分析，最后结合本题谈谈你对每股收益作用的认识。

5. B 公司资料如下：

资料一：

B 公司资产负债表

20×5 年 12 月 31 日　　　　单位：万元

资　产	年初	年末	负债及所有者权益	年初	年末
流动资产			流动负债合计	450	300
货币资金	100	90	非流动负债合计	250	400
应收账款净额	120	180	负债合计	700	700
存货	230	360	所有者权益合计	700	700
流动资产合计	450	630			
非流动资产合计	950	770			
总　计	1 400	1 400	总　计	1 400	1 400

资料二：

B 公司 20×4 年度销售净利率为 16%，总资产周转率为 0.5 次，权益乘数为 2.2，权益净利率为 17.6%，B 公司 20×5 年度销售收入为 840 万元，净利润总额为 117.6 万元。

假设涉及资产负债表的数据用期末数来计算。利用因素分析法按顺序分析销售净利率、总资产周转率和权益乘数变动对权益净利率的影响。

（六）综合计算分析题

某公司生产并销售甲、乙、丙三种产品，其相关销售资料如下表所示。

单位：千元

品　种	销售数量		主营业务收入		主营业务成本		销售毛利	
	本期	上期	本期	上期	本期	上期	本期	上期
甲	4 000	4 000	920	880	540	536	380	344
乙	7 600	7 900	4 940	4 898	2 964	2 828	1 976	2 070
丙	7 000	6 400	2 450	2 048	1 540	1 216	910	832
合计			8 310	7 826	5 044	4 580	3 266	3 246

请结合你所学的知识，为这家企业的产品作毛利额和毛利率的变动因素分析，解释你所得出的结论，并给出相应的建议。

第八章

成长性评价

一、本章知识要点

企业的发展能力，也称企业的成长能力，或增长能力，它是企业通过自身的生产经营活动，不断扩大积累而形成的发展潜能。

企业的发展能力主要可以从两个部分进行分析：(1)自我发展能力。即企业依靠自身的生产经营、实现利润等来推动企业不断发展。(2)外部筹资发展。即企业通过向外界借款、发行债券、股票来筹集资金，从而为企业发展提供动力。

在企业发展过程中，销售增长率、股东权益增长率、资产增长率、收益增长率、股利增长率等指标，分别从不同角度来衡量企业的发展能力。

企业发展能力通常与企业承担的社会责任有关，只有承担好社会责任，才能促使企业的可持续发展。

可持续增长率是指企业在不增发新股和保持目前经营效率和财务政策条件下销售所能增长的最大比率。当企业实际增长率和可持续增长率不符时，会带来资金上的短缺(增长过快)或剩余(增长较慢)，管理人员必须事先预计和解决增长过快所带来的资金短缺问题。一般有两种解决方法：提高资产收益率，或者改变财务政策。长期来看，企业的增长率总是受到可持续增长率的制约。

二、关键概念

自我发展能力　　外部筹资发展　　销售增长率　　股东权益增长率
资产增长率　　收益增长率　　股利增长率　　可持续增长率　　社会责任

三、复习思考题

1. 在分析企业发展能力时，我们应该用什么财务指标来进行考察，为什么？
2. 从公司资产质量的高低可以分析企业的发展能力吗？
3. 市盈率与企业发展能力有没有关系？如果有，请说明它们之间的关系。

4. 企业的社会责任指标可从哪些方法建立？

四、练习题

(一)单项选择题

1. 企业的发展能力中，最重要的也是最首要的是(　　)。

A. 销售增长率　　B. 权益增长率

C. 资产增长率　　D. 收益增长率

2. 一般而言，表明企业的流动负债有足够的流动资产作为偿付的保证，其流动比率应为(　　)。

A. 1　　B. 小于 1

C. 大于 1　　D. 大于或等于 1

3. 企业收益增长的主要表现是(　　)。

A. 主营业务利润　　B. 净利润

C. 销售收入　　D. 毛利率

4. 在运用分析结构分析企业发展能力时，还要参考的因素是(　　)。

A. 行业标准水平　　B. 行业平均水平

C. 竞争对手的水平　　D. 竞争对手的平均水平

5. 可持续项目分析中，涉及的财务政策指标是(　　)。

A. 资产负债率　　B. 速动比率

C. 利息保障倍数　　D. 现金流量债务比

6. 在可持续增长率条件下，正确的说法是(　　)。

A. 假设不增发新股　　B. 假设不增加借款

C. 财务风险会降低　　D. 资产净利率会增加

7. 某企业生产的产品是各部门间标准化的产品，根据此特征可初步判断该产品属于产品生命周期的(　　)。

A. 引入期　　B. 成长期

C. 成熟期　　D. 衰退期

(二)多项选择题

1. 企业的发展能力分析中，可以选用下列(　　)作为评价指标。

A. 销售增长率　　B. 权益增长率

C. 资产增长率　　D. 收益增长率

E. 社会贡献率

2. 在用企业发展能力框架对企业发展能力进行分析时，还应考虑(　　)。

A. 企业的发展战略　　B. 企业所处的发展周期

C. 企业的资产规模　　D. 企业的经济实力

3. 下列指标中，与企业可持续发展分析相关的指标有(　　)。

A. 资产周转率　　B. 股利支付率

C. 资产负债率　　D. 销售净利率

4. 企业要想使增长率超过可持续增长率，可以采取的措施有(　　)。

A. 提高销售净利率　　B. 提高资产周转率

C. 提高股利分配率　　D. 提高财务杠杆率

5. 下列属于成熟期产品特点的是(　　)。

A. 单位产品净利最高　　B. 经营风险较高

C. 盈利水平比较稳定　　D. 主要战略途径是提高效率、降低成本

6. 在不增发新股的情况下，企业上年的股东权益增长率是5%，本年的经营效率和财务政策与上年相同，以下说法正确的是(　　)。

A. 企业本年的销售增长率是5%　　B. 企业本年的可持续增长率是5%

C. 企业本年的权益净利率是5%　　D. 企业本年的实体现金流量增长率是5%

(三)判断题

1. 在企业每年销售收入不断增长、销售利润不断提高时，如果企业管理当局把利润都分配了，企业的后续发展能力不会受到影响。(　　)

2. 企业的增长速度不能超过上年的可持续增长率。(　　)

3. 分析企业发展能力的时候，不仅要看企业的销售增长率，还要考虑它的权益、资产增长率的情况。(　　)

4. 股东权益增长的来源是企业的主营业务利润。(　　)

5. 成长期产品的经营风险最高，利润最大。(　　)

6. 公司总资产的利用效率下降，那么公司的盈利能力会相应地降低。(　　)

7. 流动比率越高，表明企业的短期偿债能力越强。(　　)

8. 销售净利率越高，股东权益净利率也一定越高。(　　)

(四)简答题

1. 为什么说企业发展能力分析中，最重要的是销售增长率？

2. 用销售增长率作为评价企业发展能力的指标时，应注意什么问题？

3. 企业发展能力分析的目的是什么？

4. 在考虑生命周期分析企业发展能力时，一定要注意哪些方面的问题？

5. 总资产增长率是什么样的指标？

6. 企业的增长潜力受到哪些因素的制约？

(五)计算分析题

1. 明瑞公司及康安公司20×2～20×5年各年的销售收入如下表所示。

明瑞公司与康安公司的销售收入

单位:万元

年　度	20×2年	20×3年	20×4年	20×5年
明瑞公司	1 500	1 500	2 000	2 500
康安公司	600	800	1 000	1 500

试分析明瑞公司和康安公司20×5年的销售增长率，比较与分析哪个企业的发展能力较好，为什么？

2. 美达公司20×1～20×5年连续5年的销售额及净利润的资料如下：

单位:万元

项　目	20×1 年	20×2 年	20×3 年	20×4 年	20×5 年
销售收入	4 000	4 200	4 800	5 000	6 000
净利润	400	450	500	540	680

以 20×1 年为基年,对美达公司这几年的经营趋势做出分析。

3. 下表是华能公司 20×1～20×5 年的财务比率数据,试分析该公司的偿债能力趋势。

单位:万元

财务数据	20×1 年	20×2 年	20×3 年	20×4 年	20×5 年
流动负债	522 641	371 951	427 295	385 440	363 257
流动资产	281 364	297 708	346 965	319 389	344 824
现金及现金等价物	85 437	93 290	136 255	126 586	123 277
负债	531 706	483 650	569 572	401 588	382 644
资产总计	893 862	900 220	987 800	958 912	958 943

4. 大华公司 20×1～20×5 年的财务比率数据如下表所示。试对其资产管理能力趋势进行分析,并思考其原因。

单位:万元

财务数据	20×1 年	20×2 年	20×3 年	20×4 年	20×5 年
流动资产	281 364	297 708	346 965	319 389	344 824
固定资产	541 842	533 953	553 145	551 604	531 394
资产总计	893 862	900 220	987 800	958 912	958 943
主营业务收入净额	693 673	750 796	862 069	1 001 986	1 167 716

5. 下表是辉煌公司 20×2～20×5 年有关的会计资料:

单位:万元

项　目	20×2 年	20×3 年	20×4 年	20×5 年
资产总额	1 711	2 061	2 759	3 879
所有者权益	996	1 235	1 679	2 394
主营业务收入	5 720	7 742	10 839	15 516
净利润	498	688	1 091	1 616

试根据上述资料分析与评价该公司的发展能力。

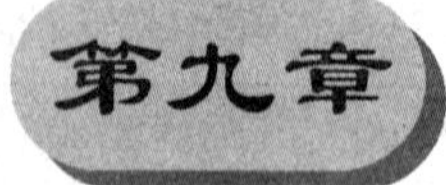

现金流量状况评价

一、本章知识要点

1. 编制现金流量表有两种格式:直接法和间接法。在直接法下,直接分项目列示来自经营活动的现金流入和流出。在间接法下,通过对净利润进行调整来获得经营现金流量的信息。企业在主表中以直接法反映经营活动的现金流量,同时要求在补充资料中按照间接法反映经营活动现金流量的信息。主表的内容如下表所示:

企业生产经营活动中的现金流动状况
企业投资活动中的现金流动状况
企业筹资活动中的现金流动状况
企业本期的现金流量净额

补充资料的内容如下表所示:

将净利润调整为经营活动的现金流
不涉及现金收支的投资与筹资活动
现金及现金等价物的本期变动情况
企业本期的现金流量净额

2. 现金流量表的作用主要表现在以下几个方面:

(1)现金流量表可以提供企业的现金流量信息,从而对企业整体财务状况做出客观评价。

(2)现金流量表是在以营运资金为基础编制的财务状况变动表基础上发展起来的,它提供了新的信息。

(3)通过现金流量表可以预测企业未来的发展情况。

3. 现金流量表主表的绝对数分析:

经营活动现金净流量大于零,意味着企业生产经营比较正常,具有“自我造血”功能,不仅要观察数量，还要观察大于零的程度；经营活动现金净流量等于零，意味着经营过程中的现金“收支平衡”，但比较少见；经营活动现金净流量小于零，意味着经营过程中的现金流转存在问题，经营中“入不敷出”。

根据投资活动产生的现金流量大于或等于零的情况可以得出两种相反的结论：一种是企业投资收益显著，尤其是短期投资回报收现能力较强；另一种可能就是企业因为财务危机，同时又难以从外部筹资，而不得不处置一些长期资产，以补偿日常经营活动的现金需求。对投资活动现金净流量小于零的结果也有两种解释：一种是企业投资收益状况较差，投资没有取得经济效益，并导致现金的净流出；另一种可能是企业当期有较大的对外投资，因为大额投资一般会形成长期资产，并影响企业今后的生产经营能力，所以这种状况下的投资活动现金流量小于零对企业的长远发展是有利的。

筹资活动现金净流量大于零，说明企业依靠外部资金支持发展，但应观察是企业管理层以扩大投资和经营活动为目标的主动筹资行为，还是企业因投资活动和经营活动的现金流出失控，企业不得已的筹资行为；筹资活动现金净流量小于零，一般是企业在本会计期间集中发生偿还债务、支付筹资费用、进行利润分配、偿付利息等业务。但是，企业筹资活动产生的现金流量小于零，也可能是企业在投资活动和企业战略发展方面没有更多作为的一种表现。

对于一个健康的正在成长的公司而言，经营活动的现金净流量应该是正值，投资活动的现金净流量可以是负值，而筹资活动的现金净流量可以是正负相间的。

4. 补充资料的绝对数分析：

分析之一：流动资金投资及支付利息前的经营现金流量——评估企业创造经营现金盈余的能力。分析之二：流动资金投资后支付利息前的经营现金流量——评估企业如何管理流动资金。分析之三：流动资金投资和支付利息后的经营现金流量——评估企业偿还利息的能力。分析之四：长期投资后/支付股利和外部融资前的现金流量——评估企业借助内部资金进行长期投资的融资灵活性。分析之五：支付股利后及外部融资前的现金流量——检验企业的股利政策。分析之六：外部融资后的净现金流量——检验企业的财务政策。

5. 现金流量表的结构分析包括流入结构分析、流出结构分析、流入流出比分析。通过结构分析，可以说明企业现金流量的构成是否合理。

6. 现金流量表的分析比率涉及企业的偿债能力、获取现金的能力、财务弹性、收益质量等方面的分析。

7. 现金流量表的因素分析：差量分析法。该方法的思路是在区分经营现金流量因素和非经营现金流量因素之后，将企业现金流量的总体变化通过这两个因素来表述。其中对于经营现金流量因素的变动，可以进一步划分为销售增长、获利能力、营运资金管理效率等方面进行分析。对于非经营现金流量因素的变动，直接由当期现金支出减去上期现金支出，反映其对企业现金流量的影响。

二、关键概念

直接法　间接法　流入流出比　现金流动负债比　总资产现金回收率
每股营业现金流　现金满足投资比率　现金股利保障倍数　盈利现金比率
现金营运指数

三、复习思考题

1. 试分析补充资料六种分析思路的意义。
2. 分析现金流量表结构分析的作用。
3. 现金流量表因素分析的假设前提是否合理?
4. 简述现金流量表因素分析法的思路。

四、练习题

(一)单项选择题

1. 每股营业现金流量比率公式中的“股数”是指(　　)。

A. 流通股股数　　B. 普通股股数
C. 优先股股数　　D. 流通在外的普通股股数

2. 全部资产现金回收率公式中的现金是指(　　)。

A. 现金　　B. 银行存款
C. 现金及现金等价物　　D. 经营活动现金净流量

3. 在通常情况下,经营活动现金流量净额应是(　　)。

A. 零　　B. 正数
C. 负数　　D. 越小越好

4. 可用来评价经营活动现金流量获利能力的指标是(　　)。

A. 现金比率　　B. 净利润和经营活动净现金流量比率
C. 净利润现金保证比率　　D. 销售收入现金回收率

5. 下列选项中,不会影响现金流量稳定性的事项可能包括(　　)。

A. 集中支付投资款　　B. 到期一次还本付息
C. 购销两旺　　D. 采购旺季的货款支付

6. 能较好地将收付实现制与权责发生制有机结合的指标是(　　)。

A. 现金比率　　B. 现金充分性比率
C. 净利润现金保证比率　　D. 支付现金股利比率

7. 经营活动净现金流量与负债总额之比可以衡量企业的(　　)。

A. 还本能力　　B. 付息能力
C. 变现能力　　D. 支付能力

8. 分配股利或利润的现金流量属于(　　)。

A. 营业活动现金流量　　B. 融资活动现金流量
C. 投资活动现金流量　　D. 分配活动现金流量

9. 反映现金创造能力最为灵敏的项目是(　　)。

A. 经营活动现金净流量　　B. 融资活动现金流量
C. 投资活动现金流量　　D. 分配活动现金流量

10. 下列说法中错误的是(　　)。

A. 现金流动负债比越大越好
B. 现金满足投资比率如果大于零,说明企业是靠外部融资来补充所需资金
C. 现金流量结构分析有助于我们了解企业的经营活动、投资活动和筹资活动各项目占总

体现金净流量的比重

D. 现金流量表分析有助于评估公司的收益质量

(二)多项选择题

1. 一般来说,企业用以偿还银行贷款本息的资金来自于(　　)。

A. 投资收益　　B. 经营收入

C. 变卖资产　　D. 向其他贷款者借款

2. 现金流量结构可以划分为(　　)。

A. 现金流入结构　　B. 现金流出结构

C. 现金净流量结构　　D. 经营活动现金流量结构

E. 投资活动现金流量结构

3. 根据我国《企业会计准则——现金流量表》的规定,现金流量的分类类别有(　　)。

A. 经营活动　　B. 筹资活动

C. 流动资源管理　　D. 投资活动

4. 下列各项中,(　　)指标对企业来说越大越好。

A. 资产负债率　　B. 流动比率

C. 现金债务总额比　　D. 主营收入净现率

5. 现金满足投资比率的值可以(　　)。

A. 等于1　　B. 大于1

C. 小于1　　D. 小于0

6. 下列关于现金流量项目之间相关关系说法正确的有(　　)。

A. 各类活动产生的现金流量净额等于现金流入小计与现金流出小计的差额

B. 现金及现金等价物净增加额等于经营活动产生的现金流量净额、投资活动产生的现金流量净额、筹资活动产生的现金流量净额之和

C. 主表经营活动现金流量净额是按直接法确定的

D. 补充资料经营活动现金流量是按间接法确定的

E. 主表现金与现金等价物净增加额与补充资料现金与现金等价物净增加额相互印证

7. 反映财务质量的指标包括(　　)。

A. 现金充分性比率　　B. 净利润现金保证比率

C. 现金获利指数　　D. 现金与流动资产比率

E. 销售收入现金回收比率

8. 下列各项中,影响收益质量的事项包括(　　)。

A. 大量销售商品,但货款没有及时收回

B. 净利润增加的同时现金短缺

C. 实际收到的现金小于应收到的现金

D. 过度扩大企业的经营规模

E. 处置和变卖固定资产

(三)简答题

1. 现金流量表有何作用?从现金流量表的作用中如何推导现金流量分析的思路?

2. 如何看待经营活动现金流量变动的数据?

3. 如何看待投资活动现金流量变动的数据?

4. 如何看待筹资活动现金流量变动的数据？

（四）计算分析题

1. C公司20×5年现金流量表上经营活动的净现金流量是6 000万元，企业发行在外的普通股总股数是1 500万股，其中流通股为1 200万股，优先股为300万股。试计算该公司20×5年的每股营业现金流量。

2. 海运公司20×5年全年的经营活动净现金流量为4 682万元，净利润为1 458万元，利润总额为1 713万元，主营业务收入为36 002万元，折扣与折让为7万元。计算该企业20×5年的现金获利能力和主营收入净现率。

3. 大通公司20×5年现金流量表的数据如下：

单位：万元

项　目	20×5年
经营活动产生的现金流量净额	762
投资活动产生的现金流量净额	−208
筹资活动产生的现金流量净额	−1 725
总计	−1 171

计算并分析大通公司20×5年现金流量结构。

4. 以下是规模相当的三家公司有关现金流量表的数据，通过对比分析，说明三家公司的财务状况：

单位：万元

	A	B	C
经营活动现金净流量	670	300	150
投资活动现金净流量	−1 000	−580	450
筹资活动现金净流量	130	500	−500
现金流量净额	−200	220	100

5. 某公司20×5年期末流动负债19 000元，长期负债75 000元，股东权益165 700元，其中股本100 000元(面值为1元/股)，本期到期债务7 000元，应付票据100元，当年税后净利25 000元，留存收益比率60%，全部发放现金股利，所得税率为25%，其他资料如下表所示。

单位：元

经营活动现金流入	
销售商品劳务	93 900
收到增值税	17 000
现金收入合计	110 900
现金支出合计	93 700

该公司经营活动净收益占净利润的80%，折旧与摊销为2 500元，销售收现占销售额的94.5%，试进行现金流量的比率分析：(1)现金到期债务；(2)现金流动负债比；(3)现金债务总

额比；(4)销售现金比率；(5)每股营业现金流量；(6)现金股利保障倍数；(7)全部资产现金回收率；(8)现金营运指数；(9)若市场利率为10%，该企业最大负债为多少？

(五)综合计算分析题

新光公司20××年的销售收入为99 400元，净利润为20 400元。期末流动资产40 000元，流动负债19 000元，长期负债75 000元，股本100 000元(每股面值1元)，本期到期的长期负债7 000元，支付利息1 000元，本期每股现金股利为0.1元。其他资料如下表所示：

编制单位：××公司　　20××年度　　单位：万元

项　目	金　额
一、经营活动产生的现金流量	
销售商品提供劳务收到的现金	93 900
收到增值税	17 000
现金流入小计	110 900
现金流出小计	93 700
经营活动产生的现金流量净额	17 200
二、投资活动产生的现金流量	
投资活动产生的现金流量净额	−27 700
三、筹资活动产生的现金流量	
筹资活动产生的现金流量净额	10 100
四、汇率变动对现金的影响额	
五、现金及现金等价物净增加额	−400

同行业平均水平指标如下表所示：

指　标	行业平均	指　标	行业平均
到期债务本息偿付比率	200%	支付现金股利比率	300%
经营活动净现金比率(与债务总额比)	12%	销售收入现金回收比率	22%
经营活动净现金比率(与流动负债比)	70%	现金与流动资产比率	45%
每股经营现金流量	0.25	净利润现金保证比率	90%

要求：(1)当下年预计销售额为110 000元时，如果经营活动的结构保持不变，则下年经营活动的现金流量可达到什么水平？(答案取整)

(2)对照行业指标，对该公司的情况作简单分析。

(3)若目前平均经营活动净现金比率(与债务总额比)为12%，则该公司理论上的最高负债额可达多少？

(4)有人认为该公司销售商品提供劳务的现金比重较大，收益质量不错，你是否同意这种观点？并说明原因。

(5)该公司总的现金净流量为−400元，有人认为财务状况肯定不良，这种观点是否正确？请作出判断与说明。

第十章

综合分析

一、本章知识要点

财务综合分析是从偿债能力、获利能力、营运能力及发展能力角度对企业的筹资活动、投资活动、经营活动及分配活动状况进行深入、细致的分析，以便使投资者、债权人、政府、经营者以及其他与企业利益相关者了解企业的财务状况与财务成效，判断企业在某一方面的状况与业绩。

财务综合分析从不同角度出发，有着不同的分析内容与分析思路。从财务综合能力目标角度进行分析，目前比较流行的分析体系有两种：

一是沃尔综合评分法。其原理在于利用线性关系把若干财务比率联系起来，采用指数法计算一个综合指标，以评价企业综合的财务状况。采用综合评价法可以综合评价企业的财务状况，但应注意使用这一方法的有效性，它有赖于对重要性权数和标准比率的正确确定。

二是围绕净资产收益率进行综合能力分析，即杜邦财务综合能力分析体系。它以股东权益报酬率为核心，利用主要财务比率指标之间的内在联系，对企业财务状况进行综合分析和评价，重点揭示企业获利能力及其前因后果，从而为企业的有效运行提供决策依据。

二、关键概念

沃尔综合评分法　　重要性权数　　收益性指标　　稳定性指标　　5C分析法
股东权益报酬率　　总资产收益率　　销售利润率　　所有者权益乘数
总资产周转率　　净经营资产　　净金融负债　　经营利润

三、复习思考题

1. 财务综合分析的意义是什么？
2. 沃尔综合评分的一般方法是什么？
3. 在实际使用综合系数分析法时，应该注意哪些问题？
4. 试用公式说明杜邦分析法及改进的杜邦分析体系中主要财务指标之间的关系。

四、练习题

(一)单项选择题

1. 与单项分析比较,综合分析具有的特征是(　　)。

A. 重要性和综合性　　B. 抽象性和概括性

C. 实务性和实证性　　D. 具体性和概括性

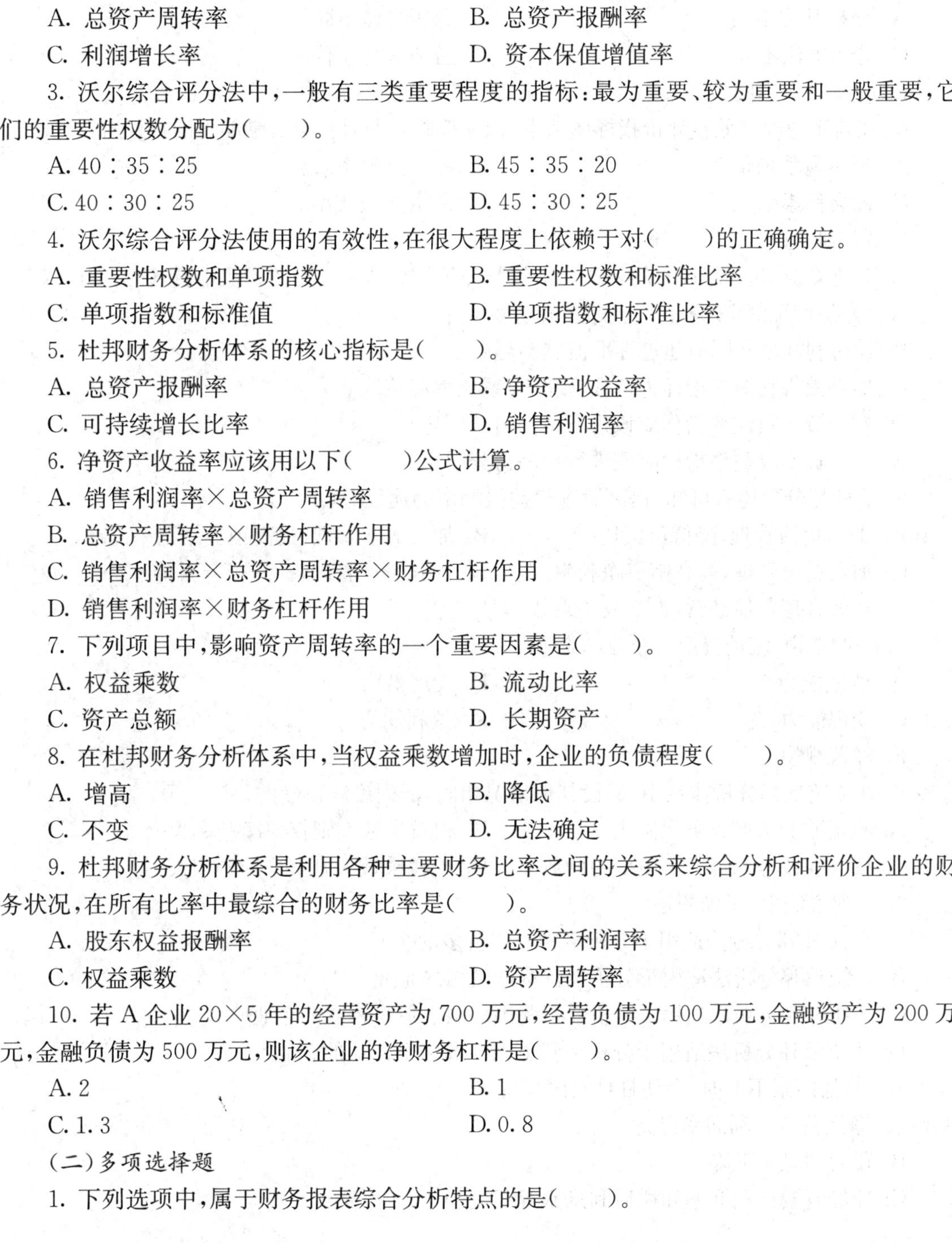

2. 收益性指标是用来衡量企业的盈利能力,下列选项中,(　　)是收益性指标。

A. 总资产周转率　　B. 总资产报酬率

C. 利润增长率　　D. 资本保值增值率

3. 沃尔综合评分法中,一般有三类重要程度的指标:最为重要、较为重要和一般重要,它们的重要性权数分配为(　　)。

A. 40∶35∶25　　B. 45∶35∶20

C. 40∶30∶25　　D. 45∶30∶25

4. 沃尔综合评分法使用的有效性,在很大程度上依赖于对(　　)的正确确定。

A. 重要性权数和单项指数　　B. 重要性权数和标准比率

C. 单项指数和标准值　　D. 单项指数和标准比率

5. 杜邦财务分析体系的核心指标是(　　)。

A. 总资产报酬率　　B. 净资产收益率

C. 可持续增长比率　　D. 销售利润率

6. 净资产收益率应该用以下(　　)公式计算。

A. 销售利润率×总资产周转率

B. 总资产周转率×财务杠杆作用

C. 销售利润率×总资产周转率×财务杠杆作用

D. 销售利润率×财务杠杆作用

7. 下列项目中,影响资产周转率的一个重要因素是(　　)。

A. 权益乘数　　B. 流动比率

C. 资产总额　　D. 长期资产

8. 在杜邦财务分析体系中,当权益乘数增加时,企业的负债程度(　　)。

A. 增高　　B. 降低

C. 不变　　D. 无法确定

9. 杜邦财务分析体系是利用各种主要财务比率之间的关系来综合分析和评价企业的财务状况,在所有比率中最综合的财务比率是(　　)。

A. 股东权益报酬率　　B. 总资产利润率

C. 权益乘数　　D. 资产周转率

10. 若A企业20×5年的经营资产为700万元,经营负债为100万元,金融资产为200万元,金融负债为500万元,则该企业的净财务杠杆是(　　)。

A. 2　　B. 1

C. 1.3　　D. 0.8

(二)多项选择题

1. 下列选项中,属于财务报表综合分析特点的是(　　)。

A. 具有高度的抽象性和概括性　　B. 综合分析要以各单项分析为基础
C. 将各项指标视为同等重要来处理　　D. 强调各项指标有主辅之分
E. 分析的重点和基准是企业整体发展趋势

2. 财务综合分析的主要方法有(　　)。
A. 沃尔综合评分法　　B. 趋势分析法
C. 比较财务报表法　　D. 杜邦分析法

3. 财务报表综合分析与单项分析的区别有(　　)。
A. 分析基准不同　　B. 分析主体不同
C. 分析方法不同　　D. 分析客体不同
E. 分析重点不同

4. 在新企业经济效益评价指标体系中,用来反映企业对社会贡献能力的指标有(　　)。
A. 资本保值增值率　　B. 社会贡献率
C. 社会积累率　　D. 总资产报酬率
E. 资本收益率

5. 下列关于1995年颁布的企业经济效益评价指标体系应用的说法中,正确的有(　　)。
A. 流动比率指标实际值超过标准值越多越好
B. 销售利润率实际值超过标准值越多越好
C. 如果销售利润率指标为负数,则其关系比率应该取0
D. 对于资产负债率指标应该进行最高得分限定
E. 对于资本收益率指标应该进行最高得分限定

6. 从杜邦分析体系可知,提高股东权益报酬率的途径有(　　)。
A. 加强负债管理,降低负债比率　　B. 加强成本管理,提高销售净利率
C. 加强销售管理,提高销售净利率　　D. 加强资产管理,提高资产周转率
E. 开展合理负债经营,提高权益乘数

7. 一般来说,流动资产对企业的直接影响有(　　)。
A. 偿债能力　　B. 发展潜力
C. 变现能力　　D. 盈利能力
E. 经营规模

8. 在传统杜邦分析体系中,假设其他情况相同,下列说法正确的是(　　)。
A. 权益乘数大则财务风险大　　B. 权益乘数大则权益净利率大
C. 权益乘数等于资产负债率的倒数　　D. 权益乘数大则资产净利率大

9. 下列说法中,正确的是(　　)。
A. 传统杜邦分析法适用于分析金融资产较多的企业
B. 传统杜邦分析法适用于分析经营资产较多的企业
C. 传统杜邦分析法适用于分析经营范围局限于单一行业的企业
D. 传统杜邦分析法适用于分析经营范围涉及多个行业的企业

10. 其他因素不变时,会使杠杆贡献率提高的是(　　)。
A. 净经营资产利润率提高
B. 税后利息率下降
C. 净经营资产利润率和税后利息率等额变动

D. 净财务杠杆提高

（三）判断题

1. 沃尔综合分析法的原理在于用线性关系把若干财务比率联系起来，采用指数法计算一个综合指标，以评价企业综合的财务状况。（　）

2. 沃尔综合评分法中各指标按其重要程度一般可以分为最为重要、一般重要、不重要三类。（　）

3. 沃尔综合评分法中最为重要的指标是稳定性指标。（　）

4. 净金融负债等于金融负债减去金融资产，在数值上等于净经营资产减去股东权益。（　）

5. 流动比率不直接影响企业的股东权益报酬率。（　）

6. 资产负债率是决定权益乘数大小的主要指标。（　）

7. 降低负债程度有助于提高销售利润率。（　）

8. 资本收益率是从企业投资者角度进行经济效益评价的指标。（　）

9. 杜邦分析法中的收益指标可以真实地反映企业的盈利水平及盈余质量。（　）

10. 杜邦分析法是以股东权益报酬率为核心对企业财务状况进行综合分析和评价的方法。（　）

（四）简答题

1. 与单项分析相比较，财务报表综合分析具有哪些特点？

2. 杜邦财务分析体系的作用体现在哪些方面？

3. 应用杜邦财务分析体系对企业进行财务分析有什么意义？

4. 简单描述杜邦财务分析体系的分解过程。

5. 关于杜邦分析法，除了教材中提到的缺陷，你认为还有哪些不足。

6. 与原来的杜邦分析体系相比，改进后的分析体系具有哪些优点？

（五）计算分析题

1. 如果某公司20×5年的销售利润率为16%，可参考的行业平均先进水平为18%，且该项评估指标在沃尔综合评分法中的重要性权数为20，那么对该项指标的评分是多少？

2. A公司20×5年财务报表分析的指标中应收账款实际的周转天数为30天，该指标在沃尔评分法中的权重系数为5，最终该指标的评分值为4.98。试计算可以参考的行业标准的应收账款的周转天数。

3. 已知某公司20×5年末财务报表上的数据为：固定资产120万元，流动资产20万元，全年的销售收入为2 600万元，那么该公司20×5年的总资产周转率是多少（用天数表示）？

（备注：固定资产和流动资产组成了企业的总资产）

4. 分析资料

某企业有关资产、负债及利润方面的资料如下表所示。

单位：千元

项　目	20×4年	20×5年
平均总资产	2 890 379	2 880 887
平均净资产	1 538 145	1 608 006

续表

项　目	20×4 年	20×5 年
负债	1 352 234	1 212 871
销售收入	1 253 496	1 396 902
净利润	25 410	105 973

要求:计算杜邦财务分析体系中的各项评价指标。

(六)综合计算分析题

1. 某企业有关资产、负债及利润方面的资料如下表所示。

单位:万元

项　目	20×4 年	20×5 年
平均总资产	2 890 379	2 880 877
平均净资产	1 538 145	1 668 006
负债	1 352 234	1 212 871
销售收入	1 253 496	1 396 902
净利润	25 410	105 973

要求:用杜邦财务分析体系分析与评价企业的总体财务状况,并分析如何提高企业的财务状况。

2. B 公司是一家生产企业,其财务分析采用改进的管理用财务报表分析体系。该公司 20×4年、20×5 年改进的管理用财务报表相关历史数据如下:

单位:万元

项　目	金　额	
	20×4 年	20×5 年
资产负债表项目(年末):		
净负债	600	400
股东权益	1 600	1 000
净经营资产	2 200	1 400
利润表项目(年度):		
销售收入	5 400	4 200
税后经营净利润	440	252
减:税后利息费用	48	24
净利润	392	228

要求:

(1)假设 B 公司上述资产负债表的年末金额可以代表全年平均水平,请分别计算 B 公司 20×4 年、20×5 年的净经营资产净利率、经营差异率和杠杆贡献率。

(2)利用因素分析法，按照净经营资产净利率差异、税后利息率差异和净财务杠杆差异的顺序，定量分析 20×5 年权益净利率各驱动因素相比上年的变动对权益净利率相比上年的变动的影响程度(以百分数表示)。

(3)B 公司 20×6 年的目标权益净利率为 25%。假设该公司 20×6 年保持 20×5 年的资本结构和税后利息率不变，净经营资产周转次数可提高到 3 次，税后经营净利率至少应达到多少才能实现权益净利率目标？

第十一章

预算管理的基本内涵

一、本章知识要点

1. 预算管理又称“预算控制”，是指在企业资本计划和运营计划的指导下，为企业各项业务以及执行各项业务的责任主体确定明确的目标，以此作为其工作开展和业绩评价的财务参照标准，从而实现公司战略、经营计划和日常业务执行紧密结合的有效管理工具。

2. 预算管理的职能：规划职能、沟通与协调职能、业绩考评职能。

3. 预算的积极作用：

(1)预算具有帮助决策的作用；

(2)预算具有科学管理的作用；

(3)预算具有控制的作用；

(4)预算具有业绩考核、激励的作用。

4. 预算的消极作用：

(1)预算的目标偏差；

(2)预算的导向偏差；

(3)预算的效率偏差；

(4)预算管理重点的偏差。

5. 预算管理组织是企业全面预算管理的主体，是指负责整个企业预算编制、审定、监督、协调、控制与信息反馈、业绩考核的组织机构。

6. 预算管理责任中心是指承担一定经济责任、并有一定权利和利益的企业内部责任单位。

7. 纵向组织结构，即直线职能制组织结构，其特点是以整个企业作为投资中心，总经理对企业的收入、成本、投资全面负责，下面的各部门、工厂、车间均为成本中心，只对各自的责任成本负责。这种结构权力较集中，下属部门自主权较小。

8. 横向组织结构，即事业部制组织结构，其特点是经营管理权从企业最高层下放，各事业部也具有一定的投资决策权和经营决策权，成为投资中心；其下属公司对成本及收入负责，成为利润中心;公司下属的工厂、车间、工段等均为成本中心,对各自的责任成本负责。

9. 预算运行过程:预算编制、预算控制、预算调整和预算分析及预算考评。

10. 预算管理系统运行所需要的保障制度:健全的财务会计制度、科学的全员参与制度、完善的管理制度、优化的企业激励制度等。

11. 预算管理体系:

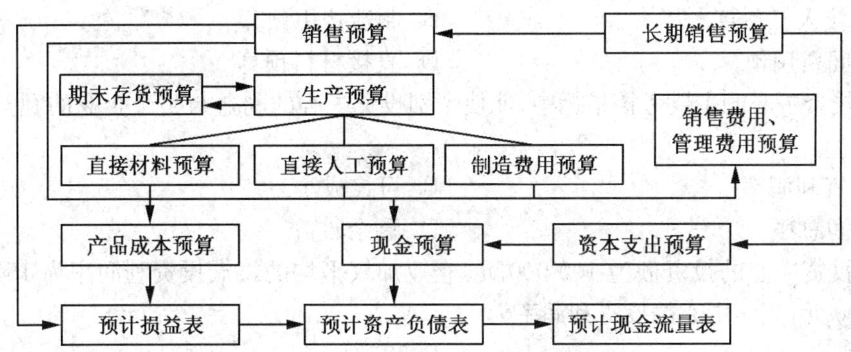

12. 预算行为:松弛预算、讨价还价、歪曲信息、抵制预算。

13. 预算行为的引导:

(1)经常的业绩反馈;

(2)设计合理的业绩评价指标;

(3)设计合理的激励方案。

二、关键概念

预算　　任务导向的预算观　　结果导向的预算观　　预算管理委员会

责任中心　　成本中心　　利润中心　　投资中心

三、复习思考题

1. 什么是预算观?它的种类有哪些?
2. 预算管理组织一般包括哪些部分?
3. 成本中心、利润中心和投资中心的关系是什么?
4. 预算运行需要经过哪些环节?
5. 预算管理可以从哪几方面对预算行为进行引导?

四、练习题

(一)单项选择题

1. 以下选项中,不属于预算消极作用的是(　　)。

A. 目标偏差　　B. 导向偏差

C. 效率偏差　　D. 计算偏差

2. 结果导向的预算观关注的是(　　)。

A. 企业价值　　B. 预算管理

C. 筹资管理　　D. 投资管理

3. 关于成本的可控与否,下列说法正确的是(　　)。

A. 较低层次责任中心的不可控成本,对于较高层次的责任中心来说一定是可控的

B. 某一责任中心的不可控成本可能是另一责任中心的可控成本

C. 对于一个企业来说,变动成本大多是可控成本,固定成本大多是不可控成本

D. 直接成本都是可控成本

4. 与生产预算没有直接关系的预算是(　　)。

A. 直接人工预算　　B. 制造费用预算

C. 期间费用预算　　D. 直接材料预算

5. 在投资中心的主要考核指标中,能使个别投资中心的利益与整个企业的利益统一起来的指标是(　　)。

A. 投资利润率　　B. 可控成本

C. 利润总额　　D. 剩余收益

6. 某投资中心的投资额为 100 000 元,企业加权平均的最低投资利润率为 15%,剩余收益为 15 000 元,则该中心的投资利润率为(　　)。

A. 30%　　B. 33%

C. 36%　　D. 39%

7. 在集权组织结构下,责任预算的编制程序是(　　)。

A. 自下而上,层层汇总　　B. 自上而下,层层分解

C. 自下而上,层层分解　　D. 自上而下,层层汇总

8. 在企业内部具有最大的决策权,同时也承担最大责任的是(　　)。

A. 成本中心　　B. 收入中心

C. 利润中心　　D. 投资中心

9. 不论利润中心是否计算共同成本或不可控成本,都必须考核的指标是(　　)。

A. 该中心的剩余收益　　B. 该中心的可控利润总额

C. 该中心的边际贡献总额　　D. 该中心负责人的可控利润总额

10. 既对成本负责又对收入负责,同时也对利润负责的区域,是指(　　)。

A. 成本中心　　B. 收入中心

C. 利润中心　　D. 投资中心

11. 生产预算是在(　　)的基础上编制的。

A. 销售预算　　B. 直接人工预算

C. 现金预算　　D. 产品成本预算

12. 创建“科学管理”学说的是(　　)。

A. 泰罗　　B. 麦金西

C. 派尔　　D. 刘易斯

(二)多项选择题

1. 财务战略主要解决实现企业战略所需要的方面是(　　)。

A. 资金来源　　B. 资金投向

C. 资金分配　　D. 资金成本

2. 属于预算的积极作用的是(　　)。

A. 科学管理的作用　　B. 细化指标的作用

C. 帮助决策的作用　　D. 控制的作用

3. 以下选项中，属于预算观的是(　　)。

A. 实质重于形式的预算观　　B. 任务导向的预算观

C. 结果导向的预算观　　D. 权责发生制的预算观

4. 属于预算发展期的学者是(　　)。

A. 泰罗　　B. 麦金西

C. 派尔　　D. 刘易斯

5. 按责任和控制范围的大小，可将各责任单位分为(　　)。

A. 成本中心　　B. 利润中心

C. 投资中心　　D. 业绩评价中心

6. 成本中心的特点包括(　　)。

A. 成本中心只考评成本费用不考评收益

B. 成本中心只对可控成本承担责任

C. 成本中心只对责任成本进行考核和控制

D. 成本中心需要对利润负责

7. 下列选项中，说法正确的是(　　)。

A. 考核利润中心业绩时不进行投入产出比较

B. 利润中心的责任是控制收入和成本

C. 利润中心没有投资决策权

D. 投资中心具有最大的决策权，也承担最大的责任

8. 投资中心具备的特征有(　　)。

A. 拥有投资决策权　　B. 处于责任中心的最高层次

C. 承担最大的责任　　D. 一般都是独立法人

9. 关于投资利润率指标的说法正确的是(　　)。

A. 投资利润率是评价投资中心经营业绩的尺度

B. 投资利润率具有横向可比性

C. 投资利润率能反映投资中心的综合盈利能力

D. 投资利润率可以作为选择投资机会的依据

10. 责任中心的特征是(　　)。

A. 一个责权利结合的实体　　B. 有条件承担责任

C. 有一定的经营业务和财务收支活动　　D. 能够进行责任会计核算

11. 下列有关利润中心的说法中，正确的是(　　)。

A. 利润中心具备生产经营决策权

B. 利润中心的责任是控制收入和成本

C. 利润中心既对成本负责又对收入和利润负责

D. 人为利润中心是指直接面对市场对外销售产品而取得收入的利润中心

12. 下列表述中，正确的说法是(　　)。

A. 高层次责任中心的不可控成本，对于较低层次的责任中心来说，一定是不可控的

B. 低层次责任中心的不可控成本，对于较高层次的责任中心来说，一定是可控的

C. 某一责任中心的不可控成本，对另一个责任中心来说则可能是可控的

D. 某些从短期看属不可控的成本，从较长的期间看，可能又成为可控成本

(三)判断题

1. 计划就是预算,二者没有区别。 ( )

2. 预算管理是一套将公司战略和财务战略与企业日常经营的具体业务有效结合的管理制度。 ( )

3. 预算是一项非常有效的管理制度,不会出现目标偏差。 ( )

4.“科学管理”学说标志着企业预算管理理论开始形成。 ( )

5. 为了划定各责任中心的成本责任,使不应承担损失的责任中心在经济上得到合理补偿,必须进行责任转账。 ( )

6. 责任报告通常都是自下而上编制的。 ( )

7. 责任成本的内部结转是指由承担损失的责任中心对实际发生或发现损失的其他责任中心进行损失赔偿的账务处理过程;对本部门因其自身原因造成的损失,不需要进行责任结转。 ( )

8. 投资中心是最高层次的责任中心,成本中心一般不是独立法人,利润中心可以是也可以不是独立法人,投资中心一般是独立法人。 ( )

9. 利润中心的考核指标为利润,即通过一定期间实际实现的利润同责任预算所确定的利润进行对比,评价其责任中心的业绩。 ( )

10. 投资中心与利润中心的区别主要是权利不同,同时考核办法也是不一样的。 ( )

11. 自然利润中心具有价格制定权、材料采购权、生产决策权和投资决策权。 ( )

12. 预算管理组织中起主导地位的是企业的董事会及其预算管理委员会。 ( )

(四)简答题

1. 企业的预算和计划有什么区别?

2. 预算管理委员会的职责有哪些?

3. 成本中心、利润中心和投资中心的责任有什么不同?

4. 企业预算的组织结构一般可以分为哪几类?

5. 什么是预算管理体系?

6. 预算行为中可能出现的不良行为有哪些?如何引导?

第十二章

预算的种类与方法

一、本章知识要点

1. 预算的种类

(1)从预算所涵盖的内容范围来看,主要分为经营预算、资本预算和财务预算。

(2)从预算编制的主体来看,主要分为部门预算和总预算。

(3)从预算所涵盖的时间范围来看,主要分为长期预算和短期预算。

(4)从预算编制的特征来看,主要分为未来状态预算、责任预算及措施预算。

2. 预算编制方法

编制预算的方法按业务量基础的数量特征不同,分为固定预算和弹性预算两大类。

编制成本费用预算的方法按其出发点的特征不同,分为增量预算和零基预算两大类。

编制预算的方法按其预算期的时间特征不同,分为定期预算和滚动预算两大类。

根据编制时变量的稳定程度不同,可分为确定性预算与概率预算。

二、关键概念

经营预算　资本预算　财务预算　固定预算　弹性预算　增量预算

零基预算　定期预算　滚动预算　概率预算

三、复习思考题

1. 预算按其主体可以分为哪几类?
2. 按照业务量基础的数量特征不同,预算编制方法可以分为哪几类?
3. 编制预算的方法按其预算期的时间特征不同,可以分为哪几类?

四、练习题

(一)单项选择题

1. 与企业日常经营活动直接相关的经营业务的预算是(　　)。

A. 财务预算　　B. 资本预算
C. 固定预算　　D. 经营预算
2. 公司预算的编制起点是(　　)。
A. 销售预算　　B. 产品成本
C. 现金预算　　D. 生产预算
3. 以下关于固定预算的说法不正确的是(　　)。
A. 又称为静态预算
B. 适用于业务量经常变化的企业
C. 需要确定某一业务水平作为编制预算的基础
D. 传统预算大多采用固定预算的方法
4. 以下关于弹性预算的表达不正确的是(　　)。
A. 又称为变动预算　　B. 需要以成本习性分析为基础
C. 需要区分变动成本与固定成本　　D. 具有间断性的缺点
5. 以下选项中,不属于增量预算的假定的是(　　)。
A. 现有的业务活动是企业必需的　　B. 原有的开支都是合理的
C. 增加费用预算是值得的　　D. 预算得到授权批准
6. 以下关于定期预算的说法不正确的是(　　)。
A. 是在编制预算时以不变的会计期间作为预算期的一种预算编制方法
B. 存在盲目性的缺点
C. 不能随着情况的变化而及时调整
D. 定期预算通常需要考虑下期的情况
7. 零基预算最早起源于(　　)。
A. 英国　　B. 日本
C. 美国　　D. 中国

(二)多项选择题

1. 按照预算所覆盖的内容范围可以分为(　　)。
A. 经营预算　　B. 资本预算
C. 财务预算　　D. 零基预算
2. 按照预算的特征可以分为(　　)。
A. 未来状态预算　　B. 责任预算
C. 措施预算　　D. 部门预算
3. 以下选项中,属于固定预算的缺点的是(　　)。
A. 过于机械呆板　　B. 可比性差
C. 透明度低　　D. 受原有费用项目限制
4. 编制弹性预算所依据的业务量可以是(　　)。
A. 产量　　B. 销售量
C. 直接人工工时　　D. 机器工时
5. 弹性成本预算编制的方法主要有(　　)。
A. 公式法　　B. 列表法
C. 图示法　　D. 百分比法

6. 以下选项中，属于滚动预算形式的是(　　)。

A. 逐月滚动　　B. 逐季滚动

C. 混合滚动　　D. 逐年滚动

7. 下列选项中，属于日常业务预算内容的有(　　)。

A. 产品成本预算　　B. 销售费用预算

C. 资本支出预算　　D. 生产预算

8. 下列选项中，与生产预算有直接联系的预算是(　　)。

A. 直接材料预算　　B. 直接人工预算

C. 固定制造费用预算　　D. 现金预算

(三)判断题

1. 销售预算是全面预算的出发点，也是其他业务预算编制的基础。(　　)

2. 产品成本预算是生产预算、现金预算、直接材料预算、直接人工预算和制造费用预算的汇总。(　　)

3. 短期预算是制定公司战略计划过程中的一个关键内容。(　　)

4. 固定预算是预算最基本的方法，传统预算大多采用固定预算的方法。(　　)

5. 弹性预算是为克服固定预算的缺点而设计的。(　　)

6. 零基预算是以零为基础编制计划和预算的方法。(　　)

7. 确定性预算是指在编制预算时，有关变量以稳定不变的数值表达，并据以编制预算的方法。(　　)

8. 概率预算主要用于编制成本预算和利润预算。(　　)

(四)简答题

1. 预算按照内容可以分为哪几类？

2. 编制成本费用预算按照其出发点的特征不同，可以分为哪几类？

3. 滚动预算按照预算编制和滚动的时间单位不同，可以分为哪几类？

4. 与固定预算相比，弹性预算有什么优点？

5. 零基预算有什么优点？

(五)计算分析题

1. 某公司预算年度某产品的销售量变动范围为10 000～30 000件，正常情况下可实现20 000件，销售单价为10元，单位变动成本为6元，其中直接材料2元，直接人工2元，单位制造费用为1.5元，单位销售及管理费用0.5元，固定成本总额为5 000元，请填写该公司的利润预算表(如下所示)。

预算项目	第一季度	第二季度	第三季度	第四季度	本年合计
销售量	3 000	5 000	8 000	4 000	20 000
销售收入					
减：变动成本总额					
直接材料					
直接人工					
制造费用					

续表

预算项目	第一季度	第二季度	第三季度	第四季度	本年合计
销售及管理费用					
边际贡献					
减:固定成本总额					
销售利润					

2. 向明公司第一车间采用增量预算的方法,20×5 年度的制造费用预算为 60 000 元,此时的人工工时预算为 20 000 工时,预计未来两年每年分别增长 10% 和 15%,该车间的成本预计两年内每年降低 3%。请计算第一车间未来两年预算年度的制造费用指标。

3. 红星公司某产品的销售量变动范围为 30 000～50 000 件。销售单价为 200 元,单位变动成本为 120 元,固定成本总额为 500 000 元。请以销售间隔为 5 000 件编制年度利润弹性预算表。

4. 星光公司的正常销售额为 200 000 元,销售额变动范围为 80%～130%,变动成本率保持 70%不变,固定成本为 50 000 元。请以销售额 10%的间隔编制利润弹性预算。

5. 已知光辉公司第一车间制造费用预算如下。

业务量范围(人工工时)	固定成本	单位变动成本
辅助工人工资	10 000	
检验员工资		0.35
维修费	5 000	0.2
水费	6 000	0.3
保险费	5 000	
设备租金	7 000	
管理人员工资	10 000	
辅助材料	2 000	0.2

请计算当该车间的人工工时为 50 000 时,该车间制造费用的总额及各个项目的数值。

第十三章

预算目标的确定与分解

一、本章知识要点

1. 成本习性:是指成本总额与业务量之间在数量上的依存关系。

2. 本量利分析模型:在成本习性分解的基础上,在成本、业务量与利润之间建立函数关系,称为本量利分析模型。

3. 目标利润及目标成本的确定过程就是预算目标的确定与分解过程。

4. 目标利润的试算平衡:目标利润一旦确定,应保持相对的稳定性,在预算的执行过程中,应通过改善管理来调整经营活动,保证目标利润的实现,这种调整过程,称为目标利润的试算平衡。

5. 目标成本可行性分析:目标成本的提出为计划年度企业生产产品的成本提出了预期的要求,但是能不能实现,还必须进一步对其进行可行性分析和验证。

二、关键概念

固定成本　变动成本　混合成本　高低点法　边际贡献　边际贡献率　最小二乘法　变动成本率

三、复习思考题

1. 什么是总习性模型的表述式?

2. 业务量与成本的相关系数的含义是什么?

3. 为了保证目标利润的实现,可以采用哪些措施?

4. 本量利分析模型可用于什么场合?

5. 企业的预算目标如何确定?

四、练习题

(一)单项选择题

1. 某企业只生产一种产品,月计划销售 600 件,单位变动成本 6 元,月固定成本 1 000 元,欲实现利润 2 000 元,则单价应为(　　)元。

A. 11　　B. 12

C. 13　　D. 14

2. 销售收入为 20 万元,边际贡献率为 60%,其变动成本总额为(　　)万元。

A. 8　　B. 12

C. 4　　D. 16

3. 某企业只生产一种产品,单价 60 元,单位变动生产成本 40 元,单位销售和管理变动成本 10 元,销量为 500 件,则其产品边际贡献为(　　)元。

A. 4 000　　B. 5 000

C. 8 000　　D. 10 000

4. 在变动成本法下,其利润表所提供的中间指标是(　　)。

A. 边际贡献　　B. 营业利润

C. 营业毛利　　D. 期间成本

5. 某推销员每月固定工资 1 000 元,在此基础上,推销员还可按推销保险金额的 2% 领取奖金,那么推销员的工资费用属于(　　)。

A. 半固定成本　　B. 半变动成本

C. 变动成本　　D. 固定成本

6. 在本量利分析中,必须假定产品成本的计算基础是(　　)。

A. 完全成本法　　B. 变动成本法

C. 吸收成本法　　D. 制造成本法

7. 某企业每月固定成本 1 000 元,单价 10 元,计划销售量 500 件,欲实现目标利润 1 000 元,其单位变动成本为(　　)元。

A. 9　　B. 8

C. 7　　D. 6

8. 销售量不变,保本点越高,则能实现的利润(　　)。

A. 越小　　B. 不变

C. 越大　　D. 不一定

9. 销售收入为 120 万元,产品销售单价为 100 元,边际贡献为 40 元,其变动成本总额为(　　)万元。

A. 36　　B. 48

C. 72　　D. 96

10. 下列选项中,导致保本销售量上升的是(　　)。

A. 销售量上升　　B. 产品单价下降

C. 固定成本下降　　D. 产品单位变动成本下降

(二)多项选择题

1. 本量利分析的前提条件是(　　)。

A. 相关范围及线性假设　　B. 变动成本法假设
C. 产销平衡和品种结构不变假设　　D. 目标利润假设

2. 边际贡献率的计算公式可表示为(　　)。
A. 1－变动成本率　　B. 变动成本/销售收入
C. 固定成本/保本销售量　　D. 固定成本/保本销售额

3. 本量利分析的基本内容有(　　)。
A. 保本点分析　　B. 安全性分析
C. 利润分析　　D. 成本分析

4. 按照成本习性分类,可以将成本分为(　　)。
A. 变动成本　　B. 固定成本
C. 制造成本　　D. 混合成本

5. 降低盈亏临界点的途径有(　　)。
A. 增加变动成本　　B. 提高单价
C. 降低固定成本　　D. 增加销售渠道

6. 基本损益方程式是指(　　)。
A. 利润＝销售收入总额－总成本
B. 利润＝销售收入总额－(变动成本总额＋固定成本总额)
C. 利润＝单价×销售量－销售量×单位变动成本－固定成本总额
D. 利润＝销售量×(单价－单位变动成本)－固定成本总额

7. 以下关于目标利润的说法正确的是(　　)。
A. 确定目标是企业编制预算的基础
B. 目标利润可以参考同类企业产品的平均销售利润率
C. 目标利润应该越高越好
D. 在销售收入不变的情况下,要实现目标利润,必须先达到目标成本

8. 某企业只生产一种产品,该产品各项目占销售收入的百分比分别为:直接材料 30%,直接人工 15%,变动制造费用 15%,变动管理费用 7%,变动销售费用 3%。该年度固定成本总额为 100 000 元,产品单价 100 元,企业目标利润为 200 000 元,则下列说法正确的是(　　)。
A. 边际贡献率为 30%　　B. 单位边际贡献为 30 元
C. 盈亏临界点销售量为 2 000 件　　D. 目标销售量为 10 000 件

9. 下列关于"变动成本率"表述正确的有(　　)。
A. 是变动成本总额与销售收入总额的比值
B. 是单位变动成本与单价的比值
C. 等于 1－边际贡献率
D. 等于 1＋边际贡献率

10. 下列选项中,导致安全边际提高的有(　　)。
A. 单价上升　　B. 单位变动成本降低
C. 固定成本减少　　D. 预计销售量增加

(三)判断题

1. 在特定的业务量范围内,变动成本总额随业务量变动而正比例变动,单位变动成本不随业务量变动而变动,固定成本总额不随业务量变动而变动,单位产品的固定成本随业务量变

动而呈反比例变动。 ( )

2. 在销售收入不变的情况下，要实现目标利润，必须要达到目标成本，利用目标成本＝销售收入－税金－目标利润进行计算。 ( )

3. 在变动成本法下，能够计入产品成本的仅仅是变动成本。 ( )

4. 在单价、单位变动成本及销量不变的情况下，固定成本的增加额即是目标利润的减少额。 ( )

5. 边际贡献是产品扣除自身变动成本后给企业所做的贡献，如果不足以收回固定成本，则发生亏损。 ( )

6. 其他因素不变，产品单价与单位变动成本上升相同的百分点，则盈亏临界点销售量不变。 ( )

7. 影响利润的各因素中，最敏感的是单价，其次是单位变动成本，再次是销量，最后是固定成本。 ( )

8. 混合成本是成本总额会随业务量的变动而变动，但不随正比例变动的那部分成本，不能简单地将其归入固定成本或变动成本。 ( )

9. 成本分解，实际上是一个对成本性态进行“研究”的过程，而不仅仅是一个计算过程。 ( )

10. 高低点法是指利用历史资料，利用某一时期高低的产销量与其对应的相关成本的资料，分解固定成本与变动成本的方法。 ( )

(四)简答题

1. 成本按其习性可以分为哪几类?

2. 高低点法与最小二乘法在对成本进行分解时有何差异?

3. 目标利润和目标成本如何确定?

4. 为什么说目标利润制定得适当与否关系到预算管理的实施效果?

5. 目标成本可行性分析的步骤是什么?

(五)计算分析题

1. 已知某企业产销A、B、C三种产品的有关资料，如下表所示。

产品名称	销售数量	销售收入总额	变动成本总额	单位边际贡献	固定成本总额	利润(或亏损)
A	(1)	20 000	(2)	5	4 000	4 000
B	1 000	20 000	(3)	(4)	8 000	－3 000
C	4 000	30 000	10 000	(5)	9 000	(6)

要求：计算并填列表中用数字(1)、(2)、(3)、(4)、(5)、(6)表示的项目。

2. 某公司生产甲、乙、丙三种产品，其固定成本总额为19 800元，三种产品的有关资料如下。

品　种	销售单价(元)	销售量(件)	单位变动成本(元)
甲	2 000	60	1 600
乙	500	30	300
丙	1 000	65	700

要求：(1)采用加权平均法计算该公司的综合边际贡献率。

(2)计算该公司营业利润。

3. 某公司 20×5 年的简易利润表如下表所示。

单位：元

销售收入	140 000
减：销售成本	100 000(其中变动成本占 60%)
销售毛利	40 000
减：营业费用	60 000(其中固定成本占 50%)
净利润	－20 000

经过分析，公司认为亏损的原因主要是销售收入较少，这与产品的宣传度不够有关，于是决定 20×6 年增加广告费 12 000 元，可使销量大幅度增加，就能扭亏为盈。要求：

(1)计算该公司 20×5 年保本点销售额；

(2)如果该公司 20×6 年计划实现利润 18 000 元，则其销售额应为多少？

4. 某公司产销一种产品，本年有关资料如下表所示。

单位：元

单位售价	20
单位变动成本	
直接材料	4
直接人工	5
变动制造费用	5

要求：(1)计算当年单位边际贡献；

(2)若直接人工增加 30%，要维持目前的边际贡献率，则单位售价应提高多少？

5. 某公司某产品的总成本与销售额之间的函数关系为：月总成本＝200＋0.8×月销售额，售价每件 10 万元，假设月初月末产成品存货成本不变。试计算：

(1)计算边际贡献率、盈亏临界点销售量、销售 120 件产品时的安全边际销售量和营业利润、目标利润为 150 万元时的销售额；

(2)如果单位变动成本提高 1 万元，售价应定为多少时，才能保持原来的边际贡献率？

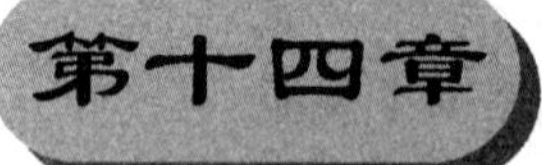

第十四章

短期经营预算

一、本章知识要点

1. 销售预算:主要内容是销售量、销售单价和销售收入;关键环节是对预期销售情况的预测。销售预测的方法包括:

(1)定性分析法
- 判断分析法
  - 意见汇集法(主观判断法)
  - 特尔菲法(客观判断法)
  - 专家小组法(客观判断法)
- 调查关联法
  - 关联指标预测法
  - 抽样预测法

(2)定量分析法
- 历史资料引申法
  - 简单平均法
  - 移动平均法
  - 季节预测法
- 回归分析法

(3)定性分析法与定量分析法的关系:相辅相成,结合运用。

2. 生产预算:建立在销售预算的基础上,包括生产预算、直接人工预算、直接材料预算和制造费用预算。

(1)生产预算:预期生产量=预期期末存货量+预期销售量-预算期间的期初存货量

(2)直接材料预算:预计材料耗用量=预计生产量×单位产品材料耗用量

预计采购量=预计生产需用量+预算期末材料存货量-预算期初的材料存货

预计采购总成本=预计采购量×预计采购单价

(3)直接人工预算:直接人工成本=小时工资率×预计总工时

(4)制造费用预算:变动制造费用=预计生产量×单位工时×标准变动费用率

固定制造费用需要逐项进行预计。

3. 存货预算

(1)存货预算管理的意义。

(2)存货预算的方法:库存宽裕度编制法、库存总额编制法。

4. 成本、费用预算

(1)成本预算:对生产预算中的直接材料预算、直接人工预算和制造费用预算的汇总。

(2)费用预算:销售费用和管理费用预算。

(3)预算方法
- 标准成本法
  - 理想标准成本(过于理想化,难以实现)
  - 正常标准成本(适合经济稳定条件下使用)
  - 现实标准成本(适合经济变化条件下使用)
- 作业预算法
  - 作业成本法
  - 作业成本预算法

二、关键概念

销售预算　定性预测法　定量预测法　调查关联法　生产预算
销售费用预算　理想标准成本　正常标准成本　现实标准成本
作业成本法

三、复习思考题

1. 生产预算由哪几个部分组成？简述各自的内容。
2. 成本预算有哪些编制方法？分别包括哪些内容？
3. 预测期末产成品数量的方法一般有哪些？

四、练习题

(一)单项选择题

1. 预计明年通货膨胀率为10%,公司销量增长5%,则预计销售额的名义增长率为(　　)。

A. 94.5%　　B. 10.5%

C. 15%　　D. 15.5%

2. 某企业今年1～6月份的各期实际销售额如下:

月　份	1	2	3	4	5	6
实际销售额	470	520	610	450	390	530

用简单平均法计算该企业7月份的销售额为(　　)。

A. 485　　B. 492

C. 495　　D. 512

3. 材料如第2题所示。用简单移动平均法(移动期数为4)预测7月份销售额为(　　)。

A. 485　　B. 492

C. 495　　D. 512

4. 材料如第2题所示。用加权移动平均法(预测间隔期为3,从近及远,权数依次为0.5,

0.3,0.2)预测7月份销售额为(　　)。

A. 448　　B. 472

C. 495　　D. 502

5. 下列选项中,关于专家调查法说法错误的是(　　)。

A. 专家调查法又称特尔菲法

B. 专家调查法是一种客观调查法

C. 它主要采用通信的方式,收集专家们的意见,让专家们充分讨论研究,进行预测

D. 专家调查法判断过程中,不能忽视少数人的意见

6. 下列各项中,不能在销售预算中找到的内容是(　　)。

A. 预计生产量　　B. 预计销售量

C. 预计单位售价　　D. 回收应收账款

7. 年度预算编制的关键和起点是(　　)。

A. 生产预算　　B. 现金预算

C. 销售预算　　D. 财务预算

8. 下列选项中,关于制造费用预算说法正确的是(　　)。

A. 制造费用是指除了直接材料预算之外的生产费用预算

B. 制造费用按照职能类型分为变动制造费用和固定制造费用

C. 变动制造费用的预算要逐项进行预计

D. 固定制造费用的预算要逐项进行预计

9. 下列选项中,关于标准成本法说法正确的是(　　)。

A. 理想标准成本适用于经济形势稳定的情况

B. 正常标准成本适用于经济形势不稳定的情况

C. 现实标准成本适用于经济形势不稳定的情况

D. 标准成本法是一种进行成本计算的方法

10. 以资源无浪费、设备无故障、产品无废品、工时都有效的假设前提为依据而制定的标准成本是(　　)。

A. 基本标准成本　　B. 理想标准成本

C. 正常标准成本　　D. 现实标准成本

11. 假设产品A和产品B是一对互补品,并且A的需求量是B的三倍。2008年该地区的B的产量是48万件,计划20×5年增产25%。某企业生产A产品,市场占有率为50%。预测该企业在该地区的B产品的销量为(　　)。

A. 180万件　　B. 30万件

C. 90万件　　D. 无法计算

(二)多项选择题

1. 下列关于意见汇集分析法,说法正确的有(　　)。

A. 意见汇集法是定性预测法中的一种

B. 意见汇集法收集专家们的意见,且各专家之间尽量不要交流

C. 意见汇集法是一种主观的判断法

D. 意见汇集法是一种客观的判断法

2. 下列选项中,属于定量预测法的有(　　)。

A. 调查关联法　　B. 历史资料引申法

C. 回归分析法　　D. 抽样预测法

3. 生产预算包括(　　)。

A. 销售量　　B. 生产量

C. 期初存货　　D. 期末存货

4. 下列预算中,既反映日常经营活动又反映相关现金收支内容的是(　　)。

A. 直接人工预算　　B. 生产预算

C. 期末存货预算　　D. 销售费用预算

5. 下列各项中,能够造成变动制造费用耗费差异的有(　　)。

A. 直接材料质量差,废料过多　　B. 间接材料价格变化

C. 间接人工工资调整　　D. 间接人工的人数过多

6. 下列选项中,关于直接人工预算说法正确的是(　　)。

A. 直接人工预算由生产部门编制

B. 直接人工预算既包括直接人工工资,又包括福利费

C. 工人工作时间中正常的休息时间应该包括在劳动时间里

D. 直接人工预算是用产量倒推出直接人工工时

7. 存货预算管理的意义有(　　)。

A. 可以降低由于库存过多引起的储存费用的增加

B. 能及时为顾客提供产品和服务

C. 可以减少占地,节省建设仓库的投资

D. 可以减少由仓库看管而产生的人力成本

8. 下列选项中,属于标准成本法环节的有(　　)。

A. 设定成本目标　　B. 制定标准成本

C. 计算和分析成本差异　　D. 处理成本差异

9. 下列关于经济批量的说法中,正确的有(　　)。

A. 经济订货量使得存货的总成本最低

B. 变动储存成本与每次进货批量呈正比

C. 变动订货成本与每次进货批量呈反比

D. 随着每次进货批量的变动,变动储存成本与变动订货成本反向变化

10. 下列选项中,属于管理费用的有(　　)。

A. 保险费　　B. 产品广告费

C. 办公费　　D. 包装运输费

(三)判断题

1. 现代市场经济条件下,企业往往根据“以产定销”进行经营活动。(　　)

2. 销售费用大多数是变动费用。(　　)

3. 标准成本是一种预计成本。(　　)

4. 变动制造费用的预算是以生产预算为基础来编制的。(　　)

5. 在安排销售费用时,一般采用本量利的方法。(　　)

6. 标准成本属于日常计划和控制所使用的成本,可以计入账簿。(　　)

7. 作为直接人工标准成本的用量标准必须是直接人工工时。(　　)

8. 存货的超额积压会带来直接损失和间接损失两种。其中，直接损失是指有形损失，间接损失是指无形损失。 ( )

9. 作业基础预算是每一个职能部门或者支出类别的成本预算。 ( )

10. 作业成本预算法是作业成本法的扩展和延伸。 ( )

(四)简答题

1. 销售预算的基本方法按性质分为哪两类？各自分别包含哪些方法？简述这些方法的适用条件。

2. 简述编制生产预算的方法。

3. 制造费用预算分成哪几部分？如何编制制造费用预算？

4. 有人说："存货不需要进行预算管理，只要按进出数量记载清楚、不出差错就可以了。"你是否同意这种说法？简述存货预算管理的意义。

5. 试比较理想标准成本、正常标准成本和现实标准成本，并说明它们的适用条件。

(五)计算分析题

1. 某公司预计明年的销售收入为 340 万元，销售额在一年中每月的分配较为平均。股利支付率为 0，销售成本率 60%，销售净利率 8%，所得税税率 25%。

要求：根据上述资料编制利润预算表。

利润预算表

单位：万元

项　目	金　额
销售收入	
销售成本	
毛利	
期间费用及其他费用	
税前利润	
所得税	
税后净利润	

2. 下表给出了某企业 20×6 年 1～9 月份销售量与销售收入。

月　份	销售收入(万元)	销售量(万件)
1	11.9	7.7
2	9.4	4.0
3	7.5	3.1
4	4.0	1.6
5	11.3	4.8
6	66.3	51.0
7	2.2	2.0
8	10.3	6.8
9	7.6	4.4

(1)用最小二乘法回归,写出销售量 x 和销售收入 y 之间的回归方程。

(2)如果预计 10 月份的销售量为 12.7 万件,则预计销售收入是多少?

3. 某公司 20×5 年 1～10 月份的销售量如下。

月　份	1	2	3	4	5	6	7	8	9	10
销售量(万件)	550	670	720	590	640	880	730	490	650	580
销售收入(万元)	8 200	8 800	9 010	7 920	8 000	9 880	9 100	6 200	8 790	7 100

(1)用指数平滑法计算 20×5 年 11 月份的销售量($S_t=\lambda X_{t-1}+(1-\lambda)S_{t-1}$,$\lambda$ 为 0.7)。

(2)用最小二乘法回归,写出销售量 x 和销售收入 y 之间的回归方程。

(3)结合(1)(2),预计 11 月份的销售额。

4. 某公司预测 20×5 年第一季度 A 产品的各个月份的销售量如下。

月　份	1	2	3
预测销量(件)	2 800	2 600	3 100

销售单价为 80 元。该公司应收货款的办法为:当月收款 50%,次月 40%,第三个月 10%。假定期初的应收账款余额为 17 000 元,其中包括 20×4 年 11 月份销售的应收账款 4 000元和 12 月份应收账款 13 000 元。

(1)计算该公司 20×4 年 11 月份和 12 月份的销售总额。

(2)编制该公司 20×5 年第一季度的销售预算和预计现金收入预算。

5. 下表是某公司的成本预算,试完成下列成本预算表。

	单位成本			生产成本(300 件)	期末存货(200 件)	销售成本(480 件)
	每千克或每小时	投入量	成　本			
直接材料	5	17 千克				
直接人工	3	10 小时				
变动制造费用	1.5	10 小时				
固定制造费用	2.8	10 小时				
合　计						

(六)综合计算分析题

20×5 年 10 月的某一天,蓝天家具公司的财务经理林先生接到公司总经理的电话,告诉他今年由于经济形势变化,需要提前做出销售与生产预算,因此要求他尽快做出 20×6 年全年的销售预算和生产预算。林先生接到通知后,立刻找到销售部门,请他们整理出 20×6 年的销售预测数据。不久,销售部门便将这项数据打印出来,如下表所示。

蓝天家具公司的销售预测表

年　份	月　份	销售额(万元)
2009	11	320
	12	430
2010	1	380
	2	400
	3	380
	4	370
	5	510
	6	450
	7	440
	8	390
	9	400
	10	460
	11	380
	12	360
2011	1	430
	2	370

销售部门的报告还指出，根据以往经验，销售预测和实际销售的误差最大可能达到20%。另外，上述预测没有计入销售折扣，公司的赊销方针为“3/10、N/30”。根据经验，大约有20%的顾客在10天内付款，80%的顾客在30天内付款。

公司的采购采取提前一个月的方针，采购的物资为销售额的30%。付款方式为货到的当月支付货款的65%，次月支付余下的35%。公司的人工成本占销售额的40%，公司管理人员工资为每月70万元。每月的厂房租金为18万元，这一租房合同在20×6年依然有效。公司的其他经营费用为每月8万元。

根据上述资料，分别根据销售预测值的最佳情况和最差情况，思考以下问题：

(1)完成蓝天家具公司20×6年的销售预算；

(2)完成蓝天家具公司20×6年的成本预算；

(3)做出最佳情况的现金预算。

第十五章

长期决策预算

一、本章知识要点

1. 资本预算的概念:资本预算是企业规划和控制的重点之一,也是全面预算系统中的重要组成部分。

2. 资本预算的特点:资金量大、周期长、风险大、时效性强。

3. 资本预算中采用现金流量的原因。

4. 现金流量的估算应注意的问题:

(1)现金流量应该换算成税后现金流,并且是增量现金流量;

(2)正确区分沉没成本和机会成本;

(3)注意对原有产品或部门的影响;

(4)净营运资本变化的影响;

(5)区分相关成本和不相关成本。

5. 现金流量的构成:初始现金流、经营现金流量、终结现金流量。

6. 资本预算的方法

(1)静态指标:

指　标	含义与计算	特　点
投资回收期	含义:指投资引起的现金流入累计到与投资额相等时所需要的时间。 计算方法: (1)年现金净流量相等 投资回收期=原始投资额/年现金净流量 (2)年现金净流量不相等 投资回收期=n+(第 n 年末尚未收回投资额/第 n+1 年的现金净流量)	优点:计算简便,易于理解。 缺点:忽视时间价值,没有考虑回收期之后的收益。主要用来测定方案的流动性而非盈利性。

续表

指　标	含义与计算	特　点
平均收益率	含义:投资项目寿命期内的平均年投资报酬率。 计算方法: 平均报酬率＝预期年平均利润/年平均投资额×100%	优点:计算简便,数据易得。 缺点:忽略货币时间价值,投资收益中没有包括折旧,可能导致错误决策。

(2)动态指标:

指　标	含义与计算	决策原则
净现值	含义:投资项目所产生的所有现金流入量和现金流出量按照目标利润率或者资本成本贴现后的代数和计算。 计算方法: $NPV=\sum NCF_t/(1+i)^t \quad (t=0,1,2,\cdots)$	如果 NPV 为正数,该投资项目的报酬率大于预定的贴现率,方案可行。
现值指数	含义:投资项目未来报酬的总现值与初始投资额的现值之比,表明项目投资的获利能力。 计算方法: PI＝未来报酬的总现值/初始投资额	如果 $PI \geqslant 1$,项目可接受;反之,项目应被拒绝。
内含报酬率	含义:指在投资项目的有效期内使投资项目的净现值为零的贴现率。 计算方法: 试算法和年金法	内含报酬率高于投资人要求的必要收益率或者企业的资金成本率时,方案可行。

(3)净现值法、内含报酬率法和现值指数法之间的比较,并注意其运用场合。

7. 研究与开发预算

(1)研究与开发费用和预算管理的特点。

(2)研究开发预算的编制方法。

(3)研究开发费用预算总额的分摊:按研发项目或者部门。

(4)研究开发预算管理过程中应该注意的问题。

(5)研究开发费用预算的实施。

8. 筹资预测的步骤:(1)销售预测:财务预测的起点。(2)估计所需要的资产。(3)估计收入、费用和保留盈余。(4)估计所需外部筹资额。

9. 销售百分比法:

(1)根据销售总额确定融资需求

预计敏感资产(负债)＝预计销售额×各项目占销售收入的百分比

留存收益增加＝预计销售额×销售净利率×(1－股利支付率)

外部融资需求＝预计敏感总资产－预计敏感总负债－预计股东权益

(2)根据销售增加量确定融资需求

资金需求总量＝敏感资产增量－敏感负债增量

外部融资需求量＝敏感性资产增量－敏感负债增量－留存收益增加额

融资需求＝(资产销售百分比×新增销售额－负债销售百分比×新增销售额)－预计销售净利率×预计销售额×(1－股利支付率)

(3)销售百分比法的优缺点

10. 线性回归法——资金习性预测法：

(1)按照资金与产销量之间的变动依存关系，可以把资金分为：

a. 不变资金：一定产销范围内，不随产销量变动而变动的资金。

b. 变动资金：随着产销量变动而成正比例变动的资金。

c. 半变动资金：虽然受产销量变化而影响，但是不成比例变动的资金。

(2)预测的基本模型：$Y=a+bX$（Y 为资金需要量，a 为不变资金，b 为单位变动资金，X 为产销量）

(3)总额法：根据历史数据，运用回归的方法计算出上式中的 a、b，再将下一年的预计销售量代入方程，计算出资金需要量 Y。

(4)分项预测法：根据各资金占用项目（如现金、存货、应收账款、固定资产等）同销售收入的关系，把各个项目的资金分为变动资金和固定资金，然后汇总求出企业变动资金总额和不变资金的总额，再预计资金需要量。

二、关键概念

现金净流量　净现值　内含报酬率　净营运资本变化　确定性等价法
贴现率风险调整　研究活动　开发活动　销售百分比法　资金习性预测法

三、复习思考题

1. 资本预算的事前、事中和事后评价控制分别具体指什么？
2. 沉没成本和机会成本的区别是什么？
3. 资本预算的评价指标有哪些？
4. 研发费用包括哪些内容？
5. 筹资预测的意义何在？
6. 财务预测的基础是什么？为什么？
7. 如何用资金习性法预测资金需求量？

四、练习题

(一)单项选择题

1. 下列选项中，不属于资本预算中采用现金流量的原因的是（　　）。

A. 考虑了货币的时间价值　　B. 考虑了投资的实际效果

C. 使资本预算更加稳健　　D. 使资本预算更加客观

2. 某投资方案的年营业收入为 10 000 万元，年营业成本为 5 000 万元，其中年折旧额为 850 万元，所得税税率为 33%，该方案的每年营业现金流量为（　　）万元。

A. 3 350　　B. 3 919.5

C. 4 200　　D. 5 850

3. 下列选项中，关于投资回收期说法错误的是（　　）。

A. 投资回收期指投资引起的现金流入累计到与投资额相等时所需要的时间

B. 投资回收期没有考虑回收期后的项目现金流情况

C. 投资回收期没有考虑货币的时间价值

D. 投资回收期方法仅仅测定了项目的盈利性，可能失去长远利益

4. 某投资方案，当贴现率为16%时，NPV=338万元。当贴现率为18%时，NPV为−22万元。则方案的内含报酬率为(　　)。

A. 15.88%　　B. 16.12%

C. 17.88%　　D. 18.14%

5. 下列选项中，说法错误的是(　　)。

A. 内含报酬率是能够使未来现金流入量现值等于未来现金流出量现值的贴现率

B. 内含报酬率是项目本身的预期报酬率

C. 内含报酬率是使方案现值指数为零的贴现率

D. 内含报酬率是使方案净现值为零的贴现率

6. 在整个全面预算体系中，(　　)是基础。

A. 销售预算　　B. 生产预算

C. 筹资预算　　D. 现金预算

7. 企业的外部融资需求的正确估计为(　　)。

A. 资产增加−预计总负债−预计股东权益

B. 资产增加−负债自然增加−留存收益的增加

C. 预计总资产−负债自然增加−留存收益的增加

D. 预计总资产−负债自然增加−预计股东权益增加

8. 某企业20×5年的销售收入为1 000万元，如果预计下年度的通货膨胀率为8%，公司销量增长率为6%，所确定的外部融资占销售增长的百分比为20%，则相应的外部应追加的资金为(　　)万元。

A. 15.88　　B. 22.74

C. 28.96　　D. 31.92

9. 甲企业20×5年的可持续增长率为10%，每股股利为3元，若预计下年不增发新股并保持目前经营效率和财务政策，则下年每股股利为(　　)元。

A. 3　　B. 3.1

C. 3.3　　D. 4

10. 下列选项中，关于销售百分比法说法不正确的是(　　)。

A. 销售百分比法能为财务管理人员提供长期的预测财务报表

B. 它建立在假设资产负债表与利润表的项目的比例不变的基础上

C. 销售百分比法是一种简单实用的方法

D. 销售百分比法有总额法和增加额法两种

11. 某公司的变动资产占销售额的百分比为47%，固定资产占销售额的百分比为10%。变动负债占销售额的百分比为28%，权益占销售额的百分比为15%。下列选项中，说法正确的是(　　)。

A. 其他负债占销售额百分比为15%　　B. 应筹资金占销售收入百分比为19%

C. 其他负债占销售额百分比为19%　　D. 应筹资金占销售收入百分比为4%

(二)多项选择题

1. 在对同一个项目的可行性进行评价，即单一方案决策过程中，与净现值评价结论可能发生矛盾的指标是(　　)。

A. 现值指数　　B. 会计收益率

C. 投资回收期　　D. 内含报酬率

2. 甲、乙两个投资方案的未来使用年限不同,且只有相关现金流出而没有现金流入。此时要对甲、乙两个方案进行比较时,不宜比较(　　)。

A. 两个方案的净现值　　B. 两个方案的总成本

C. 两个方案的内含报酬率　　D. 两个方案的平均年成本

3. 如果其他因素不变,当折现率提高时,下列指标中数值会变小的是(　　)。

A. 投资回收期　　B. 净现值

C. 内含报酬率　　D. 获利指数

4. 影响项目内含报酬率的因素包括(　　)。

A. 投资项目的有效年限　　B. 投资项目的现金流量

C. 企业要求的最低报酬率　　D. 银行贷款利率

5. 研究开发费用预算的特点有(　　)。

A. 费用支出的未来经济效益不确定

B. 费用支出具有资本支出的性质

C. 费用支出的预期结果将形成企业的无形资产

D. 成功的研发成果能带来稳定的现金流入

6. 下列关于研究开发预算管理特点的说法中,正确的有(　　)。

A. 研究与开发决策一般是在企业最高管理者的组织下制定出来的

B. 研发费用的金额是由企业最高管理者依据科研规划决策来确定的

C. 研究开发预算的核心是对预算金额的分配

D. 研究开发预算与实际支出之间的差异,不能说明研发费用的支出是否有效

7. 外部融资量取决于(　　)。

A. 销售的增长　　B. 股利支付率

C. 销售净利率　　D. 资产和负债的销售百分比

8. 下列选项中,属于筹资预测的步骤的有(　　)。

A. 销售预测　　B. 估计保留盈余

C. 估计外部融资额　　D. 估计所需要的资产

9. A 企业 20×4 年的销售收入为 5 000 万元,销售净利率为 10%,留存收益率为 60%,年末的股东权益为 800 万元,总资产为 2 000 万元,20×5 年计划销售收入达到 6 000 万元,销售净利率为 12%,资产周转率为 2.4 次,留存收益率为 80%,不增发新股,则(　　)。

A. 20×5 年末的权益乘数高于 1.5　　B. 20×5 年的可持续增长率高于 70%

C. 20×5 年的负债减少　　D. 20×5 年股东权益增长率高于 70%

10. 外部融资销售增长比的用途包括(　　)。

A. 计算内含增长率　　B. 计算可持续增长率

C. 调整股利政策　　D. 确定通货膨胀的影响

11. 某公司上年度的资产总额为 2 000 万元。今年的负债增量为 80 万元,所有者权益增量 60 万元。则下列说法不正确的是(　　)。

A. 今年的资产总额为 2 140 万元　　B. 该公司今年的资产负债比为 7∶4

C. 资产的增加额为 140 万元　　D. 无法确定资产的增加额

12. 以下选项中,属于资金需要量的预测方法的有(　　)。

A. 定性预测法　　B. 趋势预测法

C. 资金习性法　　D. 销售百分比法

(三)判断题

1. 初始现金流量就是初始投资。(　　)

2. 折旧之所以对投资决策产生影响,是因为折旧是现金的一种来源。(　　)

3. 在项目规模相同的情况下,净现值法和现值指数法结论一致。(　　)

4. 研究开发预算的编制方法一般采用定性分析。(　　)

5. 研究开发费用预算总额的编制中,销售额百分比法用得最多。这里的销售额是指销售净额。(　　)

6. 销售百分比法一般假设资产项目中的应收账款、存货和固定资产都与销售额成比例。(　　)

7. 股利支付率和外部融资需求成反比,销售净利率与外部融资需求成正比。(　　)

8. 外部资金需要等于总的资金增加量减去内部筹资额。(　　)

9. 企业的内部融资额即为留存收益增加额。(　　)

10. 现金、存货和应收账款占用的资金一定是变动资金。(　　)

(四)简答题

1. 简述资本预算的作用。

2. 简要评价净现值法的优缺点。

3. 比较净现值法与内部报酬率法。

4. 比较净现值法与现值指数法。

5. 简述资本预算中如何调整风险。

6. 简述研究与开发费用的特点以及预算管理中应注意的问题。

7. 什么是资金习性?资金有哪三种类型,分别是如何定义的?

(五)计算分析题

1. 长江公司准备购入一设备以投资新产品。现有甲、乙两个方案可以选择。甲方案需要投资 3 750 万元,使用寿命 5 年,采用直线法计提折旧,无残值。5 年中每年销售收入为 1 875 万元,年付现成本 625 万元。乙方案需要投资 4 500 万元,采用年数总额法计提折旧,使用寿命也是 5 年,5 年后残值收入 750 万元。5 年中年收入 2 125 万元,付现成本第一年为 750 万元,以后随着设备的陈旧,逐年将增加修理费 37.5 万元,另需要垫支营运资金 375 万元。假设所得税税率为 40%,资金成本率 10%。

要求:

(1)计算两个方案的营业现金流量;

(2)计算两个方案的净现值;

(3)计算两个方案的投资回收期;

(4)判断应该选择哪个方案。

2. 某企业有三个投资方案可供选择,各年的现金流量净额数据如下表所示。

单位:元

年　限	方案 A	方案 B	方案 C
0	(200 000)	(90 000)	(120 000)
1	118 000	120 000	47 000
2	132 400	60 000	47 000
3	—	60 000	47 000

如果企业资金成本率为10%。

要求:(1)计算各方案的净现值;

(2)计算方案A和方案B的内含报酬率;

(3)三个方案中哪些是可行的?最优方案是哪个?

3. 某工业投资项目的甲方案如下:

项目原始投资820万元,其中:固定资产投资500万元,流动资金投资100万元,其余为无形资产投资。全部投资的来源均为自有资金。该项目建设期为2年,经营期为10年。除了流动资金投资在项目完工时投入之外,其余投资均在建设期间一次性投入。固定资产的寿命期为10年,按直线法计提折旧,期满残值为50万元。无形资产从投产年份起10年内摊销,流动资金于终结时一次性收回。预计项目投资后,每年发生的营业收入630万元,经营成本125万元,所得税税率33%。

要求:(1)计算甲方案中项目各年的现金流量。

(2)如果折现率为12%,计算甲方案的现值指标,评价其财务可行性。

4. 已知:某公司20×4年销售收入为20 000万元,销售净利润率为12%,净利润的60%分配给投资者。20×4年12月31日的资产负债表(简表)如下表所示。

资产负债表(简表)

20×4年12月31日　　　　单位:万元

资　产	期末余额	负债与所有者权益	期末余额
货币资金	1 000	应付账款	1 000
应收账款	3 000	应付票据	2 000
存货	6 000	长期借款	9 000
固定资产	7 000	实收资本	4 000
无形资产	1 000	留存收益	2 000
资产合计	18 000	负债与所有者权益总计	18 000

该公司20×5年计划销售收入比上年增长30%,为实现这一目标,公司需新增设备一台,价值148万元。据历年财务数据分析,公司流动资产与流动负债随销售额同比率增减。假定该公司20×5年的销售净利率和利润分配政策与上年保持一致。

要求:(1)计算20×5年公司需增加的营运资金。

(2)预测20×5年需要对外筹集的资金量。

5. 已知:某公司20×4年销售收入为10 000万元,销售成本率为70%,销售净利润率为

12%,净利润的70%分配给投资者。20×4年12月31日的资产负债表(简表)如下表所示。

单位:万元

资　产	期末余额	负债与所有者权益	期末余额
货币资金	200	应付票据	200
应收账款	1 800	应付账款	2 800
应收票据	500	长期借款	700
存货	350	实收资本	1 000
固定资产	2 500	资本公积	2 000
无形资产	1 500	留存收益	3 300
资产合计	6 850	负债与所有者权益总计	10 000

要求:(1)假设流动资产和流动负债随销售同比例变动,长期资产不变动,20×5年预计销售收入增长20%,销售净利率为10%,留存收益率为40%。计算需要增加的营运资金和外部融资额。

(2)假设流动资产和流动负债随销售同比例变动,长期资产不变动,20×5年销售净利率为10%,留存收益率为40%,不打算从外部融资。预计20×5年的销售增长率。

(3)假设流动资产中除存货以外,都与销售同比例变动,按照期末存货计算的存货周转率提高0.5次,长期资产增加800万元,流动负债随销售同比例变动,20×5年预计销售收入为20 000万元,销售成本率为75%,销售净利率为10%,留存收益率为40%,长期借款增加50万元,发行股票筹集80万元,其余的资金通过发行债券取得,每张债券的发行价格为1 000元,筹资费率为发行价格的6.5%。计算需要发行债券的张数。

(六)综合计算分析题

位于B市的碧霖啤酒厂是一家当地小有名气的啤酒生产厂家,生意一直很不错。公司的总经理陈杰是一位有着杰出管理才能的领导者。目前,陈杰正在为一件事情拿不定主意,啤酒厂的20台生产线即将被淘汰,现在有两家生产线厂商的推销员都在推销自己的产品,而且各有利弊,让陈杰难以取舍。

甲公司的推销员开价每台生产线价格8 000元,预计5年后每台的残值为500元。乙公司为生产器材租赁公司,推销员提出每年租金2 200元,每年年底以支付租金的方式承租生产线5年,5年之后生产线归还乙公司。

被淘汰的生产线已经全部提取折旧,现可以400元出售。新的生产线(无论哪家公司的产品)每年每台都需要1 500元的维护费用,每年预计产生的总收入为300 000元。

陈杰觉得在购置的情况下不到2年即可还本,同时可以得到利率为8%的贷款,贷款利息可以抵税,公司所得税税率25%。税法规定采用年数总和法,预计寿命5年,残值率10%。如果采取租赁方式,每台生产线5年总租金11 000元,租金总额超过购买价格,而且没有残值收入。因此,他认为应该采取购买方式。

当陈杰把这个方案报给公司管理层讨论时,遭到财务经理的坚决反对。财务经理认为,现在付出8 000元不一定比5年间每年付2 200元有利,虽然利息抵税,但租金支出也可抵税,何况还存在通货膨胀。应该通过财务分析才能确定。

要求:1. 你认为财务经理的说法是否有道理?

2. 在作资本预算时，应该用何种方法进行决策？

3. 碧霖啤酒厂应该租赁还是购买？

4. 通货膨胀会对这两种方式分别造成什么影响？

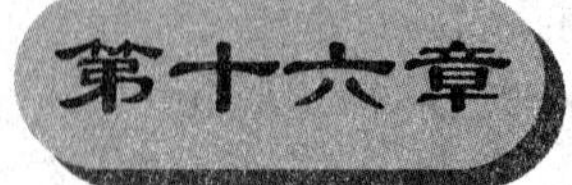

第十六章 财务预算

一、本章知识要点

(一)财务预算的概念

1. 企业财务预算是在预测和决策的基础上,围绕企业战略目标,对一定时期内企业资金取得、投放、各项收入和支出、企业经营成果及其分配等资金运作所做的具体安排。

2. 企业财务预算与业务预算、资本预算、筹资预算共同构成企业的全面预算。

3. 企业财务预算以业务预算、资本预算为基础,以经营利润为目标,以现金流为核心进行编制,以预计财务报表形式予以充分反映。

4. 企业财务预算一般按年度编制,结合业务预算、资本预算、筹资预算分季度、月份落实。

5. 财务预算被称为总预算,其他预算被称为分预算。

(二)财务预算的编制原则

1. 坚持效益优先原则,实行总量平衡,进行全面预算管理。

2. 坚持积极稳健原则,确保以收定支,加强财务风险控制。

3. 坚持权责对等原则,确保切实可行,围绕经济战略实施。

(三)财务预算的依据和内容

1. 财务预算的编制依据:业务预算、资本预算、筹资预算。

2. 财务预算的内容:主要包括现金预算、预计利润表和预计资产负债表。

(四)现金预算的概述

1. 现金预算是按照现金流量表主要项目内容编制的反映企业预算期内一切现金收支及其结果的预算,是企业财务预算体系的核心。

2. 现金预算是所有有关现金收支预算的汇总,以及现金收支差额平衡措施的具体计划。通常包括现金收入、现金支出、现金多余与不足,以及现金的筹集和运用四个方面内容。

3. 现金预算可以分开编制成现金收支预算和信贷预算两种。

(五)现金预算的作用

1. 现金预算的编制可以使管理当局预计到在预算期间内现金的多余或不足情况。

2. 通过编制现金预算,可以预计企业在未来时期对到期债务的直接偿付能力。

3. 通过现金预算的编制,可以对其他预算提出改进建议。

(六)现金预算的编制

1. 编制现金预算时需要注意的问题

(1)权责发生制与收付实现制:现金预算的编制应遵循收付实现制。

(2)现金预算表中的数据均为预测值,要保证现金预算的准确合理,依据的基础预算必须合理。

(3)利润表和资产负债表:编制现金预算时,不需要考虑某项目是利润表项目还是资产负债表项目,不需要考虑其经济性质。

(4)如果在一个预算期间内的现金流入和现金流出发生的时间不一致,就可能高估或低估融资需求量。这时一般以时期中间为基准编制现金预算。

(5)每个企业都应该有一个目标现金余额,并根据自身经营的季节性特点和经营规模的变动,及时调整。

2. 现金预算的编制

(1)编制的基本原则

期初现金余额+本期现金收入-本期现金支出=期末现金余额

(2)编制基础

销售预算、生产预算、其他现金收支预算;

资本预算和研究开发预算、筹资预算、现金预算。

(七)预计利润表

预计利润表是在经营预算的基础上按照权责发生制的原则进行编制的,揭示的是企业未来的盈利状况,企业管理当局可以据此了解企业的发展趋势,并适时调整其经营战略。

(八)预计资产负债表

1. 预计资产负债表的概念

(1)预计资产负债表反映的是企业预算期末各账户的预计余额,管理当局可以据此了解企业在预算期末的财务状况,以便采取积极有效的措施,防止不良财务状况的出现。

(2)预计资产负债表是在预算期初资产负债表的基础上,根据经营预算、资本支出预算和现金预算的有关数据进行相应调整编制的,反映的是预算执行单位的期末财务状况。

2. 预计资产负债表的编制

(1)预计资产负债报表在编制之前,不仅需要编制各职能预算,即生产经营预算和专门决策预算,还需要编制现金预算和预计利润表。

(2)编制预计资产负债表的目的是判断预算反映的财务状况的稳定性和流动性。通过对预计资产负债表的分析,发现不良的财务比率,必要时修改有关预算,以改善财务状况。

二、关键概念

现金预算　现金收入　现金支出　现金多余和不足　现金融通
销售预算　生产预算　销售及管理费用预算　资本预算　研究开发预算
预计利润表　预计资产负债表

三、复习思考题

1. 企业的预计财务报表与历史会计报表有什么区别?

2. 财务预算的编制原则、内容、编制依据是什么?

3. 现金预算编制时需要注意哪些问题?

4. 试述编制预计财务报表的作用。

四、练习题

(一)单项选择题

1. (　　)可以直接参加现金预算的编制。

A. 直接材料预算　　B. 直接人工预算

C. 制造费用预算　　D. 销售预算

2. 销售预算中,"某期经营现金收入"的计算公式正确的是(　　)。

A. 某期经营现金收入=该期期初应收账款余额+该期含税销售收入-该期期末应收账款余额

B. 某期经营现金收入=该期含税收入×该期预计现销率

C. 某期经营现金收入=该期预计销售收入+该期销项税额

D. 某期经营现金收入=该期期末应收账款余额+该期含税销售收入-该期期初应收账款余额

3. (　　)是只使用实物量计量单位的预算。

A. 产品成本预算　　B. 生产预算

C. 管理费用预算　　D. 直接材料预算

4. 某企业编制"直接材料预算",预计第四季度期初存量 600 千克,该季度生产需用量 2 400千克,预计期末存量为 400 千克,材料单价(不含税)为 10 元,若材料采购货款有 60%在本季度内付清,另外 40%在下季度付清,增值税税率为 17%,则该企业预计资产负债表年末"应付账款"项目为(　　)元。

A. 8 800　　B. 10 269

C. 10 296　　D. 13 000

5. 某企业编制"销售预算",已知上上期的含税销售收入为 600 万元,上期的含税销售收入为 800 万元,预计预算期含税销售收入为 1 000 万元,含税销售收入的 20%于当期收现,60%于下期收现,20%于下下期收现。假设不考虑其他因素,则本期期末应收账款的余额为(　　)万元。

A. 760　　B. 860

C. 660　　D. 960

6. (　　)编制的主要目标是通过制定最优生产经营决策和存货控制决策来合理地利用或调配企业经营活动所需要的各种资源。

A. 投资决策预算　　B. 经营决策预算

C. 现金预算　　D. 生产预算

7. (　　)就其本质而言属于日常业务预算,但是由于该预算必须根据现金预算中的资金筹措及运用的相关数据来编制,因此将其纳入财务预算范畴。

A. 管理费用预算　　B. 经营决策预算

C. 投资决策预算　　D. 财务费用预算

8. 下列关于企业预算的表述中,不正确的是(　　)。

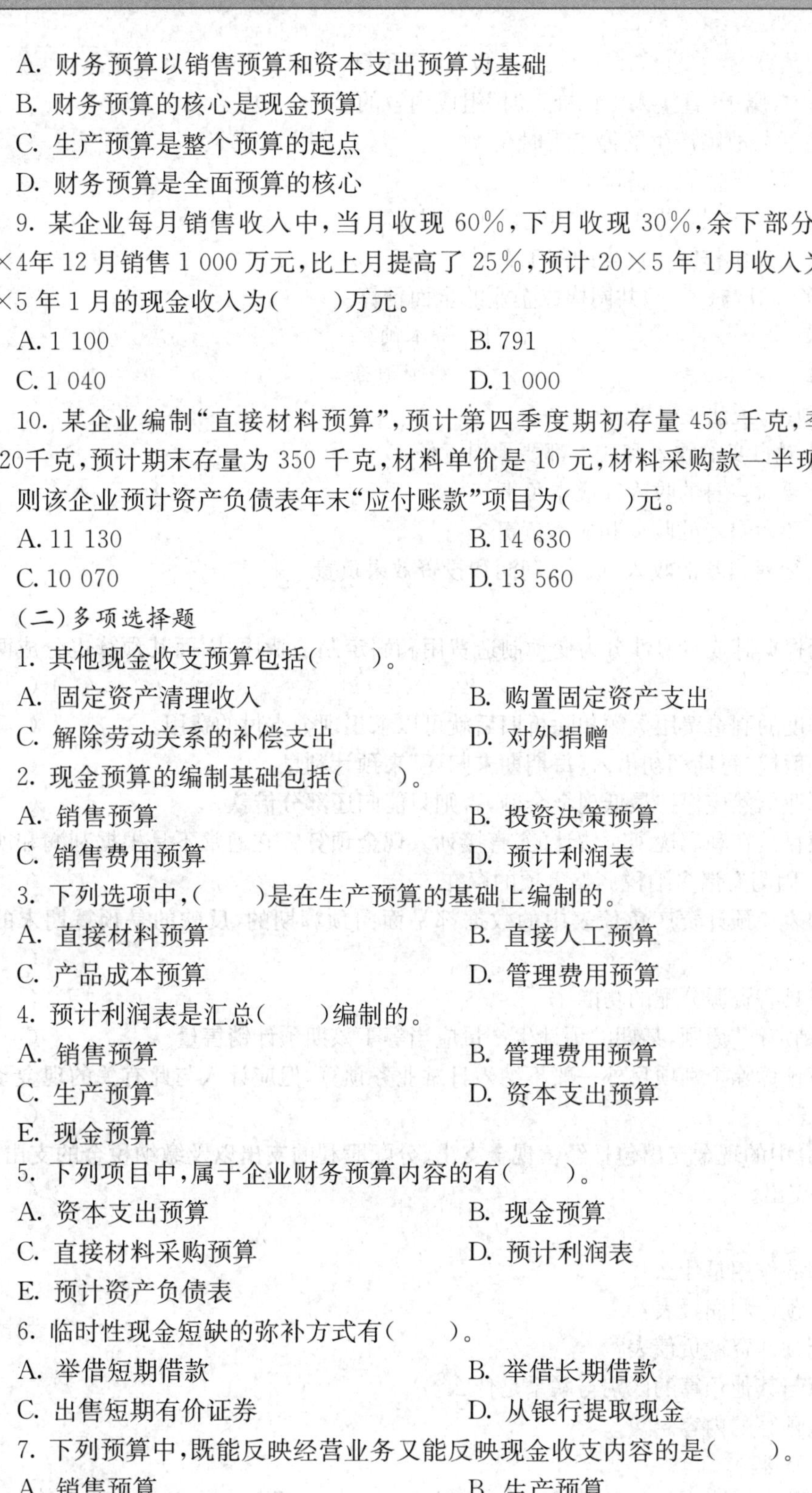

A. 财务预算以销售预算和资本支出预算为基础

B. 财务预算的核心是现金预算

C. 生产预算是整个预算的起点

D. 财务预算是全面预算的核心

9. 某企业每月销售收入中，当月收现 60%，下月收现 30%，余下部分于再下月收回。20×4年 12 月销售 1 000 万元，比上月提高了 25%，预计 20×5 年 1 月收入为 1 100 万元，则 20×5 年 1 月的现金收入为(　　)万元。

A. 1 100　　B. 791

C. 1 040　　D. 1 000

10. 某企业编制“直接材料预算”，预计第四季度期初存量 456 千克，季度生产需用量 2 120千克，预计期末存量为 350 千克，材料单价是 10 元，材料采购款一半现付，一半下季度付。则该企业预计资产负债表年末“应付账款”项目为(　　)元。

A. 11 130　　B. 14 630

C. 10 070　　D. 13 560

(二)多项选择题

1. 其他现金收支预算包括(　　)。

A. 固定资产清理收入　　B. 购置固定资产支出

C. 解除劳动关系的补偿支出　　D. 对外捐赠

2. 现金预算的编制基础包括(　　)。

A. 销售预算　　B. 投资决策预算

C. 销售费用预算　　D. 预计利润表

3. 下列选项中，(　　)是在生产预算的基础上编制的。

A. 直接材料预算　　B. 直接人工预算

C. 产品成本预算　　D. 管理费用预算

4. 预计利润表是汇总(　　)编制的。

A. 销售预算　　B. 管理费用预算

C. 生产预算　　D. 资本支出预算

E. 现金预算

5. 下列项目中，属于企业财务预算内容的有(　　)。

A. 资本支出预算　　B. 现金预算

C. 直接材料采购预算　　D. 预计利润表

E. 预计资产负债表

6. 临时性现金短缺的弥补方式有(　　)。

A. 举借短期借款　　B. 举借长期借款

C. 出售短期有价证券　　D. 从银行提取现金

7. 下列预算中，既能反映经营业务又能反映现金收支内容的是(　　)。

A. 销售预算　　B. 生产预算

C. 直接材料消耗及采购预算　　D. 制造费用预算

8. 产品成本预算编制的直接依据是(　　)。

A. 直接材料预算　　B. 直接人工预算

C. 制造费用预算　　　　　　　　D. 生产预算

9. 下列各项中,属于“直接人工标准工时”组成内容的是(　　)。

A. 由于设备意外故障产生的停工工时

B. 由于更换产品产生的设备调整工时

C. 由于生产作业计划安排不当产生的停工工时

D. 由于生产工人工作间歇产生的停工工时

10. 企业财务预算与(　　)共同构成企业的全面预算。

A. 业务预算　　　　　　　　B. 资本预算

C. 筹资预算　　　　　　　　D. 费用预算

11. 下列选项中,说法正确的有(　　)。

A. 成本中心对自身的收入和成本都要承担责任

B. 收入中心要对自身的收入和成本负责

C. 利润中心要对自身的收入和成本负责

D. 投资中心要对自身的收入、成本、利润和投资效果负责

(三)判断题

1. 制造费用根据其成本习性分为变动制造费用和固定制造费用,因而其预算也分成两部分来编制。(　　)

2. 每一个季度的制造费用数额扣除折旧后就可以求出现金支付的费用。(　　)

3. 借款时一般按“每期期初借入,每期期末归还”来预计利息。(　　)

4. 还款后企业仍然应保持最低现金余额,否则只能归还部分借款。(　　)

5. 所得税项目是在利润规划时估计的,直接列入现金预算。它通常不是根据利润和所得税率计算出来的,因为有诸多纳税调整事项的存在。(　　)

6. 预计利润表和预计资产负债表中的数据都是面向预算期的,反映的是预算期末的情况。(　　)

7. 财务预算具有资源分配的功能。(　　)

8. 根据“以销定产”原则,某期的预计生产量应当等于该期预计销售量。(　　)

9. 经营决策预算除个别项目外一般不纳入日常业务预算,但应计入与此有关的现金预算与预计资产负债表。(　　)

10. 现金预算中的现金支出包括经营现金支出、分配股利的支出以及缴纳税金的支出,但是不包括资本性支出。(　　)

(四)简答题

1. 现金预算的作用是什么?

2. 怎样编制预计利润报表?

3. 如何编制预计资产负债表?

4. 财务预算与其他预算的区别与联系是什么?

5. 简述现金预算的内容。

(五)计算分析题

1. 甲公司预算期间20×5年的简略销售情况如下表所示。若销售当季度收回货款50%,次季度收回货款30%,第三季度收回货款20%,预算年度期初应收账款金额是20 000元,其中包括上年度第三季度销售的应收款5 000元,第四季度销售的应收款15 000元。

甲公司销售情况表

季　度	一	二	三	四	合　计
预计销售量(件)	2 800	3 800	4 500	3 200	14 300
销售单价(元)	25	25	25	25	25

要求:根据上述资料编制预算年度的销售预算。

甲公司销售预算

项　目		一季度	二季度	三季度	四季度	全年合计
	预计销售量					
	销售单价					
	预计销售金额					
预计现金收入	期初应收账款					
	一季度销售收入					
	二季度销售收入					
	三季度销售收入					
	四季度销售收入					
	现金收入合计					

2. 甲公司11月份现金收支资料如下:

(1)11月1日的现金余额是15 000元,已收到未入账支票为40 000元。

(2)产品售价为10元/件。9月销售21 000件,10月销售32 000件,11月预计销售40 000件,12月预计销售30 000件。根据经验,商品售出后,当月收回70%,次月收回20%,再次月收回10%。

(3)进货成本为6元/件,平均在15天后付款。编制预算的年底存货为次月销售的10%加1 000件。10月底的实际存货是5 000件。应付账款余额是75 000元。

(4)11月的费用预算是88 000元,其中折旧为15 000元,其余费用要当月付清。

(5)预计11月将购置设备一台,支出200 000元,当月付清。

(6)11月预交所得税20 000元。

(7)现金不足从银行借入,借款额为10 000元的倍数,利息在还款时支付。期末现金余额不少于5 000元。

要求:编制11月的现金预算。

现金预算

项　目	金　额
期初现金	
现金收入:	
可使用现金合计	
现金支出:	

续表

项　目	金　额
现金多余或不足	
借入银行存款	
期末现金余额	

3. 某企业 20×5 年有关预算资料如下。

(1)预计该企业 3、4、5、6、7 月份的销售收入分别为 50 000 元、60 000 元、70 000 元、80 000 元、90 000 元。每月销售收入中，当月收到现金 40%，下月收到现金 60%。

(2)每个月直接材料采购成本按下一个月的销售收入的 50%计算，并于当月直接支付。

(3)预计期间 4、5、6 月的制造费用分别为 5 000 元、5 500 元、5 600 元，每月制造费用中的折旧费为 1 500 元。

(4)预计该企业 5 月购置固定资产需要用现金 20 000 元。

(5)预计该企业现金不足时，可向银行借款，现金多余时则还款(均为 1 000 元的倍数)。借款在期初，还款在期末，借款年利率 12%。

(6)该企业的最佳现金持有量为 5 000 元。其他资料在表中已给出数据。

要求：据此编制该企业 4、5、6 月的现金预算。

现金预算

月　份	4	5	6
(1)期初现金余额	6 000		
(2)经营现金收入			
(3)直接材料采购支出	2 500	3 500	
(4)直接工资支出			
(5)制造费用支出			
(6)其他付现费用	1 000	1 100	1 200
(7)预交所得税			1 000
(8)购置固定资产			
(9)现金余额			
(10)向银行借款			
(11)归还银行借款			
(12)支付借款利息			
(13)期末现金余额			

4. 某公司 20×5 年的现金预算简表如下：假定企业没有其他现金收支业务，也没有其他负债。预计 20×5 年年末的现金余额为 7 000 万元。

要求：根据表中资料填写表中用字母表示的部分。

单位:万元

项 目	第一季度	第二季度	第三季度	第四季度
期初现金余额	6 000			
本期现金流入	45 000	48 000	E	50 000
本期现金支出	A	50 400	40 000	41 000
现金余缺	9 000	C	(1 800)	G
资金筹措与运用	(2 000)	1 800	6 000	H
取得借款		1 800	6 000	
归还借款	(2 000)			(6 200)
期末现金余额	B	D	F	I

5. 某企业现在着手编制20×5年3月份的现金收支计划。预计20×5年3月初的现金余额是6 000元,月初应收账款为5 000元,预计月内可收回90%,本月销售货物50 000元,预计月内收款50%,本月采购材料9 000元,预计月内付款90%,月初应付款为4 000元,需在月内全部付清,月内支付现金工资10 000元。企业现金不足时,可向银行借款(为1 000元的倍数),现金多余时则还款或购买有价证券。要求月末现金余额不低于6 000元。借款在期初,还款在期末,借款年利率12%。

要求:(1)计算经营现金收入;

(2)计算经营现金支出;

(3)计算现金余缺;

(4)确定最佳现金筹集或运用的数额;

(5)确定月末现金余额。

(六)综合计算分析题

甲公司20×4年末的简明资产负债表如下表所示。

甲公司资产负债表

资 产		负债与权益	
现金	20 000	应付购料款	18 000
应收账款	120 000	银行借款	16 000
材料存货	7 000	普通股股本	80 000
产成品存货	27 000	留存收益	58 000
房屋及设备	160 000		
累计折旧	35 000		
资产合计		权益合计	

现在该公司财务部门正在准备编制20×5年第一季度的业务预算和财务预算,已知:

1. 根据销售预测,第一季度A产品的预计销售量为19 000件(其中,1月6 000件,2月7 000件,3月6 000件),销售单价为25元。当月收现占销售货款的50%,其余下月收取。

2007 年的销售收款为 20 万元。

2. 各月末预计产成品存货为下月预计销售量的 10%，20×5 年 4 月的预计销售量为6 000 件。各月期初存货与上月末的存货量相等。

3. 该公司 A 产品的直接材料消耗定额为 5 千克，每千克材料单价 2 元。各月末预计材料存货等于下月生产需料量的 20%，各月期初存料量等于上月末的存料量，4 月预计生产需料量为 32 000 千克。当月付现占购料款的 50%，其余下月付讫。2008 年 12 月末的应付购料款为 18 000 元。

4. 该公司 A 产品的工时定额为 10 工时，每小时的工资为 2 元。

5. 该公司第一季度预计发生的制造费用为：

变动费用：间接材料　　分配率　　0.5 元/工时
　　　　　间接人工　　分配率　　2 元/工时

固定费用：折旧费　　1 500 元
　　　　　财产税　　1 500 元
　　　　　维修费　　2 000 元

6. 该公司第一季度每个月预计发生的推销及管理费用为：

销售佣金：　　　　销售收入的 1%

管理人员薪金：　　6 000 元

广告费：　　　　　2 000 元

7. 该公司总经理通过专门决策确定第一季度每月支付所得税 3 500 元，支付股利3 000 元；3 月预计将购买一台设备，价款为 25 000 元。

8. 该公司财务经理规定在预算期间最低库存额为 15 000 元，若不足，可向银行借款。

要求：根据上述资料，编制该公司 2009 年第一季度的业务预算和财务预算。

表 1　　甲公司销售预算

摘　要		1月	2月	3月	合　计
预计销售量(件)					
销售单价(元/件)					
预计销售金额					
期初应收账款					
预计现金收入	1 月销售收入(元)				
	2 月销售收入(元)				
	3 月销售收入(元)				
现金收入合计					

表 2　　甲公司生产预算

摘　要	1月	2月	3月	合　计
预计销售量(销售预算)				
加：预计期末存货量				
预计需要量合计				

续表

摘　要	1月	2月	3月	合　计
减:期初存货量				
预计生产量				

表3　　甲公司直接材料采购预算

摘　要		1月	2月	3月	合　计
预计生产量(件)					
单位产品材料消耗定额(千克/件)					
预计生产需料量(千克)					
加:期末存料量(千克)					
预计材料需要量合计(千克)					
减:期初存料量(千克)					
预计购料量(千克)					
材料单价(元/千克)					
预计购料金额(元)					
预计现金支出					
期初应付购料款					
预计现金支出	1月购料款(元)				
	2月购料款(元)				
	3月购料款(元)				
现金支出合计					

表4　　甲公司直接人工预算

摘　要	1月	2月	3月	合　计
预计生产量(件)				
单位产品工时定额(工时)				
直接人工工时总数(工时)				
工资率(元/小时)				
预计直接人工成本总额(元)				

表5　　甲公司制造费用预算

明细项目		分配率	1月	2月	3月	合计
			30 000 工时	29 000 工时	25 000 工时	
变动费用	间接材料	0.5 元/工时				
	间接人工	2 元/工时				
	小　计					

续表

明细项目		分配率	1月	2月	3月	合计
固定费用	折旧费					
	财产税					
	维修费					
	小　计					
制造费用合计						
预计现金支出	制造费用合计					
	减:折旧费					
	现金支出合计					

表 6　　甲公司单位销售及管理费用预算

明细项目	1月	2月	3月	合　计
变动费用:				
销售佣金(销售收入的 1%)				
固定费用:				
管理人员薪金				
广告费				
小计				
销售及管理费用合计				

表 7　　甲公司现金预算

摘　要	资料来源	1月	2月	3月	合　计
期初现金余额	表 1				
加:现金收入					
销售收入及应收账款					
可动用现金合计					
减:现金支出					
直接材料	表 3				
直接人工	表 4				
制造费用	表 5				
销售及管理费用	表 7				
支付所得税	专门决策预算				
购置设备	专门决策预算				
支付股利	专门决策预算				

续表

摘　要	资料来源	1月	2月	3月	合　计
现金支出合计					
现金结余或者不足					
筹措资金：					
向银行借款					
期末现金余额					

第十七章

预算控制、分析及业绩考评

一、本章知识要点

（一）责任预算概述

1. 责任预算是指以责任中心为主体，以其可控成本、收入、利润和投资等为对象编制的预算，是企业总预算的补充和具体化。

2. 责任预算包括必须保证实现的主要责任指标，也包括其他责任指标（如劳动生产率、设备完好率、出勤率、材料消耗率、职工培训等）。

3. 责任预算的编制程序有两种：一是以责任中心为主体，自上而下地将企业总预算在各责任中心之间层层分解，便于企业统一指挥和调度，但不利于调动责任中心的积极性。二是各责任中心自行列示各自的预算指标，由下而上，层层汇总，最后由企业专门机构或人员进行汇总和调整，其有利于发挥各责任中心的积极性，但影响预算质量和编制时效。

4. 在集权组织形式下，通常采取第一种程序；在分权组织结构形式下，采用后一种程序较多。

（二）责任报告概述

1. 责任报告是指根据责任会计记录编制的反映责任预算实际执行情况，或者揭示责任预算与实际执行差异的内部会计报告。

2. 责任报告可用于责任中心的业绩评价和考核。

3. 责任报告的编报是自下而上逐级实现的，随着责任中心的层次由低到高，其报告的详细程度由详细到抽象（总括）。这与责任预算（从抽象到具体）不同。

（三）业绩考核概述

1. 业绩考核是指以责任报告为依据，分析、评价各责任中心责任预算的实际执行情况，找出差距，查明原因，借以考核各责任中心的工作成果，实施奖惩，促使各责任中心积极纠正行为偏差，完成责任预算的过程。

2. 从考核的指标口径看，业绩考核包括狭义和广义两种。前者仅考核责任中心的价值指标（如成本、收入、利润以及资产占用额等责任指标）的完成情况，后者则还包括非价值责任指标的完成情况。

3. 从考核的时间看，业绩考核分为年终考核与日常考核；应根据不同责任中心的特点进行业绩考核。

(四)成本中心的预算控制、分析与考核

1. 责任成本

(1)产品成本与责任成本的区别：

a. 成本核算的对象不同；

b. 成本核算的原则不同；

c. 成本核算的内容不同；

d. 成本核算的目的不同。

(2)产品成本与责任成本的联系：

a. 两者核算的原始成本信息是相同的，只是加工整理的主体不同；

b. 两者归集的成本都是企业生产经营过程中实际发生的耗费，在狭义的成本中心范围内，一定时期的责任成本总额和一定时期的产品成本总额是相等的。

2. 成本中心的考核指标

(1)成本中心的考核指标主要包括目标成本降低额和目标成本降低率，其计算公式如下：

目标成本降低额＝目标成本－实际成本

目标成本降低率＝目标成本降低额/目标成本×100％

(2)对成本中心进行考核时，要区分可控成本和不可控成本，不可控成本不计入其责任成本。

(3)如果预算产量与实际产量不一致时，应先按弹性预算的方法调整预算指标，然后再进行考核。

3. 成本费用预算差异分析

(1)成本预算差异分析的主要内容是对预算期内成本总额和单位成本的差异进行分析。

(2)总成本差异分为产量差异和成本差异两部分。

(3)单位成本差异即标准成本差异，是由用量变动或价格变动引起的。标准成本差异的一般模式为：

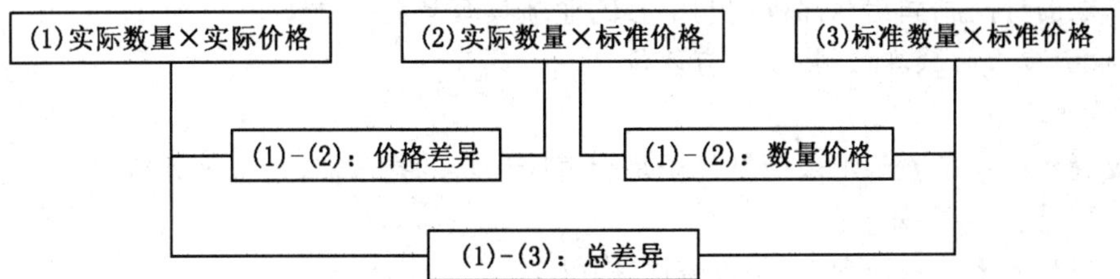

①结果为正数，表示有利差异；结果为负数，表示不利差异。

②标准成本差异分析一般从4个方面进行：直接材料成本差异、直接人工差异、变动制造费用差异、固定制造费用差异。

③直接材料成本差异包括材料价格差异和材料用量差异。

④直接人工差异包括工资率差异和人工效率差异。

⑤变动制造费用差异包括变动制造费用耗用差异和变动制造费用效率差异。

⑥两因素分析法下，固定制造费用差异包括固定制造费用预算差异和固定制造费用产量

差异。

⑦三因素分析法下，固定制造费用差异包括固定制造费用预算差异、固定制造费用能力差异和固定制造费用效率差异。

（五）收入中心的预算控制、分析与评价

1. 营业收入目标完成百分比

（1）收入中心的主要职能是实现营业收入，其业绩评价以营业收入的实现为主。

（2）营业收入目标完成百分比＝实际实现的营业收入/目标营业收入×100％

2. 营业贷款回收平均天数

（1）营业贷款回收平均天数是评价收入中心回收营业款项是否及时的指标。

（2）营业贷款回收平均天数＝∑（营业收入×回收天数）/全部营业收入

3. 坏账发生率

（1）坏账发生率是用来评价收入中心在履行其职责过程中所发生的失误情况。

（2）坏账发生率＝某年坏账发生数/某年全部营业收入×100％

（六）利润中心的预算控制、分析与评价

1. 可控边际贡献

（1）利润中心分析考评的主要指标是责任利润。

（2）可控边际利润也称部门经理可控边际，部门经理在其权责范围内有能力控制并负责，是最符合责任利润概念的指标。

（3）可控边际贡献＝营业收入总额－变动成本总额－部门经理可控可追溯固定成本。

（4）主要用于评价利润中心负责人的经营业绩。

2. 部门边际贡献

（1）部门边际贡献又称部门毛利，反映利润中心对整个企业实际做出的贡献；

（2）部门边际贡献＝营业收入总额－变动成本总额－部门经理可控可追溯固定成本－部门经理不可控但高层管理部门可控可追溯固定成本；

（3）主要用于对利润中心的业绩评价和考核，为利润中心业绩评价的参考指标。

3. 税前边际贡献

（1）税前部门利润＝部门边际贡献－分摊的企业共同费用；

（2）以税前部门利润指标评价利润中心的业绩具有其局限性。

（七）投资中心的预算控制、分析与评价

1. 投资利润率

（1）投资利润率是股东用来衡量公司是否健康运转的指示器，是全面评价投资中心各项经营活动的综合性质量指标。

（2）投资利润率＝营业利润/经营资产×100％。

（3）投资利润率＝经营资产周转率×销售利润率。

2. 剩余收益

（1）剩余收益＝营业利润－经营资产×规定的最低报酬率

（2）剩余收益评价和考核业绩时是对投资利润率的补充。

二、关键概念

单位成本预算　　产量差异　　成本差异　　直接材料成本差异　　直接人工差异

变动制造费用差异　固定制造费用差异　固定制造费用预算差异
固定制造费用产量差异　投资报酬率　剩余收益　责任预算

三、复习思考题

1. 成本差异分析如何进行？应注意哪几点？
2. 采用责任利润评价利润中心的业绩存在哪些缺陷？
3. 比较责任预算与责任报告的编制程序。
4. 比较成本中心、利润中心和投资中心在权责利方面的异同。
5. 产品成本与责任成本的区别与联系有哪些？

四、练习题

(一)单项选择题

1. 业绩考核是指以(　　)为依据，分析、评价各责任中心的执行预算的业绩。

A. 责任报告　　B. 预算报告
C. 生产报告　　D. 财务报告

2. 从考核的指标口径看，业绩考核包括狭义和广义两种。前者仅考核责任中心的价值指标的完成情况，后者则还包括(　　)的完成情况。

A. 成本　　B. 收入及利润
C. 资产占用额　　D. 非价值责任指标

3. 部门经理在其权责范围内有能力控制并负责，最符合责任利润概念的指标是(　　)。

A. 可控边际利润　　B. 部门边际贡献
C. 税前边际贡献　　D. 净利润

4. (　　)主要用于对利润中心的业绩评价和考核，为利润中心业绩评价的参考指标。

A. 可控边际利润　　B. 部门边际贡献
C. 税前边际贡献　　D. 净利润

5. 下列变动成本差异中，无法从生产过程的分析中找出原因的是(　　)。

A. 变动制造费用效率差异　　B. 变动制造费用耗费差异
C. 材料价格差异　　D. 直接人工效率差异

6. 甲利润中心常年向乙利润中心提供劳务，在其他条件不变的情况下，如果提高劳务的内部转移价格，则不可能出现的结果是(　　)。

A. 甲利润中心内部利润增加　　B. 乙利润中心内部利润减少
C. 企业利润总额增加　　D. 企业利润总额不变

7. 投资中心经理不能控制的项目是(　　)。

A. 投资规模　　B. 本中心的销售收入
C. 本中心自身的成本　　D. 总公司分摊来的管理费用

8. 固定制造费用的实际金额与固定制造费用的预算金额之间的差额为(　　)。

A. 耗费差异　　B. 效率差异
C. 闲置能量差异　　D. 能量差异

9. 在进行标准成本差异分析时，形成直接材料数量差异的原因不包括(　　)。

A. 操作疏忽致使废品增加

B. 机器或工具不适用
C. 供应厂家材料价格增加，迫使降低材料用量
D. 紧急订货形成的采购成本增加
10. 考核责任中心的价值指标不包括(　　)。
A. 成本、收入　　B. 职工满意度
C. 利润　　D. 资产占用额
(二)多项选择题
1. 固定制造费用在两差异分析法下，分为(　　)。
A. 固定制造费用预算差异　　B. 固定制造费用产量差异
C. 固定制造费用能力差异　　D. 固定制造费用效率差异
2. 固定制造费用在三差异分析法下，分为(　　)。
A. 固定制造费用预算差异　　B. 固定制造费用产量差异
C. 固定制造费用能力差异　　D. 固定制造费用效率差异
3. 差异的重要性取决于差异的(　　)。
A. 数额　　B. 频率
C. 精确性　　D. 性质
4. 用来计算剩余收益的最低报酬率一般可以采用(　　)。
A. 投资中心的平均报酬率　　B. 企业预算的报酬率
C. 资金成本率　　D. 风险收益率
5. 责任预算包括必须保证实现的主要责任指标，也包括其他责任指标，如(　　)。
A. 劳动生产率　　B. 设备完好率
C. 出勤率、职工培训　　D. 材料消耗率
6. 从考核的时间看，业绩考核分为(　　)，应根据不同责任中心的特点进行业绩考核。
A. 年终考核　　B. 日常考核
C. 月度考核　　D. 季度考核
7. 成本中心的考核指标主要包括(　　)。
A. 目标成本降低额　　B. 目标成本降低率
C. 效率成本　　D. 责任成本
8. 标准成本差异分析一般从(　　)方面进行。
A. 直接材料成本差异　　B. 直接人工差异
C. 变动制造费用差异　　D. 固定制造费用差异
9. 收入中心的考核指标主要包括(　　)。
A. 营业收入目标完成百分比　　B. 营业贷款回收平均天数
C. 坏账发生率　　D. 营业收入
10. 利润中心的考核指标主要包括(　　)。
A. 可控边际贡献　　B. 部门边际贡献
C. 税前边际贡献　　D. 税后利润
(三)判断题
1. 材料价格差异是由于材料实际价格与标准价格不同。　　(　　)
2. 材料用量差异是由于材料实际耗用量与标准耗用量不同引起。　　(　　)

3. 直接人工工资率差异是由于实际工资率与标准工资率不同。（　）

4. 固定制造费用相对稳定，一般不受产量的影响，但单位产品成本中的固定制造费用受产量变动的影响。（　）

5. 固定制造费用按两差异分析法，分为固定制造费用预算差异和固定制造费用效率差异。（　）

6. 固定制造费用产量差异为成本计算所用，意味着节约和浪费。（　）

7. 差异分析一般限于重大差异。（　）

8. 投资利润率计算公式中的营业利润是指扣除利息费用和所得税后的利润。（　）

9. 在集权组织形式下，通常采取自下而上的预算编制程序；在分权组织结构形式下，采用自上而下的预算编制程序较多。（　）

10. 对成本中心进行考核时，要区分可控成本和不可控成本，不可控成本不计入其责任成本。（　）

（四）简答题

1. 影响直接材料成本差异的因素可能有哪些？差异控制的重点是什么？

2. 影响直接人工差异的因素有哪些？差异控制的重点是什么？

3. 影响变动制造费用差异的因素有哪些？差异控制的重点是什么？

4. 比较固定制造费用差异的两因素分析法和三因素分析法。

5. 如何评价投资收益率？

6. 如何评价剩余收益？

7. 成本中心、收入中心和投资中心的考核指标各包括哪些？

（五）计算分析题

1. ABC公司生产甲产品的固定制造费用预算是8 400元，预计产量是1 680台，实际产量是2 100台，实际固定制造费用是9 450元，单位工时标准是10小时，实际总工时是21 700小时。

要求：分别用两差异分析法和三差异分析法计算固定制造费用差异。

2. 某公司属下有一个分公司，年销售收入为30万元，变动成本率为60%，变动费用占销售收入的10%。该分公司直接发生的固定成本是4 000元（其中2 500元为经理不可控成本）。上级分配的固定成本为12 000元，未分配的期间费用为8 000元。

要求：计算该利润中心的评价指标。

3. 某投资中心报告期间内，全部资产年初数为300 000元，年末数为280 000元。报告期间的税后净利润为35 000元，发生的利息费用为10 000元，所得税率为15%。该投资中心的风险是公司平均风险的1.5倍，公司无风险报酬率是8%，风险报酬率是12%。

要求：根据资料，计算该投资中心的投资利润率和剩余收益。

4. 某投资中心报告期间内的有关资料如下：

销售收入：60万元

营业利润：4.2万元

经营资产：期初24万元；期末28万元

假定利息费用很小，忽略不计。

要求：用杜邦分析法计算投资利润率并提出改进投资利润率的途径。

5. 某成本中心生产A、B产品，资料如下：

产品名称	预算产量(台)	实际产量(台)	预算单位成本(元)	实际单位成本(元)
A	4 000	4 500	50	48
B	2 500	3 000	25	20

要求:计算该成本中心的有关考核指标。

(六)综合计算分析题

1. 某企业生产A、B两种产品,有关单位产品标准成本的资料如表1所示。该产品的正常生产能力为A产品800件,B产品1 000件,实际生产量是A产品600件,B产品800件。有关两产品的实际单位成本的资料如表2所示。

要求:对各成本项目进行成本差异分析。

表1

成本项目	A产品	B产品
直接材料	(6千克×4元/千克)24	(5千克×5元/千克)25
直接人工	(4小时×8元/小时)32	(3小时×8元/小时)24
制造费用变动部分	(4小时×3元/小时)12	(3小时×2元/小时)6
固定部分	(4小时×2元/小时)8	(3小时×1元/小时)3
标准单位成本	76	58

表2

成本项目	A产品	B产品
直接材料	(8千克×3元/千克)24	(6千克×4.5元/千克)27
直接人工	(3小时×9元/小时)27	(3.5小时×8元/小时)28
制造费用变动部分	(3小时×3.5元/小时)10.5	(3.5小时×2.5元/小时)8.75
固定部分	(3小时×1.5元/小时)4.5	(3.5小时×1.5元/小时)5.25
实际单位成本	66	69

2. 已知有两家互不相干的公司,其有关资料如下表所示。

投资中心	A	B
息税前利润	250 000	8 000
总资产平均占用额	1 500 000	35 000
总资产	1 600 000	36 000
规定的最低息税前资产利润率	14%	16%

要求:

(1)分别计算各公司的息税前资产利润率和剩余收益。

（2）如果现在有一项可带来15%息税前资产利润率的投资机会，若接受投资，则两家公司的息税前资产利润率和剩余收益会增加还是减少？

（3）若按息税前资产利润率指标进行考核，上述两家公司是否愿意进行投资？

（4）若按剩余收益指标进行考核，上述两家公司是否愿意进行投资？